Gustav Karpeles
Heinrich Heine und seine Zeitgenossen

Karpeles, Gustav: Heinrich Heine und seine
Zeitgenossen
Hamburg, SEVERUS Verlag 2014

ISBN: 978-3-86347-664-9
Druck: SEVERUS Verlag, Hamburg, 2014
Nachdruck der Originalausgabe von 1888

Der SEVERUS Verlag ist ein Imprint der Diplomica
Verlag GmbH.

Bibliografische Information der Deutschen
Nationalbibliothek:
Die Deutsche Nationalbibliothek verzeichnet diese
Publikation in der Deutschen Nationalbibliografie;
detaillierte bibliografische Daten sind im Internet über
http://dnb.d-nb.de abrufbar.

© SEVERUS Verlag
http://www.severus-verlag.de, Hamburg 2014
Printed in Germany
Alle Rechte vorbehalten.

Der SEVERUS Verlag übernimmt keine juristische
Verantwortung oder irgendeine Haftung für evtl.
fehlerhafte Angaben und deren Folgen.

Heinrich Heine

und

seine Zeitgenossen

Von

Gustav Karpeles

Vorwort.

Es sind nun gerade zwanzig Jahre her, seit ich meine Studien über Heine begonnen. Ein Theil derselben ist in diesen, bereits in Zeitschriften veröffentlichten Aufsätzen gesammelt, welche sämmtlich von einem Grundgedanken ausgehen und eine bestimmte Tendenz verfolgen.

Der Gedanke, der diesen Arbeiten zu Grunde liegt, ist der: all' die wichtigen und charakteristischen Verhältnisse und Momente im Leben des Dichters ausführlich darzustellen, die in den Biographieen Heines keine so eingehende Behandlung finden konnten.

Die Tendenz, die dies Buch verfolgt, liegt darin: den Beweis zu führen, daß Heine in seinen Beziehungen zu den hervorragendsten Zeitgenossen als ein besserer Charakter und als eine vornehmere Natur sich gezeigt hat, als man dies nach den Urtheilen, welche unsere Literaturgeschichten über ihn verbreitet haben, noch immer anzunehmen geneigt und wohl auch genöthigt ist.

Wenn mein Buch nach dieser Richtung hin aufklärend zu wirken im Stande wäre, so hätte es seinen Zweck überreich erfüllt.

Berlin, im September 1887.

Gustav Karpeles.

Heinrich Heine in Berlin.

I.

Auf seiner berühmten Reise von München nach Genua, die Heine selbst in so unnachahmlich humoristischer Weise schildert, begegnet ihm in München „ein echter Sohn der Spree" mit einem „erzprosaischen Wittwenkassengesicht, stockgescheidten Aeugelein und aufgestülpter, pfiffiger Forschungsnase", der ihn mit den Worten anspricht: „Et is heite eene scheene Witterung".

Heine antwortet ihm darauf ebenfalls in der „Sprache Charlottenburgs": „In der That, die Witterung ist sehr scheene"; und nun entspinnt sich ein lebhaftes Gespräch, in dem der Sohn der Spree Berlin mit München vergleicht und ersteres außerordentlich hochstellt, während Heine das Isar-Athen lebhaft vertheidigt und Berlin angreift. Sein Motiv hierfür ist folgendes: „Dergleichen geschieht meist aus purer Politik, denn ich weiß, sobald ich anfange, meine guten Berliner zu loben, so hat mein Ruhm bei ihnen ein Ende, und sie zucken die Achseln und flüstern einander zu: „Der Mensch wird sehr seicht, uns sogar lobt er." Freilich, damals ahnte Heine noch nicht die dichterische Mission, zu der er berufen, und die, unabhängig von seinen sonstigen Anschauungen und Schöpfungen, ihn zum deutschen Dichter machte, auf den das Vaterland mit Stolz hinweisen kann, und von dem, wie von vielen Anderen, Berlin sich rühmen darf, den Grundstein zu seiner Bedeutung gelegt zu haben. Die Politik unseres Dichters war also in dem Falle eine falsche, und der Umstand, daß wir heute, schon 30 Jahre nach dem Tode Heine's, den Spuren seines Berliner Aufenthaltes nachgehen, um die Bedeutung desselben für das tiefere Verständniß seines Schaffens zu erforschen, mag ein Zeugniß dafür ablegen, daß die Berliner, wie Heine selbst, viel besser als ihr Ruf und Weltstadtbürger geworden sind, die jeden engherzigen Lokalpatriotismus völlig überwunden haben.

Ein Gefühl berechtigten Stolzes mag es aber sein, daß jenes Berlin, dem man nachsagt: in seinem sandigen Boden sei kein Dichter je erstanden, so viele Dichter während ihres Aufenthaltes daselbst und durch denselben zu Poeten in des Wortes bester Bedeutung gemacht hat. Es gilt dies namentlich von Heine, und es ist kaum eine Frage, daß der Aufenthalt Heine's in Berlin für die geistige Ausbildung seiner Individualität und für sein dichterisches Schaffen von bedeutender, fast entscheidender Tragweite war, ja, daß Heine recht eigentlich in Berlin die ersten Weihen der Muse empfangen hat.

Und doch hat sein Aufenthalt daselbst kaum drei Jahre gedauert, eine kurze Spanne Zeit, in die unser Dichter aber einen reichen Inhalt hineinlegte, an dem er das ganze spätere Leben hindurch zu zehren hatte.

Es war in den letzten Februartagen des Jahres 1821, als der einundzwanzigjährige Bruder Studio Harry Heine mit leichtem Sinn und noch leichterem Gepäck seinen Einzug in Berlin hielt, um daselbst zu studiren. Aus Göttingen hatte ihn das consilium abeundi vertrieben, das er wegen eines Duells sich zugezogen hatte, und wer weiß, ob nicht dieses consilium abeundi, das den lebenslustigen Jüngling aus der pedantischen, hochgelehrten, zopfigen, alten Universitätsstadt in das frisch und reich bewegte Berliner Leben trieb, ein außerordentlich günstiger Wurf des Schicksals gewesen ist. Denn „aus der Rumpelkammer todter

Gelehrsamkeit" trat er an den Herd der weltbewegenden, philosophischen Gedanken des Jahrhunderts, aus den engherzig abgeschlossenen studentischen Kreisen und „der Isolirzelle des Poetenstübchens" in das gesellige Leben der Residenz und den Verkehr mit der Elite der Geister, aus den phantastischen Nebelträumen der Romantik mitten in die bunt erglänzende Tageshelle des wirklichen Lebens.

Und diese grellen Kontraste behagten dem weltstürmenden Geiste unseres jungen Dichters ganz außerordentlich. Die mannigfachsten geistigen Anregungen, das freie, ungebundene, lustige Leben lockten Heine gewaltig, und mit allem Eifer nahm er die neuen Erscheinungen in sich auf, die das damalige Berlin ihm darbot.

Denn es war damals ein recht lustiges Treiben in der preußischen Residenzstadt!

In der Politik und im Staatsleben freilich nicht; denn da wehte der eisige Hauch der Reaktion, die mit schwerer Hand alle freien Geistesregungen niederhielt oder durch die Censurscheere ausmerzte, wohl aber in der Gesellschaft! Gerade weil man sich mit seinem „beschränkten Unterthanenverstande" nicht um die Politik kümmern durfte, ohne mit der Polizei in Conflikt zu gerathen, lebte man recht lustig in den Tag hinein, besuchte Theater, trieb Musik zu Hause und in Concerten, las Gedichte, Zeitungen, die von literarischen Skandalgeschichtchen wimmelten, Almanache und dergleichen Nippsächelchen mehr, die ein Volk, das politisch unfrei, zu kultiviren genöthigt ist.

Die blaue Blume der Romantik, deren Duft damals alle sinnenden Gemüther betäubte, hatte in Berlin im Grunde genommen nur wenig Freude; das Hauptvergnügen war die Musik, die damals ganz Berlin beherrschte, und die auch in allen Berichten Heine's aus Berlin die erste Rolle spielt. Nach der Musik war das Schauspiel unter der Leitung des Grafen Brühl eine Lieblingspassion der Berliner, und mit ihm oder nächst ihm erst — die Poesie.

Musik, Schauspiel und Poesie — das waren drei Dinge, die die juristischen Collegia der alten Georgia Augusta in Göttingen dem jungen Heine nicht boten und denen er sich nun ganz und gar hingab.

Vor allem ließ er sich — wie man es ihm wohl zu Hause eingeschärft hatte — am 4. April 1821 als studiosus juris an der Berliner Universität immatriculiren. Es schien ihm nothwendig, dies rechtzeitig zu thun; er hätte es später vergessen können! Aber es war ja doch der Hauptzweck seiner Anwesenheit in Berlin, und wurden auch die ernsteren Studien vor dem betäubenden Lärm des Residenzlebens einige Zeit zurückgedrängt, so räumte doch bald die reifere Erwägung der Lage der überschäumenden Jugendlust den Platz. Freilich, die damalige Berliner Universität mag für regsame Geister, wie Heine, auch eine bedeutende Anziehungskraft gehabt haben. Der frische, jugendliche Geist, der die neubegründete alma mater durchwehte, an der ein Fichte, Schleiermacher, Hegel, Gans, Savigny und andere lehrten, übte einen mächtigen Reiz auf Heine aus gegenüber jenen trockenen Studien alter Zopfgelehrsamkeit in Göttingen.

Und hier liegt der erste und nachhaltigste Einfluß Berlins auf die Geistesschöpfungen des Dichters. War dies ja die Zeit, wo — wie er sich später höchst drastisch ausdrückt — „er bei den Hegelianern die Schweine hütete!" Es ist keine Frage, daß die damals prädominirende Hegel'sche Philosophie der Grundzug jener scharfen Dialektik ist, die Heine's prosaische Schriften durchweht, und ihnen jene eigenartige pikante Würze verleiht.

Freilich ließen die mannigfachen Zerstreuungen ein ernsteres Vertiefen in die Hegel'sche Philosophie nicht zu;

aber es war dies vielleicht auch nicht nöthig für den scharfen, **rasch auffassenden** Geist Heine's. Die Hegel'sche Philosophie lag damals in der Berliner Luft; sie predigte auf den Straßen und docierte in den Salons. „Ich war jung und stolz" — schreibt Heine über jene Periode später — „und es that meinem Hochmuth wohl, als ich von Hegel erfuhr, daß nicht, wie meine Großmutter meinte, der liebe Gott, der im Himmel residiert, sondern ich selbst hier auf Erden der liebe Gott sei." Heine ahnte, daß die Idee, welche jener schwer zugänglichen Doktrin zu Grunde liege, die Idee des Fort=schritts und der Zukunft, der Herrschaft des freien, selbst=bewußten Geistes sei — und darum wurde er in jenen Tagen ein Bannerträger der Hegel'schen Philosophie, deren eifrigste Anhänger überdies seine besten Freunde waren.

In studentischen Kreisen, deren Eigenart ja überhaupt schon das großstädtische Leben illusorisch macht, bewegte sich Heine nur wenig. Ihm behagte es vielmehr außerordent=lich, daß das studentische Element, welches in den kleinen Universitätsstädten ein eigenartiges, starkes Ferment bildete, im großstädtischen Leben fast unbeachtet aufgehe. Trotzdem kam er auch hier einmal in echt studentische Händel. Ein Student, Namens Schaller, den Heine von Göttingen aus kannte, wurde von diesem nie anders als „Fuchs" tituliert. Das verdroß den langen Schaller, und er brummte ihm die herkömmliche studentische Beleidigung auf. „Ich heiße Schaller und nicht Fuchs und Berlin ist nicht Göttingen." Das Duell mußte also, nach allen Begriffen von studen=tischer Ehre, vor sich gehen. Es zeigte sich aber schon beim Antreten, daß beide Duellanten ihre Schläger kaum zu handhaben wußten. Der komisch=tragische Auftritt endete damit, daß Heine sich mit der rechten Lende an der Schlägerspitze seines Gegners aufrannte und mit der üb=lichen Parole „Stich" zu Boden sank. Indeß war die

Wunde glücklicher Weise nicht gefährlich und nach acht Tagen wieder geheilt.

Der ganze Vorfall veranlaßte indeß Heine, fortan jene studentischen Kreise zu meiden, und sich mehr den Freuden des gesellschaftlichen Lebens hinzugeben, das sich ihm in so lockender Weise eröffnet hatte, oder auch den poetischen Anregungen zu leben, die damals bereits seine Dichterbrust erfüllten.

In einem kleinen Stübchen mit „rothseidenen Gardinen", in der Behrenstraße Nr. 71, dritte Etage, da entstanden damals jene wundersamen Weisen unglücklicher Liebe, jene wehmüthig-ironischen Lieder, die zuerst den Ruhm unseres Dichters aller Orten verbreiteten. Und hier war es auch, wo den noch immer in Liebesgluthen sich verzehrenden Jüngling die Botschaft erreichte, daß die Geliebte seines Herzens und seiner Lieder einem anderen Manne ihre Hand gereicht habe. Es war dies im Frühling des Jahres 1821:

> „Der Frühling
> Zog lachend grün durch Feld und Thal,
> Die Vögel sangen und es freute
> Sich jeder Wurm im Sonnenstrahl.
>
> Ich aber wurde blaß und kränklich
> Und meine Kräfte nahmen ab.
> Der liebe Gott nur kann es wissen,
> Was ich des Nachts gelitten hab'."

Es muß etwas Schauriges sein, wenn einem Dichterherzen das Ideal geraubt wird, an das sich dasselbe fieberhaft angerankt, dem es sein Sehnen, sein Träumen und Lieben geweiht hat. Der Schmerz dieser Enttäuschung über das verlorene Ideal ist es, den der Dichter in seinen, mit dem eigenen Herzblute gedichteten Liedern ausweint und der uns deshalb so mächtig ergreift. Daß der Dichter in dieser wildwogenden Verzweiflung, in der Zornesgluth eines jugendlichen leidenden Herzens, sein Ideal in den Staub zieht, bis zur Karikatur entstellt — wen wird dies wundern? Und wer wird nicht vielmehr gerade in jenen eigenartig geschaffenen Liedern, die so wunderbar schmelzend doch mit einer schrillen Dissonanz schließen, den Aufschrei eines leise verblutenden Dichterherzens erkennen, dem sein heiligstes Idol geraubt wurde?

Einen Balsam gab es allerdings für das wunde Herz des unglücklichen Jünglings. Er brauchte nur sein kleines Dichterstübchen zu verlassen und in das wogende Residenz= leben hinauszutreten mit seinen tausendfachen Zerstreuungen — und das unsägliche Leid schien vergessen! Ist ja dies der gewöhnliche Weg vom Ideal zur Karikatur, von der Erhabenheit zur alltäglichen Niedrigkeit, und ist doch dies der gewöhnliche Glaube, daß man den Aufschrei des Herzens übertäuben könne durch wildes, ungezügeltes Leben! So kurz und natürlich dieser Weg ist, so kurz war auch bei Heine der Weg vom Ideal — zur Welt, von seiner Wohnung in der Behrenstraße bis zu jener literarhistorisch berühmten Weinstube von Lutter & Wegener, in der Heine allabendlich in einem Kreise von Genossen verkehrte, die dort wilde Bacchanalien aufführten, um das arme Herz zu betäuben, „daß die Schlangen in seiner Brust vor Freude sich in den Schwanz bissen."

In jenen alten, düsteren Räumen, in denen vordem die Romantik ihre tollen Orgien gefeiert, fanden sich nun all= abendlich jene phantastischen Gesellen zusammen, bei deren Anblick jeder redliche Spießbürger sich schnell bekreuzte; da waren L. Devrient, und E. T. A. Hoffmann — die Letzten der romantischen Tafelrunde — Christian Dietrich Grabbe, der geniale Dichter mit dem Kainsstempel göttlichen Wahn= sinns an der Stirn, Karl Köchy, Ludwig Robert, Gustorf,

Fr. v. Uechtritz, und da saß auch Heinrich Heine, und jubelte und schrie und trieb alle jene genialen Tollheiten mit, die da ausgeheckt wurden, jene Zoten und Rohheiten, Träume und Schnurren, um den Wurm gewaltsam zu morden, der da drinnen im Herzen saß und dasselbe zernagte....

> „Ja du bist elend und ich grolle nicht!
> Mein Lieb, wir sollen Beide elend sein,
> Bis uns der Tod das kranke Herz zerbricht,
> Mein Lieb, wir sollen Beide elend sein."

Aber sinnlose Ausschweifungen und cynisches Leben sind ein schlechter Trost für ein im Grunde dennoch ideales Dichterherz! Aus allen Bacchanalien erwachte doch immer das Bild seiner unglücklichen Liebe, das ihn überallhin begleitet, das in allen Dichtungen unter den verschieden= artigsten Namen und Gestaltungen immer wiederkehrt, das noch in seinen spätesten Lebensjahren den Dichter nicht verläßt und als düsteres Verhängniß selbst an seinem Sterbebette steht, bis ihn der Tod auch von diesem Traum= bilde befreit!

Nur in den Armen der Muse fand der Dichter Trost und Ruhe für dem großen Schmerz seiner Seele. Wenn er in seinen Liedern sich so recht ausgeweint hatte, dann überkam ihn ein harmonischer Geist der Ruhe, der Adel der Poesie.

II.

Wieder war es eine Gunst des Geschickes, das nicht so blind die Loose wirft, wie man gewöhnlich annimmt, daß dem jungen Dichter nun aber auch eine neue Welt sich eröffnete, in der seine dichterische Bedeutung zur Aner= kennung gelangte, eine Welt, in der er den tiefen Schmerz seiner verrathenen Liebe ohne Scham vergessen konnte — ich meine: die Gesellschaft der Berliner „Salons", vor Allem aber die Varnhagen's von Ense und seiner geistreichen Frau Rahel.

Es mag in der That in der Formvollendung und Klarheit der Heine'schen Poesie gelegen haben, daß Varnhagen und Rahel darin Anklänge an Goethe's Dichtungen gefunden und schon deshalb Heine liebgewonnen hatten.

Aber noch eine andere Frau müssen wir hier billigerweise nennen, die ebenfalls einen geistreichen Cirkel um sich versammelte, und auf Heine's dichterische Entwickelung den gedeihlichsten Einfluß ausübte: Elise von Hohenhausen, die selbst begabte Dichterin, jeden Dienstag die besten und gelehrtesten Männer, an denen das damalige Berlin so reich war, in ihrem Salon versammelte. Elise von Hohenhausen hatte das Verdienst, in Berlin zuerst die dichterische Bedeutung Heine's proklamirt zu haben. Sie war es, die ihn als Nachfolger Lord Byron's in Deutschland bezeichnete. Noch auf seinem Sterbebett gedachte der Dichter in wehmüthiger Rückerinnerung der heiteren, schönen Stunden, die er in diesen ästhetischen Salons genossen.

Den geistigen Anregungen dieser Gesellschaften ist es wohl auch zu danken, daß in Heine das wüste, jugendlich überschäumende Wesen zurücktrat und edleren Regungen Platz machte. Er war ja jetzt ein Dichter mit dem ganzen Stolz eines solchen, und hatte höhere Interessen und Ziele, als in träumerischer Liebessehnsucht sich zu verzehren. Und mit dieser Erkenntniß war Heine auch ein Dichter, ein wahrer Dichter, der, über der Leidenschaft des Herzens stehend, dieselbe um so hinreißender und inniger darstellen konnte, je tiefer er sie selbst gefühlt und je gründlicher er sie überwunden hatte.

So sehen wir denn auch am 5. Januar 1823 Heine die erste Staffel zu seinem Dichterthron ersteigen — wir lesen nämlich seinen Brief an Ferdinand Dümmler, in dem er ihm schüchtern, wie ein junger Autor, seine beiden Dramen und seine Gedichte zum Verlag anbietet. Spricht sich zwar schon in diesem Briefe das Selbstvertrauen aus, das Heine stets beseelte, so lesen wir doch mit Lächeln, wie er schreibt: „Ich glaube nicht, daß ich hier in Berlin sehr bekannt bin, aber desto mehr bin ich es in meiner Heimath am Rheine."

Und sicherlich mit dem Zagen, das nur junge Autoren ganz begreifen können, saß der junge Poet in seiner zweiten Berliner Wohnung, Taubenstraße Nr. 32, und horchte, ob nicht die lieblichen Schritte des beflügelten Briefboten zu hören waren, und empfing dann endlich nach langem Warten klopfenden Herzens den Brief, den er schon an der Außenseite kennt, und in dem der alte, erfahrene Buchhändler dem jungen Dichter mittheilt, daß er sich auf vieles Zureden, nach Empfehlungen von Gubitz, Hitzig u. A. entschlossen habe, die Gedichte zu verlegen und dem unbekannten Dichter statt des Honorars, auf das er doch hoffentlich keine Ansprüche mache, 40 Frei-Exemplare zu gewähren. Aber was thut's, was braucht ein junger Dichter Honorar — die ersten Gedichte gedruckt — das ist genug, übergenug . . . .

Das Auge sieht den Himmel offen,
Es schwelgt das Herz in Seligkeit.

Auch Heine machte keine Ausnahme von der Autorenregel. Und waren auch seine Gedichte nicht, wie die so vieler junger Poeten, von Verleger zu Verleger gewandert, so hatte ja doch Brockhaus in Leipzig ihm dieselben vorerst mit der stereotypen Verlegerphrase zurückgeschickt, daß er, mit Unternehmungen überhäuft, sie nicht drucken könne.

Aber das war alles vergessen, und kein Mensch in ganz Berlin glücklicher als Heine, der nun in dem schönen Bewußtsein schwelgte, ein erbgeborner Sohn Apoll's, ein vollberechtigter Bürger des Parnasses zu sein.

Glaubwürdige, greise Männer, die den Dichter zu der Zeit kannten, erzählen, daß er damals stundenlang „Unter den Linden" umherspaziert sei, in der Meinung, alle Leute, die dort vorübergingen, bewunderten ihn und flüsterten einander zu: „Das ist der Dichter Heine!"
Wir werden diese Poeteneitelkeit belächeln, aber leicht erklärlich finden, um so mehr, da wir ja wissen, daß Heine von Natur aus etwas eitel war — und daß seine stundenlangen Spaziergänge „Unter den Linden", wo er übrigens auch kurze Zeit in dem Hause Nr. 74 gewohnt — ja noch einen andern Grund hatten, der uns aus dem folgenden Gedicht ersichtlich wird:

> Ja, Freund, hier unter den Linden
> Kannst Du Dein Herz erbau'n,
> Hier kannst Du beisammen finden
> Die allerschönsten Frau'n.
>
> Sie blüh'n so hold und innig
> Im farbigen Seidengewand!
> Ein Dichter hat sie sinnig
> Wandelnde Blumen genannt.
>
> Welch' schöne Federhüte!
> Welch' schöne Türkenshawls!
> Welch' schöne Wangenblüthe!
> Welch' schöner Schwanenhals!

Ich glaube, daß der Dichter, der die Frauen „Unter den Linden" „wandelnde Blumen" genannt, kein Anderer gewesen sein wird — als Heinrich Heine, möchte aber dabei die Erinnerung an jene „wandelnde Blume" nicht gerade heraufbeschwören, die der Dichter ein ander Mal so herzbeweglich bittet, ihn nicht „hier Unter den Linden" durch ihren Gruß zu blamieren! —

Es wäre indeß ein Irrthum, wollten wir glauben, daß die vielen widerstreitenden Einflüsse, die auf den dreiundzwanzigjährigen Jüngling in Berlin einstürmten, und die Erfolge, die seine „poetischen Ausstellungen" in Gubitz's „Gesellschafter" hatten, ihn von ernsterem wissenschaftlichen Streben abhielten. Während er in heiterer Freunde Kreis Nächte durchschwärmte, oder Abende lang poetische und ästhetische Theecirkel frequentirte, traten auch die juridischen Brotstudien wieder in ihre alten Rechte ein, beschäftigten ihn oft und vielfach die höchsten Fragen der Philosophie und der Wissenschaft, zunächst aber auch die Angelegenheiten seines — Stammes.

Denn Heine war ein Jude, und daß er das nicht vergaß mitten im Taumel eines bacchantischen Lebens, mitten unter den dem Judenthum gehässigsten Einflüssen, in einer Gemeinde, von der der größere Theil innerhalb weniger Jahre zur herrschenden Kirche übergegangen war, das zeigt, daß die Einflüsse und Stimmungen mächtig in seiner Seele lebten, die ihn an sein damals noch geknechtetes und mißachtetes Volk ketteten.

Zunächst war es auch wohl die Freundschaft mit jenen Männern, die damals im Rausche jugendlicher Begeisterung am 7. November 1819 den „Verein für Cultur und Wissenschaft des Judenthums" gründeten, mit Eduard Gans, Moses Moser, Leopold Zunz u. A., die Heine so sehr für die Interessen der Juden begeisterte.

Es war ein jugendlich kühner, wenn auch vermessener Gedanke, der die Bestrebungen dieses Vereins durchwehte, der Gedanke der Reform einer Nation, die mit merkwürdiger Festigkeit und unerschüttert von den Wogen der Völkergeschichte Jahrtausende hindurch in Druck und Verfolgung ihrem Glauben treu blieb, und die nun jugendliche Brauseköpfe mit einem Male ganz von den Tafeln der Geschichte löschen wollten. Und eben diese Unklarheit des Wollens war es, die den Verein, trotz der gediegenen

Kräfte, welche er besaß, nach wenigen Jahren schon zersplitterte.

Für unsern Dichter aber ist es ein ehrendes Zeugniß, daß er der Sache dieses Vereins, die ihm ja die Sache seines Stammes schien, während seines ganzen Bestehens treu ergeben bleibt. In Berlin selbst versäumte er selten eine Vereinssitzung, ja er unterrichtete sogar mehrere Stunden in der Woche in der neugegründeten Vereinsschule arme polnische Judenknaben in Geographie und Geschichte, und nachdem er von Berlin wegreiste, kehrt in jedem seiner Briefe der Gedanke und die Nachfrage nach dem Verein regelmäßig wieder.

Er wollte „dem altersgrauen Judenschmerz" in der Zeitschrift des Vereins eine Betrachtung widmen; im Interesse der Literaturgeschichte ist es zu bedauern, daß dies der Verhältnisse und Zeitumstände wegen nicht ausgeführt worden.

Denn die Eltern und Verwandten, denen noch kein Ahnen seiner dichterischen Sendung aufgegangen war, drängten in den jungen Harry, doch nun einmal seine Studien zu beendigen. Sie wußten nicht, daß statt der eisernen Paragraphe trockener Rechtssysteme, statt Pandekten und Fascikeln, Poesie und Philosophie den Jüngling vollauf beschäftigt hatten.

Freilich sah Heine bald selbst ein, daß mit aller Poesie man nicht Doctor juris werden könne, ja, daß ihm überhaupt die Erreichung dieses Zieles in der Residenz wohl unmöglich sein würde. So sah er sich denn genöthigt, Berlin zu verlassen, und nachdem er sich am 24. Dec. 1823 hatte exmatrikuliren lassen, trat er am 19. Jan. 1824 die Reise nach — Göttingen an, um daselbst die höchsten akademischen Würden zu erlangen. Hier lebte denn auch Heine eine Zeit lang ganz dem juridischen Brodstudium, wenn wir seinen brieflichen Versicherungen an die Berliner Freunde glauben dürfen, und nicht hinterdrein noch die folgende verschämte Notiz lesen: „Dennoch treibe ich noch manches Andere, z. B. Chronikenlesen und Biertrinken. Auch die Liebe quält mich. Es ist nicht mehr die frühere, die einseitige Liebe, sondern wie ich mich zum Doppelbier hinneige, so neige ich mich auch zu einer Doppel=Liebe. Ich liebe die medicäische Venus, die hier auf der Bibliothek steht, und die schöne Köchin des Hofrath Bauer. Ach, und beide liebe ich unglücklich."

Indeß trotz dieses „Pantheismus in der Liebe" kam Heine doch seinem Ziele näher, und legte endlich am 3. Mai 1825 sein Examen ab, worauf er am 20. Juli desselben Jahres das Diplom als Doctor juris erhielt.

Inzwischen war Heine noch einmal während der Ferien kurze Zeit in Berlin gewesen, um die alten Freunde aufzusuchen. Sein dritter Aufenthalt in Berlin fällt in den Januar des Jahres 1829. Er wohnte damals in der Großen Friedrichstraße und schrieb dort seine italienischen Reiseerinnerungen. Nach dreimonatlichem Aufenthalt siedelte er dann nach Potsdam über, wo er auf dem Hohen Weg Nr. 12 etwa ein Vierteljahr lebte, und den dritten Band der „Reisebilder" schrieb. Dort war es auch, wo er mit der unglücklichen Charlotte Stieglitz bekannt wurde und ihr tragisches Ende in prophetischer Ahnung vorhersagte.

Bald darauf ging Heine nach Paris und dort blieb er auch bis an sein Lebensende, ein treuer Vermittler deutschen und französischen Geistes.

Berlin hat er nie wieder gesehen! Im Jahre 1846 will er die Stadt noch einmal besuchen, um daselbst seinen berühmten Freund Dieffenbach zu consultiren, und da damals im Vaterlande eine „niedergedrückte, arretirte Zeit" war, fragt er zuvor bei Alexander v. Humboldt an, ob ihm durch dessen Vermittelung vielleicht ein Aufenthalt von mehreren Tagen in Berlin gestattet werden würde. Es wurde nicht zugegeben, trotz aller Bemühungen Humboldt's, ja trotz des Interesses, das Friedrich Wilhelm IV. selbst für seine Gedichte hegte. Das Vaterland verbannte damals alle seine treuen Söhne, warum sollte Heine davon ausgeschlossen worden sein?

Aber die Erinnerung an Berlin, dem er so viele geistige Anregungen zu danken hatte, verließ ihn zu keiner Zeit seines Lebens, nicht einmal auf der vielberufenen Matratzengruft, seinem Sterbebette.

Sie kehrt denn auch in den meisten seiner Schriften wieder, bald in ernster, bald in humoristischer Weise, in Prosa wie in Versen, und wir werden zur Vervollständigung dieser Skizze nur zwei Urtheile Heine's über Berlin, ein ernstes und ein scherzhaftes, hier vorführen.

Jenem Eingangs erwähnten Berliner gegenüber, der seine Vaterstadt so hochhält, daß er keine andere Stadt neben ihr aufkommen läßt, spricht Heine das folgende, allerdings nur vorsichtig aufzunehmende Urtheil über Berlin aus:

„Berlin ist gar keine Stadt, sondern giebt bloß den Ort dazu her, wo sich eine Menge von Menschen, und zwar viele Menschen von Geist versammeln, denen der Ort ganz gleichgiltig ist; diese bilden das geistige Berlin. Der durchreisende Fremde sieht nur die langgestreckten, uniformen Häuser, die langen, breiten Straßen, die nach der Schnur, und meistens nach dem Eigenwillen eines Einzelnen gebaut sind und keine Kunde geben von der Denkweise der Menge. Nur Sonntagskinder vermögen etwas von der Privatgesinnung der Einwohner zu errathen, wenn sie die langen Häuserreihen betrachten, die sich, wie die Menschen selbst, von einander fern zu halten streben, erstarrend in gegenseitigem Groll. Nur einmal in einer Mondnacht, als ich etwas spät von Lutter und Wegener heimkehrte, sah ich, wie jene harte Stimmung sich in wilde Wehmuth aufgelöst hatte, wie die Häuser, die einander so feindlich gegenüber gestanden, sich gerührt baufällig christlich anblickten, und sich versöhnt in die Arme stürzen wollten; so daß ich armer Mensch, der in der Mitte der Straße ging, zerquetscht zu werden fürchtete. Manche werden diese Furcht lächerlich finden, und auch ich lächelte darüber, als ich nüchternen Blickes den anderen Morgen durch eben jene Straße wanderte und sich die Häuser wieder so prosaisch entgegengähnten. Es sind wahrlich mehrere Flaschen Poesie dazu nöthig, wenn man in Berlin etwas anderes sehen will, als todte Häuser und Berliner. Hier ist es schwer, Geister zu sehen. Die Stadt enthält so wenig Alterthümlichkeit und ist so neu, und doch ist dieses Neue schon so alt, so welk und abgestorben; denn sie ist größtentheils, wie gesagt, nicht aus der Gesinnung der Masse, sondern Einzelner entstanden."

Heine spricht dann über den „alten Fritz", über Potsdam, das ganz dessen Geistesstempel trage, das wir mit ernstem Interesse betrachten, und wo wir hier und da eine aufsteigende Lachlust unterdrücken, als fürchteten wir, plötzlich einen Schlag auf dem Rücken zu bekommen, wie von dem spanischen Röhrchen des alten Fritz. „Solche Furcht befällt uns aber nimmer in Berlin, da fühlen wir, daß der alte Fritz und sein spanisches Röhrchen keine Macht mehr üben; denn sonst würde aus den alten aufgeklärten Fenstern der gesunden Vernunftstadt nicht so manch' krankes Obskurantengesicht herausglotzen und manch' dummes, abergläubisches Gebäude würde sich nicht unter die alten sceptisch=philosophischen Häuser eingesiedelt haben. Ich will nicht mißverstanden sein und bemerke ausdrücklich, ich stichele hier keineswegs auf die neue Werder'sche Kirche, jenen gothischen Dom in verjüngtem Maßstabe, der nur aus Ironie zwischen die modernen Gebäude hingestellt ist, um allegorisch zu zeigen, wie läppisch und albern es erscheinen würde, wenn man alte, längst untergegangene Institutionen des Mittelalters wieder neu aufrichten wollte unter den neuen Bildungen einer neuen Zeit."

Das ist Heine's beachtenswertheftes Urtheil über Berlins äußere Erscheinung. Es sei hier aber auch gestattet, noch einen der heitersten Ergüsse seiner Satyre zu citiren; ich meine jenes Urtheil, das er einer der unsterblichen, prachtvollen Gestalten seiner Phantasie, jener klassisch=dummen, harmlos=naiven Signora Franceska in den „Bädern von Lucca" gegenüber, über Berlin ausspricht:

„Signora wunderte sich nicht wenig, als ich ihr sagte, daß ich selbst lange Zeit in der Capitale della Prussia gelebt habe, nämlich in Berolino, einer Stadt, die ganz oben in der Geographie liegt, unfern vom Eispol. Sie schauderte, als ich ihr die Gefahren schilderte, denen man dort zuweilen ausgesetzt ist, wenn Einem die Eisbären auf der Straße begegnen. Denn, liebe Franceska, erklärte ich ihr, in Spitzbergen liegen gar zuviele Bären in Garnison, und diese kommen zuweilen auf einen Tag nach Berlin, um etwa aus Patriotismus den Bär und Bassa zu sehen, oder einmal bei Beyermann im Café Royal gut zu essen und Champagner zu trinken, was ihnen oft mehr Geld kostet, als sie mitgebracht; in welchem Falle einer von den Bären so lange dort angebunden wird, bis seine Kameraden zurückkehren und bezahlen, woher auch der Ausdruck, „einen Bären anbinden" entstanden ist. Viele Bären wohnen in der Stadt selbst, ja man sagt, Berlin verdanke seine Entstehung den Bären und hieße eigentlich Bärlin. Die Stadtbären sind aber übrigens sehr zahm und einige darunter so gebildet, daß sie die schönsten Tragödien schreiben und die herrlichste Musik komponiren. Die Wölfe sind dort ebenfalls häufig, und da sie der Kälte wegen Warschauer Schaf=

pelze tragen, sind sie nicht so leicht zu erkennen. Schnee=
gänse flattern dort umher und singen Bravour=Arien, und
Rennthiere rennen da herum als Kunstkenner. Uebrigens
leben die Berliner sehr mäßig und fleißig, und die meisten
sitzen bis am Nabel im Schnee und schreiben Dogmatiken,
Erbauungsbücher, Religionsgeschichten für Töchter aller ge=
bildeten Stände, Katechismen, Predigten für alle Tage im Jahr,
Elohagedichte, und sind dabei sehr moralisch, denn sie sitzen
bis am Nabel im Schnee."

Dieses bunte Kaleidoskop, in dem wir die Ansichten
Heine's von Berlin erblicken, könnte noch weit über den zu=
gemessenen Raum ergänzt werden, aber es genügt, wenn wir die
Aeußerungen Heine's über Berlin ihren Hauptzügen nach in
Ernst und Scherz kennen gelernt haben. Im Einzelnen würden
dieselben, zusammengestellt, selbst ein Buch ausmachen, das
allerdings Zeugniß ablegen möchte von dem bedeutenden
Interesse, das der Dichter jederzeit für diese Stadt gehegt
hat, aus der er ja seine bekannten Briefe nach Westfalen
geschrieben, und der er auch eine satyrische Spende in einem
seiner Traumgesichte gewidmet hat. Da Heine die Lieblings=
neigungen und Herzenswünsche seiner Berliner genau kennt, so
bescheert er ihnen in einem Traumgesicht, in dem er den lieben
Gott selbst spielt und die Stadt Berlin beglücken will, ein
großartiges Fest, das in folgenden Genüssen bestehen soll:

    Die Pflastersteine auf der Straß'
    Die sollen jetzt sich spalten,
    Und eine Auster, frisch und klar,
    Soll jeder Stein enthalten.

    Ein Regen von Citronensaft
    Soll thauig sie begießen,
    Und in den Straßengossen soll
    Der beste Rheinwein fließen.

Aus jedem Pflasterstein eine Auster und in den Rinn=
steinen Rheinwein, in der That, man muß gestehen, die

Bescheerung ist eine liebevolle, und mag dem Berliner Magistrate einer idealen Zukunft bei irgend einem großen Feste, etwa dem Verbrüderungsfeste der Menschheit, aufs Eindringlichste empfohlen sein.

Aber das ist nur ein Scherz; doch in Wirklichkeit hat ja der Dichter die Zukunft Berlins und Deutschlands als Kaiserstadt und Kaiserstaat in merkwürdiger Weise, ein vorwärtsschauender Prophet, mitten in der tiefsten Erniedrigung des Vaterlandes, wiederholt und begeistert verkündet: „Wenn Du auch in Fesseln darniederliegst, so siegt doch am Ende Dein gutes Recht; es naht der Tag der Befreiung, eine neue Zeit beginnt — mein Kaiser, die Nacht ist vorüber und draußen glüht das Morgenroth!"

Josef Lehmann und Heinrich Heine.

I.

Das Collegium des Philosophen Hegel ist eben zu Ende. In Schaaren strömen die Studenten aus den dumpfen Couloirs der Universität hinaus in das freie und sonnig fluthende Leben, „Unter den Linden." Ganz zuletzt kommen noch, unmittelbar hinter dem Philosophen, der sie freundlich begrüßt, zwei junge Männer, die im lebhaften Disput über irgend eine der großen Fragen der Philosophie, die Welt um sich herum ganz vergessen zu haben scheinen. Ein blasser schmächtiger Jüngling, bartlos und blond, war der Eine, dessen Gesicht ein so eigenthümliches Gepräge hatte, daß man gleich auf ihn aufmerksam wurde — ein hübscher, schlanker Jüngling, rabenschwarz und mit einem kleinen Schnurrbart, der Andere, aus dessen freundlichem Gesicht die herzlichste Liebenswürdigkeit blickte. Ich brauche wohl nicht erst zu sagen, daß der Erste Harry Heine, der Andere Josef Lehmann war.

Wer war aber Josef Lehmann? In literarischen Kreisen ist es wohl nicht nöthig diese Frage zu stellen. In Berlin und Breslau braucht man sie auch in außerliterarischen Kreisen nicht aufzuwerfen. Darüber hinaus wird es aber doch wohl nothwendig sein, für weitere Kreise die Bedeutung dieses Mannes zu erörtern. Um so mehr, als weder die „Allgemeine Deutsche Biographie", die wohlgezählte zwölf „Lehmänner", — natürlich einer berühmter wie der andere, — aufzählt, noch auch die verschiedenen großen Conversationslexika, die sich mit soviel unnützem biographischen Ballast von Auflage zu Auflage schleppen, dieses Mannes gedenken. Und doch hat derselbe fast vierzig Jahre lang eine sehr einflußreiche, ja fast maßgebende Stellung in der deutschen Literaturwelt eingenommen! Und doch war er der Freund hervorragender Männer, der Förderer aller literarischen und humanistischen Bestrebungen seiner Zeit! Aber freilich, er hat keine dreibändige Romane und keine dickbäuchige Gelehrtenchroniken geschrieben. Er hatte eben seine Zeit für Nützlicheres aufzuwenden; denn er gehörte dem in Deutschland dünngesäeten Geschlecht der Konrad Bolze an, die das Brod der Zukunft backen und in stillem Wirken die Saaten ausstreuen, aus denen einst eine reiche Ernte hervorsprießt.

Josef Lehmann war ein Schlesier, aus Groß-Glogau, der Stadt, deren jüdische Gemeinde eine Schaar von gelehrten und geistvollen Männern im Anfange dieses Jahrhunderts in die Welt hinaussandte. Zu diesen gehörte in erster Reihe Josef Lehmann, der dort am 28. Februar 1801 geboren wurde. Wie alle intelligenten Jünglinge seiner Heimat wandte auch er sich nach Berlin, um dort in ein kaufmännisches Geschäft einzutreten, zugleich aber auch seine

Studien fortzusetzen. Und dort, im Colleg Hegels über Aesthetik, war es — Anfangs 1822, — wo er zufällig Heine kennen lernte. Rasch war die Bekanntschaft und nicht lange nachher auch der Freundschaftsbund geschlossen. Boten sich ja für beide Jünglinge zahlreiche Berührungspunkte, die, da der Zufall sie nun einmal zusammengeführt, zu einem herzlichen Verhältniß führen mußten. Beide waren Juden und als solche damals von den Kreisen der christlichen Studenten so gut wie ausgeschlossen, beide waren Schöngeister und deshalb schon auf gemeinsames Wirken angewiesen. Am Ende stellte es sich auch bald heraus, daß beide mehrere gemeinsame Bekannte und auch sonst noch manche Berührungspunkte hatten.

Zwar Heine besaß damals noch wenig Freunde in Berlin, wo er, wie bereits erwähnt, seit dem Frühling 1821 lebte. Außer Professor Gubitz, dem er sich selbst vorgestellt hatte, Varnhagen von Ense und Rahel, an die er empfohlen war, Christian Sethe, den er von Jugend auf kannte, und Eugen von Breza, den er in Berlin kennen lernte, hatte er keinen näheren Umgang in der Residenz. Dafür aber kannte man ihn bereits! Schon waren die „poetischen Ausstellungen" und einige Scenen des „Almansor", im „Gesellschafter" erschienen und eben erst war das schmächtige Bändchen der „Gedichte" bei Maurer herausgekommen. Sehr begreiflich, daß Lehmann sich für den jungen Dichter lebhaft interessirte und ihn in seinem Stübchen — Mauerstraße, Ecke der Französischen Straße — fast jeden Morgen aufsuchte. Heine lag dann meistens noch im Bette und trug dem Freunde seine neuesten, über Nacht entstandenen Gedichte mit der ihm eigenen, halb singenden, und die Form des Gedichtes gewissermaßen typisch bestimmenden Declamation vor, während Lehmann unmittelbar darauf sein gestrenges kritisches Urtheil abzugeben hatte.

Ja, noch mehr, sogar die Correctur seiner Aufsätze und „Tragödien" vertraute Heine dem Freunde an — ein Zeichen von Vertrauen, das auf einen ungewöhnlichen Grad von Achtung schließen läßt, den er für Lehmann empfunden. „Sie sind fast der Erste in Berlin gewesen", schreibt Heine zwei Jahre später in Erinnerung an jene Blüthetage ihrer Freundschaft — „der sich mir liebreich genaht, und bei meiner Unbeholfenheit in vielen Dingen sich mir auf die uneigennützigste Weise freundlich und dienstfertig erwies. Es liegt in meinem Charakter, oder besser gesagt: in meiner Krankheit, daß ich in Momenten des Mißmuthes meine besten Freunde nicht schone, und sie sogar auf sie verletzende Weise persiflire und maltraitire. Auch Sie werden bei mir diese liebenswürdige Seite kennen gelernt haben und hoffentlich in der Folge noch mehr kennen lernen. Doch müssen Sie nicht vergessen, daß Giftpflanzen meistens fortwachsen, wo ein üppiger Boden die freudigste und kräftigste Vegetation hervorbringt, und daß dürre Haiden, die von solchen Giftpflanzen verschont sind — auch nur dürre Haiden sind."

Nun denn, diese Erkenntniß war Josef Lehmann schon aufgegangen, noch ehe er diesen Brief aus der Lüneburger Haide empfangen hatte. Es gehörte eben Geduld dazu, Heines Kritiker zu sein und dabei sein Freund zu bleiben. Wie oft zankten sie sich über einen Dichter, über die Auffassung einer Stelle in einem classischen Werk, über irgend einen poetischen Gedanken in einem Heine'schen Gedicht, oder auch nur über den Reim in einem solchen! Lehmann hatte viel Geduld. Er besaß wohl auch reicheres Wissen und eine schärfere Kritik als Heine. Dieser erkannte zwar willig die Vorzüge des Freundes an; er folgte auch seinen kritischen Rathschlägen, wenn sie ihm einleuchtend schienen, vermochte aber doch nie ein Gedicht ganz zu vernichten, wenn dasselbe Lehmann entschieden mißfallen hatte. „Ach, das verstehen Sie nicht, lieber Freund!" war dann meist seine ärgerliche Antwort, worauf Lehmann ständig bemerkte: „So, wenn Sie meinen!" und zur Thüre hinausschoß. Selten ging aber die Sonne eines solchen Tages unter, ohne mit ihren Abendstrahlen das feierliche Versöhnungsfest der beiden jungen Brauseköpfe zu beleuchten, deren freundliches Verhältniß nach solchen Gewittern nur um so inniger sich gestaltete.

Als dann Heine eines Tages durch Eduard Gans dem „jungen Paläſtina" zugeführt wurde, das sich in dem „Verein für Cultur und Wissenschaft der Juden" nun schon seit drei Jahren sammelte, begegnete er auch dort Josef Lehmann, und zwar als einem der eifrigsten und begeistertsten Mitglieder. Mit seinem warmen Herzen und seinem praktischen Scharfsinn erkannte Lehmann schon früh, daß die überschwänglichen Reformideen der jungen Apostel eitel Schaumblasen seien, und richtete seinen Blick auf das Praktische, wirklich Auszuführende. Seiner Initiative verdankte die Unterrichtsanstalt des Vereins ihre Entstehung, in der außer der deutschen die griechische, lateinische, französische und hebräische Sprache, ferner Geographie, Geschichte, Arithmetik und Geometrie gelehrt wurden. Lehmann selbst betheiligte sich am Unterricht in hervorragender Weise und veranlaßte auch Heine, wöchentlich drei Geschichtsstunden zu geben. Mit besonderer Genugthuung erzählte Lehmann in späteren Jahren, daß einer ihrer besten Schüler sein Landsmann, der berühmte Orientalist Salomon Munk, gewesen sei, dem Heine einige rührende Blätter in seinem Gedenkworten auf Ludwig Markus gewidmet hat. Und mit Vorliebe wiederholte er die humoristische Thatsache, daß Heine gerade das Referat über einen zu stiftenden israelitischen Frauenverein, sowie über ein Religionsbuch für die israelitische Jugend anvertraut wurde — und erzählte, mit welchem gravitätischen Ernst sich der junge Dichter dieser Mission entledigte, als er bei der nächsten öffentlichen Jahresfeier seinen ungemein anziehenden, zunächst an die israelitischen Frauen gerichteten Vortrag gehalten.

Aber nicht nur bei der ernsten Culturarbeit, auch in der heiteren Geselligkeit der Berliner Salons trafen und förderten sich die Freunde. Heine führte Lehmann bei Varnhagens ein, Lehmann brachte Heine in das gastliche Haus der Dichterin Elise von Hohenhausen und in den Salon der Familie Veit, wo sich eine auserlesene literarische Gesellschaft versammelte, und wo Heine zuerst als Dichter anerkannt wurde.

Freilich Lehmann wußte längst, daß sein Freund ein gottbegnadeter Poet sei, und gern ergriff er die Veranlassung, ihm eine poetische Huldigung darzubringen, durch die er Heine zugleich einen wahren Freundschaftsdienst erweisen konnte. Dieser hatte nämlich in seinen „Briefen aus Berlin" über einen aristrokratischen Schriftsteller, Baron von Schilling, über dessen elegante Manieren und kurländisch lispelnde Sprache sich etwas lustig gemacht. Darauf erfolgte Seitens des entrüsteten Barons die Drohung einer Herausforderung. Heine, der sich im Unrecht fühlte, war nun genöthigt, im „Gesellschafter" eine öffentliche Erklärung abzugeben, daß er alles zurücknehme „um allen Stoff zu Mißverständniß und öffentlichem Federkriege wegzuräumen." Diese Ehrenerklärung brachte er Professor Gubitz zugleich mit einem Sonett, von dem er wünschte, daß es unmittelbar hinter jener Beschwichtigung abgedruckt werde, um deren üblen Eindruck abzuschwächen. „Nur nach Widerstreben", sagt Gubitz, „wurde ich von seinen ängstlich dringenden Bitten überwältigt und ordnete Beides ein in das, den verschiedenen Ansichten zum Tummelplatz angewiesene Beiblatt." („Der Bemerker", 1822 Nr. 9). Dies Sonett lautet folgendermaßen:

Das Traumbild.
An H. Heine.

Von Morpheus' Armen war ich sanft umfangen,
Als Phantasie in eines Traumes Hülle
Ein Bild mir wies in seltner Schönheitsfülle:
Bezaubert blieb die Seele daran hangen.

Und als ich mit inbrünstigem Verlangen
Es ganz genießen wollt' in süßer Stille,
Da weckte mich des Schicksals eh'rner Wille,
Und ach! der Zauber war im Nu vergangen.

Vergebens sucht' ich nun im bunten Leben,
Was Phantasie genommen, wie gegeben,
Da, junger Sänger, fand ich deine Lieder.

Und jenes Traumbild, das so froh mich machte,
Erkannt ich bald in deinen Skizzen wieder,
Viel schöner noch, als ich mir selbst es dachte.

H. Anselmi.

Dieser H. Anselmi war aber kein Anderer als unser Lehmann, der treue Freund und begeisterte Lobredner, der aus seinem Namen J. S. Lehman (n) jenes Anagramm gebildet hatte! Wer die intimern Gepflogenheiten des literarischen Lebens genau kennt, der wird es begreifen, daß durch eine solche Huldigung jener Abbitte die Spitze abgebrochen war, und ebenso, daß Baron v. Schilling nichts weniger als versöhnt sich zeigte. Nicht lange darauf treffen wir ihn selbst auf demselben Tummelplatz mit einer recht galligen Parodie auf Heine, „Traumbild von Peter, dem Volksdichter" überschrieben, die in dem Satze gipfelt:

„Glaub' mir: wenn einer erst sein Leid erzählt,
Der fühlt's nicht mehr; dem schmecken Trank und Speise!"

Heine's dichterische Manier rief auch zu jener Zeit noch manche Parodie und viele Nachahmungen hervor, die man für Travestien anzusehen geneigt war. Aber nur einer dieser „tausend armen Jungen", die ihm „verzweifelt nachgedichtet", traf den epigrammatischen Ton, die kokette Selbstbespiegelung Heine's ebenso witzig als geistreich, ohne den Dichter zu verletzen, der sich vielmehr eher noch geschmeichelt fühlte. Es war wieder unser H. Anselmi = J. Lehmann. In dem „Westteutschen Musenalmanach auf das Jahr 1823", den Heine's Freund, J. B. Rousseau, herausgegeben, und in dem sich auch alle andere Studiengenossen und Freunde, Fr. Steinmann, Benedikt Leo Waldeck, W. v. Blomberg, B. Hundeshagen, Karl Immermann, Wilhelm Smets u. A. ein poetisches Rendezvous gegeben hatten, finden wir Seite an Seite die beiden folgenden Gedichte:

Sie haben mich gequälet, Geärgert blau und blaß, Die Einen mit ihrer Liebe, Die Andern mit ihrem Haß. Sie haben das Brot mir vergiftet, Sie gossen mir Gift ins Glas, Die Einen mit ihrer Liebe, Die Andern mit ihrem Haß. Doch die mich am meisten gequälet Geärgert und betrübt, Die hat' mich nie gehasset Und hat mich nie geliebt. H. Heine.	Sie haben mich ennüjiret, Gequälet, ich weiß nicht wie, Die Einen mit ihrer Prosa, Die Andern mit Poesie. Sie haben das Ohr mir zerrissen In ewiger Disharmonie, Die Einen mit ihrer Prosa, Die Andern mit Poesie. Doch die mich am meisten ge= langweilt Mit ihrem Federkiel, Die schrieben weder poetisch, Noch recht prosaischen Stil. H. Anselmi.

Es bedarf wohl nicht erst besonderer Hervorhebung, daß der Abdruck dieser Parodie mit Heine's ausdrücklichem Einverständniß, ja sogar auf seinen Wunsch erfolgte. Derselbe Musenalmanach enthält auch noch eine weitere Zahl derartiger parodistischer Gedichte, die so täuschend nach= geahmt sind, daß sie Friedrich Steinmann fünfundzwanzig Jahre später für Heine's eigene Gedichte ausgegeben hat! Sie rühren sämmtlich von Lehmann her, und wurden von

Heine vor dem Druck gelesen und sehr wohlgefällig aufgenommen. Da der kleine Musenalmanach längst verschollen, wird eine Reproduction dieser „Zuckerpastillen für die Geliebte" hier wohl am Platze sein:

I.

Das Herz, den Frohsinn und das Glück
Hast Du mir, Liebchen, längst genommen,
Und, was ich auch von Dir bekommen,
Nicht Eines gabst Du mir zurück.

Für Herz, für Frohsinn und für Glück
Hast Du den Schmerz für's ganze Leben
Und bitt're Worte mir gegeben,
Nimm, Liebchen, nimm auch die zurück.

II.

Gedenkst Du noch der Flammenblicke,
An die der Neuling gern geglaubt?
Des lang versagten ersten Kusses,
Den dir der Glühende geraubt?

O Blicke, ihr erprobten Angeln,
An denen sich das Fischlein hängt!
O Kuß, du süße Honigruthe,
Mit der man Vögel lockt und fängt!

III.

Du sprachst und gabst ein Löckchen mir
Von Deinem seid'nen Haar:
„Das trag', ich trage Dich dafür
Im Herzen immerdar."

Und Herz und Haar noch manches Mal
Wohl spielten diese Roll';
Drum sprich: ist noch Dein Kopf nicht kahl?
Dein kleines Herz nicht voll?

IV.

Du, Liebchen, haft mirs verfichert,
Ich, Liebchen, glaubte es faft;
Von Dir war es gar so dumm nicht,
Daß Du's verfichert haft:
Doch das ich beinah' es glaubte,
Das leg' ich mir zur Laft.

V.

Der Trauerspiele sah ich schon viel,
Ich weinte so manche Thräne,
Doch hatte kein's ein so trauriges End',
Als jene rührende Scene:

Du spielteft darin die Hauptperson,
Ich kniete zu Deinen Füßen —
Wie täufchend machteft die Unschuld Du,
O schönfte der schönen Aktricen!

H. Anselmi.

Auch der folgende Jahrgang dieses „Weftteutschen Musenalmanachs" — der zweite und letzte — enthält nebft einem Beitrag von Heine („Gekommen ist der Maie") „Zwei Lieder für Liebe und Freundschaft", ein paar ähnliche Gedichte von H. Anselmi. Der dichterische Werth dieser Poesien ist kein erheblicher; aber man wird zugeftehen müssen, daß die poetische Eigenart Heine's in denselben fast durchwegs glücklich parodirt ist. Wenn Heine, dessen Poeteneitelkeit gar schnell verletzt werden konnte, sich solchen Spott gefallen ließ, mochte er wohl des Goethe'schen Wortes gedenken: „Wer sich nicht selbst zum Beften haben kann, gehört nicht zu den Beften." Aber er wußte wohl auch, daß diese Scherze von einem aufrichtigen Freunde kamen, der ebenso gern bereit war, mit feierlichem Ernst seine dichterische Mission anzuerkennen und vor allem Volk zu vertheidigen. Und erlaubte sich wohl auch gelegentlich, Gleiches mit Gleichem zu vergelten, und an dem Freunde seine scharfe Satyre auszulassen.

Manche dieser trefflichen Scherze finden wir in Heine's

Briefwechsel mit den Berliner Freunden, andere erwähnt er selbst in der Eingangs dieses Aufsatzes citirten Briefstelle. Als ihm Moser von dem Enthusiasmus des „jungen Palästina" für die Ideenwelt Hegels schreibt, erwidert Heine: „Meinethalben könnt ihr alle zu Ideen werden: nur laßt mich ungeschoren . . . Der Lehmann möchte gern Idee werden und kann nicht." Ein ander Mal erzählt er von seinem Traumbild, den Zug des „jungen Palästina" nach Jerusalem darstellend: „Lehmann und Wohlwill trugen Fahnen, worauf das Schild David's und der Bendavid'sche Lehrsatz gemalt waren." Ein drittes Mal gedenkt er mit Wehmuth, die sich aber bald in Humor auflöst, der Tage gemeinsamen Schwärmens in Berlin: „Ich glaube, Lehmann hielt eine lange Rede, im vollen Tone, und gespickt mit „Aufklärung", „Wechsel der Zeitverhältnisse", „Fortschritte des Weltgeistes", eine lange Rede, worüber ich nicht einschlief, sondern im Gegentheil, worüber ich erwachte." Kein Brief geht aber nach Berlin an die Freunde ab, ohne daß Lehmann „sehr" oder „herzlich" gegrüßt wird.

Und auf denselben Ton ist auch der Briefwechsel mit Josef Lehmann selbst gestimmt. Leider existiren nur noch sieben Briefe Heine's, von denen die meisten schon gedruckt sind. Wir entnehmen denselben, daß der Dichter auf Lehmann unbedingt als auf einen treuen und zuverlässigen Freund rechnen konnte. Fünf dieser Briefe sind aus den dreißiger Jahren, zwei aus den letzten Lebensjahren Heine's. Dazwischen liegen mehr als zwei Jahrzehnte, in denen der Briefwechsel aber wohl kaum gestockt hat, wenn auch keine schriftlichen Zeugnisse dafür vorhanden sind. Es ist mir bekannt, daß Josef Lehmann vor seinem Tode eine große Anzahl von Briefen, darunter auch Heine'sche, vernichtet hat, deren Inhalt ihm aus mancherlei Rücksichten zur Veröffentlichung nicht geeignet erschien.

„Es ist doch hübsch" — heißt es in einem der frühesten Briefe — „bei so vielen Fatalitäten, die mich bedrängen, kann ich doch sicher auf meine Freunde rechnen, und unter diesen haben Sie mir immer die schönsten Beweise von Freundschaft gegeben. Und seltsam! es ist mir in diesem Augenblicke zu Muthe, als könnte es nicht anders sein, als müßten, die mich einmal ganz kennen, nicht von mir ablassen in Liebe und Freundschaft." Und ein ander Mal schreibt Heine an Moser: „Grüß mir Lehmann recht herzlich; er hat es um mich verdient, daß ich mit Liebe an ihn denke." Als Heine's jüngster Bruder, Maximilian, 1826 nach Berlin ging, um dort zu studiren, empfahl ihn Heine zuerst an Lehmann, und wie sehr dieser sich des jungen Mannes angenommen, erfahren wir nicht nur aus dessen eigenen „Erinnerungen", sondern auch aus einem noch erhaltenen Briefe Heine's, in dem er sagt: „Wir sprachen viel von Ihnen, lieber Lehmann; er (Max) hat mir bestätigt, daß Sie zu der Zahl meiner erprobtesten Freunde gehören, und das war mir lieb. Sie haben sich wahrlich als solcher erwiesen." .... „Aber, was machen Sie", heißt es dann weiter in demselben Schreiben, „Haben Sie noch mit der Muse zu thun? Mit Folgen oder Erfolg? Wissen Sie auch, daß ich für Ihre Prosa sehr vielen Respect habe, und das will viel sagen, wenn man weiß, wie hoch ich gute Prosa achte."

Eine besondere Rolle spielt in den älteren Briefen, von denen leider nur zwei noch erhalten, eine junge Dame, ein Frl. Sobernheim aus Warschau, deren Bekanntschaft für beide Freunde zu den schönsten und reichsten Erinnerungen gehörte; sie stammte aus der allgemein bekannten und geachteten Berliner Kaufmannsfamilie Sobernheim.

Nach ihrem Wohlergehen erkundigte sich Heine auch bei Lehmann. Und ihm giebt er den Auftrag, „das liebenswürdige Mädchen recht herzlich zu grüßen." „Sie gehört zu den schönsten, d. h. zu den erfreulichsten Bekanntschaften" fährt er fort, "die ich in Polen gemacht. Sie wissen ja, lieber Lehmann, ich ging dort auf die Jagd nach reinen, gesunden Menschen-Naturen, die ich gut herauszufinden verstehe, da mir das Unreine und Kranke so genau bekannt ist. Ich habe immer unter Jüdinnen die gesundesten Naturen gefunden." . . .

Die Grüße an Lehmann und die Briefe an denselben gehen etwa bis zum Jahre 1830. Aber es ist ein Irrthum von Adolph Strodtmann, wenn er in seiner großen Biographie Heine's (I. 581) behauptet, daß "das früher so herzliche Verhältniß zu Josef Lehmann jetzt (d. h. gegen Ende der dreißiger Jahre) eine merklich düstere Farbe annahm, weil derselbe als Mitarbeiter bei der neubegründeten "Preußischen Staatszeitung eingetreten war und Heine dieser Stellung, wiewohl irrthümlich, einen offiziösen Charakter beimaß." Wir wissen einmal, daß Heine gar nicht so skrupulös in seinen Bekanntschaften war und es nie liebte, den demokratischen Champion auch im Privatleben herauszukehren, sodann aber, daß derselbe über die rein literarische Stellung Lehmanns bei jenem Blatte genau unterrichtet war und mit ihm noch Jahre lang verkehrte.

Die freundschaftliche Gesinnung bewahrte er auch dem treuen Jugendgenossen in der Folgezeit, wenn auch natürlich mit der Entfernung vom Vaterlande naturgemäß eine gewisse Entfremdung zwischen den alten Freunden eintrat. Aber diese Entfremdung hinderte Lehmann nicht, dem wachsenden Ruhm Heine's als ein treuer Wardein aufmerksam zu folgen. In dieser Beziehung sind die vierzig Bände des "Magazin für die Literatur des Auslands", das Josef Lehmann begründete und bis zu seinem Tode leitete, sichere Zeugen für die Freundesgesinnung und Werthschätzung, die der Redacteur dem Dichter angedeihen ließ. Kein Werk

Heine's geht unbesprochen vorüber, kein Angriff auf ihn — und an solchen hat es ja nie gemangelt — bleibt unwiderlegt, kein gehässiges Gerücht ohne Dementi; jede freundliche Anerkennung wird getreu registrirt, jeder Erfolg des Dichters gefeiert, jede Nachricht von seinem Befinden mitgetheilt, jede Uebersetzung seiner Werke im Auslande wird angezeigt. So sind diese vierzig stattlichen Bände eine fortlaufende Chronik von Heine's Leben und Schaffen, aus der der Biograph als aus der reichsten und zuverlässigsten Fundgrube schöpfen kann.

Aber man würde fehlgehen, wollte man etwa glauben, daß Josef Lehmann ein blinder Anbeter Heine's ist. Dazu ist er ein zu fein empfindender und zu kritisch angelegter Geist. Er liebt den Dichter, er kennt seine Vorzüge — aber er verhehlt sich auch keineswegs seine Fehler und Schwächen. Und wenn er ihn schmerzlich bewegt auf Abwege gerathen sieht, so scheut er sich nicht, seine mahnende und warnende Stimme zu erheben, um den Freund vor dem Abgrund zu beschützen.

Eine solche treue und uneigennützige Freundschaft ist gewiß nicht oft einem Dichter gewidmet worden. Der, dem sie zu Theil ward, hatte aber viele Herzen zu eigen, die mit gleicher Liebe für ihn schlugen, wie sehr auch ihr Geist oft gegen diese Liebe Opposition machen wollte. In der That, Heine hatte wohl ein gewisses Recht zu glauben, daß es nicht anders sein könne, und daß die, welche ihm einmal zugethan waren, von ihrer Liebe und Freundschaft für ihn nie ablassen könnten. Aber eine jede Freundschaft beruht doch im letzten Grunde auf gegenseitiger Hingabe, und so man wird gewiß auch annehmen dürfen, daß der Poet, der o viel empfangen, auch Manches seinen Freunden gegeben, und keineswegs der egoistische, wankelmüthige, unzuverlässige Mensch gewesen sei, als welchen ihn eine einseitige Literaturkritik so oft auszuschreien versucht hat. Daß ihn seine Freunde — Josef Lehmann voran — auch als Menschen „nach der Windseite des Herzens" geschätzt haben, ist ja männiglich bekannt. Mehr als einmal habe ich es von den besten unter ihnen wiederholen gehört. Und ein Jeder betonte dabei, daß nicht erst das Mitgefühl mit den kranken Dichter diese treue und hin und wieder aufopfernde Freundschaft gefestigt habe.

Josef Lehmann war bereits ein Fünfziger als er zum ersten Male im Sommer 1850 nach Paris kam. Natürlich war einer seiner ersten Wege zu Heine, den er fast ein Vierteljahrhundert nicht gesehen hatte. Aber wird man es wohl glauben, daß er den Dichter in der französischen Hauptstadt — nicht gefunden? Freilich, in unserer Zeit der Adreßbücher und der gutorganisirten Einwohner-Meldeämter ist das schwer zu glauben; doch vor sechsunddreißig Jahren waren alle diese schönen Institutionen auch in Paris noch nicht vorhanden. Hören wir nun, wie es Lehmann — nach seiner eigenen Bemerkung zu der gleichen Klage eines seiner Mitarbeiter — auf der Suche nach Heine ergangen: Auch er wollte, wie fast jeder literarische Deutsche, seinem Jugendfreund den ersten Besuch abstatten. Aber vergebens nahm er dazu den Beistand deutscher und französischer Bekannten in Anspruch. Vergebens waren seine Nachfragen in der Bibliothèque Nationale der Rue Richelieu, vergebens die Bemühungen deutscher Gelehrten, wie z. B. des berühmten Orientalisten Professor Oppert und des damals in Paris deutschen Sprachunterricht ertheilenden ehemaligen Berliner Professors Dr. Reinganum; vergebens sogar seine Recherchen bei der kaiserlich österreichischen Gesandtschaft, die, wie man ihm versicherte, die beste Auskunft über alle in Paris lebenden Deutschen zu verschaffen wußte. Zuletzt mußte er sich mit der — noch dazu unrichtigen — Nachricht begnügen, daß Heine während des Sommers nicht in der Stadt, sondern auf dem Lande wohne. Ein ergötzliches Pendant zu diesem Bericht liefert die Mittheilung der Frau von Hohenhausen, die ebenfalls Heine lange vergeblich suchte. Endlich kam sie auf die Idee, in der Administration der "Revue des deux Mondes", deren treuer Mitarbeiter er ja damals war, seine Adresse zu erfragen. Aber, seltsamer Weise, auch hier vergeblich! "Le Monsieur Eine est introuvable" sagte der Beamte der Expedition und fügte noch entschuldigend hinzu: "Souvent nos collaborateurs tiennent à rester inconnus!"

Erst als er vier Jahre später wieder einmal — im Juli 1854 — Paris besuchte, hatte Lehmann die Freude, Heine zu sehen und zu sprechen. Allerdings war diese Freude des Wiedersehens getrübt durch die entsetzlich traurige Lage des Dichters, der langsam aber unrettbar seiner Auflösung entgegenging. Für Heine selbst war es ein nicht minder wehmüthiger Genuß, in den Erinnerungen der Jugendjahre zu schwelgen und darüber, wenn auch nur auf Stunden, "des neuen Morgens Leid" zu vergessen. So kann man es als eine gütige Fügung des Schicksals ansehen, daß es dem Dichter gerade in den letzten Lebensjahren noch vergönnt war, seine alten Freunde zu sehen oder von neuen Freunden über sie Gutes zu hören. In den letzten Jahren besuchten ihn Leopold Zunz und dessen Gemahlin, die Heine Beide sehr hoch schätzte, Frau von Hohenhausen, die er als anmuthiges Kind im Salon ihrer Mutter schon liebgewonnen hatte, August Lewald, Heinrich Laube, Alfred Meißner, Adolf Stahr und Fanny Lewald — und, wie bemerkt, auch Josef Lehmann, der in gelegentlichen Briefen aus Paris über diesen Besuch an seine Leser Bericht erstattet hat.

"Du weißt," so beginnt der zweite dieser Briefe, "daß ich hauptsächlich nach Paris gereist war, um zwei Jugendfreunde, zwei alte, eben so berühmte als körperlich unglückliche Studiengenossen und Landsleute zu besuchen. Als ich vor einigen Jahren in Paris war, hatte der Eine, mein Geburtskollege S. Munk, gerade eine Reise nach Deutschland angetreten . . . Heine aber konnte ich, ungeachtet aller Nachfragen bei deutschen Bekannten, nicht auffinden . . . Ich vermuthe, daß nur Einige der Befragten wirklich nicht wußten, wo sich Heine befand, während Andere die Feindschaften, die sich der Dichter vor Jahren durch seine Pariser Salon=Ausstellungen und Silhouettenbilder in der „Allgemeinen Zeitung" zugezogen, ihn auch heute noch nicht vergessen haben, und ihn deshalb soviel als möglich ignoriren . . .

Mir hat Heine, wie ich ihm, die Erinnerungen seiner Berliner Studienzeit, die so manches freundliche Band zwischen uns geknüpft, stets treu bewahrt . . . Diesmal ging ich direkt nach Nr. 50 in der Rue d'Amsterdam. Ich hatte der die Thür öffnenden Dienerin kaum meinen Namen genant, als der unmittelbar am Entreezimmer hinter einem Schirm liegende Heine, der mich an der Stimme erkannt hatte, mit einem kräftigen: „Immer herein, lieber Lehmann!" mich zu sich rief, und während er der das Frühstück bereit haltenden Dienerin gebieterisch sagte: „Je ne veux pas déjeuner; je ne'n veux pas!" richtete er sich gewaltsam im Bette auf, um mir die eine Hand zu reichen, die noch gesund ist, während die andere, abgezehrt wie der übrige Theil des Körpers, von derselben Krankheit gelähmt ist, die ihn vom Rückenmark bis zu den Fußspitzen ergriffen und paralysirt hat.

„Sie kommen gerade recht, lieber Lehmann," sagte er, „um mich auf dem Wege zum Kirchhofe des Montmartre, wohin die Rue d'Amsterdam direkt führt, noch als unvollständige Leiche anzutreffen. In einem Jahre würden Sie mich wohl schon draußen haben aufsuchen müssen, denn ich halte es unter diesen Qualen nicht mehr lange aus. Bis jetzt habe ich allerdings noch leben müssen und wollen, denn es bleibt mir noch Einiges zum Besten meiner Schriften und im Interesse meiner Frau in Ordnung zu bringen; ist dies aber geschehen — und ich denke, das wird binnen einem Jahre der Fall sein, dann scheide ich, ohne zu murren, wie ein Philosoph von dieser Welt."

Heine erzählte hierauf, wie er vierzehn Tage vorher beinahe den Feuertod erlitten hätte. An der Wand seines Krankenzimmers brannte es nämlich, im Nachbarhause in der Rue de Milan, das vollständig in Asche gelegt wurde. Weil man aber in seiner Wohnung anfangs nichts vom Feuer sah, war seine Umgebung weniger besorgt; plötzlich aber hörte er selbst auf seinem Lager die Flammen an der Wand knistern; der Lärm des Brandes kam immer näher, und nun ließ die arme, ängstliche Frau des Dichters ihn, eingehüllt in seine Matratzengruft, hinaus aus dem bedrohten Zimmer und hinunter zu dem Portier des Hauses tragen, von wo er nöthigenfalls über die Straße hinüber zu Nachbarn geschafft werden konnte. Die Nachbaren aber, die so lange und so viel von dem kranken deutschen Dichter hatten sprechen hören, ohne ihn jemals gesehen zu haben, strömten von allen Seiten zu dem Portier des Hauses — „pour voir l'homme enseveli," dem sie indessen auch ihre Theilnahme in der höflichsten französischen Weise an den Tag legten — jeder erbot sich, ihm Schutz zu gewähren, und als das Feuer im Nebenhause gelöscht war, trugen sie ihn wieder über den Hof, zwei Treppen hoch, in die Wohnung, die bereits seit sechs Jahren sein Krankenlager umschloß.

An die Erzählung dieses Vorfalls knüpft nun Lehmann die Bemerkung, daß die Franzosen überhaupt mehr Theilnahme für den kranken Dichter an den Tag legten, als seine eigenen Landsleute. Heine klagte besonders über die in Paris lebenden deutschen Literaten, über einzelne deutsche Zeitungen, über Meyerbeer, der die „Satanella" auf die Berliner Bühne gebracht u. s. w. „Aber diese Menschen irren sich," fügte er hinzu, „meine Bücher reichen weiter als die „Allgemeine Zeitung."

„Heine hat mir," so berichtet Lehmann weiter, „bei diesen und den folgenden Besuchen — und ich mußte dieselben an jedem der wenigen Tage wiederholen, die ich diesmal in Paris zugebracht — noch sehr viel über sich und seine Denkwürdigkeiten mitgetheilt.

In rascher, lebendiger Weise ließ er einmal unsere gemeinsamen todten und lebenden Freunde Revue passiren. Die Einen zeichnete er mit den Farben eines Tizian oder Breughel, und den Andern sandte er die poetischsten Abschiedsgrüße."

Schließlich spricht auch Lehmann seine Bewunderung darüber aus, wie in diesem halbtodten Körper der Geist sich noch wach und rege erhielt und immer Neues zu schaffen vermochte. Mit inniger Wehmuth nahm er Abschied von dem Freunde der Jugend — wußten sie doch Beide: Es gab kein Wiedersehen mehr für sie auf Erden!

Von nun ab wurde aber der Briefwechsel wieder lebhafter zwischen den Freunden. Kaum war Lehmann in Berlin, als er schon ein Schreiben von Heine erhielt, in dem er ihn bat, für sein gutes Recht gegen die Preßpiraten einzutreten, die seine zuerst französisch publicirten „Geständnisse" selbst ins Deutsche rücküberseßten. Lehmann protestirte natürlich sehr energisch in seiner Zeitschrift gegen dieses Vorgehen. Dann folgte im Oktober desselben Jahres wieder ein Brief — der letzte der im Besitz der Familie Lehmann befindlichen — in dem Heine viele interessante und confidentielle Mittheilungen macht.

Vor Allem über seine „Memoiren", für die er sich „Mittheilungen über Schicksale und Transfigurationen landsmännischer alter Freunde" erbittet. Dann über die deutschen

Schriftsteller in Paris, schließlich über die französische Ausgabe seiner Werke und endlich über das Thema, welches schon in Jugendtagen fast stets den Gegenstand ihrer eingehenden Gespräche bildete: über die Juden.

Es macht einen ergreifenden Eindruck, wenn man Heine am Abend seines Lebens dieselben Ideen mit demselben Ton, von Humor und Wehmuth gemischt, aussprechen hört, die er schon in jungen Jahren mit aller Kraft vertheidigt hat: „Eine große Civilisation des Herzens blieb den Juden durch eine ununterbrochene Tradition von zwei Jahrtausenden. Ich glaube, sie konnten deshalb auch so schnell theilnehmen an der europäischen Cultur, weil sie eben in Betreff des Gefühls nichts zu erlernen hatten, und nur das Wissen sich anzueignen brauchten. Doch das wissen Sie Alles besser als ich, und es mag Ihnen nur als Wink dienen zum Verständnisse dessen, was ich in meinen „Geständnissen" gesagt habe. Aber wenn ich auch Campe den Auftrag gebe, das Buch Ihnen zu senden, so bekommen Sie es gewiß erst an dem Tage, wo auch der Messias eintrifft, wenn er, der alten Tradition nach, auf einem Esel kommt und nicht die Eisenbahn benutzen will.

„Ich weiß kaum, was ich diktire, so schläfrig macht mich nämlich der Uebergenuß des Opiums, und ich schließe, indem ich Ihnen nochmals für Ihre Güte danke und Sie freundschaftlichst grüße."

Das war wohl der letzte Brief Heine's an Lehmann, der von den Berliner Jugendfreunden — außer Leopold Zunz — allein damals noch am Leben war.

Sechzehn Monate später fiel Josef Lehmann die traurige Pflicht zu, dem Dichter und Freunde den Nekrolog zu schreiben. Die Art, wie er sich dieser schwierigen Pflicht entledigt, chararakterisirt den Mann besser als die eingehendsten

Biographien: Er hält es für seine heiligste Aufgabe zunächst, den Verstorbenen gegen alle ehrrührigen Nachrufe zu verwahren. „Heine's Lebenswandel", sagte er, „war zu keiner Zeit, und am wenigsten gewiß in den sieben bösen Jahren seiner Krankheit ein unsittlicher, wenn auch sein Humor, sein kaustischer Witz ebensowenig seine eigene Person und sein sittliches Bewußtsein zu schonen vermochte, als das Gemüth seiner Freunde und den guten Namen seiner Feinde."

Und dann folgt eine kurze Erläuterung, die den Freundesschlüssel zum Verständniß dieser räthselhaften Dichternatur darbietet, und in ihrer prägnanten Kürze mehr besagt als lange aesthetische Exkurse. Mit ihr mag auch diese Skizze zum Abschluß gelangen, da ihr nichts mehr hinzuzufügen ist. Die Thatsache, daß Josef Lehmann auch noch fernerhin, bis zu seinem eigenen Tode, am 19. Februar 1873, das Andenken Heine's in seinem „Magazin" treu und gewissenhaft pflegte, ist nach all' dem Vorhergegangenen so selbstverständlich, daß es unnöthig erscheint, sie nochmals hervorzuheben. Er kannte seinen Heine und verstand dessen Eigenart und hat sie zutreffend zum Ausdruck gebracht, indem er sagte: „Nicht im Charakter des Menschen, sondern in dem eigenthümlichen Naturell des Dichters haben wir bei Heine, wie bei Voltaire, Rousseau und ähnlichen genialischen Naturen, die Erklärung für die grellen Contraste zu suchen, die uns in ihren Aeußerungen und mitunter auch in ihren Handlungen begegnen, und wenn wir sie auch nicht als mustergültige Menschen betrachten können, so vermögen wir sie doch darum nicht als unsittliche zu verdammen. Der Kobold, der uns zuweilen aus dem Himmel des Heine'schen Ideals herausreißt, war eben ein Aggregat des Heine'schen Genius, und wenn wir an der Wundergabe seiner Poesie uns erfreuten, so müssen wir auch das Dämonische in ihm als eine leider zuweilen mit dem Genius verschwisterte Macht hinnehmen."

Goethe und Heine.

I.

Nicht zutreffender und klarer konnte das Verhältniß des modernen Kulturmenschen zu Goethe ausgedrückt werden, als durch das Wort, welches Berthold Auerbach dafür erfunden: „Goethereif!" An seiner Stellung zu Goethe messen wir Werth und Bedeutung jedes einzelnen Epigonen, ja den Bildungsgehalt jedes modernen Menschen.

Wie hat nun Heine Goethe gegenüber gestanden? War er goethereif? Und welche persönliche Beziehungen hatte er zu dem Dichterfürsten? Das sind Fragen, die wohl schon zu wiederholten Malen aufgeworfen, im Zusammenhange aber bisher noch nicht erörtert wurden. Und doch müßte es einen eigenthümlichen Reiz gewähren, den Beziehungen zwischen den zwei größten lyrischen Dichtern des deutschen Volkes in diesem Jahrhundert nachzugehen.

Die geistigen Beziehungen Heine's zu Goethe fallen schon in die Frühzeit seines Lebens. Man kann wohl sagen, daß er mit Goethe aufgezogen worden ist. Seine Mutter war eine eifrige Verehrerin des Dichters und erfreute sich besonders an dessen „Elegien"; natürlich suchte sie diese Verehrung auch ihren Kindern einzuflößen. Heine las Goethe's Hauptwerke schon auf dem Gymnasium und schwärmte für dieselben mit Primaner-Begeisterung. Auf der Universität entfremdete er sich Goethe, und man darf dies wohl hauptsächlich dem Einflusse A. W. v. Schlegel's zuschreiben.

Erst als er nach Berlin und in den Kreis von Rahel und Varnhagen kam, näherte er sich wieder dem Dichter, und wurde bald in jene Begeisterung für Goethe hineingezogen, die damals in Berlin Mode war. Rahel war ja die Priesterin dieser Goethe-Gemeinde; sie hatte seine Bedeutung schon zu einer Zeit proclamiert, als dieselbe noch vielfach bestritten wurde; sie machte jetzt im Verein mit ihrem Gemahl die eifrigste Propaganda für den Heros. In den Götzendienst, den jener Kreis aber mit Goethe trieb, stimmte Heine freilich nicht mit ein, und wenn er bei dem berühmten Diner zu Goethe's Geburtstag anwesend war, bei welchem Geheimrath Johannes Schulze seinen Toast mit den Versen eröffnete:

"Ich wollt', ich wär' ein Fisch,
So wohlig und frisch,
Und ganz ohne Gräten —
So wär' ich für Goethen,
Gebraten am Tisch,
Ein köstlicher Fisch!"

so wird er wohl auch seine satyrischen Glossen über diesen Kultus gemacht haben. Aber das richtige Verständniß ging ihm doch erst damals auf. Rahel hat Heine gothereif gemacht.

Schon mehrere Monate nach seiner Entfernung aus Berlin berichtete er der theilnehmenden Freundin: "Ich habe jetzt, bis auf eine Kleinigkeit, den ganzen Goethe gelesen!! Ich bin jetzt kein blinder Heide mehr, sondern ein sehender. Goethe gefällt mir sehr gut." Und als Varnhagen von Ense zu Goethe's siebzigstem Geburtstage seine bekannte Festgabe: "Goethe in den Zeugnissen der Mitlebenden" herausgab, betheiligte sich auch Heine an derselben mit einem längeren Aufsatz, der jedoch nach Varnhagen's Angabe leider zu spät kam und dem Buche nicht mehr einverleibt werden konnte. Heine hielt dies aber nur für einen Vorwand; er glaubte vielmehr, daß die Idee seiner Abhandlung Varnhagen nicht gefallen habe, und bemerkte spöttisch in einem Briefe an Moser: "Wirklich, meine Aufsätze werden immer schlecht, wenn eine vernünftige Idee darin ist." Das Manuskript dieser Arbeit ist leider verloren gegangen; nicht einmal der genaue Titel derselben war bisher zu eruiren.

Als Heine wieder nach Göttingen kam, um dort seine

Studien zu vollenden, fand er mit seinen Sympathien für
Goethe nur wenig Anklang unter den Studiengenossen. Nach
den Mittheilungen eines Tagebuchs von Eduard Wedekind aus
jener Zeit drehte sich die ästhetische Kontroverse oft um Goethe;
Heine liebte damals Schiller freilich mehr, aber Goethe
gefiel ihm besser. „Goethe", sagte er einmal, „ist der Stolz
der deutschen Literatur, Schiller der Stolz des deutschen
Volkes." Im Gegensatz zu seinen Freunden stellte er Goethe
als Dramatiker über Schiller; den „Egmont", meinte er,
habe Letzterer nie erreicht. „Werther's Leiden" hatte Heine
damals noch nicht gelesen; er wollte eines Tages das Buch,
welches Wedekind besaß, mit nach Hause nehmen, legte es
aber wieder hin, weil er fürchtete, es werde ihn in seiner
damaligen trüben Stimmung zu sehr aufregen. Eines Tages
— es war am 20. Juni 1824 — kamen die beiden Freunde
auf Goethe's „Faust" zu sprechen. „Ich denke auch einen
zu schreiben", sagte Heine; nicht um mit Goethe zu rivalisiren,
nein, nein, jeder Mensch sollte einen „Faust" schreiben." —
„Da möchte ich Ihnen rathen", erwiderte Wedekind, „ihn
nicht drucken zu lassen, sonst würde das Publikum . . . ."
— „Ach, hören Sie", unterbrach Heine den Freund, „an
das Publikum muß man sich gar nicht kehren; Alles, was
dasselbe über mich gesagt hat, habe ich immer nur so nebenher
von Anderen erfahren." — „Freilich haben Sie insofern
Recht, als man sich nicht durch das Publikum irre machen
lassen, noch nach seiner Gunst haschen soll; aber man soll
es auch nicht im voraus gegen sich einnehmen, und ihm ein
unbefangenes Urtheil lassen, und Sie würden es gewiß
einigermaßen gegen sich einnehmen, wenn Sie nach Goethe
einen „Faust" schrieben. Das Publikum würde Sie für
arrogant halten, es würde Ihnen eine Eigenschaft unter=
legen, die Sie gar nicht besitzen." — „Nun, so wähle ich einen
anderen Titel"; damit schloß Heine die Unterhaltung.

In demselben Tagebuch finden sich unter dem Datum
des 16. Juli einige nähere und interessante Mittheilungen
über Heine's „Faust"-Plan. Es heißt dort: Heine gedenkt
einen „Faust" zu schreiben. Wir sprachen viel darüber, und
seine Idee dabei gefällt mir sehr gut. Heine's Faust wird
genau das Gegentheil vom Goethe'schen werden. Bei Goethe
handelt Faust immer; er ist es, welcher dem Mephistopheles
befiehlt, dies und das zu thun. Bei Heine aber soll Mephisto=
pheles das handelnde Prinzip sein; er soll den Faust zu
allen Teufeleien verführen. Bei Goethe ist der Teufel ein
negatives Prinzip; bei Heine soll er positiv werden. —
Heine's Faust soll ein Göttinger Professor sein, der sich in
seiner Gelehrsamkeit ennuyirt. Da kommt der Teufel zu
ihm und belegt ein Kolleg, erzählt ihm, wie es in der Welt
aussieht, und macht den Professor kirre, so daß dieser nun
anfängt, liederlich zu werden. Die Studenten fangen an,
darüber zu witzeln. „Unser Professor wird liederlich", heißt
es immer allgemeiner, bis der Herr Professor die Stadt ver=
lassen muß und mit dem Teufel auf Reisen geht. Auf den
Sternen haben die Engel inzwischen Theegesellschaften, zu
denen sich Mephistopheles auch einfindet, und dort berath=
schlagen sie über den Faust. Gott soll ganz aus dem Spiele
bleiben. Der Teufel schließt mit den guten Engeln eine
Wette über Faust. Die guten Engel liebt Mephistopheles
sehr, und diese Liebe, besonders zum Engel Gabriel, denkt
Heine so zu schildern, daß sie ein Mittelding zwischen der
Liebe guter Freunde und der Liebe der Geschlechter wird,
die bei den Engeln nicht sind. Diese Theegesellschaften sollen
sich durch das ganze Stück ziehen. Ueber das Ende ist sich
Heine noch nicht gewiß. Vielleicht will er den Professor
durch Mephistopheles, der sich zum Schinder gemacht hat,
hängen lassen; vielleicht will er gar kein Ende machen, weil
er dadurch den Vortheil erhält, Manches in das Stück hinein=

bringen zu können, was eigentlich nicht hinein gehört. Mir däucht, dieser „Faust" kann sehr viel werden; nur fürchte ich, und Heine ebenfalls, daß durch die Theegesellschaften zu wenig Handlung hineinkommt".

Noch einmal — am 23. Juli — berichtet Wedekind über Heine's „Faust": „Ueber seinen „Faust" spricht er viel mit mir, vielleicht aus eigener Lust, vielleicht weil er auch von mir etwas lernen zu können glaubt, vielleicht aber auch, weil er nicht die ernstliche Absicht hat, ihn auszuführen; denn von seiner Novelle und dem Trauerspiele, was er jetzt vorhat, spricht er gar nicht. Den Professor in seinem „Faust" wollte er zu einem Professor der Theologie machen; ich rieth ihm aber, einen Philosophen zu nehmen, schon weil er dann für seine Parodie ein weites Feld hätte, was er auch angenommen hat."

Als Heine zwölf Jahre später sein bekanntes Tanzpoëm: „Der Doktor Johannes Faust" schrieb, nahm er von diesem barocken und interessanten Plan zu einer förmlichen Schicksalstragödie nichts in dasselbe auf; aber es ist immerhin höchst merkwürdig, daß diesem Plan dieselben Motive zu Grunde liegen, die Goethe im zweiten Theile des „Faust" ausgeführt hat.

Vier Wochen nach jener letzten Unterredung über seinen „Faust"-Plan trat Heine eine Ferienreise durch den Harz und Thüringen an. Auf dieser Reise hat er Goethe kennen gelernt. Schon in seinem ersten Briefe an Moser nach seiner Rückkehr schreibt er aus Göttingen am 25. Oktober: „Ich hätte Dir Vieles von der Harzreise zu erzählen, aber ich habe schon angefangen, sie niederzuschreiben, und werde sie wohl diesen Winter für Gubitz schicken. Es sollen auch Verse drin vorkommen, die Dir gefallen, schöne, edle Gefühle und dergleichen Gemüthskehricht. Was soll man thun? Wahrhaftig, die Opposition gegen das abgedroschene Gebräuchliche ist ein undankbares Geschäft . . . . Ich war in Weimar, es giebt dort sehr gutes Bier . . . . Auf der Reise und auch hier merkte ich, daß meine kleinen Gedichte sich auf eine sonderbare Art verbreiteten . . . . Ich war in Weimar, es giebt dort auch guten Gänsebraten." Die wunderliche Manier, in der Heine hier von seinem Besuch in Weimar gesprochen, reizte natürlich die Neugier des Freundes; erst aber auf sein wiederholtes Drängen entschloß sich Heine, ihm Folgendes darüber zu berichten: „Daß ich Dir von Goethe Nichts geschrieben und wie ich ihn in Weimar gesprochen, und wie er mir recht viel Freundliches und Herablassendes gesagt, daran hast Du nichts verloren. Er ist nur noch das Gebäude, worin einst Herrliches geblüht, und nur das war's, was mich am meisten an ihm interessirte. Er hat ein wehmüthiges Gefühl in mir erregt, und er ist mir lieber geworden, seit ich ihn bemitleide. Im Grunde aber sind ich und Goethe zwei Naturen, die sich in ihrer Heterogenität abstoßen müssen." Es folgt nun eine Parallele, der allerdings neben einem Körnchen Wahrheit ein so reiches Maß von Selbstvergötterung innewohnt, daß man sich selbst in einer Zeit, in welcher der Narcissus-Kultus des eigenen Genius seine üppigsten Blüthen treibt, darüber verwundern kann und den Muth anstaunen muß, der dazu gehörte, eine Periode mit den Worten: „Ich und Goethe" einzuleiten. Immer und immer wieder muß man daran denken, daß es ein etwa fünfundzwanzigjähriger Mensch, ein durch seine Erfolge überaus verwöhnter Student war, der in so unerhörter Weise den Jupiter von Weimar anzugreifen wagte.

Aber auch den glühendsten Goethe-Verehrer wird die begeisterte Apotheose versöhnen, die Heine etwa zehn Jahre später, nach dem Tode Goethe's, diesem weiht. Der „kalte Kunstgreis" ist vergessen und der Dichterfürst auf seinen Thron gesetzt. Wir müssen die betreffenden Stellen hier

antizipiren, weil Heine in denselben seinen Besuch bei Goethe
nochmals schildert: „In der That, die Uebereinstimmung der
Persönlichkeit mit dem Genius, wie man sie bei außerordent=
lichen Menschen verlangt, fand man ganz bei Goethe. Seine
äußere Erscheinung war ebenso bedeutsam wie das Wort,
das in seinen Schriften lebte; auch seine Gestalt war
harmonisch, klar, freudig, edel gemessen, und man konnte
griechische Kunst an ihm studiren, wie an einer Antike. Dieser
würdevolle Leib war nie gekrümmt von christlicher Wurm=
demuth; die Züge dieses Antlitzes waren nicht verzerrt von
christlicher Zerknirschung; diese Augen waren nicht christlich=
sündenhaft scheu, nicht andächtelnd und himmelnd, nicht
flimmernd bewegt — nein, seine Augen waren ruhig wie
die eines Gottes. Es ist nämlich überhaupt das Kennzeichen
der Götter, daß ihr Blick fest ist und ihre Augen nicht un=
sicher hin und her zucken. Daher, wenn Agin, Varuna,
Yama und Indra die Gestalt des Nala annehmen bei
Damayanti's Hochzeit, da erkennt diese ihren Geliebten an
dem Zwinkern seiner Augen, da, wie gesagt, die Augen der
Götter immer unbewegt sind. Letztere Eigenschaft hatten
auch die Augen des Napoleon. Daher bin ich überzeugt,
daß er ein Gott war. Goethe's Auge blieb in seinem hohen
Alter ebenso göttlich wie in seiner Jugend. Die Zeit hat
auch sein Haupt zwar mit Schnee bedecken, aber nicht beu=
gen können. Er trug es ebenfalls immer stolz und hoch,
und wenn er sprach, wurde er immer größer und wenn
er die Hand ausstreckte, so war es, als ob er mit dem
Finger den Sternen am Himmel den Weg vorschreiben
könne, den sie wandeln sollten. Um seinen Mund will
man einen kalten Zug von Egoismus bemerkt haben; aber
auch dieser Zug ist den ewigen Göttern eigen, und gar dem
Vater der Götter, dem großen Jupiter, mit welchem ich

Goethe schon oben verglichen. Wahrlich, als ich ihn in Weimar besuchte und ihm gegenüberstand, blickte ich unwillkürlich zur Seite, ob ich nicht auch neben ihm den Adler sähe mit den Blitzen im Schnabel. Ich war nahe daran, ihn griechisch anzureden; da ich aber merkte, daß er Deutsch verstand, so erzählte ich ihm auf Deutsch, daß die Pflaumen auf dem Wege zwischen Jena und Weimar sehr gut schmeckten. Ich hatte in so manchen langen Winternächten darüber nachgedacht, wie viel Erhabenes und Tiefsinniges ich dem Goethe sagen würde, wenn ich ihn mal sähe. Und als ich ihn endlich sah, sagte ich ihm, daß die sächsischen Pflaumen sehr gut schmeckten. Und Goethe lächelte. Er lächelte mit denselben Lippen, womit er einst die schöne Leda, die Europa, die Danae, die Semele und so manche andere Prinzessin oder auch gewöhnliche Nymphen geküßt hatte. — —"

Dieser Bericht klingt denn doch ganz anders, als die Briefe an Moser; Heine war eben inzwischen goethereif geworden. Für unsere Zwecke gilt es jedenfalls, festzustellen, daß Heine den hier geschilderten Besuch bei Goethe auch wirklich gemacht habe, da die Wahrheit seiner Erzählung wiederholt in Zweifel gezogen worden ist. Karl Goedeke war es zuerst, der in einem sonst so vortrefflichen „Grundriß zur Geschichte der deutschen Dichtung" Folgendes geschrieben: „Um sich zu erfrischen, machte Heine im Herbst 1824 eine Wanderung über den Harz und von da zurück durch Thüringen. Auf dieser Reise will er in Weimar auch Goethe besucht haben und von ihm sehr wohlwollend aufgenommen worden sein. An Varnhagen, dem er wohl nicht darüber geschwiegen hätte, schreibt er nichts davon, Goethe hat seiner niemals gedacht, auch in den Gesprächen mit Eckermann nicht, und hat wohl niemals eine Zeile von ihm gelesen. Die Erwähnung dieses Besuches in einem

Briefe Heine's an Moser erscheint als poetische Fiktion, wie er deren mehrere sich erlaubt hat, worunter die seines Verkehrs mit Hegel besonders kenntlich ist."

Bis auf die Mittheilung von Heine's Harzreise entbehren alle diese Behauptungen des sonst so gewissenhaften Forschers durchaus der Begründung. Goedeke behauptet: „Auf dieser Reise will er in Weimar Goethe besucht haben", Heine berichtet positiv zweimal, daß er Goethe besucht habe. Goedeke hat für seine Behauptung nicht den geringsten Beweis; ob Heine darüber nichts an Varnhagen geschrieben, ist ja unmöglich festzustellen, da ein großer Theil dieser Briefe verloren gegangen; daß Goethe seiner niemals gedacht habe, ist eine faktische Unrichtigkeit, da Heine ausdrücklich in einem Schreiben an Varnhagen der mißfälligen Aeußerungen Goethe's über ihn, von denen die Rede gehe, gedenkt. Daß Goethe auch in den Gesprächen mit Eckermann Heines nicht erwähnt, ist ebenso unrichtig; im dritten Bande der „Gespräche" sagt Goethe: Ein Begabter und ein Talent verfolgt das andere; Platen ärgert Heine, und Heine Platen, und Jeder sucht den Anderen schlecht und verhaßt zu machen, da doch zu einem friedlichen Hinleben und Hinwirken die Welt groß und weit genug ist und Jeder schon an seinem eigenen Talent einen Feind hat, der ihm hinlänglich zu schaffen macht."

Nach all' dem Vorhergegangenen können wir es dem Leser überlassen, zu beurtheilen, wie viel Wahres an der Schlußbehauptung Goedeke's ist, daß Goethe wohl nie eine Zeile von Heine gelesen und, daß Heine's Bericht über seinen Besuch eine poetische Fiktion sei, wie er deren mehrere sich erlaubt habe. Eine Fiktion ist es allerdings auch, aber eine sehr unpoetische, wenn Goedeke endlich noch Heine's Verkehr mit Hegel in Abrede stellt. — Ich bin in der Lage, die Wahrheit der Mittheilungen Heine's über seine Beziehungen

zu Hegel durch das Zeugniß der kompetentesten und glaub=
würdigsten Männer, deren Autorität auch Karl Goedeke ohne
Zweifel anerkennen würde, zu erhärten.

II.

Um nun zu dem in Rede stehenden Besuche zurückzu=
kehren, so steht den Berichten Heine's nicht der geringste be=
rechtigte Zweifel entgegen, wohl aber mancher Beweis zur
Seite. Der erste und sicherste Beweis ist der folgende,
allerdings erst vor Jahresfrist zum ersten Male veröffent=
lichte Brief Heine's an Goethe, in dem er den Dichter=
fürsten demüthig um eine Audienz bittet:

„Ew. Excellenz
bitte ich mir das Glück zu gewähren, einige Minuten vor Ihnen
zu stehen. Ich will gar nicht beschwerlich fallen, will nur Ihre
Hand küssen und wieder fortgehen. Ich heiße H. Heine, bin Rhein=
länder, verweile seit kurzem in Göttingen, und lebte vorher einige
Jahre in Berlin, wo ich mit mehreren Ihrer alten Bekannten und
Verehrern (dem seel. Wolf, Varnhagens ꝛc.) umging und Sie täg=
lich mehr lieben lernte. Ich bin auch ein Poet und war so frey
Ihnen vor 3 Jahren meine „Gedichte" und vor anderthalb Jahren
meine „Tragödien nebst einem lyrischen Intermezzo" (Ratkliff und
Almansor) zuzusenden.*) Außerdem bin ich auch krank, machte des=
halb auch vor 3 Wochen eine Gesundheitsreise nach dem Harze,
und auf dem Brocken ergriff mich das Verlangen, zur Verehrung
Goethes nach Weimar zu pilgern. Im wahren Sinne des Wortes
bin ich nun hergepilgert, nemlich zu Fuße und in verwitterten
Kleidern, und erwarte die Gewährung meiner Bitte, und verharre
mit Begeisterung und Ergebenheit

Weimar den 1. Oktober 1824.   H. Heine."

Dieser originelle Brief klingt freilich ganz anders als das
Schreiben an Moser. Aber er stellt doch jedenfalls die That=
sache des Besuches ziemlich fest, den Goethe auch ohne
Zweifel angenommen hat. Mit Recht schreibt mir Herr W.
v. Biedermann, der in dieser Frage gewiß kompetent ist: „Der

---

*) Auch dieser Brief befindet sich noch im Goethe=Archiv zu
Weimar und wird demnächst veröffentlicht werden.

Besuch Heine's bei Goethe an sich scheint mir unzweifelhaft;
wenn er sich dessen fälschlich gerühmt hätte, würde Riemer
unzweifelhaft über ihn hergefallen sein."

Es liegt auch ferner gar kein Grund zu der Annahme
vor, daß Heine die Unwahrheit gesagt habe, wenn er be=
hauptete, Goethe habe ihn wohlwollend empfangen und ihm
viel Freundliches gesagt. Es sind ja verschiedene Mittheilungen
über Beziehungen Goethe's zu jungen Männern, welche sich
ihm näherten, in die Öffentlichkeit gelangt, die das Bild
seines Alters auf eine wundervolle Art ergänzen. Der ab=
geschlossene, einsame, alternde Dichter, welchen anspruchsvolle
Besuche so kalt und verschlossen fanden, ging oft mit der
liebenswürdigsten Theilnahme auf die Bestrebungen Jüngerer
ein. So erscheint er in Felix Mendelsohn's Reisebriefen,
so in der Korrespondenz und den Tagebüchern Sulpice
Boisserée's. Ueberall tritt ein Grundzug seiner späteren
Natur mit einer wundervollen Naivetät und Unbefangenheit
hervor — jene vornehme Sachlichkeit, oder, wie er selbst den
Ausdruck schärfer prägte: Sachdenklichkeit. Er bedarf für
jede Beziehung zu einem anderen Menschen eines idealen
Hintergrundes, aber er erkennt keine andere Idealität an,
als jene, die sich eines bestimmten Gegenstandes gründlich
bemächtigt. Er ist für allgemeine Gespräche ziemlich unzu=
gänglich, aber er ist stets bereit, sich von jeder bestimmten,
allgemeine Bezüge darbietenden Sache ernsthaft bewegen zu
lassen. Er hat eine starke Abneigung gegen enthusiastische
Reden, gegen den unbestimmten Drang gährender Jugend,
aber jede zweckmäßige, tiefgehende Beschäftigung erfüllt ihn
mit Theilnahme. Und so erscheint es durchaus glaubwürdig,
daß er auch den jungen Heine mit kühlem Wohlwollen und
vornehmer Herablassung empfangen.

Unser Bericht wäre unvollständig, wenn wir nicht auch
der Version Max Heine's über den Besuch seines Bruders

bei Goethe gedächten. Der ehemalige ruſſiſche Staatsrath erzählt Folgendes: Goethe empfing Heine mit der ihm eigenen graziöſen Herablaſſung. Die Unterhaltung, wenn auch nicht gerade über das Wetter, bewegte ſich auf ſehr gewöhnlichem Boden, ſelbſt über die Pappel=Allee zwiſchen Jena und Weimar wurde geſprochen. Da richtete plötzlich Goethe die Frage an Heine: „Womit beſchäftigen Sie ſich jetzt?"

Raſch antwortete der junge Dichter: „Mit einem „Fauſt".

Goethe, deſſen zweiter Theil des „Fauſt" damals noch nicht erſchienen war, ſtutzte ein wenig und fragte in ſpitzigem Tone: „Haben Sie weiter keine Geſchäfte in Weimar, Herr Heine?"

Heine erwiederte ſchnell: „Mit meinem Fuße über die Schwelle Eurer Excellenz ſind alle meine Geſchäfte in Weimar beendet" und empfahl ſich.

Wie viel an dieſer Verſion wahr iſt — ich wage es nicht zu entſcheiden . . .

Und auch das wage ich nicht zu entſcheiden, ob Goethe in ſeiner Tabelle über „Neueſte deutſche Poeſie" (XXIX, 267) Heine mit einbegriffen hat. In dieſer Würdigungstabelle „poetiſcher Produktionen der letzten Zeit" findet man als Nummer 14: „Naturell —— Stoff: Bedeutend, aber be= denklich. Gehalt: Dichteriſch, glücklich geſteigert. Behand= lung: Bequem, vielleicht nicht tief genug greifend. Form · Untadelhaft. Effekt: Abzuwarten." Sollte nicht Goethe hier den Dichter des „Buches der Lieder" geſchildert haben?

Heine hat Goethe's noch oft gedacht, und zwar ſtets mit wachſender Verehrung, ohne daß die Kluft zwiſchen den Anſchauungen Beider dadurch überbrückt wurde. . . . Für Goethe war die Entwickelung der Menſchheit nur ein Theil des Fortſchritts der geſammten Natur, und das Schickſal des Einzelnen wie eine Welle des großen Stromes, deren Sich=heben und Sich=ſenken von Geſetzen beeinflußt wird, welche zu erkennen in's Bereich des „Unzugänglichen" gehörte. Für das junge Geschlecht, dem Heine angehörte, war diese individuelle Schranke kein Hinderniß; die Grenze zwischen Freiheit und Nothwendigkeit existirte nicht für sie, und die leidenschaftslose Ruhe, welche Goethe's „orphische Periode" charakterisirt, war ihnen verhaßt, ja erschien ihnen sogar als Verrath am Vaterland und an den höchsten Gütern der Menschheit. Hier allein liegt die Entschuldigung für die herausfordernde Sprache des jungen Dichters gegen Goethe.

Wenn Herder Goethe's Art durch die Formel ausdrückt: „Theilnahmlose, genaue Schilderung der Sichtbarkeit", wenn die Romantiker Goethe „den gebildetsten Mann des Jahrhunderts" nennen, so hatte wohl Heine eine gewisse Berechtigung, ihm das Epitheton eines „kalten Kunstgreises" beizulegen. Natürlich nur für jene Periode seines Lebens, in die der oben erzählte Besuch fällt. Schildern doch selbst die größten Verehrer des Dichterfürsten sein damaliges Wesen kaum anders als Heine. So Hermann Grimm: „In natürlicher Weise thronte er da, unbehelligt von der Eifersucht Anderer, und nahm mit kaiserlichem Wohlwollen Jeden gern an, der an seine Thür klopfte. . . . . Eine gewisse feierliche Abgemessenheit war in Goethe's Art und Weise eingedrungen. Seine Sprache bewegte sich nur zuweilen in fast befangener Weise, in den von ihm selbst gefundenen Wendungen, seine Urtheile wurden oft in einer Form gegeben, deren lapidaren Styl man bewegter gewünscht hätte."

Und nun denke man sich diese harmonisch abgeschlossene, wahrhaft antike und gigantische Dichtergestalt dem jungen, aufstrebenden, begeisterten, witzsprühenden, echt modernen Poeten gegenüber, um die Sprache zu verstehen, die Heine gegen Goethe wagt, und die Abneigung sich zu erklären, die er gegen den großen Olympier hegen mußte. Das waren nicht zwei Menschen, die sich da in Weimar gegen=

überstanden, auch nicht blos zwei Dichter: das waren zwei verschiedene Weltanschauungen, zwei sich ablösende Zeitalter, das Abendroth der klassischen Periode neben dem Frühroth des jungen Tages, den Goethe selbst prophetisch geahnt hatte!

In ruhigen Stunden erkannte aber Heine auch damals schon die weltumfassende Bedeutung Goethe's an, und es ist hier schon aus den Aufzeichnungen Eduard Wedekind's mitgetheilt worden, wie Heine bei einer gelegentlichen Kontroverse ihn „den Stolz der deutschen Literatur" genannt hat. Von welchem weittragenden Einflusse Goethe's Schöpfungen auf Heine gewesen sind, ist kaum noch gebührend gewürdigt; mit Recht ist hervorgehoben worden, wie Goethe im „Westöstlichen Divan" eine neue Phase der Prosodie eröffnet, „welche, sich von den antiken Metren abwendend, sich zu neuen Freiheiten aufschwingt". Und wie er hierin den Ton angeschlagen, in dem alle jüngeren Dichter, vor allen aber Heine, gesungen haben, und der gerade in den Schöpfungen des jungen Poeten, die in jene Zeit fallen, am meisten und am treuesten wiederklingt.

Im Seebade Norderney wurde Heine in vollem Sinne goethereif. Welch' ein Fortschritt von den Anschauungen über Goethe, die der Göttinger Student kurz vorher entwickelt, zu der unbedingten Verehrung, die er dem Dichtergenius nun zollt! Und wie feinsinnig sind die Bemerkungen, die er an das geistreiche Gespräch zwischen hannöverschen Junkern über Schiller und Goethe knüpft! Die Frage: Was halten Sie von Goethe? ist ihm ein fester Maßstab, mit dem er alle Gedanken und Gefühle jedes Einzelnen messen kann, und in deren Beantwortung Jeder sein eigenes Urtheil spreche. Goethe sei uns Allen eine gemeinschaftliche Welt, die der Betrachtung eines Jeden offen liege; mit „seinem klaren Griechenauge" sehe er Alles, das Dunkle und das Helle, und schildere er uns Land und Menschen in den wahren Umrissen und den wahren Farben, womit sie Gott umkleidet. Und nun erhebt sich Heine zu wahrhaft erhabenem Schwung, indem er verkündet: „Das ist ein Verdienst Goethe's, das erst spätere Zeiten erkennen werden; denn wir, die wir meist Alle krank sind, stecken viel zu sehr in unseren kranken, zerrissenen, romantischen Gefühlen, die wir aus allen Ländern und Zeitaltern zusammengelesen, als daß wir unmittelbar sehen könnten, wie gesund, einheitlich und plastisch sich Goethe in seinen Werken zeigt … Spätere Zeiten werden, außer jenem Vermögen des plastischen Anschauens, Fühlens und Denkens, noch Vieles in Goethe entdecken, wovon wir jetzt keine Ahnung haben." Wer sich zu solchen Anschauungen erheben konnte, der war selbst gesund und hatte inmitten einer Zeit voll Unklarheit und romantischer Wirrniß sich den freien und klaren Blick bewahrt für die wahrhaft antike Größe Goethe's, wie für alle Erscheinungen des Lebens und der Geschichte. Solche Beobachtungen und Anschauungen kehren fortan in den Gedichten und Schriften Heine's immer wieder; sie weisen auf den großen, noch lange nicht genügend gewürdigten Einfluß hin, den das Studium Goethe's, seine plastische Ruhe und seine antike Naturanschauung auf Heine ausgeübt haben.

Und wenn Goethe in jener erhabenen Vision von dem jugendlichen Sängernachwuchs seines Volkes neue Sonnen-Aare fliegen, die deutsche Eiche zum Weltvergnügen wachsen und sich ausbreiten sieht, und darauf in ahnungsvoller Freude sein poetisches Zukunftsbild mit den Worten schließt:

„Und wenn sich meine grauen Wimpern schließen,
So wird sich noch ein mildes Licht ergießen,
Vor dessen Wiederschein von jenen Sternen
Die späten Enkel werden sehen lernen
Und in prophetisch höheren Gesichten
Von Gott und Menschheit Höh'res zu berichten —"

so dürfen wir diese Prophezeiung wohl auch auf Heinrich Heine ausdehnen, der einst in kühnem Jugendmuth sich dem Dichterfürsten gegenüberzustellen wagte, der aber später und bis an sein Lebensende die volle und erhabene, nicht zu verkleinernde und nicht anzutastende Größe Goethe's dankbar und freudig anerkannt hat.*)

Gustav und Heinrich.

Oder auch „die feindlichen Brüder". So könnte man wohl die Literatur-Tragödie nennen, welche die Tagesblätter anläßlich des Todes von Gustav Heine aufgeführt, und die allmälig in ein Satyrspiel überzugehen anfing. Baron Gustav Heine-Geldern starb am 15. November 1886. „Heine hat seinen Bruder Gustav furchtbar gehaßt", lese ich in einem Berliner Blatte — und darf man Wiener Blättern glauben, so haben die beiden Brüder einander geliebt wie Castor und Pollux. Natürlich ist man versucht, solchen extremen Anschauungen gegenüber des Dichters Wort zu variiren: Sie haben sich nie gehaßt und nie geliebt! Aber auch dieses wird der Wahrheit nicht völlig entsprechen; eine objektive Schilderung der Beziehungen zwischen den beiden Brüdern dürfte vielleicht dem wirklichen Sachbestand am nächsten kommen und jeder Verdunkelung desselben ein Paroli bieten.

Gustav Heine war das dritte Kind der Ehe von Samson

---

*) Erst zwei Jahre nach der Veröffentlichung dieses Aufsatzes ist die interessante und gewissenhafte Darstellung von Walter Robert-Tornow: „Goethe in Heine's Werken" (Berlin 1883) erschienen, die das Thema nach der literarhistorischen Seite erschöpfend behandelt.

und Betty Heine. Er wurde in Düsseldorf 1805 geboren und besuchte das dortige Lyceum, dasselbe, welches Heinrich Heine in seinen „Reisebildern" so ergötzlich geschildert. Wie hoch er gekommen, das ist nicht bekannt. Bis zur Universität aber wohl kaum. Denn schon im Jahre 1823 erfahren wir aus einem Brief Heine's an Moser Folgendes: „Mein Bruder, welcher mehrere Jahre die Landwirthschaft praktisch erlernt hat und einem Inspectordienst vorstehen kann, hat jetzt keine Stelle. Theils läge die Schuld, sagt er, in dem Umstande, daß er beschnitten sei, theils in dem Umstande, daß jetzt alle Landwirthe en embarras sind und ihre Leute abschaffen; am meisten sei ihm aber der Jude im Wege, wenn er eine Stelle nachsucht. Da ich von Berlin her weiß, daß Jakobson Güter im Mecklenburgischen hat, so glaube ich, ist es möglich, daß mein Bruder, der die allerbescheidensten Ansprüche macht, bei diesen Gütern auf irgend eine Weise beschäftigt werden kann, wenn man sich in Berlin bei Jakobson selbst für ihn verwendet. Sehe daher zu, lieber Moser, daß dieses durch Dich oder durch jemand Anderen geschehe, und schreibe mir darüber so bald als möglich. Ueberhaupt, wenn Du einen anderen Ausweg für meinen Bruder weißt, theile mir ihn mit. Der arme Junge ist wirklich in Verlegenheit und ist ein so guter Mensch, daß ich mich für ihn verwenden würde, wenn er auch mein Bruder nicht wäre."

Dieser Brief ist das erste Document für Heinrich's innige Bruderliebe, die sich in der Folge noch oft bethätigen sollte. Schon vier Wochen später wiederholt er seine Bitte an Moser, und da er eine abschlägige Antwort aus Berlin erhält, ist er des Unmuths und Spottes voll über jene Glaubensgenossen, die sich zu Reformatoren ihres Stammes aufwerfen — wie eben jener Israel Jakobson — und bei jedem vorkommenden Falle einer Förderung sich kühl beiseite drücken. „Nach Pommern brauchst Du meines Bruders halber nicht zu schreiben," heißt es in diesem Briefe, „es wäre schade um das liebe Porto. Mein Bruder hat, mit einer Geldzugabe, ein einstweiliges Unterkommen in Holstein gefunden."

Indeß scheint es Gustav mit der Landwirthschaft nicht geglückt zu sein, denn schon im Jahre 1827 finden wir ihn in Hamburg, wo er auf dem „Großen Burstah" Nr. 90 ein Speditions= und Productengeschäft, natürlich mit Hilfe des reichen Onkels Salomon Heine, begründet hat. Seltsam, daß die Nekrologe von all' dem nichts zu erzählen wußten! Aber auch dieses Geschäft brachte er nicht zur Blüthe — schon im Sommer 1829 mußte er dasselbe liquidiren. Während dieser Hamburger Periode waren Gustav und Heinrich treue Kameraden. Gustav lieh Heinrich zehn Louisd'or, Heinrich empfahl Gustav seinen reichen Börsenfreunden. (Der Genauigkeit halber sei hier nur kurz erwähnt, daß Heinrich schon am 1. Dezember 1827 die zwei Monate vorher entliehene Summe bezahlt hat.)

Wenn wir uns ein Bild von Gustav Heine aus jener Periode entwerfen wollen, so kann uns dazu eine kleine Geschichte verhelfen, die August Lewald, also ein treuer Wardein, berichtet hat. Als Heinrich zum erstenmale (1827) die Bekanntschaft dieses Schriftstellers machte, erzählte ihm derselbe, er habe bereits in Hoopte Jemand getroffen, der wahrscheinlich nichts Geringeres im Sinne gehabt, als sich für ihn auszugeben. In Hoopte, wo die Elbfähre die Reisenden aus dem Königreich Hannover in's hanseatische Gebiet hinüberführte, war ihm nämlich ein junger Reiter begegnet, der von Lüneburg, wo Samson Heine damals noch lebte, nach Hamburg wollte. Der junge Mann, an dem Lewald nur die sehr große Nase bemerkenswerth fand, war sehr gesprächig. Mit unermüdlicher Consequenz gab er eine Menge Geschichten zum Besten, Avantüren mit

Schauspielerinnen, mit denen er auf der Elbe Schiffbruch gelitten, und dergleichen mehr; auch von seinen poetischen Versuchen hatte er erzählt, und als er endlich Abschied nahm, reichte er noch im Davonsprengen Lewald eine Karte, auf der blos der Name „Heine" stand, mit der Bitte hin, ihn in seiner Wohnung auf dem „Großen Burstah" Nr. 90 (siehe oben!) zu besuchen. „Ach, mein Bruder Gustav," rief Heine aus, als Lewald fertig war, „der wird mich noch in's Unglück bringen!"

Das brüderliche Verhältniß scheint also in Hamburg nicht mehr ganz so innig wie vordem gewesen zu sein. Denn wenn wir der dieses ausdrücklich besagenden Erklärung Lewald's auch nicht vollen Glauben schenken wollten, so müßten wir diese Spannung doch aus dem eigenen Geständniß des Dichters entnehmen, der am Sylvester-Abend desselben Jahres an Friedrich Merkel in Hamburg, seinen und seines Bruders Freund, schreibt: „Willst Du Mord und Todtschlag verhindern, so geh' zu Campe und sage ihm, daß er alle Briefe, die für mich bei ihm ankommen mögen, auf keinen Fall an meinen Bruder Gustav geben soll. Denke Dir, dieser, auf Dein Beispiel sich berufend, hat die Impertinenz gehabt, Briefe, die ihm Campe für mich gegeben hat, zu erbrechen und mir — den Inhalt zu schreiben. Ich berste vor Wuth. Mein Bruder, dem ich nicht die Geheimnisse meiner Katze, viel weniger die meiner Seele anvertraue!"

Man wird zugeben, daß dieser Ton schon nicht mehr so vertraut klingt, als vordem, und man wird auf Zwistigkeiten schließen müssen, die innerhalb des Familienkreises beschlossen blieben und in die auch das Auge des Biographen nicht zu bringen hat. „Grüß mir meinen Bruder," schreibt Heine das nächstemal. „Ich liebe ihn sehr, aber nicht als Briefbeförderer." Es folgt nun im Lebenslauf

Gustav's die Liquidation des Geschäftes und der Eintritt in österreichische Kriegsdienste, aus welchem Anlasse er den Familiennamen seiner Mutter — Geldern — adoptirte, indem er das holländische „van" in ein adeliges „von" umwandelte. Im Lebenslauf Heinrich's folgt die Uebersiedlung nach Paris. Es ist kaum übertrieben, wenn man behauptet, daß Dieser abwärts, Jener aber im Sturmschritt aufwärts ging. Gustav Heine hat es bekanntlich im österreichischen Militär bis zum Dragoner=Officier gebracht.

Seine fernere Carrière ist bekannt, sie gehört seit den Vierziger Jahren ja der Oeffentlichkeit an. Die Beziehungen zu Heinrich scheinen aber während der Sturm= und Drangperiode Gustav's nicht eben sehr innig gewesen zu sein. Mindestens erfahren wir aus den Briefen, also den authentischsten Zeugnissen dieses Dichterlebens, nichts Näheres über Bruder Gustav. Ja, selbst in den Briefen an die heißgeliebte Mutter und an die Schwester Charlotte wie an den jüngsten Bruder Max wird der Name Gustav's nie erwähnt, oder doch nur ein einzigmal bei einem merkwürdigen Anlasse.

Betty Heine hatte die Absicht, ein kleines Kapital, das sie sich erspart, testamentarisch unter ihre vier Kinder zu vertheilen. Als Heinrich dies erfährt, lehnt er für sich dieses Geld mit der größten Entschiedenheit ab und fügt hinzu: „Max wird in dieser Beziehung ganz so denken wie ich; Du mußt nach meinem Rath die ganze Summe meiner Schwester lassen." Erst später bemerkt er: „Sei überzeugt, auch Gustav hat dies Geld ebenso wenig nöthig wie ich und Max." Es scheint also, daß die Mutter bis dahin — Sommer 1847 — diese Ueberzeugung noch nicht gehabt hatte . . .

Erst im Sommer des Jahres 1851 — also nach mehr als zwanzig Jahren — sahen die Brüder einander wieder, und es erfolgte eine intime Annäherung. Heinrich war damals ein armer, todtkranker Dichter, Gustav ein wohlsituirter und angesehener Zeitungsbesitzer, der mit seiner ersten Gattin Emma, einer kleinen, zarten Frau, nach Paris zu Besuch gekommen war. In großer Aufregung warf sich die nervöse Frau dem Dichter in die Arme, dessen Mathilde, eine große, volle und stattliche Erscheinung, daneben stand. „Bruder", sagte Heinrich malitiös lächelnd, indem er seine neue Schwägerin umarmte, „du hast von zwei Uebeln das kleinere gewählt." Dann kam das Gespräch natürlich auf die Schöpfungen des Dichters, der eben an seinem „Romancero" arbeitete und dem Bruder von diesen Gedichten erzählte.

„Gieb sie mir," rief Gustav eifrig, „ich werde sie durch mein Blatt verbreiten."

Heinrich war anfangs verblüfft, machte aber dann ein harmloses Gesicht und sagte in demüthigem Tone: „Ach, lieber Bruder, Du hast Recht, das ist eine gute Idee — da kann ich ja noch einmal berühmt werden."

Der weitere Verlauf des Gespräches führte natürlich auch auf die religiöse Wandlung des Dichters, die damals Tagesgespräch in Deutschland war. Gustav fragte ihn, ob es denn wahr sei, daß er eine Betschwester geworden, und Heinrich replicirte: „Nein, ich bin vielmehr ein Betbruder geworden, und ich bete alle Tage zum lieben Gott, daß er dir, lieber Bruder, bessere politische Gesinnungen eingebe." Als Gustav bemerkte, wie sehr er sich freue, daß sein Bruder kein Atheist mehr sei, und wie gut es wäre, wenn er über diese religiöse Wandlung sich öffentlich aussprüche, erwiderte Heine abwehrend: „Was kann dem großen weißen Elephanten des Königs von Siam daran gelegen sein, ob ein kleines Mäuschen in der Rue d'Amsterdam zu Paris an seine Weisheit und Größe glaubt oder nicht?" (Für

Ungläubige, welche die Authenticität dieser Geschichten bezweifeln sollten, bemerke ich mit kritischer Genauigkeit, daß die erste von Max, die beiden anderen — von Gustav Heine selbst berichtet worden sind.)

Es ist natürlich, daß die politischen Differenzen zwischen den beiden Brüdern damals nicht blos in Anekdoten und Witzen, sondern oft auch in sehr ernsthafter Weise zur Aussprache kamen. Wir haben dafür das Zeugniß Heine's selbst, der am 28. August 1851 an Julius Campe schreibt: „Die Ankunft meines Bruders war mir sehr erfreulich, aber ich litt sehr dadurch, daß er während seines Aufenthaltes in der peinlichsten Verstimmung war, weil er einestheils beängstigende, seine Interessen bedrohliche Nachrichten aus Wien erhielt; anderentheils weil er eine todtkranke, von den schrecklichsten Nervenleiden geplagte Frau mit sich führte . . . Dazu kommt, daß die Verschiedenheit der politischen Ansichten dennoch sogar unter Brüdern einen fatalen Einfluß ausübt. Ich habe Manches nicht berühren können, und das störte jeden freimüthigen Erguß. Es ist doch eine schreckliche Sache mit der Politik; man kann sich über diesen Aberglauben nicht ganz hinaussetzen... Meine Uebersiedelung nach Hamburg war das Hauptthema meiner Unterhaltungen mit meinem Bruder..."

Mit drei Aufträgen im Interesse des Dichters reiste Gustav von Paris ab. Zuerst sollte er in Hamburg das kostbare, weil einzige Manuscript des „Romancero" Julius Campe selbst übergeben, da Heine es der Post nicht anvertrauen wollte; dann sollte er in Prag eine Angelegenheit mit dem Direktor der dortigen Gasgesellschaft Ferdinand v. Friedland ordnen, bei dem Heine für baar geliehene 16,000 Francs nun schon mit einer Summe von 5000 Francs sich begnügen wollte; schließlich sollte er bei der Intendanz der Hofoper in Wien Heine's Tanzpoem „Der Doktor Faust" als Ballet anbringen.

Kaum in Hamburg angekommen, machte er Campe seinen Besuch und gab das Manuscript ab. Damit war der erste Auftrag erledigt. Gustav Heine scheint sich aber damit nicht begnügt zu haben, denn wir erfahren aus einer Antwort des Dichters vom 10. September 1851 Folgendes: „Meines Bruders Verfahren in Bezug auf Sie hat mich sehr verstimmt, und ich werde ihm nie mehr wieder bei Lebzeiten noch posthum einen Auftrag für Sie geben."

Den zweiten Auftrag erledigte Gustav Heine mit der ihm eigenen Gewandtheit zur Zufriedenheit Heinrich's, dem er übrigens die obenerwähnten 5000 Francs schon in Paris vorgeschossen hatte, die dieser wiederum binnen Jahresfrist „bis zum letzten Sous" zurückbezahlte.

Den dritten Auftrag ebenso prompt zu erledigen, lag wohl nicht in Gustav's Macht. Aber wir dürfen wohl annehmen, daß er sich die redlichste Mühe gegeben hat, Herrn v. Holbein zur Annahme des Heine'schen Ballets zu bewegen. Leider vergebens!

Aber man würde fehlgehen, wollte man glauben, daß die Beziehungen zwischen den Brüdern durch das Zusammenleben und die geschäftlichen Connexionen erheblich besser geworden seien. Fortwährend beklagt sich Heinrich über den „krakehligen Charakter" seines Bruders, dem er eine Einmischung in seine literarischen Angelegenheiten nicht vertrauen dürfe, — „bei aller brüderlichen Liebe", wie er nie hinzuzufügen unterläßt.

Ja, die Verstimmung erreicht ihren Höhepunkt, als Gustav Heine gerade ein Jahr später — im August 1852 — aus eigener Machtvollkommenheit Julius Campe in Hamburg einen Besuch macht, um diesen zu bereden, sich den von Heinrich gestellten Honorar-Bedingungen für die „Lutetia" unbedingt zu fügen, und dabei die Drohung fallen läßt: es habe sich in Wien ein Comité gebildet, welches die Herausgabe der gesammelten Werke Heine's beabsichtige. Als Campe noch immer schwieg, bemerkte Gustav weiter: „Und ein Loch in einen Contract ist bald gemacht." „Sehen Sie," fuhr er, auf seine Cravatte deutend, fort, „das ist ein Contract." Dann riß er die Schleife auf, band sie in anderer Art wieder zu und sagte lachend: „So, nun ist es wieder ein Contract!" Da riß aber auch dem ruhigen Campe die Geduld. Er verbat sich die Fortsetzung dieser Belehrungen und schrieb an Heinrich einen aufgeregten Brief über den „Brüder-Congreß in Hamburg". Darauf erwidert nun der Dichter am 12. September desselben Jahres: „Wie konnte Ihr Unmuth gegen meinen Bruder Gustav, mag derselbe noch so gerecht sein, Sie verleiten, mir, der ich genug zu tragen habe, mit solcherlei Beklagnissen meine Bekümmernisse zu vermehren? Habe ich meinen Bruder Gustav zu Ihnen geschickt? Hat er das geringste Mandat von mir, habe ich Ihnen nicht längst über Gustav's zänkischen Charakter meine Meinung gesagt und Ihnen versichert, daß ich alles so einrichten werde, daß er niemals das Geringste in Bezug auf mich mit Ihnen zu verkehren haben würde? — Genug davon, Gustav Heine ist mein Bruder, ich liebe ihn als solchen, weil man unter allen Umständen seine Brüder lieben soll. Außerdem hat er mir bedeutende Dienste erzeigt, und ich werde wahrlich der Letzte sein, der auf ihn loszöge ... Was soll ich also lange darüber jammern, daß er auch uns Beide brouilliren wollte ... Ich habe schon längst gemerkt, daß bei meinem hilflos kranken Zustande mein Bruder Gustav sich verpflichtet glaubte, mein literarischer Vormünder zu sein. In Bezug auf mein Buch hat er noch specielle Absichten ... Er sagte mir längst, daß er mit seinem Zeitungsinstitute auch den Verlag von Novitäten verbinden wolle ... Max meint wirklich, ich würde ein solcher Narr sein, des Geldes wegen meinen Namen von Gustav für die Feuilletons seines Journals oder sonstwie als Annonce ausbeuten zu lassen... Mein Bruder Gustav kann auch nichts wissen über meine „Memoiren", wovon in der That ein großer Theil vernichtet ist; er hat nur Vermuthungen und sagt immer mehr, als er weiß. Es bekümmert mich unendlich, daß Sie ihn nicht von einer besseren Seite kennen gelernt; er hat sehr viele gute Eigenschaften, er hat sie oft durch die That bewiesen, und nur die verdammte Zwiftsucht und die Emancipation von der Wahrheit kann ihn verhaßt machen; ich aber werde, wie gesagt, einen Bruder unter jeder Bedingung lieben: ich weiß sogar, er hat schrecklich gegen mich raisonnirt, aber ich variire nicht leicht in meinen Affectionen, und auch Freunde, die mich mit Nadelstichen nergeln, können auf meine liebende Toleranz rechnen."

Unter solchen Umständen ist es begreiflich, daß Heine seinem Bruder auch das kleinste Gedicht für dessen Blatt verweigert, daß er seiner Versicherung, der „Romancero" sei wegen des Gedichtes „Maria Antoinette" in Oesterreich verboten worden, keinen Glauben schenkt, sondern vielmehr die Vermuthung ausspricht, Gustav scheine „wegen seiner eigenen Position dabei interessirt", daß er „hinfüro Oesterreich schone".

Endlich im November 1855 empfängt Heinrich Heine die Nachricht, Gustav und Charlotte würden zur Weltausstellung nach Paris kommen. Er nimmt sich vor, nun ernsthaft mit dem Bruder zu sprechen und ihm bestimmt zu sagen, daß er es aufgeben möge, in das Verhältniß zu Campe Zwietracht hineinzutragen. Dies ist denn wohl auch während jenes Besuches geschehen, über den Gustav Heine eine sehr interessante Relation in seinem „Fremdenblatt" gegeben.

Ob es gefruchtet hat? Drei Monate später starb Heine,

und kaum war die letzte Scholle Erde auf das Grab ge=
fallen, trat Gustav schon „als literarischer Vormünder" auf!
Was nun folgte, ist mehr oder minder bekannt. Gustav Heine
wollte seinem Bruder einen prachtvollen Grabstein setzen,
Mathilde verbot ihm das. Gustav Heine erklärte, sein
Bruder habe keine Memoiren hinterlassen, um dann wenige
Jahre später zu erklären, daß er die richtigen „Memoiren"
besitze, sie aber aus Familienrücksichten nie publiciren werde.
Worauf dann wieder Mathilde replicirte, es gebe keine
anderen Memoiren als das damals in ihrem Besitze befind=
liche Fragment. Gustav Heine veröffentlichte im Februar
1856 das letzte endgiltige Testament seines Bruders im
„Fremdenblatt".*)

*) Wie es heißt, rührte die Artikelserie, die nach Heine's Tod im
„Fremdenblatt" erschienen und mit der Chiffre G. H. unterzeichnet
war, aus der Feder des bekannten Wiener Publicisten und Roman=
schriftstellers Friedrich Uhl her. — Es darf übrigens nicht unerwähnt
bleiben, daß unmittelbar nach dem Tode Gustav Heine's die Mythen=
bildung frisch an ihr Werk ging. Von all' den aus diesem Anlaß
erzählten Anekdoten — pro et contra — dürften die meisten, auf
ihre Wahrheit geprüft, als unecht sich erweisen. Unter Anderm wurde
auch erzählt, daß Gustav Heine für seinen Bruder Heinrich einen
Gang zu Metternich machen mußte. Heinrich war damals schon schwer
krank in Paris, und sein Arzt Dr. Gruby rieth ihm dringend eine
Cur in Gastein an. Um die Reise zu ermöglichen, entwarf Gruby
einen eigenen Wagonlit für ihn, eine wahre Krankenstube auf Rädern,
in der er unterwegs förmlich wohnen sollte, von allen Bequemlichkeiten
umgeben. Jeden Tag fand der Arzt noch irgend ein neues Detail,
um diese Fahrgelegenheit zu vervollkommnen, und der kranke Dichter
belustigte sich damit, ihm noch allerlei unmögliche Finessen dazu zu
souffliren. Als endlich der Wagen unübertrefflich schien, warf Heinrich
Heine die praktische Frage auf, ob man ihm denn freies Geleit in
Oesterreich gewähren werde. „Du mußt zu Metternich gehen", soll
er hierauf zu seinem Bruder gesagt haben und dieser beeilte sich, das
zu thun. Der Fürst empfing ihn gleich mit den Worten: „Ah, Sie
sind es, lieber Heine; was macht denn Ihr Bruder Heinrich?" —

Darauf kam im Jahre 1868 Max Heine und veröffentlichte ein älteres Testament aus dem Jahre 1849 als das alleingiltige. Mir war es damals vorbehalten, den wahren Sachverhalt und das echte Testament aus den verschollenen Bänden des Wiener „Fremdenblatt" an den Tag zu bringen.

Und so ging es fort. Man kann nicht sagen, daß die Familie Heine sich durch solches Vorgehen sonderliche Sympathien erworben hat. Ja, man muß vielmehr behaupten, daß die allgemeine Stimmung, die sich so sehr gegen die Brüder des Dichters kehrte, vielfach selbst ungerecht gegen dieselben gewesen sei. Heinrich liebte seine Brüder Max und Gustav; den Erstern mehr, den Andern vielleicht etwas weniger. Es steht wohl außer jedem Zweifel, daß auch sie ihn herzlich liebten und freudig als den Stolz der Familie betrachteten. Die eigenthümliche Lage allein, in die das Leben Beide führte, erklärt es, daß sie später eine so seltsame und wenig sympathische Stellung zu ihrem Dichter-Bruder einnahmen und nach dem Erscheinen seiner Briefe — welche Publikation sie natürlich sehr ungünstig aufnahmen — vielfach in Widerspruch mit den Thatsachen geriethen.

„Durchlaucht," entgegnete er, „gerade seinetwegen bin ich hier," und erzählte ihm den ganzen Sachverhalt. Metternich hatte aber kaum die ersten Worte gehört, als er einfiel: „Wie, ein Heinrich Heine sollte nicht frei kommen und gehen dürfen in Oesterreich? Aber schreiben Sie ihm doch gleich, er solle nur kommen und so gesund als möglich werden. Augenblicklich unterschreibe ich ihm alles, was er will. Und wenn ich ihn persönlich sprechen könnte, würde es mich besonders freuen. Kommt er nach Wien, so müssen wir uns jedenfalls begegnen." Es kam freilich nicht so weit; eine solche Reise konnte der Dichter damals nicht mehr unternehmen. —

Soweit die Anekdote, die aber leider auf einen historischen Fehler sich gründet, der das Gebäude umstürzt. Gustav Heine sah seinen kranken Bruder nur im Sommer 1851 und im Herbst 1855. Damals aber war Metternich bereits ein lebendig-todter Mann, der keinem Menschen mehr freies Geleit in Oesterreich gewähren konnte!

Am Schreiendsten hat das Publikum diesen Widerspruch in der Memoiren=Angelegenheit empfunden, die noch an anderer Stelle dieses Buches ausführlich und im Zusammenhange erörtert werden soll.

Anstatt aber die öffentliche Meinung durch eine wahrheitsgetreue Erklärung der Sachlage jedesmal zu orientiren, zogen es die Brüder vor, Ausflüchte zu machen, die sie in Widersprüche verwickelten, oder sich in den Mantel des Schweigens zu hüllen. Es klingt ja sehr rührend, was Gustav Heine bei einem ihm zu Ehren gegebenen Fest sagte: "Mein Bruder weilt hoch in den Wolken, wo er immer weilte. Sein Ruhm hat ihn überlebt, und ich selbst weiß am Besten, welch' großer Geist er war. Man wollte mich mit ihm verfeinden, aber es ist nicht gelungen. Wir haben uns manchmal nicht verstanden und gezankt, aber es ist eine Lüge, daß wir uns gehaßt haben." Wie gesagt, das klingt wahr und rührend — aber man hätte gewünscht, diese Liebe zu dem Dichter innerhalb der Familie öfter und mehr bethätigt zu sehen.

Nun denn, vielleicht machen die überlebenden Mitglieder der Familie, nachdem die kühle Erde alle drei Brüder deckt, das gut, was die Verstorbenen unterlassen. Die Nachwelt hat von ihnen Vieles zu erwarten und Manches zu fordern.

Vom Fichtenbaum und der Palme.

Eine gar leicht verwundbare Achillesferse Heine's war die Diskussion über die Stoffe und Quellen seiner Lieder oder die Nachfrage nach solchen. Bis in seine letzten Lebens=

tage beschäftigte ihn diese Frage, und mit großer Entschieden=
heit wehrte er sich noch auf seinem Krankenbette — im Ge=
spräch mit Adolf Stahr — gegen die Zumuthung, als
habe er seine Gedichte deutschen Volksliedern und die Stoffe
Chroniken oder älteren Poeten entlehnt.

Im Großen und Ganzen mag dies zutreffen. Selten
ist ein Poet so original gewesen, wie Heine. Goethe war
es kaum, auch Schiller und die Romantiker nicht. Heine
aber hatte wohl ein Recht, einzugestehen, daß er „sehr früh
schon das deutsche Volkslied habe auf sich einwirken lassen", da
ihn diese Einwirkung nur dazu verleitet hat, Stoffe, Bilder
und Wendungen, hauptsächlich aber die Formen des alten
Volksliedes nachzuahmen. Dieses Zugeständniß hinsichtlich
der Form befindet sich in einem interessanten Briefe Heine's
an Wilhelm Müller, den Dichter der Griechen=Lieder, in
dem er über diesen wie über Goethe, Uhland und Rückert
bemerkenswerthe Aeußerungen macht und sich schließlich mit
Letzterem vergleicht: „Ich habe an ihm zu tadeln Alles,
was ich an mir selbst table: wir sind uns im Irrthum
verwandt, und er wird mir oft so unleidlich, wie ich es
mir selbst werde."

Als Heine dies schrieb, kannte er die Meinung Rückerts
über ihn nicht. Sie ist um so interessanter, als sie mit
der oben angeregten Frage nach der Originalität seiner
Stoffe eng zusammenhängt. Daß Rückert ein Dichter wie
Heine nicht wahrhaft sympathisch sein konnte, versteht sich
von selbst. Trotzdem war er, wie sein Biograph, C. Beyer
erzählt, nicht blind gegen die wahrhaft werthvollen Lieder
dieses Dichters. Nur meinte er einmal im Gespräche mit
Melchior Meyr: „Er könne nicht zugeben, daß Heine diese
Lieder selbst gemacht habe, er könne ihn hier nur als Organ
gelten lassen." Dazu bemerkte Meyr, daß diese Aeußerung
Heine gewiß ergötzt haben würde, daß aber seiner Meinung

nach Heine darauf erwidert hätte: „Bravo, Freund Rückert, besser hat mich noch Niemand gelobt. Weißt Du, was es heißt, Organ sein? Genie sein! Ich wünschte, daß Du in Deinen Liedern auch etwas mehr nnd etwas öfter Organ gewesen wärest!"

Melchior Meyr hat Recht gehabt, und in seiner Zurückweisung liegt der Kern der Frage. Nicht darauf kommt es an, woher der Dichter den Stoff genommen, als wie er ihn verarbeitet. In diesem Sinne kann der Dichter wohl ein Organ des schaffenden Volksgeistes werden, dessen Lieder sehr glücklich den Wiesenblumen verglichen wurden, die erfreuen und entzücken, wenn man sie im Felde ohne Pflege und Kultur aufgewachsen antrifft, die aber in den Gärten, zwischen Rosen, Lilien und Nelken, nicht viel besser denn Unkraut sind. Hier tritt dann die Arbeit des Kunstpoeten ein, Organ der Vermittelung zu werden. Gelingt es einem modernen Dichter, auch in seinen selbsterfundenen Stoffen jene frische und naive Ursprünglichkeit des alten Volksliedes zu erreichen, desto besser für ihn, für den Eindruck des Werkes aber ist diese Originalität fast ohne tiefere Bedeutung. Soll ich meine Ansicht unumwunden sagen, so glaube ich, daß Heine's Eitelkeit bei dieser Frage auch eine gewisse Rolle gespielt hat. Gerade in jene Blütentage fällt ja die Jagd der Goethe-Koraxe nach den Quellen des Dichters, und kein Land war so weit und keine Literatur so fremd, daß man aus ihr nicht Parallelen zu den Dichtungen des weimarischen Olympiers geholt hätte. Da konnte sich denn Heine wohl in die Brust werfen: Seht, wir „Jungen" sind doch originalere Dichter! Und mit Recht! Denn er traf den Ton des Volksliedes so rein und voll, wie kein Anderer, und es ist charakteristisch, daß die gelehrten Kenner unserer Volkspoesie dem Schalk nicht geglaubt, der dem Mittelstück seiner berühmten „Tragödie" die Bemerkung vorgesetzt: „Dieses ist ein wirkliches Volkslied, welches ich am Rheine gehört," und daß das Gedicht in der That in keine kritische Sammlung deutscher Volkslieder aufgenommen wurde. Man hielt es allgemein für ein Erzeugniß Heine's — und doch ist das Gedicht: „Es fiel ein Reif in der Frühlingsnacht" ein echtes und unverfälschtes rheinisches Volkslied, das der Dichter nur mit Meisterhand durch wenige Striche umgewandelt hat*).

Aber nicht überall und nicht immer hat Heine so frei und unumwunden seine Quelle angegeben — und auch nicht in allen seinen kleinen Liedern gehört der Stoff seiner eigenen poetischen Phantasie an. Ich möchte dies heute mit Bezug auf eines seiner formvollendetsten und schönsten Gedichte nachzuweisen versuchen, nämlich für das Lied vom Fichtenbaum und der Palme:

> Ein Fichtenbaum steht einsam
> Im Norden auf kahler Höh'.
> Ihn schläfert; mit weißer Decke
> Umhüllen ihn Eis und Schnee.
>
> Er träumt von einer Palme,
> Die fern im Morgenland
> Einsam und schweigend trauert
> Auf brennender Felsenwand.

Es ist zweifellos, daß dieses kleine Gedicht eines der meisterhaftesten Stimmungsbilder der deutschen Poesie ist, die in der Verlebendigung der Natur, in der Beseelung der Pflanzenwelt als Spiegel des menschlichen Gemüthes, doch so bedeutende Schöpfungen wie die Naturbilder Goethes, Uhlands, Lenaus nnd Geibels besitzt. Was aber dieses Heinesche Gedicht besonders auszeichnet, ist seine Plastik und die Klarheit der darin ausgesprochenen Empfindungen, in denen der Dichter unter einem vieldeutigen Bilde, das dennoch seiner Einfachheit wegen keiner Erklärung bedarf,

---

*) Vergl. das ausgezeichnete Buch von H. Hüffer: „Aus dem Leben Heinrich Heines" (Berlin 1878) S. 122 ff.

seine Liebesschmerzen und das Weh der Trennung von der Geliebten besingt.

Hat nun Heine diesen Stoff erfunden oder entlehnt? War er Original oder — um mit Rückert zu sprechen — blos Organ?

Ich möchte mich in diesem Falle, den ich aber nur als Ausnahme betrachte, für die Ansicht Friedrich Rückerts entscheiden, da eine Parallele zu diesem Gedichte existirt, von der sich allerdings nicht nachweisen, wohl aber sehr stark vermuthen läßt, daß sie Heine nicht unbekannt gewesen sei.

Die Quelle seines Gedichtes befindet sich in einem Werk, das auch recht eigentlich der Volksliteratur angehört, aber nicht der deutschen und auch nicht der des Mittelalters, sondern der hebräischen Literatur des Alterthums! Es ist dies der Midrasch, eine Sammlung der aus Heines „Romancero" ja genügend bekannten Hagada...

> Wo die schönen alten Sagen,
> Engelmärchen und Legenden,
> Stille Märtyrerhistorien,
> Festgesänge, Weisheitssprüche,
>
> Auch Hyperbeln, gar possirlich,
> Alles aber glaubenskräftig,
> Glaubensglühend — o, das glänzte,
> Quoll und sproß so überschwänglich.

Den „Schauern jener seligen Geheimwelt" war auch Heine, mehr als man glauben möchte, zugänglich, und in dem phantastischen Garten der Hagada pflückte er manche Blüthe, die später im Blumengarten deutscher Poesie zur herrlichen Reife sich entfaltete. Aus diesem Kreise hat er allem Anscheine nach auch das Grundmotiv jenes Gedichtes geholt. Denn eben in diesem Midrasch — dessen Entstehung etwa in die ersten vier Jahrhunderte der christlichen Zeitrechnung fällt — findet sich die folgende Anwendung des

Psalmverses: „Der Fromme gleicht der Palme": Wie diese von Sehnsucht erfüllt ist, so sehnt sich das fromme Herz nach Gott. Ein Rabbi erzählt zur Erläuterung dieses Ausspruches Folgendes: Einst stand eine Palme in Emaus, die trotz aller Sorgfalt und Pfropfversuche des Gärtners unfruchtbar blieb — da sprach ein Palm-Kundiger:

„O, diese Palme sehnt sich nach einer anderen in Jericho!" — In Folge dessen holte man eine von dort her, verband sie mit ihr, und bald darauf prangte sie fruchtbeladen."

Soweit die Erzählung des Midrasch.

Es scheint mir kaum fraglich, daß Heine diese Midrasch-Stelle einmal von einem seiner gelehrten Freunde in Berlin — Zunz, Markus, Friedländer, Moser, Wohlwill u. A. — gehört oder in einer Sammlung hagadischer Erzählungen gelesen hat, und daß sie ihn zu jenem Gedicht anregte, da ja in den Tagen der Romantik und der Nachahmungen orientalischer Poesie ein so poetischer Stoff dem Dichter ganz besonders sympathisch und wahlverwandt sein mußte.

Aber noch eine zweite nicht minder interessante Parallele kann ich zu dem Motiv von der sehnenden Palme nachweisen, eine Quelle, deren Verhältniß zu dem Midrasch sowohl wie zu Heine tiefverborgen in der Zeiten Schooße ruht, da sie von beiden gleichweit entfernt ist.

Denn aus dem farbenglänzenden Orient, von Palästina, einen großen Erinnerungen und poetischen Reichthümern, führe ich die geneigten Leser, die sich für die Wanderungen und Wandelungen einer dichterischen Idee interessiren, nach dem Lande des Weins und der Gesänge, nach Spanien — und zwar in jene Zeit, da in diesem schönen Lande der große „Blüthentraum der Weltgeschichte" geträumt ward, da unter der Herrschaft der Araber — etwa vom 9. bis zum 12. Jahrhundert — Kultur und Wissenschaft, Poesie und Kunst zu einer Blüthe sich entfalteten, die sie erst viele Jahrhunderte später in gleichem Maße wieder erreicht haben. Abdurrahman III., ein Sprößling des weltbeherrschenden Omejjadengeschlechts, war damals Herrscher in Spanien, und Cordova wurde die Residenz dieses edlen, dichterisch begabten Fürsten. Dort erbaute er die berühmte Moschee, die noch heute als eines der merkwürdigsten Bauwerke dasteht, dort legte er auch einen Palast und große Gärten an, in denen er seltene Bäume aus dem Orient pflanzen ließ. Die erste Palme brachte Abdurrahman nach Europa — und sie gedieh in der milden Luft Andalusiens so gut wie in ihrer orientalischen Heimath. An diese Palme, „die Stammmutter aller übrigen in Europa", richtete Abdurrahman, in wehmüthiger Erinnerung an sein fernes Vaterland, die folgenden — von A. v. Schack vortrefflich übersetzten — Verse:

>„Du, o Palme, bist ein Fremdling
>So wie ich in diesem Lande,
>Bist ein Fremdling hier im Westen
>Fern von Deiner Heimath Strande.
>
>Weine d'rum! Allein die Stumme,
>Wie vermöchte sie zu weinen?
>Nein, sie weiß von keinem Grame,
>Keinem Kummer gleich dem meinen.
>
>Aber könnte sie empfinden,
>O sie würde sich mit Thränen
>Nach des Ostens Palmenhainen
>Und des Euphrat's Wellen sehnen.
>
>Nicht gedenkt sie deß, und ich auch
>Fast vergaß ich meiner Lieben,
>Seit mein Haß auf Abbas' Söhne
>Aus der Heimath mich getrieben."

Man sieht, Abdurrahman ist schon dem poetischen Stimmungsbild näher als der Midrasch. Diesen mögen wohl von dem arabischen Dichterfürsten etwa sechs oder sieben

Jahrhunderte trennen, während zwischen Abdurrahman und Heine wieder etwa acht Jahrhunderte liegen. Interessanter noch als die gemeinsame Idee ist die Art der Behandlung und der Fortschritt in der Natursymbolik des Menschenlebens im Laufe der Jahrhunderte.

Verwandten Inhalts — ja sogar der Heine'schen Idee noch um einen Schritt näher — ist ein zweites, späteres Gedicht desselben fürstlichen Poeten, das also lautet:

> In den Gärten von Rußafa
> Sah ich eine Palme stehn,
> Ferne von der Palmenheimath
> Säuselnd in des Windes Wehn.
>
> Und ich sprach: Wie deinen Brüdern
> Du entrückt bist, schöner Baum,
> Trennt auch mich von meinen Freunden,
> Meinem Stamm, ein weiter Raum.
>
> Ich den Meinen ferne, Fremdling
> Du auf fremdem Erdgefild,
> Ist mein Schicksal wie das deine,
> Und bist du mein Ebenbild!
>
> Tränke dich die schwerste Wolke,
> Die sich durch den Himmel wälzt
> Und in Regenschauerströmen
> Selbst die Sterne droben schmelzt.

Unsere Wanderung durch ein Jahrtausend ist zu Ende. Daß Abdurrahman die Erzählung des Midrasch aus irgend einer zweiten Quelle gekannt, ist möglich, daß sie Heine gekannt, sogar wahrscheinlich. Dagegen konnte Heine das Gedicht Abdurrahmans unmöglich bekannt sein, da er des Arabischen nicht mächtig war, und die erste Ausgabe der Chrestomathie M. Hollats, in der jene Gedichte sich befanden, später, ja die deutsche Uebersetzung Schack's mehr als dreißig Jahre nach dem Gedicht Heine's erschienen ist.

Verringert es aber den Werth des Gedichts oder den

Ruhm des Dichters, wenn er hier einmal wirklich nur Organ war? Ich glaube nicht. Im Gegentheil, seine poetische Kunst erscheint noch in hellerem Lichte, wenn wir den Wandlungen dieses Stoffes folgen und sehen, welch' tiefempfundenes Stimmungsbild Heine daraus gemacht hat. Gerade das neue Motiv, das er in die uralte Idee hineintrug, von dem Fichtenbaum, den ja der Midrasch gar nicht, der arabische Poet kaum gekannt, hat steigert die poetische Schönheit und den natürlichen Reiz des Gedichts, auf das Heine — nebenbei bemerkt — sehr viel Gewicht legte, und von dem er in der Widmung des „Neuen Frühling" an seine geliebte Schwester Charlotte selbst eine so anmuthige Variation giebt.

Wenn Vilmar behauptet, daß von unseren neueren Dichtern nur einer das rechte Maß in der Naturdarstellung einzuhalten gewußt habe, nämlich Goethe, so braucht man ihm nur das Gedicht vom Fichtenbaum und der Palme entgegenzuhalten. Und wenn ein anderer berühmter Kritiker — mehr treffend als geschmackvoll — den Vergleich zwischen Volkslied und Kunstpoesie also präzisirt: Grobe Speisen und schlecht zubereitete Suppen esse man immer mit Appetit, wenn man nur hungrig sei; aber auch in der besten Suppe dürfe nur ein einziges Haar sich befinden, um selbst den besten Appetit gründlich zu zerstören: genau so wolle er sich anheischig machen, in jedem einzelnen Gedicht der Neuzeit das Haar nachzuweisen, welches den Appetit daran von Grund aus verderbe — so dürfte diesem Kritiker der Nachweis wohl sehr schwer, wo nicht unmöglich werden, mit Bezug auf unser Gedicht, in dem der Geist des Morgenlandes mit der modernen Romantik zu einer vollendeten Harmonie poetischer Empfindung und Reinheit sich vermählt hat.

Heine und Grillparzer.

Die Scene spielt in der Cité Bergère Nr. 3 zu Paris am 27. April 1836, Mittags 12 Uhr, an einem Mittwoch — um literar=historisch ganz correct zu sein. „Als ich schellte, öffnete mir ein hübscher, runder, junger Mann im Schlaf= rocke, der mir wie einem alten Bekannten die Hand reichte. Es war Heine selbst, der mich für den Marquis de Custine hielt. Er zeigte große Freude, als ich mich nannte, und führte mich in seine tolle Wirthschaft hinein. Tolle Wirth= schaft. Denn er wohnt da in ein paar der kleinstmöglichen Stuben mit einer oder zwei Grisetten, denn zwei waren eben da, die in den Betten herumstörten und von denen er mir eine, eben nicht zu hübsche, als seine petite be= zeichnete. Er selbst sieht aber auch wie die Lebenslust und mit seinem breiten Nacken wie die Lebenskraft aus. Machte mir einen sehr angenehmen Eindruck, denn mir ist der Leicht= sinn nur da zuwider, wo er die Ausübung dessen, was man soll, hindert." So erzählt Grillparzer selbst in seinem Tage= buch aus dem Jahre 1836 und er fügt dieser Schilderung des ersten Eindruckes, den Heine auf ihn gemacht, noch folgende Bemerkungen hinzu: „Wir kamen gleich in die Literatur, fanden uns in unsern Neigungen und Abneigungen ziemlich auf demselben Wege, und ich erfreute mich des seltenen Vergnügens, bei einem deutschen Literator gesunden Menschenverstand zu finden. Er scheint durch die Bundes= tagsbeschlüsse sehr alterirt und schrieb eben an einer Denk= schrift an die abgeschmackte Versammlung. Vom Ultra= Liberalismus will er durchaus nichts wissen und spricht mit Verachtung von den deutschen Refugiés. Mit Börne steht er schlecht. Beklagt sich, daß dieser ihn für seinen Freund ausgegeben, was er nie gewesen. Ging nach einer Stunde herzlich entlassen. Der Besuch hatte mich heiter gestimmt."*)

Wer Grillparzer's Reise=Tagebuch ganz durchgelesen, wird diese später noch einmal wiederholte Bemerkung vollauf zu würdigen wissen. Nicht oft finden wir in diesen drei Monaten die Bemerkung, daß er heiter gestimmt sei. Wir dürfen also annehmen, daß der Eindruck dieses Besuches in der That ein sehr angenehmer gewesen, umsomehr, da er noch nachwirkte, als Grillparzer gegen Ende des Jahres seine prächtige Selbstbiographie schrieb. Auch in diesem Buche voll Wahrheit und ohne Dichtung finden wir den Besuch bei Heine erwähnt. Grillparzer erzählt, daß er ihn in Fülle der Gesundheit, aber in sehr beschränkter ökonomischer Lage fand. Heine's ganze Bibliothek „bestand in Einem, wie er selbst sagte, entlehnten Buche." In den zwei kleinen Zimmern, die er bewohnte, herrschte große Unordnung; im ersten „machten sich zwei Weibsbilder" — Mathilde und Pauline wahrscheinlich — „mit Betten und Kissen zu schaffen"; das zweite, kleinere, Heine's Arbeitszimmer, „bekam durch die Spärlichkeit der Möbel fast das Ansehen des Geräumigen oder doch des Geräumten." Als Grillparzer seinen Namen nannte, zeigte Heine große Freude und sagte ihm „viel Schmeichelhaftes, das er wahrscheinlich in der nächsten Stunde vergessen hat." In jener Stunde aber unterhielten sie sich vortrefflich und Grillparzer kommt noch nach einem Jahre zu dem Geständniß: „Ich habe kaum je einen deutschen Literator verständiger reden gehört." Mit der ihm eigenen Wahrheitsliebe fügt Grillparzer dieser Erklärung sogleich die Erwähnung des Punktes bei, an dem sich seine Ansichten von denjenigen Heine's vollständig trennten: Heine hatte bei aller Mißbilligung des Einzelnen einen großen Respect für das Ganze

---

*) Grillparzer's gesammelte Werke X. 322.

der deutschen Litteratur, ja, er setzte sie allen anderen voran; Grillparzer war anderer Ansicht: „Ich kenne kein Ganzes, als welches aus Einzelnen besteht. Diesen aber fehlt der Nerv und der Charakter . . . Ich ehre die deutsche Literatur; wenn ich mich aber erfrischen will, greife ich doch zu einer fremden." Ein beschämendes, aber in seiner naiven Aufrichtigkeit merkwürdiges Geständniß, das uns den ganzen Grillparzer in seiner Größe wie in seinen Fehlern versinnlicht, das aber auch zugleich ein helleres Schlaglicht auf die literarischen Zustände jener Zeit wirft, als dies die umfangreichste Cultur- oder Literaturgeschichte zu leisten vermöchte.

Es waren vier Jahre seit dem Tode Goethe's, den er ja anbetete, verflossen, als Grillparzer Heine gegenüber diese Ansicht über die deutsche Literatur aussprach.

In Heines Schriften und Briefen wird Grillparzer überhaupt wohl nur zweimal im Vorübergehen erwähnt: das einemal berichtet er in seinen „Briefen aus Berlin" unter den interessanten Klatschgeschichten, daß an Grillparzer das Manuscript seiner Trilogie „Die Argonauten", welches er der Intendanz des Berliner Hoftheaters eingeschickt hatte, von dieser wieder zurückgesandt worden sei; zum zweitenmal erwähnt Heine Grillparzer in seinen „Briefen über die französische Bühne" aus dem Jahre 1837 — wohlgemerkt, ein Jahr nach dem Besuche Grillparzer's — indem er ihn unter die „Großdichter der deutschen Poesie" versetzt und neben Goethe, Schiller, Kleist, Immermann, Grabbe und Uhland stellt. Er behauptet dort, daß der Werth der Grillparzerschen wie aller anderen deutschen Tragödien mehr in der Poesie als in der Handlung und Passion bestehe, und daß dies seinen Grund in dem deutschen Leben habe, dessen stille Gewässer im Zwangsbette des Herkommens ruhig dahinfließen und mehr Tiefe als Wellenschlag verrathen.

Wenn es gestattet wäre, die inductive Methode aus den Naturwissenschaften in die Literatur=Geschichte zu über= tragen — welch' ein weiter Spielraum eröffnet sich da nicht der Phantasie unserer Goethe=Forscher! — so könnte man sich das Gespräch zwischen Heine und Grillparzer sehr leicht aus den Werken beider Dichter reconstruiren, und ich kann der Versuchung kaum widerstehen, dies hier zu versuchen, wobei ich mich aber mit aller Entschiedenheit dagegen ver= wahre, daß dieses Gespräch einmal von einem zukünftigen fleißigen Literarhistoriker etwa gar als „quellenmäßiges Ma= terial" benutzt werde.

Als Grillparzer bei Heine eintrat, hatte dieser gerade jenen bekannten Brief an den deutschen Bundestag beendet, in dem er, wie weiland Doctor Martin Luther glorreichen Angedenkens, um freies Geleit oder wenigstens um freies Wort bat, um nachweisen zu können, daß seine Schriften „nicht aus irreligiöser und moralischer Laune, sondern aus einer wahrhaft religiösen und moralischen Synthese hervor= gegangen sind, einer Synthese, welcher nicht blos eine lite= rarische Schule, benamset das junge Deutschland, sondern unsere gefeiertsten Schriftsteller, sowohl Dichter als Philo= sophen, seit langer Zeit gehuldigt haben".

Es ist nun wohl anzunehmen, daß das Gespräch von diesem Schreiben seinen Ausgangspunkt genommen und zu= nächst um die Verfolgungen des „jungen Deutschland" sich gedreht habe. Und auch das darf wohl als sicher angenommen werden, daß Grillparzer Heine gegenüber mit seinen An= sichten über die neue Schule nicht hinter dem Berge ge= halten haben wird, wenn er dieselben damals wohl auch nicht so schroff ausgesprochen haben mag, als dies später in seinen Aphorismen in folgender Weise geschehen: „Man hat geglaubt, dem Unwesen der sogenannten „jungen Lite= ratur" (Gutzkow, Wienbarg, Laube u. s. w.) durch aus=

drückliche Verbote der verdächtigen Schriften ein Ende machen zu müssen. Das ist, abgesehen von dem Verwerflichen jedes solchen Verbotes, auch in literararisch=menschlicher Hinsicht ein Fehler und ein Schaden. Allerdings ist diese junge Literatur ein Unsinn, ja eine Verrücktheit. Aber wodurch soll denn die alte Verrücktheit bekämpft werden als durch eine neue? Die Zeiten sind selten, wo die Vernunft sich Platz macht, und ebenso selten die Männer, die das Reiz= lose des gesunden Menschenverstandes, der richtigen Ansicht geltend zu machen wüßten. In Ermangelung der Lessinge nun bleibt nichts, als einen Unsinn durch den anderen be= schränken. Die faselnd=mittelalterliche, selbsttäuschend=re= ligiöse, gestaltlos=nebelnde, Tieckisch= und Menzlisch=unfähige Periode hat lange genug gedauert, und wie denn das neue Schlechte immer schon darum besser ist als das schlechte Alte, weil wenigstens die Verjährungszeit des Letzteren durch den Einspruch unterbrochen wird, so hätte man froh sein sollen, in der Unverschämtheit der neuen Apostel einen Damm gegen die Anmaßung der bisherigen zu bekommen. Uebrigens hat diese junge Schule bei aller Verächtlichkeit eine löbliche Eigenschaft, die gegenwärtig in Deutschland sehr fehlt, eine, wenn auch täppische Geradheit nämlich. Sie macht sich keine Illusionen. Sie ist frech, weil das Zeitalter frech ist; irreligiös, und die ganze Religion der Zeit ist Selbst= täuschung oder Heuchelei; sie sagt, was sie denkt, indeß man in Deutschland häufig nichts denkt bei dem, was man sagt."

Was Heine zu dieser Ansicht gesagt haben mag? Ich glaube, er hat die Augen halb geschlossen und den harm= losen Grillparzer von unten herauf mit seinem muthwillig= sten Augenblinzeln angesehen. Darauf wird er wohl — des biblischen Spruches „Aug' um Aug', Zahn um Zahn" eingedenk — das Gespräch von diesem unliebsamen Thema abgelenkt und den Tragödien Grillparzer's zugewendet haben.

Mit der ihm eigenen allerliebsten Bosheit hat er dann wahrscheinlich Grillparzer den Unterschied zwischen der deutschen und französischen Tragödie klar gemacht, und ist schließlich, scheinbar ganz absichtlos, auf die Schicksals-Tragödie folgendermaßen zu sprechen gekommen:

„Hören Sie, ist es Ihnen noch nie begegnet, daß Sie innerlich mißvergnügt, verstimmt und ärgerlich des Abends aus dem Theater kamen, obschon das Stück, das Sie eben sahen, recht dramatisch, theatralisch, kurz voller Poesie war? Was war nun der Fehler? Antwort: Das Stück hatte keine Einheit des Gefühls hervorgebracht. Das ist es. Warum mußte der Tugendhafte untergehen durch List der Schelme? Warum mußte die gute Absicht verderblich wirken? Warum mußte die Unschuld leiden? Das sind die Fragen, die uns marternd die Brust beklemmen, wenn wir nach der Vorstellung von manchem Stücke aus dem Theater kommen. Die Griechen fühlten wohl die Nothwendigkeit, dieses qualvolle Warum in der Tragödie zu erdrücken, und sie ersannen das Fatum. Wo nun aus der beklommenen Brust ein schweres Warum hervorstieg, kam gleich der ernste Chorus, zeigte mit den Fingern nach oben, nach einer höheren Weltordnung, nach einem Urrathsschluß der Nothwendigkeit, dem sich sogar die Götter beugen. So war die geistige Ergänzungssucht des Menschen befriedigt, und es gab jetzt noch eine unsichtbare Einheit: — Einheit des Gefühls. Viele Dichter unserer Zeit haben dasselbe gefühlt, das Fatum nachgebildet, und so entstanden unsere heutigen Schicksals-Tragödien. Ob diese Nachbildung glücklich war, ob sie überhaupt Aehnlichkeit mit dem griechischen Urbild hatte, lassen wir dahingestellt. Genug, so löblich auch das Streben nach Hervorbringung der Gefühlseinheit war, so war doch jene Schicksals-Idee eine sehr traurige Aushilfe, ein unerquickliches, schädliches Surrogat. Ganz widersprechend ist jene Schicksals-Idee

mit dem Geist und der Moral unserer Zeit, welche beide
durch das Christenthum ausgebildet worden. Dies grause,
blind, unerbittliche Schicksalswalten verträgt sich nicht mit
der Idee eines himmlischen Vaters, der voller Milde und
Liebe ist, der die Unschuld sorgsam schützet und ohne dessen
Willen kein Sperling vom Dache fällt."

Die Einwendung Grillparzer's kann man sich ungefähr
denken, oder, wenn dies nicht der Fall ist, in seinen „Aest=
hetischen Studien" nachlesen. Dort wird man auch einem
abschließenden Urtheil Grillparzer's über Heine begegnen,
das er sich aber wohl schon früh gebildet haben muß, da
es die spätere Entwickelung des Dichters nicht mit einschließt.
Grillparzer sagt: „Heine ist für jeden Fall eine sehr begabte
Natur. Erstens hat er viel Verstand — eine neuerer Zeit
unter den deutschen Literatoren sehr seltene Eigenschaft. Sein
Talent ist vorzugsweise satirisch, verspottend, in welcher Rich=
tung auch seine Einbildungskraft höchst objektiv, bilblich ist.
Was seine Poesie als Ausdruck der Empfindlichkeit betrifft,
so hatte er wohl in seiner Jugend, der überhaupt eblere
Gefühle eigen sind, poetische Erhebungen, die, verstärkt durch
den Einfluß fremder Productionen, namentlich Goethe's,
einige wahrhafte Gedichte zu Stande brachten. Das verlor
sich bald, und erst, am Ausgange eines dissoluten Lebens,
auf's hoffnungslose Krankenlager geheftet, kam eine abge=
nöthigte Einkehr in sich selbst, eine Erinnerung an die Jugend=
gefühle, vielleicht ein Wunsch, die eigene Nichtswürdigkeit
vor sich selbst zu verbergen, über ihn, daher man auch von
seinen Versen nur die ersten (in den Reisebildern) und einige
seiner letzten als Gedichte ansprechen kann, indeß man die
aus der mittleren Zeit, wenn sie nicht verspottend sind,
geradezu als schlecht bezeichnen muß. Wie es aber mit der
Wahrheit der Empfindung, der eigentlichen Quelle der Poesie,
bei ihm steht, zeigte sich schon daraus, daß er die scheinbar

wärmsten Ergüsse meistens durch eine Unfläterei oder durch ein hanswurstliches Anhängsel selbst wieder vernichtet und lächerlich macht."

Dieses harte und absprechende Urtheil hat Grillparzer aber doch in seinen letzten Lebensjahren — wie ich aus classischer Zeugen Mund positiv berichten kann — zu Gunsten Heine's wesentlich gemildert, indem er namentlich die Ursprünglich= keit und Kraft der Liebespoesie Heine's rühmte und auch seiner Persönlichkeit wiederholt in herzlicher Weise gedachte. Zu dieser Alterserinnerung kann ich aus dem Munde eines nicht minder classischen Zeugen — eines Genossen jener be= rühmten Tafelrunde bei Lutter und Wegener in Berlin, an der Heine, Grabbe, Köchy, Uechtritz u. A. theilnahmen — eine ebenso werthvolle Jugenderinnerung als Pendant fügen, der zufolge Heine von einer Aufführung der „Ahnfrau" aus dem nahen königlichen Schauspielhause in einer Ekstase und Aufregung gekommen sei, die den Freun= den an ihm bis dahin völlig fremd gewesen. Es war dies Ende des Jahres 1821 — und wenige Wochen später, in den letzten drei Januar=Tagen des Jahres 1822, erzählte Heine der neidisch aufhorchenden Tafelrunde, daß er „in Einem Zuge und ohne Brouillon" eine Tragödie „William Ratcliff" gedichtet, und daß er während des Schreibens über seinem Haupte ein Rauschen wie den Flügelschlag eines Vogels zu hören vermeint habe. Die jungen Dichter „sahen sich einander an mit einer sonderbaren Miene und ver= sicherten einstimmig, daß ihnen nie dergleichen beim Dichten passirt sei".

*   *   *

Der zukünftige fleißige Literarhistoriker (siehe oben) wird diese literarhistorische Reminiscenz gewiß zu einer werth= vollen Parallele zwischen der „Ahnfrau" und dem „Ratcliff" verarbeiten — ich für mein Theil verzichte darauf und ziehe es vor, die persönlichen Begegnungen zwischen Heine und Grillparzer weiter zu erzählen.

Es ist anzunehmen, daß Heine Grillparzer seinen Gegenbesuch gemacht hat, obwohl sich in dem genau geführten Tagebuche des Letzteren keine Notiz hierüber befindet. Dagegen meldet Grillparzer von einem Zusammentreffen mit Heine bei einem Diner im Hause des Baron James v. Rothschild — und zwar in zwei verschiedenen, sich widersprechenden Versionen, von denen die des Tagebuchs, wie ich sofort nachweisen werde, unbedingt den Vorzug hat. Diese lautet: „Freitag den 6. Mai . . . . Hierauf zu Rothschild zu Tische . . . . Heine ist da, unwohl, leidend. Man sekirt ihn sehr, ne noceat, wie man sagt . . . . Heine war nicht sehr angenehm und ging bald." In der Selbstbiographie dagegen erzählt Grillparzer: „So sehr mir Heine im Gespräch unter vier Augen gefiel, ebenso sehr mißfiel er mir, als wir ein paar Tage später bei Rothschild zu Mittag waren. Man sah wohl, daß die Hauswirte Heine fürchteten, und diese Furcht mißbrauchte er, um sich bei jeder Gelegenheit verdeckt über sie lustig zu machen. Man muß aber bei Niemand essen, dem man nicht wohlwill, und wenn man Jemand verächtlich findet, muß man nicht bei ihm essen. Es setzte sich daher auch von da an unser Verhältniß nicht fort."

Ich glaube, Grillparzer hat Heine mit dieser Bemerkung bitteres Unrecht zugefügt. Wie dieser sowohl James v. Rothschild als auch dessen Gattin schätzte und achtete, ist zur Genüge bekannt. Zahllose Belegstellen aus seinen Werken und Briefen, aus seinen vertrautesten Unterhaltungen mit Freunden und Feinden des Hauses Rothschild erhärten diese Thatsache unwiderleglich. Er achtete in dem Baron James v. Rothschild das Genie des Geldes und der Wohlthätigkeit und in seiner Gattin eine der geistvollsten, edelsten und liebenswürdigsten Damen, der er das bekannte Gedicht in den „Lamentationen", „Die Engel", widmete, das mit dem Vers schließt:

„Ihre Huld und ihre Gnaden
Trösten Jeden, doch zumeist
Ihn, der doppelt qualbeladen,
Ihn, den man den Dichter heißt."

Gerade dieses Verhältniß ist eines der wenigen im Leben Heine's, auf das kaum ein Schatten fällt. Er ließ nie eine Gelegenheit vorübergehen, ohne dem Hause Rothschild seinen Dank für geleistete Dienste und seine Anerkennung für das warme Interesse, welches namentlich die Freifrau Betty v. Rothschild an seinen poetischen Schöpfungen jederzeit nahm, freudig auszusprechen. Wie viele Wohlthaten diese, für Kunst und Wissenschaft begeisterte Dame armen Schriftstellern durch Vermittelung Heine's erwiesen, ist in Wahrheit nur Wenigen bekannt. Diese Wenigen aber wissen sehr genau, daß Heine nichts ferner gelegen, als sich offen oder „verdeckt" über die Rothschilds „lustig zu machen" und daß diese auch nicht den geringsten Grund hatten, den scharfen Witz des Dichters zu fürchten. Den psychologischen Widerspruch zwischen den beiden Versionen Grillparzer's über jenes Diner bei Rothschild haben die Leser wohl selbst schon herausgefunden. Das eine Mal heißt es: „Man sekirt ihn sehr", das zweitemal: er habe „sich über die Anderen lustig gemacht". Entweder schließt eines das Andere aus oder Heine hat jene gesellschaftliche Revanche geübt, die jeder Andere in gleicher Lage sich auch nicht hätte entgehen lassen.

Daß Heine unwohl, verdrießlich, „nicht sehr angenehm" war und bald ging, konnte wohl Grillparzer auffallen ... Wir aber wissen, nachdem des Dichters Leben offen vor uns liegt, wie entsetzlich seine damalige Lage gewesen: Ueber seinem Haupte schwebte das Damoklesschwert des Bundestages, seine literarische Arbeit wurde durch eine verschärfte

Censur gehemmt, mit seinem Oheim Salomon Heine hatte er sich gerade damals heftig entzweit — sechs Tage vor jenem Diner waren die „Florentinischen Nächte" erschienen; ein Werk, das er „in den allerschrecklichsten Nöthen" und in einer wahren Todesangst vor der Censur geschrieben — in einer solchen Lage hatte wohl der Dichter das Recht, verdrießlich und unwohl zu sein.

Damit wäre der Bericht über die Beziehungen Heine's zu Grillparzer am Ende. Viel zu schnell sicherlich für die zahlreichen Verehrer beider Dichter, die in diesem Bericht wahrscheinlich noch neue und interessante Mittheilungen erwarteten.

Leider war ich nicht in der Lage, dieselben zu bringen, da — wie bereits gesagt — sich weder in einem der Briefe Heine's, noch in den vielen Erinnerungen an den Dichter auch nur die geringste Mittheilung hierüber vorfindet. Selbst die drei besten, noch lebenden Freunde Heine's[*], die mir bei meinen Studien über den Dichter seit Jahren in hilfreichster und liebenswürdigster Weise beistehen, wußten über dieses Thema wenig oder nichts zu erzählen. Ferdinand Hiller, den Grillparzer in seinem Tagebuche auch erwähnt, und der ja mit Heine innig befreundet war, schreibt mir: „Ich habe von den Relationen zwischen Heine und Grillparzer keine Ahnung, was ich jetzt doppelt bedaure." Nicht viel besser erging es mir mit meiner Anfrage bei Alfred Meißner, dem vertrautesten Freunde des Dichters, der mir unter Anderem schreibt: „Ueber Grillparzer hat Heine, so viel ich mich erinnere, nie gesprochen. Die Naturen sind auch gar zu verschieden gewesen, wenngleich zwischen „Ratcliff" und „Ahnfrau" manche Beziehung." Am meisten wußte noch der dritte, nicht minder treue Freund Heine's,

---

[*] Dieser Aufsatz wurde zuerst 1883 veröffentlicht.

Heinrich Laube, aus dem Schatzkästlein seines Riesengedächtnisses zu erzählen. Seine Mittheilungen mögen den Abschluß dieser Skizze bilden. Es heißt darin unter Anderem: „Ich erinnere mich, wie gesagt, einzelner Aeußerungen Heine's über Grillparzer nicht. Aber gesprochen hab' ich allerdings mit Heine über ihn. Ich war schon damals ein Verehrer Grillparzer's, und ich weiß, daß Heine gegen diese meine Verehrung nicht das Mindeste einzuwenden hatte. Er hegte vollkommenen Respect vor Grillparzer, und dieser diente ihm oft zur Veranlassung, die österreichische Censur zu verwünschen, unter welcher solche Talente wie Grillparzer leiden mußten." Grillparzer's Urtheil über Heine präcisirt Laube in seiner knappen und vorzüglich charakterisirenden Manier in folgendem Satze: „Er hat ihn literarisch hochgeschätzt, moralisch übel angesehen."

Heine in Frankfurt am Main.

I.

Es ist leicht und billig, sich über die Kleinarbeit unserer Literaturgeschichte, wenn sie den persönlichen Beziehungen der Dichter nachgeht und ihre verschiedenen Aufenthaltsorte auskundschaftet, in wohlfeilem Gespött zu ergehen. Und dennoch haben solche Forschungen schon manches werthvolle Resultat ergeben; freilich ist auf der anderen Seite gerade mit Bezug auf Goethe des Guten zuviel geschehen, wohingegen bei anderen Dichtern — nach Goethe — in den meisten Fällen nicht genug geschehen ist. Wer sich mit Heinrich Heine's Leben und Schaffen eingehender beschäftigt hat, der wird es nicht in Abrede stellen können, daß seine Beziehungen zu der alten deutschen Reichsstadt Frankfurt am Main nicht ohne wichtigen Einfluß auf seine Entwickelung geblieben sind. Heine war drei Mal in Frankfurt, und jede dieser drei Reisen bezeichnet einen wichtigen Markstein in seiner Entwickelungsgeschichte. Diese Beziehungen im Zusammenhange darzustellen, soll die Aufgabe der folgenden Skizze sein.

Es ist bekannt, daß Heine's Vater Kaufmann war, der auch seinen Sohn für den kaufmännischen Beruf erziehen wollte. In seinen „Memoiren" hat der Dichter manches Interessante darüber mitgetheilt. Als man den Knaben einst bei seinem Vater wegen Gottesleugnung verklagte, hielt ihm Samson Heine eine Standrede, die längste, die er wohl je gehalten, und die folgendermaßen lautete: „Lieber Sohn, Deine Mutter läßt Dich beim Rektor Schallmeyer Philosophie studiren. Das ist ihre Sache. Ich meinestheils liebe nicht die Philosophie, denn sie ist lauter Aberglauben und ich bin Kaufmann und habe meinen Kopf nöthig für mein Geschäft. Du kannst Philosoph sein, so viel Du willst, aber ich bitte, sage nicht öffentlich, was Du denkst; denn Du würdest mir im Geschäft schaden, wenn meine Kunden erführen, daß ich einen Sohn habe, der nicht an Gott glaubt; besonders die Juden würden keine Velveten mehr bei mir kaufen und sind ehrliche Leute, zahlen prompt und haben auch Recht, an der Religion zu halten. Ich bin Dein Vater und also älter als Du, und daher auch erfahrener, und Du darfst mir also auf's Wort glauben, wenn ich mir erlaube Dir zu sagen, daß der Atheismus eine große Sünde ist." Von solchen Grundsätzen wurde die früheste Jugend Heine's geleitet. Ja, selbst seine Mutter, die für ihren Sohn hochfliegende Pläne im Sinn hatte und die die Hauptrolle in seiner Entwickelungsgeschichte spielt, hatte ihren Sohn für den Kaufmannsstand bestimmt und träumte eine glänzende Zukunft für denselben. „Das Rothschild'sche Haus, mit dessen Chef mein Vater vertraut war, hatte zu jener Zeit seinen fabelhaften Flor bereits begonnen; auch andere Fürsten der Bank und der Industrie hatten in unserer Nähe sich erhoben und meine Mutter behauptete, es habe jetzt die Stunde geschlagen, wo ein bedeutender Kopf im merkantilischen Fache das Ungeheuerliche erreichen und sich zum höchsten Gipfel der weltlichen Macht emporschwingen könne. Sie beschloß daher, daß ich eine Geldmacht werden sollte, und jetzt mußte ich fremde Sprachen, besonders Englisch, Geographie, Buchhalten, kurz alle auf den Land= und Seehandel und Gewerbskunde bezüglichen Wissenschaften studiren." Zu diesem Zwecke bezog der Knabe in Herbste des Jahres 1813 die Handelsschule eines Herrn Vahrenkamp auf der Volkerstraße in Düsseldorf.

Allzuviel von jenen Handelswissenschaften mag er aber sicher nicht gelernt haben; dagegen werden verschiedene Scherze erzählt, die der junge Harry dort getrieben und die schon auf eine gewisse poetische Veranlagung schließen ließen. So pflegte er seinen Mitschülern die alten Klassiker in „Judäas lieblichen Dialekt" zu übersetzen. Der jüdisch=deutsche Homer oder Ovid rief oft in den Zwischenstunden ein schallendes Gelächter hervor. Einen anderen Scherz erzählt ein etwas älterer Kamerad Heine's, der nachmalige Kreisbaumeister Werner zu Bonn, der den Platz zur rechten Seite Heine's in jener Handelsschule inne hatte, während zur linken ein gewisser Faßbender, der Sohn des Besitzers einer Brauerei „Zum Specht", saß. Eines Tages erhebt sich ein plötzlicher Lärm in der Schulstube — Harry Heine fliegt von seiner Bank unter den Tisch. „Was geht hier vor?" fragt der eintretende Lehrer. „Oh", antwortet der junge Faßbender zorngerötheten Gesichts im breitesten rheinländischen Dialekt, „de verdammte Jüdde sähd: „Em Specht, em Specht, do schläft be Mähd beim Knecht." Do han ich em ene Watsch gegewe und do is hä von be Bank gefalle." Unter allgemeiner Heiterkeit ertheilte der Lehrer den beiden Knaben eine derbe Rüge. Hierauf begann der Unterricht. — Nur ein halbes Jahr besuchte Heine diese Handelsschule.

Im Fühjahr des Jahres 1815 nahm ihn sein Vater zum ersten Male zur großen Messe nach Frankfurt a. M. mit. Es war dies wohl die erste größere Reise Heine's und man kann sich denken, welchen Eindruck die alte Patrizierstadt anf den phantastischen Sinn des Knaben hervorbrachte. Damals hatte Frankfurt noch seine Wallgräben und Thürme, seine Thore und Wachen und die schärfste Kontrole über jeden Frembling. Dreierlei Herren regierten die Stadt: die Schöffen, die Senatoren und die Männer des Raths. Man kann sich heute das alte Frankfurt vor sechzig oder siebzig Jahren kaum noch vorstellen. Aber dasselbe ist ja so oft und anschaulich geschildert worden, daß ich es mir hier wohl versagen darf, ein Weiteres darüber mitzutheilen. Hat doch auch Heine in einer seiner bedeutendsten Schöpfungen, in dem „Rabbi von Bacharach", selbst viel von dem Eindruck verwerthet, den das Frankfurt jener Tage in der Jugendzeit auf ihn hervorgebracht, und wir werden noch Gelegenheit haben, hierauf zurückzukommen.

Die erste Sorge des Vaters war nun wohl, seinen Sohn in einem Bankcomptoir unterzubringen. Sein alter Genosse und Geschäftsfreund, der Banquier Mayer Beer Rindskopf (1768—1837), der Ahnherr der angesehenen Familie Rickoff, erbot sich, den jungen Heine als Volontär in sein großes Geschäft aufzunehmen. Zunächst allerdings zeigte Samson Heine seinem Sohne die Sehenswürdigkeiten Frankfurts; hatte er ihn doch hauptsächlich mitgenommen, „damit er sich in der Welt einmal umsehe, das sei bildend." So nahm er ihn auch einmal in die jüdische Freimaurerloge

„Zur Morgenröthe" mit, wo er „oft soupirte, Kaffee trank, Karten spielte und sonstige Freimaurerarbeiten verrichtete." Während der junge Heine sich in eine der vielen Zeitungen vertieft hatte, flüsterte ihm plötzlich ein junger Mensch, der neben ihm saß, leise in's Ohr: „Das ist der Doktor Börne, welcher gegen die Komödianten schreibt." Als Heine aufblickte, sah er einen Mann, der, nach einem Journale suchend, mehrmals im Zimmer sich hin= und herbewegte und bald wieder zur Thüre hinausging. So kurz auch sein Verweilen war, so blieb Heine doch das ganze Wesen des Mannes im Gedächtniß und noch nach zwanzig Jahren konnte er ihn mit diplomatischer Treue abkonterfeien. Ludwig Börne war damals schon abgesetzter Polizeiaktuar von Frankfurt a. M., und die Begegnung mit ihm mochte auf den Knaben sichtlich einen tiefen Eindruck hervorgebracht haben, denn er selbst schreibt zwanzig Jahre später: „Ein Funken aus dem Auge des Mannes berührte mich, ich weiß nicht wie, aber ich vergaß nicht diese Berührung und vergaß nie den Doktor Börne, welcher gegen die Komödianten schrieb."

Nach der Abreise des Vaters mußte nun Heine in das Geschäft des Bankiers Rindskopf eintreten und dort sich den Comptoirarbeiten unterziehen. Das gelang ihm aber nur sehr schlecht. Statt Geschäftsbriefe schrieb er Traumbilder und anstatt Rechnungen machte er Sonette. Sein Frankfurter Prinzipal schrieb an seinen Vater nach Düsseldorf wahre Jeremiaden, aber alle seine Ermahnungen waren fruchtlos, aus dem Poetenjüngling war eben kein Kaufmann herauszuschlagen. Er selbst sagt in seinen Memoiren: „Ein berühmter Kaufmann, bei welchem ich ein apprenti millionaire werden sollte, meinte, ich hätte kein Talent zum Erwerb und lachend gestand ich ihm, daß er wohl Recht haben möchte." Ein andermal sagt er, einige Jahre vor seinem Tode, zu seinem Bruder Gustav: „Mein seliger Vater ließ mich im Jahre 1815 auf längere Zeit in Frankfurt zurück. Ich sollte aus besonderen Rücksichten im Büreau des Bankiers meines Vaters als Volontär arbeiten, blieb aber nur 14 Tage dort und benutzte seitdem meine junge uneingeschränkte Freiheit, um ganz andere Dinge zu studiren. Zwei Monate verlebte ich damals in Frankfurt und in dem Büreau des Bankiers brachte ich, wie gesagt, nur vierzehn Tage zu. Daraus mag wohl der absichtliche Irrthum entstanden sein, den ich einmal in einem deutschen Blatte las: ich sei nämlich zwei Jahre lang in Frankfurt bei einem Bankier im Dienste gestanden. Gott weiß, ich wäre gern Bankier geworden, es war zuweilen mein Lieblingswunsch, ich konnte es aber nie dazu bringen. Ich habe es früh eingesehen, daß den Bankiers einmal die Weltherrschaft anheimfallen muß." In seinen Memoiren erzählt der Dichter allerdings widersprechend, daß er auf dem Comptoir des Bankiers Rindskopf „höchstens drei Wochen" zugebracht habe.

Nach dem Mißerfolg dieses Unternehmens wurde Heine in dem Geschäft eines großen Spezereiwaarenhändlers als Volontär untergebracht; die „Besuche", wie er sich euphemistisch ausdrückt, daselbst dauerten nach seiner eigenen Angabe nur vier Wochen. Viel mag er auch dort nicht profitirt haben, doch lernte er in beiden Geschäften immerhin, „wie man einen Wechsel ausstellt und wie Muskatnüsse aussehen". Als bald darauf eine große Handelskrisis entstand und Samson Heine, ebenso wie viele seiner Geschäftsfreunde sein Vermögen verlor, da platzte die merkantilische Seifenblase schnell und kläglich, und seine Mutter fing an, von einer neuen Laufbahn für ihren hoffnungsvollen Sohn zu träumen. Der Oheim Salomon Heine in Hamburg wurde zum Familienrath herangezogen, da der

„dumme Junge" durchaus studiren wollte. Damit schließt die erste kaufmännische Lebensperiode Heine's, zugleich sein erster Aufenthalt in Frankfurt a. M. ab.

Allzufreundliche Erinnerungen mochte er aus Frankfurt damals nicht mit nach Düsseldorf genommen haben. Das Geschäftsleben, welches zur Zeit der Messe ein großes Schauspiel darbot und mächtig imponirte, war ihm bei dem ersten Einblick in die Details des ihm aufgedrungenen Berufs bald verhaßt geworden. Sodann aber trat ihm auf Tritt und Schritt gerade in Frankfurt die gedrückte und und verachete Stellung seiner Glaubensgenossen entgegen. Die Frankfurter Juden waren damals allerdings nicht mehr in ihr Ghetto, in die nun auch der neuen Zeit zum Opfer gefallene Judengasse eingesperrt. Dagegen erlitten sie andere Beschränkungen. Nirgends, wo ein grüner Raum war, durfte sich ein Jude betreffen lassen; auf ihren Spaziergängen um den Wall durften sie nur den Fahr-, nicht den Fußweg betreten, der jüdische Knabe galt in der kecken Sprache der Stadt als ein „Juddebub". Von einem Eintritt in die patrizische Gesellschaft war natürlich nicht die Rede. Sogar die Freimaurerlogen schlossen sich von einander ab und mauerten jede nach ihrem eigenen religiösen Bekenntniß. Das „Mach Mores, Jud!", welches Börne sehr witzig später auf den Frankfurter Senat angewendet hat, da er auch vor den fremden Garnisonen Mores machen mußte, hat auf Heine einen tiefen Eindruck gemacht. Oft und oft hat er der Erinnerung an die Leiden und Verfolgungen, welche seine Stammesgenossen in Frankfurt zu erdulden hatten, beredten Ausdruck verliehen, und als im Jahre 1821 die Frankfurter Bürger ein Goethedenkmal errichten wollten und zu diesem Zwecke alle Deutschen zur Subskription aufforderten, da machte er seinem gründlichen Haß gegen das

„Krämernest" in einem geharnischten Sonett Luft, in welches er wohl ein gut Theil seiner eigenen Verbitterung hinein=
getragen hat.

So oft sich ihm ferner die Gelegenheit darbietet, kommt er auf die Emanzipation der Frankfurter Juden und den Juden=
haß der Frankfurter Bürger zu sprechen. Auch in der „Harz=
reise" bringt ihn ein junger Kaufmann, „ein langes Brech=
pulver in braunem Oberrock", der neben ihm ein Zimmer bezogen hatte, auf dieses Thema, indem er ein Gespräch mit ihm anknüpfte. „Er war ein Frankfurt=am=Mainer und folglich sprach er von den Juden, die alles Gefühl für das Schöne und Edle verloren haben und englische Waaren 25 pCt. unter dem Fabrikpreise verkaufen, und er schloß mit der Bemerkung: „Die Empfindung ist doch das schönste Gefühl!" Es ist den Lesern bekannt, wie Heine diesen jungen Kaufmann mit seiner „kreideweißen Nacht=
mütze und safrangelben Jacke von Gesundheitsflanell" mysti=
fizirte, indem er ihm einredete, er sei Nachtwandler.

Als Heine in seiner Beurtheilung des Shylock in „Shake=
speare's Mädchen und Frauen" wieder auf den Haß des Volkes gegen die Juden zu sprechen kam, citirte er einen Privatbrief, den er aus Frankfurt a. M. erhalten und der über diese damals so wichtige Frage in eingehender und klarer Weise sich ausspricht. Dort heißt es: „Hier in Frankfurt z. B. dürfen jährlich nur zwanzig Bekenner des mosaischen Glaubens heirathen, damit ihre Population nicht zunehme und den christlichen Handelsleuten eine allzu starke Konkurrenz erzeuge. Hier tritt der wirkliche Grund des Juden=
hasses mit seinem wahren Gesicht hervor und dieses Gesicht trägt keine düster=fanatische Mönchsmiene, sondern die schlaffen aufgeklärten Züge eines Krämers, der sich ängstigt, in Handel und Wandel von dem israelitischen Geschäftsgeist überflügelt zu werden." „Sehen Sie", so schließt dieser

Brief aus Frankfurt, „in der Weltgeschichte hat Jeder Recht, sowohl der Hammer, als der Amboß." Es wäre interessant den Schreiber dieses Briefes zu errathen; in dem jüdischen Lager Frankfurts wird man ihn wohl kaum suchen dürfen, aber sollte nicht Karl Gutzkow der Autor sein, mit dem Heine ja damals noch in freundschaftlichem Verkehr und Briefwechsel gestanden und dessen Meinungen in demselben zum Ausdruck kommen?

Zwölf Jahre nach seiner ersten Reise nach dem Millionenglück des Kaufmanns kam Heine abermals nach Frankfurt. Diesmal allerdings nur auf drei Tage, aber wie hatte sich die Situation auch inzwischen geändert, welche Wandelungen hatte Heine selbst durchgemacht! Aus dem jungen Kaufmannslehrling war ein großer und berühmter Dichter geworden, dessen Name bereits genannt wurde, wenn man die Besten im Lande nannte. Bereits war das „Buch der Lieder" erschienen und hatte im Sturm dem Dichter die Herzen der Jugend erobert. Auch der erste und zweite Band der „Reisebilder" waren bereits herausgekommen und hatten den Namen Heinrich Heine's als den eines muthvollen Vorkämpfers der Freiheit, als den eines scharfen und entschiedenen Gegners der Reaktion und der Jesuiten, ja sogar der Regierungen, in ganz Deutschland gekannt und gefürchtete macht. Heine war eben aus London zurückgekommen und folgte einem ehrenvollen Rufe des angesehensten damaligen Verlegers, des Freiherrn von Cotta, nach München, um dort die Redaktion der „Neuen politischen Annalen" zu übernehmen nnd dieselben zu einem angesehenen politischen Organ zu machen. Drei Tage lang ließ er sich in Frankfurt festhalten, und zwar war es diesmal einzig und allein „der Doktor Börne, der gegen die Komödianten schrieb", der ihn fesselte. Schon in Berlin hatten ihn Rahel und Varnhagen von Ense von ihrem

Lieblingsschriftsteller Börne erzählt, so daß Heine gern die Gelegenheit ergriff, ihm in Frankfurt einen Besuch abzustatten.

Allerdings gelang ihm dies, wie er selbst erzählt, nicht ohne vieles Umherfragen und viel Suchen. Ueberall, wo er sich nach Börne erkundigte, sah man ihn ganz befremdet an und man schien diesen, wenigstens nach Heine's Bericht, in seinem Geburtsorte entweder wenig zu kennen oder sich doch nur wenig um ihn zu bekümmern. Endlich fand er ihn in dem Hause seines Vaters welches damals in der Bornheimerstraße Nr. 138 lag. Die Bekanntschaft war bald gemacht und der Ton zwischen den beiden, damals noch für dieselben Ideale und Ziele kämpfenden Schriftstellern wurde bald ein vertraulicher. Ihre Konversation begann mit Cotta und Campe. Heine sagt: „Wenn Köchinnen zusammenkommen, sprechen sie von ihrer Herrschaft und wenn deutsche Schriftsteller zusammenkommen, sprechen sie von ihren Verlegern." Heine empfahl ihm Julius Campe und veranlaßte Börne, der damals mit der Idee einer Herausgabe seiner sämmtlichen Schriften schwanger ging, nach Hamburg zu reisen und sich mit dem Verleger der „Reisebilder" über diesen Plan zu verständigen. Nachdem die Verleger abgethan waren, begannen die wechselseitigen Komplimente und Geständnisse. Heine kannte alles von Börne und Börne das Wichtigste von Heine. Mit einer Ausführlichkeit, die nichts zu wünschen übrig läßt, hat Heine in dem bekannten Buche über Börne alle Gespräche mitgetheilt, die sie in jenen drei Tagen geführt haben. Er müßte das Gedächtniß eines Dase gehabt haben, wollte er wirklich nach zwölf Jahren alle jene Gespräche so wortgetreu in der Erinnerung behalten haben, wie er behauptet. Ja, man könnte fast sagen, daß drei Tage gar nicht ausgereicht hätten, um so viele und eingehende Gespräche zu führen, wie sie

Heine uns mittheilt. Man kann sogar noch mehr behaupten und ruhig Alles, was Heine Börne in den Mund legt, ihm selbst zuschreiben und Börne's Antworten auf Heine's Conto setzen, und man wird bei einer solchen Rollenvertauschung kaum einem der beiden Männer wirklich Unrecht thun. Natürlich sprachen sie auch von Goethe und von Wolfgang Menzel, der damals zuerst gegen den Dichterfürsten aufgetreten war. Heine mußte Börne versprechen, in Stuttgart Menzel aufzusuchen, und er schrieb an ihn zu diesem Zwecke eine Empfehlungskarte, indem er von Menzel sagte: „Der hat Muth, außerordentlich viel Courage, der ist ein braver, grundehrlicher Mann und ein großer Gelehrter!"

„Mit drolliger Güte", wie Heine erzählt, nahm ihm Börne das Versprechen ab, ihm drei Tage seines Lebens zu schenken; ja er ließ ihn gar nicht von sich, er mußte mit ihm in der Stadt herumlaufen, allerlei Freunde und Freundinnen besuchen. So gingen sie durch die Judengasse und gedachten der großen weltgeschichtlichen Tragödie des Judenvolkes. Ihre Wanderung führte sie durch das Weichbild der Stadt und natürlich auch durch die große Eschenheimergasse, wo der Bundestag damals seine Sitzungen abhielt, und sie gedachten des Elends des deutschen Volkes. Sie gingen an der Börse vorüber, „wo die goldene Ader der Stadt" fließt. Und hier gedachten sie der sozialen Frage, indem sie das Ueberwiegen der Geldmächte beklagten; und als sie über den Römerberg kamen, führte Börne Heine zur alten Kaiserburg, um ihm dort die goldene Bulle zu zeigen. Bei einem von Börne's Freunden, bei seinem Arzte, Dr. Stiebel, der übrigens später der Schwager eines Vetters von Heine wurde, speisten sie am Sonnabend zu Mittag, weil derselbe in getreuer Beharrniß an jüdischen Gebräuchen, ihnen die berühmte Schaletspeise vorsetzen wollte, die Heine in seinem „Romanzero" später so wundervoll besungen hat. Börne versicherte ihm, daß die Abtrünnigen, welche die Taufe angenommen, nur den Schalet zu riechen brauchten, um ein gewisses Heimweh nach der Synagoge zu empfinden, daß der Schalet also, sozusagen, der Kuhreigen der Juden sei. Auch nach Bornheim fuhren beide miteinander am Sonnabend hinaus, „um dort Kaffee zu trinken und die Töchter Israels zu betrachten . . . es waren schöne Mädchen und rochen nach Schalet, allerliebst. Börne zwinkerte mit den Augen. In diesem geheimnißvollen Zwinkern, in diesem unsicheren, lüsternen Zwinkern, das sich vor der inneren Stimme fürchtet, lag der ganze Unterschied der Gefühlsweise. Börne nämlich, wenn auch in seinen Gedanken noch fest, war in seinen Gefühlen ein Sklave der nazarenischen Abstinenz." Daß sich aber daneben Heine selbst für einen Hellenen hielt, war wohl der größte Irrthum seines Lebens. Auch in dem Gedicht „Erinnerung", welches ja auf eine Episode anspielt, die vielleicht gerade in jenen drei Tagen passirt ist, erzählt er eine Geschichte, die zwar nicht auf nazarenische Abstinenz, aber auch noch viel weniger auf hellenischen Schönheitssinn schließen läßt. Wir werden darauf zurückkommen.

Die drei Tage, welche Heine in Frankfurt in Börne's Gesellschaft zugebracht, verflossen in fast idyllischer Friedsamkeit. „Hüten Sie sich, in München mit dem Pfaffen zu kollidiren!" waren die letzten Worte, welche ihm Börne beim Abschiede ins Ohr flüsterte, und als Heine schon im Coupé des Postwagens saß, blickte ihm Börne noch lange nach, wehmüthig wie ein alter Seemann, der sich aufs Festland zurückgezogen hat, und sich von Mitleid bewegt fühlt, wenn er einen jungen Fant sieht, der sich zum ersten Male auf das Meer begiebt. Heine will aber in ihm nur den armen Mann gesehen haben, dessen Schiff ohne Anker und dessen Herz ohne Hoffnung war, denn er glaubte damals noch stolz am Bord seines Lebensschiffes die Götter der Zukunft zu tragen!

Ein gut Theil, vielleicht das größte, von all' seinen Illusionen, Träumen, Hoffnungen und Idealen hatte Heinrich Heine bereits eingebüßt oder hinopfern müssen, als er nach vier Jahren zum dritten Male nach Frankfurt a. M. kam. Bereits waren sämmtliche vier Bände der „Reisebilder" erschienen und sein Name war noch bekannter als zuvor in Deutschland, aber seine Popularität und sein Ruhm standen nicht mehr auf gleicher Höhe. Er hatte jetzt mehr Feinde, eine Unzahl von Neidern und viele prinzipielle Gegner seines Schaffens. Er war diesmal auf der Flucht vor der herrschenden Reaktion und mußte das Vaterland verlassen, aus dessen Boden er, wie jener Riese der griechischen Sage, die Wurzeln seiner Geisteskraft, seiner dichterischen Bedeutung alle Zeit gesogen hatte. In dieser Gemüthsstimmung that es ihm wohl, in Frankfurt a. M. eine große Gemeinde von Verehrern und Anhängern zu finden. Acht Tage verweilte er diesmal in der alten Reichsstadt. Obwohl sein Freund Ludwig Börne längst bereits seinen Wohnsitz in Paris aufgeschlagen hatte, wurde Heine doch von dessen Freunden und den Stimmführern der liberalen Partei mit großer Achtung aufgenommen und viel gefeiert. Am frühen Morgen ging er aus, und wenn er Mittags nach Hause kam, fand er stets seinen Tisch mit Visitenkarten der besten Namen über und über bedeckt. Insbesondere verkehrte er mit der Familie des Komponisten Ferdinand Hiller, mit dem Verleger Dr. Karl Löwenthal (später Dr. Löning), mit dem Arzt Börne's, Dr. Stiebel, und mit allen jungen Schriftstellern und Journalisten des damaligen Frankfurt. Auch ein junger Gelehrter, der damals in Frankfurt lebte, erregte sein besonderes Interesse: er besuchte ihn oft und ging gern mit ihm spazieren, wobei sie sich am meisten über orientalische Gegenstände unterhielten. Es war dies der berühmte Orientalist Prof. Gustav Weil, der jetzt noch eine Zierde der Heidelberger Universität bildet.

Unter demselben Dache lebte während dieser Tage mit Heine noch ein anderer hervorragender Vertreter des Witzes, freilich jenes Wortwitzes, welchen Heine selbst nie pflegte und auch nur wenig goutiren konnte, der seinerseits aber in Heine einen gefürchteten Konkurrenten sah und demselben gern hie und da einen Nadelstich versetzte. Es war dies kein anderer als M. G. Saphir. An der Wirthstafel des Hotels „Zum Schwan" — es ist bekannt, daß Börne noch in seinen letzten Lebensjahren nichts an Frankfurt rühmte, als dies Hotel, und auch dies nur am Donnerstag, wenn es dort vortreffliches Sauerkraut gab — traf Heine fast täglich mit Saphir zusammen. Es ist begreiflich, daß die witzige Unterhaltung der beiden geistreichen Männer zahlreiche Gäste anlockte. Einst erzählte ein Reisender bei Tische, daß der Kurfürst von Hessen in Folge der Unruhen in Kassel, um den Bewohnern der Residenz seinen Unwillen zu erkennen zu geben, alle Ruhebänke auf der Wilhelmshöhe habe entfernen lassen. Sogleich bemerkte Saphir: „Da werden seine lieben Kasselaner sich in einem permanenten Aufstand befinden.".... „Saphir! Saphir!" rief Heine aus, „wer wird Witze ohne Honorar machen?"... „Besser als Honorar ohne Witze", gab der boshafte Saphir schlagfertig zurück. Eine innere geistige Beziehung zwischen diesen beiden so verschiedenen Männern, zwischen dem Humoristen Heine und dem Witzling Saphir, konnte natürlich nicht stattfinden, und kam auch später nicht zu Stande, als Saphir Heine in Paris aufsuchte und von dessen Krankenbette einen tiefempfundenen Bericht in die Heimath sandte.

Auch der berühmte Maler, Prof. Moritz Oppenheim, ein Freund Börne's, der vier Jahre zuvor dessen Bild gemalt hatte, suchte Heine auf und bat den Dichter, sich von ihm malen zu lassen. Das wohlgelungene Oelgemälde, welches gegenwärtig im Besitze des Verlegers von Heine,

Julius Campe, sich befindet, und von dem Oppenheim später
selbst eine Kopie für Prof. Theodor Benfey in Göttingen
gemalt hat, stellt Heine in sitzender Stellung dar. Nach
übereinstimmenden Aussagen seiner damaligen Freunde ist
dasselbe eines der besten Bilder von Heine. Es zeigt ihn
uns auf der Höhe seines Lebens, in jener vornehm=nach=
lässigen Haltung, die wir aus seinen Gedichten und aus
seinen Prosawerken kennen, mit jenem weltverachtenden
Spott, der die Lippen des Dichters zu kräuseln pflegte, mit
jenen zuckenden Mundwinkeln, mit der sinnlichen Unter=
lippe, kurz, mit all jenen körperlichen Merkmalen, die auf
so viele geistige Bezüge des Lebens und Schaffens des
Dichters schließen lassen, der damals die Segel seines Le=
bensschiffes von neuem aufzog und in eine ungewisse Ferne
wanderte, um dort ein neues Vaterland zu finden.

Frankfurt a. M. hat er nie wiedergesehen. Sein Weg
führte ihn nur noch zwei Mal nach Deutschland und dann
jedesmal nach Hamburg zu seiner alten Mutter zurück.
Sein Name blieb aber in Frankfurt gefeiert, bis ihn der
Kampf mit Börne einigermaßen in den Hintergrund drängte.
Als die Schwester des Dichters, Charlotte von Embden,
kurz darauf nach Frankfurt kam, mit einem Empfehlungs=
brief an den Finanzminister K. versehen, fand sie in allen
Kreisen der Stadt die glänzendste Aufnahme. K. stellte sie
überall als „Madame, Heine's Schwester" vor, um ihr
dadurch desto mehr Ansehen zu verschaffen. Auch bei Baron
Rothschild wurde sie eingeführt und als sie eintrat, riß
der Diener die Thür auf und rief mit Stentorstimme in
den Saal hinein: „Madame, die Schwester Heine's!"
Man ehrte in ihr den deutschen Dichter, dessen Namen in
Aller Munde war.

Schon in den ersten Monaten seiner Anwesenheit in
Paris besuchte Heine seinen alten Freund Börne im Gasthof

„Hotel de Castille", und wenn man ihm glauben darf, so wunderte er sich schon damals nicht wenig über die Veränderung, die sich in dem ganzen Wesen Börne's vollzogen hatte. Börne begrüßte den neuen Bundesgenossen mit aufrichtiger Freude und führte ihn in jene Kreise deutscher Flüchtlinge ein, die damals von Paris aus das deutsche Vaterland mit Krieg überziehen wollten. Heine durchsah mit seinem scharfen Verstande bald jenen politischen Irrthum und wollte sich zur Theilnahme an diesen Verschwörungen nicht bereit finden lassen. Das war das erste Mißverständniß. Weitere folgten. Heine zog sich immermehr von den Kreisen der Deutschen zurück, Börne nahm ihm das sehr übel; an heimlichen Zwischenträgern fehlte es nicht, und als der dritte und vierte Band von Börnes „Briefen aus Paris" erschienen waren, in denen er ein strenges Urtheil über Heine's politische Richtung fällte, war der Bruch fertig. Zwar begegneten sie sich noch manchmal auf den Soiréen der Mutter des Komponisten Ferdinand Hiller, aber die freundschaftlichen Beziehungen waren längst gelöst und es fehlte nur noch der letzte Schritt, um eine offene Feindschaft zu provoziren. Auch dieser Schritt erfolgte schon nach zwei Jahren, als einer der deutschen Flüchtlinge, Richard Otto Spazier, mit dem Freunde Heine's, dem polnischen Grafen Eugen Breza, eine „Galerie berühmter Israeliten" bei Brodhag in Stuttgart herausgab. Jemand mystifizirte Heine, daß auch er in diese Galerie kommen werde und zwar mit einer Biographie, die Börne von ihm abfassen würde. Das versetzte nun Heine in helle Aufregung. Damals wollte er durchaus ein fetter Hellene sein und als solcher gelten. Damals hatte er ja in das „Journal des Debats" eine Erklärung einrücken lassen: er sei kein Jude und habe nie einen Fuß über die Schwelle einer Synagoge gesetzt. Sein ganzer Haß gegen Platen rührte daher, daß dieser ihn als

Juden verunglimpft hatte. Er ließ also Börne sagen, wenn er das thäte und wenn man ihn überhaupt in eine Galerie von Juden brächte, dann würde er sich durch eine entsetzliche Schrift gegen Börne und seine Freunde rächen. Darüber entstanden neue Kontroversen, neue Feindseligkeiten und Drohungen. Es ist bekannt, daß Heine erst nach Börne's Tode in seiner Schrift über ihn jenem Rachegefühl Ausdruck gegeben hat, ohne daß Börne an seiner Judaisirung sich auch nur im Entferntesten betheiligt hätte. Es ist auch bekannt, daß Heine in späteren Jahren diese Schrift aufrichtig bereut hat und dieselbe gern zurückgenommen hätte; nicht minder darf es als bekannt vorausgesetzt werden, daß derselbe in ein Duell mit Salomon Strauß aus Frankfurt a. M., dem Gatten der von Heine beleidigten Freundin Börne's, Madame Wohl=Strauß, gerieth, und daß diese leidige Affaire viele Lebensjahre des Dichters verbitterte. So oft er sich seit jener Zeit irgend wo angegriffen sah, schob er es auf die „Frankfurter Juden", die einen ganzen Köcher voll Angriffe gegen ihn bereit hätten. Es kann hier nicht meine Absicht sein, diese Dinge eingehend zu erörtern. Daß aber die Erinnerung an all' die Aergernisse, welche ihm mittelbar aus Frankfurt zugegangen, den Dichter später nicht besonders sympatisch für die Stadt stimmen konnte, ist erklärlich und selbstverständlich. Doch ist sein Urtheil in dieser Hinsicht stets ziemlich das gleiche geblieben, und wir können nun dazu übergehen, dasselbe in seinen Schriften zu verfolgen.

II.

Heine's „Rabbi von Bacharach" ist anerkanntermaßen seine vollendetste Prosaschöpfung. Selbst ein so unbedingter Gegner des Dichters, wie Karl Goedeke, muß die Bedeutung dieses Werkes zugestehen und das allgemein getheilte Bedauern aussprechen, daß diese Arbeit nicht über die ersten

Anfänge hinaus gefördert wurde, da sie unter Allem, was
Heine versucht habe, das Gediegenste zu werden versprach.
Es ist nicht übertrieben, wenn man behauptet, daß wir
einzig und allein Heine's Aufenthalt in Frankfurt a. M.
diesen herrlichen Torso zu verdanken haben. Ging ja damals
seine Vorliebe für diese Stadt so weit, daß er der Schilderung
der Frankfurter Judengasse einen für die Oekonomie des
ganzen Kunstwerkes viel zu breiten Raum eingeräumt hat.
Aber wie gern übersieht man diesen Mangel, wenn man
immer und immer wieder von neuem sich an jenen plastischen
Schilderungen erfreut, wenn man mit Rabbi Abraham und
der schönen Sarah die weltberühmte freie Reichs= und Handels=
stadt Frankfurt am Main mit ihren lachenden Häusern,
umgeben von grünen Hügeln, zum ersten Male erblickt.
Nicht allzu oft ist Frankfurt a. M. früher trotz seiner hohen
Bedeutung Gegenstand poetischer Darstellungen gewesen. Die
poetischen Schilderungen von Stephanus, Julius Scaliger,
Micyllus und selbst von Hans Sachs haben kaum historischen,
geschweige denn poetischen Vollwerth. Höchstens könnte man
das von jenen Versen des Micyllus sagen, in welchen er
ausspricht, Frankfurt sei jährlich zweimal, wenn die Gärten
mit jungem Grün sich schmücken und wenn die Blätter zu
fallen beginnen, eine mit Waaren und Menschen aus aller
Welt angefüllte Stadt. Es ist natürlich, daß alle früheren
poetischen Schilderungen Frankfurts vorzugsweise die Blüthe=
zeit der Messen, in welcher Frankfurt die besuchteste Handels=
stadt der Welt hieß, „des alten Tyrus Ebenbild", verherr=
lichen. Die große historische Vergangenheit Frankfurts kam
jedoch in solchen poetischen Bildern fast nie zu voller Geltung,
wenn man nicht etwa einen Roman von C. Spindler, der
auf dem Lokalterrain der Frankfurter Judengasse spielt,
als poetisches Bild gelten lassen will.*)

---

*) Die Schilderungen Goethes in „Dichtung und Wahrheit"
gehören natürlich nicht in diesen Rahmen.

Heine war der Erste, der mit feinem poetischen Blick, mit einer historischen Sachkenntniß, die uns heute in Erstaunen setzt, wenn wir seinen Quellen nachgehen, die uns den flüchtig scheinenden Dichter als gründlichen Arbeiter zeigen, die historische Bedeutung Frankfurts, die Größe und Pracht seiner Messen, die Alterthümlichkeit und die Geschichte seines Ghetto zum getreuesten und schönsten Ausdruck gebracht hat. Und gern folgen wir dem Dichter durch das starke Gewühl der Ostermesse, wenn er seine Reisenden durch das dunkle Mainthor in die Stadt führt und ihnen das bunte Treiben, das Gewühl des Handels, die Masse kostbarer Sachen, die nie gesehene Pracht zeigt; wenn er die breiten Rathsherren mit goldenen Halsketten und rothen Mänteln, die ehrsamen, stolzen Altbürger mit schwarzem, bauschigem Wams, die schweren Reitersknechte in eiserner Pickelhaube, gelbledernem Wams und klirrenden Pfundsporen, die rosigen Frankfurter Mädchen mit dem schwarzen Sammethäubchen, die zu einer Spitze an der Stirne zusammenliefen, und die jungen Gesellen mit gelbgeziertem Barett, klingenden Schnabelschuhen und hellfarbigen, seidenen Kleidern, die gleich witternden Jagdhunden hinter ihnen dreinsprangen, uns vorführt. Und auch über den hochgegiebelten Marktplatz der Stadt, vor den Römer, folgen wir dem Dichter, wenn er uns ein Ritterspiel und Ringelstechen zu Ehren des Kaisers Maximilian schildert. Welch eine anschauliche Darstellung, welch eine plastische Abrundung, bei dieser Fülle von Gestalten, die auf dem Kampfplatze erscheinen, von dem langen, blonden König Max, den Rittern und Damen des Adels an bis zu dem Wunderdoktor, der seine Tinkturen und Wundersalben anpreist, bis zur ehrsamen Schützengilde, ja bis zu dem Rudel fahrender Frauen hin, die aus dem Frauenhause „Zum Esel" von Würzburg herüberkamen und nach dem Rosenthale fuhren, wo die hochlöbliche Obrigkeit ihnen während der Meßzeit Quartier angewiesen, und bei deren Anblick der fromme Rabbi erschreckt zu seiner Gattin sagt: „Mach die Augen zu, schöne Sarah!" Einen wundersamen Kontrast zu diesem Zuge mittelalterlicher Hexen bildet der traurige Zug von kahlköpfigen und barfüßigen Mönchen, die in feierlicher Prozession sich dahinbewegen; natürlich sprach auch bei deren Anblick der Rabbi zu seinem Weibe: „Mach die Augen zu, schöne Sarah!" Den seltsamsten Eindruck macht aber neben dieser Herrlichkeit und Pracht, neben all diesem Gewühl und Treiben, die hohe, enge, traurige Judengasse. Wenn wir den Dichter in diese Gasse begleiten, dann leben all' die Gestalten derselben in unserer Seele auf, sie gewinnen Fleisch und Blut und werden lebendig in unserer Erinnerung, als ob wir selbst alle gekannt hätten, so wahr, so treffend, so anschaulich weiß er sie mit zwei oder drei Strichen vor unser geistiges Auge zu zaubern. Das ist nun ein eigenartiger, komischer Zug dichterischer Gestalten. Er wird eröffnet von dem lahmen Gumpertz und der Muhme Täubchen, die den kleinen Gottschalk am Arme führt. Ihnen begegnen wir schon am Thor des Judenquartiers, wo die Landsknechte auf den Pritschen ihrer Wachtstube lagen. Es folgt in dem Zuge Trommelhänschen, der das Thor der Judenstadt bewacht, und seine jüdischen Genossen, unter denen vor Allem der Nasenstern uns durch seine Nase, die schön ist, „wie der Thurm, der gen Damaskus schaut und erhaben, wie die Ceder des Libanon", imponirt. Hündchen Reiß, Schnapper=Elle und Vögele Ochs bilden das Ende des wunderbaren Zuges, der uns zur Traiterie der edlen Schnapper=Elle führt, wo uns der Duft des Schalet in die Nase steigt. Und hier schließt der Zug, viel zu früh, da wir gerne dem Dichter bis ans Ende der Judengasse gefolgt wären. Ja wir sind recht unwillig, wenn wir lesen, daß „der Schluß und die folgenden Kapitel ohne Verschulden des Autors verloren gegangen" seien. Aber dankbar bleiben wir immer der Stadt und der Gasse und jenen Gestalten, die die Anregung zu diesem Juwel humoristischer Prosa gegeben haben.

Es kann als sicher gelten, daß diese portraitähnlichen Gestalten Heine's auf wirkliche Modelle zurückzuführen sind, die ihm zu seinen Schilderungen gesessen. Wer weiß, ob er nicht in Veitel Rindsköpfchen eine Satire auf seinen alten Chef darstellen und daß er im Nasenstern einen seiner eigenen Gegner empfindlich treffen wollte, ist bekannt — derselbe war ein Verwandter Rothschild's und Börne's —; aber der Humor in diesem Kunstwerk ist ein milder und versöhnender, es fehlt ihm noch jene ätzende Lauge, jenes scharfe Beiwerk, durch welches Heine später seine besten humoristischen Schöpfungen oft in empfindlicher Weise geschädigt hat. Dennoch aber ist die Empfindung keine ungemischte. Gerade aus diesem humoristischen Capriccio heraus hören wir auch schon die Töne der Trauer und die Klagen jenes altersgrauen Judenschmerzes, der nur eine Provinz in dem großen Reich des Weltschmerzes bildet, der uns aber Heine's Herzensvorhang aufdeckt und zeigt, wie er im letzten Grunde doch nur ein armer Nazarener gewesen, der sich zwar gern in glücklichen Stunden zum sonnigen Hellenen aufschwang, der aber auch selbst, als ihn die Wogen des Judenhasses nicht mehr umbrandeten, das Leid seiner unglücklichen Stammesgenossen nimmer vergessen konnte. „Verwelke meine Rechte, wenn ich deiner vergesse, Jeruscholajim!" sind ungefähr die Worte des Psalmisten, und es sind noch immer die meinigen", schrieb er an seinen Freund Moser, da er sich mit den Vorarbeiten zu seinem „Rabbi von Bacharach" beschäftigte, und indem er zu diesem Zwecke historia judaica trieb, offenbarte sich ihm immer mehr und mehr der Geist der jüdischen Geschichte. „Ganz eigene Gefühle bewegen mich", schreibt er, „wenn ich jene traurigen Annalen durchblättere, eine Fülle des Jammers und des Schmerzes. Ueber die Frankfurter Juden war mir Schudt sehr nützlich;*) ich habe beide Quartbände ganz durchgelesen und weiß nicht, ob ich mich mehr geärgert über das Rischus (Judenhaß), das über jedes Blatt ausgegossen, oder ob ich mich mehr amüsirt habe über die Rindviehhaftigkeit, womit das Rischus vorgebracht wird. O, wie haben wir Deutsche uns vervollkommnet!" Etwas von diesen Gefühlen ist aber auch in die Stimmung übergegangen, welche Heine gegen Frankfurt hegte. Ueberall, so oft er auf jene ewigen Gegensätze zurückkommt, klingt etwas von dieser Stimmung hinein. Sie läßt sich leicht aus jenem bekannten und bereits erwähnten Sonett auf die Frankfurter Bürger, die ein Goethedenkmal errichten wollen, heraushören. Den eigenthümlichsten Ausdruck aber erhält sie in seinem Buch über Börne, welches ja zum großen Theil gleichfalls auf Frankfurter Vorgänge sich bezieht.

Es ist bereits gesagt worden, daß es damals (1839) Heine's Hauptzweck war, jenen uralten Gegensatz zwischen Hellas und Judäa auf sein Verhältniß zu Börne anzuwenden. Es paßte ihm, Börne zu einem spindeldürren Nazarener und sich zu einem vollblütigen Hellenen zu stempeln. Aber wenn ihn jene Stimmung der Wahrheit überkam, die im Leben keines Poeten fehlen kann, so gestand er es sich selbst ein, daß auch er im Grunde nur ein spiritualistischer Nazarener sei, und dann entströmte ihm das offene Geständniß; "Wenn ich am Tage wohlbeleibt und lachend dahinwandle durch die funkelnden Gassen Babylons, glaubt mir's, sobald der Abend herabsinkt, erklingen die wehmüthigen Harfen in meinem Herzen und gerade des Nachts erschmettern alle Pauken und Cymbeln des Schmerzes, der ganzen Janitscharenmusik verhaltener Quell, und es steigt empor der entsetzlich gellende Mummenschanz . . ."

---
*) Jüdische Merkwürdigkeiten. 4 Theile. Frankfurt 1717—18.

Es ist charakteristisch zu beobachten, daß, so oft Heine zu vollem Sinnengenuß, zu unbefangener Lebensfreudigkeit, zur Anbetung des hellenischen Schönheits=Ideals sich auf=
schwingen möchte, ihn jedesmal die spiritualistische Empfindung, der tiefe Schmerz um das Leid des Daseins, die Klage über das Elend des Menschenlebens und über den Riß zwischen Ideal und Leben, den die nazarenische Idee nach seiner Ueberzeugung in die Welt gebracht, in die traurige Wirk=
lichkeit hinabziehen. Er ist der Dichter der Traumbilder. Mit Traumbildern beginnen seine Dichtungen, mit einem wunderbaren Traumbild schließen sie, und auch durch dieses Traumbild zieht sich jener uralte Riß:

„Die Gegensätze sind hier grell gepaart,
Des Griechen Lustsinn und der Gottgedanke
Judäas! Und in Arabeskenart
Um beide schlingt der Epheu seine Ranke.

Man kann fast durch alle seine Dichtungen diesen tiefen Gegensatz verfolgen. Eine der charakteristischsten hierfür ist das Gedicht „Erinnerung", welches seinem Aufenthalt in Frankfurt am Main ja gleichfalls gewidmet ist, wiederum ein Traumge=
bild, das ihn mit wehmuthvoller Milde erfüllt. Da heißt es:

„Frankfurt, du hegst viel Narrn und Bösewichter,
Doch lieb ich dich; du gabst dem deutschen Land
Manch guten Kaiser und den besten Dichter,
Und bist die Stadt, wo ich die Holde fand.

Ich ging die Zeil entlang, die schön gebaute,
Es war die Messe just, die Schacherzeit,
Und bunt war das Gewimmel, und ich schaute
Wie träumend auf des Volks Geschäftigkeit.

Da sah ich sie. Mit heilig süßem Staunen
Erblickt' ich schon die schwebende Gestalt,
Die sonn'gen Augen und die sanften Brauen —
Es zog mich fort mit seltsamer Gewalt."

Durch Markt und Straßen folgt er der Holden, denn sie war schön . . .

„Schöner ist nicht gewesen
Die Göttin, als sie stieg aus Wellenschaum,
Vielleicht war sie das wunderschöne Wesen,
Das ich geahnt im frühen Knabentraum!"

Aber kaum ist der Dichter in das Elysium seiner Liebeswonne eingezogen, da reißt ihn die Enttäuschung wieder zurück in die kalte, feindselige, nazarenische Wirklichkeit:

„Fort ist der Wahn, jedoch das Bildniß
Des armen Kinds umschwebt mich, wo ich bin.
Wo irrst du jetzt, in welcher kalten Wildniß?
Im Elend und im Gram gab ich dich hin!"

In solchen Erinnerungen und Traumbildern bewegt sich das Schaffen des Dichters von seinen ersten Gedichten bis zu den letzten schaurigen Klängen des „Romanzero" — und Niemand hat diesen langen Passionsweg wahrer und tiefer geschildert, wie Heine selbst, als er auf seinem Sterbebette, in den Tagen seiner gräßlichsten Leiden und Qualen, in einem schmerzfreien Augenblicke zu einem seiner vertrautesten Freunde sagte: „Mein Leben war schön! Ich war der Lieblingspoet der Deutschen geworden und wurde sogar gekrönt, wie ein deutscher Kaiser zu Frankfurt a. M. Mädchen in weißen Kleidern streuten mir Blumen. O, es war schön! Warum mußte ich doch meinen Heimweg durch die Judengasse nehmen, die, wie Sie vielleicht wissen, vom Römer nicht gar weit entfernt ist. Als ich sie, im Arm meinen Kranz, gerade durchschreite, geht ein häßliches Weib mir quer über den Weg und droht mir, als wolle sie mir Unglück weissagen .. Ich stutze vor der Gestalt, fahre einen Schritt zurück und mein Kranz . . . mein prächtiger Kranz fällt auf die Steine der unreinen Gasse! Weh mir, seitdem klebt ein fataler Geruch an meinen Lorbeeren, ein Geruch, den ich nicht wegbringen kann! Schade, schade um den schönen Kranz!"

Franz Lißt und Heinrich Heine.

Es ist auffallend, daß die Beziehungen zwischen dem genialen Künstler und dem gefeierten Dichter bisher noch nirgends geschildert worden sind. Die Thatsache, daß Heine und Lißt befreundet waren, ist bekannt. Wer aber Näheres über diese Freundschaft erfahren wollte, der würde sich vergeblich an die Biographen des Dichters wie des Musikers wenden. Selbst der letzte Biograph Lißts, L. Ramann,*) dessen Werk ein liebevolles Eingehen auf die Entwickelungsgeschichte seines Helden verräth, weiß von diesen Beziehungen nichts zu vermelden. Heine wird darin etwa zwanzigmal citirt, seine Beziehungen zu Lißt werden aber nicht erzählt. Ich will es hier versuchen, an der Hand der mir zu Gebote stehenden Quellen diese Lücke in den Lebensgeschichten beider Männer, so gut es eben geht, auszufüllen.

Es ist merkwürdig, daß bei bei den vielen Berührungspunkten, die Lißt und Heine hatten, es gerade der Saint-Simonismus war, der sie zuerst zusammenführte. Aber nur auf den ersten Blick erscheint dies merkwürdig. Wer die geistige Entwickelung beider genauer kennt, wird dies sogar sehr natürlich finden. Der Saint-Simonismus fing gerade an, seine hochfliegende Idee einer theokratischen und industriellen Gütergemeinschaft zu realisiren, als Heine nach Paris kam und Lißt eine große innere Geisteswandlung erlebte. Das war im Jahr 1830.

Der Saal in der Rue Taranne, wo die „Väter" der neuen Schule allsonntäglich ihre Vorträge hielten, war damals der Sammelpunkt aller jener Geister, die in der freien Ent=

---

*) „Franz Lißt als Künstler und Mensch" von L. Ramann. Zwei Bände. Leipzig 1880. Breitkopf und Härtel. Ein interessantes Buch, das allen Verehrern des heimgegangenen Meisters empfohlen werden kann.

wickelung des Menschen nach allen Richtungen das Ziel der
Zukunft sahen. Ueber vierzigtausend Gläubige zählte die
neue „Weltreligion" schon um die Mitte des Jahres 1831,
darunter auch Heinrich Heine und Franz Lißt; beide freilich
nur Gäste, nicht Mitglieder der „Familie", beide aber trotzdem für die Ideen der Sekte von flammendem Enthusiasmus erfüllt. Bei Lißt war es das religiöse, bei Heine das
soziale Element, welches ihn zu den Saint-Simonisten
führte. Eine nähere Bekanntschaft entspann sich aber aus
dieser Zugehörigkeit zu einer gemeinschaftlichen Idee noch
nicht. Nur aus der Ferne sah Lißt den deutschen Dichter,
dessen Name damals bereits gefeiert war, in den Kon-
ventikeln der Gesellschaft. „Irre ich nicht," so schrieb er
acht Jahre später an Heine, „so habe ich zur Zeit, als ich
im Stillen den Predigten der Saint-Simonisten mit vielen
anderen folgte, welche aus den Ideen dieser lebendigen
Quelle besseren Nutzen als ich zu schöpfen verstanden und
heutzutage in den Lehnstühlen der Mittelmäßigkeit sehr gut
sitzen — irre ich nicht, so habe ich dazumal aus der Ferne
Sie, den berühmten Dichter, vordringen sehen bis in das
Sanktuarium, zu welchem Sie sich auch später furchtlos
bekannten, indem Sie dem „père Enfantin" ein schönes
Buch mit der Bitte dedizirten: „durch Raum und Zeit hindurch sich mit Ihnen verbinden zu wollen.""*)

Als aber der Saint-Simonismus die Lehre von der
Emanzipation der Frauen ins Praktische zu übertragen anfing und eine Männer- und Weibergemeinschaft proklamirte,
ja sogar zur Ausführung brachte, zogen sich die Besten von
jenem Kreise zurück, natürlich auch unsere beiden Deutschen.
In der Rückerinnerung an jene Ausschreitungen lehnte des-

---

*) Die erste Auflage des Buches „De l'Allemagne" hatte Heine
dem Häuptling der Saint-Simonisten, Prosper Enfantin, gewidmet.

halb Lißt auch später, so oft auf den Saint=Simonismus die Rede kam, jede Betheiligung ab. In einem Schreiben an seinen ersten Biographen, Gustav Schilling, sagt er fünfzehn Jahre nachher: „Zwar hatte ich die Ehre, mit mehreren Anhängern des Saint=Simonismus näher befreundet zu sein, besuchte ihre Versammlungen und hörte ihre Predigten, aber trug nie den bekannten blauen Frack, noch weniger die spätere Uniform. Der „Gesellschaft" als solcher, welcher ich auch nie einen Dienst erwiesen, gehörte ich sonach weder offiziell noch inoffiziell an. Heine und mehrere, obgleich kompromittirter und kompromittirender, waren in demselben Fall."

Der Saint=Simonismus war bereits ein Bonmot von vorgestern und sein Oberpriester Enfantin arbeitete schon nach längerer Gefängnißhaft als Ingenieur an den ägyptischen Nildämmen, als Lißt Ende des Jahres 1832 auch die persönliche Bekanntschaft Heines machte. Wiederum merkwürdig, daß es abermals ein französischer Sozialphilosoph war, der diese Bekanntschaft vermittelte, nämlich Pierre Simon Ballanche, der berühmte Dichter und philosophische Schriftsteller, dessen Ideen einer „sozialen Palingenesie" die Fortbildung des Menschengeschlechts zu neuen Zuständen auf anderem Wege und mit anderen Mitteln als die Saint=Simonisten lehrten und verkündeten. In dem Sturm und Drang ihres Lebens, in dem faustischen Grundzug ewigen Suchens und Grübelns über die Grundprobleme der Menschheit, der ihnen beiden gemeinsam war, begegneten sich Heine und Lißt auch hier wieder in der Verehrung für eine neue geschichtsphilosophische Idee. „Etwas später", so berichtet Lißt selbst in dem bereits oben angeführten Briefe, „gewährte mir die Güte des Herrn Ballanche eine Begegnung mit Ihnen in seinem Hause und machte mich einigemale zum demüthigen Echo der Bewunderungsausspräche, die aus Ihrem

Munde ihm nur schmeicheln konnten. Hier hatten wir beide, Sie und ich, wieder sehr schlecht gesessen, denn der große Philosoph hatte in der That keine Zeit gefunden, an eine Erneuerung seiner Möbel zu denken."

Aber auch die spiritualistischen Ideen Ballanches waren nur eine Phase in dem Entwickelungsgang Heines und Lißt's. Es kam nun eine dritte, eine neue und gefährliche Macht, die keine fremden Götter neben sich duldete und deren Altäre umstürzte — die Liebe! In ihren Fesseln lagen die folgenden Jahre über der Dichter wie der Künstler. Hier wie dort war es nicht eine langsam keimende oder leidenschaftlich emporlodernde Liebesgluth, sondern „ein Zufall, ein Spiel, eine Laune, ein Unglück", das beide in die Arme der Liebe trieb; nur daß es hier ein junges Mädchen aus der Normandie, ein hübsches Landmädchen, dort eine gefeierte Frau der Welt, eine Mutter und Gattin war, die die Liebesflammen entzündete. Heine liebte Mathilde Mirat und heirathete sie, Lißt liebte die Gräfin d'Agoult und heirathete sie nicht. Das ist der ganze Unterschied zwischen beiden; aber freilich, auch dieser Unterschied ist vielleicht nur ein Spiel des blinden und blöden Zufalls oder eine Laune des Unglücks gewesen.

In jenen Jahren begegneten sich Lißt und Heine sehr oft. Sie lebten in einem Kreise, der die Salons der Gräfin d'Agoult, der Fürstin Belgiojoso, der Dichterin George Sand umfaßte. Auch bei Ferdinand Hiller, bei dem Musikverleger Moriz Schlesinger, bei Hector Berlioz und anderen sahen sie sich oft. Die Freundschaft der drei obengenannten Frauen aber vermittelte hauptsächlich ihre eigene Freundschaft. Die Gräfin d'Agoult, die Lißt leidenschaftlich liebte, verehrte Heine als Dichter. Sie selbst war bekanntlich eine ausgezeichnete Schriftstellerin unter dem Pseudonym Daniel Stern, und als sie einmal in der „Revue des deux mondes" ihre

Frankfurter Landsmännin Bettina von Arnim wegen ihres Buches „Goethes Briefwechsel mit einem Kinde" heftig angegriffen, widmete ihr Heine den ersten einer Reihe von Briefen über Deutschland, in denen er die literarischen, politischen und sozialen Zustände der Heimath zu besprechen gedachte, von denen leider aber nur das Fragment jenes ersten Briefes aus dem Nachlaß bekannt geworden ist. Mit der Fürstin Christiane Belgiojoso verband ihn mehr denn zwanzig Jahre eine herzliche Freundschaft. Als die österreichische Regierung die Güter der heißblütigen Patriotin in der Lombardei konfiszirt hatte, bat Heine den Grafen Anton Auersperg (Anastasius Grün), mit dem er innig befreundet war, um seine Intervention, leider vergeblich.

Wie hoch Heine George Sand verehrte und wie sehr sie den deutschen Dichter schätzte, darf wohl als bekannt vorausgesetzt werden. Aber auch dem Musiker wendeten diese drei Frauen ihre aufrichtige Neigung zu. Im Salon der Fürstin Belgiojoso ließ sich Lißt mehr als einmal hören, und dort war es auch, wo Heine zum erstenmal (1835) sein Spiel zu bewundern Gelegenheit fand. Einen getreuen Bericht über die Eindrücke dieses Spiels finden wir zuerst in den „Florentinischen Nächten", die ja in demselben Jahre erschienen sind. Er lautet: Es war auf einer Soirée in der Chaussee d'Antin ... Es war eine glänzende Soirée und nichts fehlte an den herkömmlichen Ingredienzien des gesellschaftlichen Vergnügens ... Man begann mit Musik. Franz Lißt hatte sich ans Fortepiano drängen lassen, strich seine Haare aufwärts über die geniale Stirn und lieferte eine seiner brillantesten Schlachten. Die Tasten schienen zu bluten. Wenn ich nicht irre, spielte er eine Passage aus den Palingenesien von Ballanche, dessen Ideen er in Musik übersetzte, was sehr nützlich für diejenigen, welche die Werke dieses berühmten Schriftstellers nicht im Originale lesen können. Nachher

8*

spielte er den Gang nach der Hinrichtung, la marche au supplice, von Berlioz, das treffliche Stück, welches dieser junge Musiker, wenn ich nicht irre, am Morgen seines Hochzeitstages komponirt hat. Im ganzen Saale erblassende Gesichter, wogende Busen, tiefes Atmen während der Pausen, endlich tobender Beifall. Die Weiber sind immer wie berauscht, wenn Litzt ihnen etwas vorgespielt hat. Mit tollerer Freude überließen sie sich jetzt dem Tanz ..."

Dies ist, wie gesagt, der erste Bericht Heines über Litzt. Wir erkennen in demselben den scharfen Beobachter, denn eine Soirée, auf der Litzt spielte, hatte nach fünfzig Jahren auch noch kein anderes Aussehen, aber auch den Freund, der dem im Aufstreben begriffenen Künstler seine Komplimente machen will. Die Anspielung auf Ballanche, welche die Leser der „Florentinischen Nächte" damals allerdings nicht verstanden haben, mußte sicher dem Komponisten ein Lächeln abgewinnen: der Scherz mit Berlioz hat ihn vielleicht verletzt. Es ist bekannt, daß Hector Berlioz in jenen Jahren einen wesentlichen Einfluß auf Litzt ausgeübt hat. Die oben erwähnte Komposition war das vierte Stück aus seiner Symphonie „Episode de la vie d'un artiste", die Litzt damals auf das Klavier übertragen hatte.

Indeß dauerte die Freundschaft zwischen Litzt und Heine fort, auch nachdem Litzt Paris verlassen und sich in Genf niedergelassen hatte. Es kommt sogar zu einem ziemlich regelmäßigen Briefwechsel, der doch gewiß ein Zeichen von Sympathie und Freundschaft ist. Leider sind, wie Litzt später beklagte, bei seinem Nomadenleben, und da er überdies die üble Gewohnheit hatte, alle Briefe zu vernichten, diese Zeugnisse für die freundschaftlichen Beziehungen Heines zu Litzt sämmtlich verloren gegangen. Das Wenige, welches der Zerstörung entgangen, sei gierigen Autographensammlern in die Hände gefallen. Vielleicht erbarmt sich ein Solcher der Blätter und läßt sie hinausflattern in die Oeffentlichkeit, der sie doch wohl angehören!

„Lißt hatte mir aus Genf geschrieben, daß er nach Italien reise," berichtete Heine am 16. November 1836 dem gemeinsamen Freunde Ferdinand Hiller; „ich schrieb ihm von Marseille aus, um über seinen Reiseweg nähere Aus= kunft zu haben, erhielt aber keine Antwort. Sagen Sie mir doch, ist er in Genf?" Heine, der damals nach Neapel reisen wollte, hatte im Hafen von Marseille Schiffbruch gelitten; da er abergläubisch war, hielt er dies für ein schlechtes Omen und beschloß, nach Paris zurückzukehren. Die Anfrage bei Lißt hatte wohl die Idee einer gemein= samen italienischen Reise zum Zweck, die früher oft schon von beiden besprochen worden sein mag.

Das Zusammentreffen mit Lißt fand nicht statt, und wie es scheint, gerieth allmählich auch der Briefwechsel ins Stocken. Ja, wer ein Gehör hat für die feinen Nuancen und Unterschiede in der Beurtheilung von Freunden bei Heine, der wird aus der Kritik, die er im darauffolgenden Jahre — Mai 1837 — über Lißt geschrieben, schon eine merklich kühlere Temperatur herausfühlen. Zwar die Freund= schaft besteht noch; aber sie ist nicht mehr so lebhaft und feurig, sie ist kühl und bedächtig geworden. In seinen „Vertrauten Briefen über die französische Bühne" findet sich diese Kritik, die nach jeder Richtung hin für das Verhältniß zwischen beiden wichtig und charakteristisch ist. Heine schildert im zehnten Briefe die französischen Tondichter seiner Zeit; nach einer witzigen Charakteristik von Berlioz kommt er natürlich auch auf Lißt zu sprechen. Aber es ist begreiflich, daß es mehr das Persönliche als das Musikalische ist, was ihn an Lißt fesselte. War ja dieses Individuelle zugleich auch das Gemeinsame, das den ungarischen Virtuosen und den deutschen Dichter zu einer Quelle führte! Hören wir

nun, wie Heine Lißt beurtheilt: „Lißt ist der nächste Wahl=
verwandte von Berlioz und weiß dessen Musik am besten
zu exekutiren. Ich brauche Ihnen von seinem Talente nicht
zu reden; sein Ruhm ist europäisch. Er ist unstreitig der=
jenige Künstler, welcher in Paris die unbedingtesten Enthu=
siasten findet, aber auch die eifrigsten Widersacher. Das ist
ein bedeutendes Zeichen, daß niemand mit Indifferenz von
ihm redet... Was am besten für Lißt zeugt, ist die volle
Achtung, womit selbst die Gegner seinen persönlichen Werth
anerkennen. Er ist ein Mensch von verschrobenem, aber
edlem Charakter, uneigennützig und ohne Falsch. Höchst
merkwürdig sind seine Geistesrichtungen; er hat große An=
lagen zur Spekulation, und mehr noch als die Interessen
seiner Kunst interessiren ihn die Untersuchungen der ver=
schiedenen Schulen, die sich mit der Lösung der großen,
Himmel und Erde umfassenden Frage beschäftigen. Er
glühte lange Zeit für die schöne Saint=Simonistische Welt=
ansicht, später umnebelten ihn die spiritualistischen oder
vielmehr vaporischen Gedanken von Ballanche, jetzt schwärmt
er für die republikanisch=katholischen Lehren eines Lamenais,
welcher die Jacobinermütze aufs Kreuz gepflanzt hat . . .
Der Himmel weiß, in welchem Geistesstall er sein nächstes
Steckenpferd finden wird. Aber lobenswerth bleibt immer
dieses unermüdliche Lechzen nach Licht und Gottheit, es
zeugt für seinen Sinn für das Heilige, für das Religiöse.
Daß ein so unruhiger Kopf, der von allen Nöten und Dok=
trinen der Zeit in die Wirre getrieben wird, der das Be=
dürfniß fühlt, sich um alle Bedürfnisse der Menschheit zu
bekümmern, und gern die Nase in alle Töpfe steckt, worin
der liebe Gott die Zukunft kocht, daß Franz Lißt kein stiller
Klavierspieler für ruhige Staatsbürger und gemüthliche Schlaf=
mützen sein kann, das versteht sich von selbst. Wenn er am
Fortepiano sitzt und sich mehrmals das Haar über die Stirne

zurückgestrichen hat und zu improvisiren beginnt, dann stürmt er nicht selten allzu toll über die elfenbeinernen Tasten, und es erklingt eine Wildniß von himmelhohen Gedanken, wozwischen hie und da die süßesten Blumen ihren Duft verbreiten, daß man zugleich beängstigt und beseligt wird, aber doch noch mehr beängstigt."

Und nun, nachdem er Lißt als Menschen geschildert, läßt Heine eine Charakteristik folgen, wie keine bessere bisher von Lißt gegeben worden, die seiner vollen Bedeutung gerecht wird, die aber auch das Bedenkliche seiner künstlerischen Richtung ungescheut tadelt. Zur Erklärung derselben sei nur noch bemerkt, daß Heine sie unmittelbar unter dem Eindruck jenes großen Konzerts geschrieben, das die Fürstin Belgiojoso am 31. März 1837 in ihrem Hotel zum Besten der italienischen Flüchtlinge veranstaltete und das zu einem musikalischen Ereigniß sich gestaltete, da Lißt und Thalberg, die beiden großen Rivalen, sich daran betheiligten und unmittelbar hintereinander, dieser die „Niobe", jener seine „Mosesphantasie", spielten. Die glänzendste Gesellschaft von Paris fand sich an jenem Abend zusammen, um das Ende des großen Lißt=Thalberg=Kampfes mitanzusehen — darunter auch Heinrich Heine, der in Erinnerung an jenen Abend Folgendes schreibt:

„Ich gestehe es Ihnen, wie sehr ich auch Lißt liebe, so wirkt doch seine Musik nicht angenehm auf mein Gemüth, umsomehr, da ich ein Sonntagskind bin und die Gespenster auch sehe, welche andere Leute nur hören . . . Noch zittert mir der Verstand im Kopfe bei der Erinnerung des Konzertes, worin ich Lißt zuletzt spielen hörte. Es war im Konzert für die unglücklichen Italiener, im Hotel jener schönen, edlen und leidenden Fürstin, welche ihr leibliches und ihr geistiges Vaterland, Italien und den Himmel, so schön repräsentirt . . . wo ich Lißt verflossenen Winter zuletzt spielen hörte, ich weiß nicht mehr was, aber ich möchte darauf schwören, er variirte einige Themata aus der Apokalypse. Anfangs konnte ich sie nicht ganz deutlich sehen, die vier mystischen Thiere, ich hörte nur ihre Stimmen, besonders das Gebrüll des Löwen und das Krächzen des Adlers. Den Ochsen mit dem Buche in der Hand sah ich ganz genau. Am besten spielte er das Thal Josaphat. Es waren Schranken wie bei einem Turnier, und als Zuschauer um den ungeheuren Raum drängten sich die auferstandenen Völker, grabesbleich und zitternd. Zuerst galoppirte Satan in die Schranken, schwarz geharnischt auf einem milchweißen Schimmel. Langsam ritt hinter ihm her der Tod, auf seinem fahlen Pferde. Endlich erschien Christus in goldner Rüstung auf seinem schwarzen Roß, und mit seiner heiligen Lanze stach er erst Satan zu Boden, hernach den Tod, und die Zuschauer jauchzten ... Stürmischen Beifall zollte man dem wackern Lißt, welcher ermüdet das Klavier verließ, sich vor den Damen verbeugte ..."

Natürlich nimmt Heine nun auch sofort Stellung zu dem damals ganz Paris in zwei Lager theilenden Lißt=Thalberg=Streit, und er kommt dabei zu der Ueberzeugung, daß die technische Ausbildung beider Künstler sich wohl die Wage halten dürfte, daß aber ihr „geistiger Charakter" die schroffsten Kontraste aufweise: „Der edle, seelenvolle, verständige, gemüthliche, stille, deutsche, ja österreichische Thalberg, gegenüber dem wilden, wetterleuchtenden, vulkanischen, himmelstürmenden Lißt!"

Es ist eine natürliche Empfindung, daß wir bei der Kritik eines Schriftstellers über seinen Freund uns sofort fragen: Was mochte der wohl dazu gesagt haben? Glücklicherweise sind wir diesmal in der Lage, diese Neugier befriedigen zu können, denn der einzige Brief, den wir von Lißt an Heine besitzen, ist die Antwort auf diese Kritik, und zwar eine deutliche, klare, interessante und entschiedene Antwort! Sie findet sich in den Reisebriefen eines Bacalaureus der Tonkunst" („Lettres d'un Bachélier de musique"), die Lißt einige Jahre später französisch herausgegeben und die sein Biograph L. Ramann vor einigen Jahren ins Deutsche übertragen hat. Einer dieser zwölf Briefe ist an Heine gerichtet und aus Venedig vom 15. April 1838 datirt.

Lißt berichtet, daß ihm ein Pariser Freund Heines Artikel aus der „Gazette musicale", wo die Briefe an Lewald übersetzt waren, gebracht habe, und dankt ihm für alles Schmeichelhafte, was er dort über ihn gesagt. Dann plaudert er in seiner geistreichen und genialen Weise mit Heine über Venedig. Endlich aber wird er ernst und streng, indem er zu Heines Indiskretionen über seine geistigen Wandlungen gelangt. Da sagt er: „Offen gestanden, ich sehe die Veröffentlichung der Gedanken und Gefühle unseres innern Lebens durch die Presse als eines der Uebel unserer Zeit an. Unter uns Künstlern herrscht der große Mißgriff, daß einer den andern nicht nur in seinen Werken, sondern auch in seiner Persönlichkeit beurtheilt, indem wir uns gegenseitig vor dem Publikum seciren, führen wir es hierdurch oft ziemlich brutal, meist aber unrichtig in einen Theil unserer Existenz ein, der wenigstens zu unseren Lebzeiten von aller Frageluft verschont bleiben sollte. Diese Art, aus der Eitelkeit des einzelnen hervorgegangen, anatomisch=psychologische Vorträge zum Besten der öffentlichen Neugierde zu halten, ist bei uns zur Gewohnheit geworden. Niemand hat mehr das Recht, sich zu beklagen, denn niemand schont mehr. Und überdies läßt sich nicht verhehlen, daß die meisten unter uns einer Veröffentlichung, sei sie lobend oder bekrittelnd, nicht böse sind, — sie sehen ihre Namen wenigstens für ein paar Tage in Umlauf gesetzt. Zu diesen, muß ich erklären, gehöre ich nicht! ... Ich bin noch zu jung und die Schläge meines Herzens

sind noch zu heftig, als daß ich geduldig die Hand ertragen
könnte, die sich darauf legt, um sie zu zählen. Was ich
bewundere, was ich hasse, was ich hoffe, das hat seine
Wurzeln so tief in meiner Seele, daß es schwer sein dürfte
es bloßzulegen. Oft versuchte man es in feindlicher Absicht
— ich antwortete mit Stillschweigen. Heute thun Sie
es mit Freundeshand — und dem Freunde werde ich Ant=
wort geben."

Das war eine tüchtige Lektion für Heine, und sie paßt
Wort für Wort auch auf die modernsten literarischen Ver=
hältnisse. Nicht minder wuchtig ist die Antwort, die Lißt
nun auf die Bemerkungen Heines über seine Beziehungen
zu den Saint=Simonisten und zu Ballanche macht. Der
ganze Brief ist indeß zu interessant und charakteristisch, als
daß man ihn nicht der allgemeinen Lektüre angelegentlichst
empfehlen sollte, statt ihn durch aus dem Zusammenhang
gerissene Citate zu analysiren. Ich bemerke deshalb nur
noch, daß Lißt schließlich, da er merkt, daß seine Lektion
doch zu scharf geworden, mit den Worten einlenkt: „Doch
geben wir diesen feierlichen Ton auf, der fast wie ein Vor=
wurf klingt, während ich Ihnen doch im Gegentheil den
wärmsten Dank weiß!"

Heine müßte nicht Heine gewesen sein, wenn er solchen
Dank von dieser Seite nicht richtig taxirt und die derbe
Lektion ruhig eingesteckt hätte. Zwar eine Antwort auf
diesen Brief besitzen wir nicht, aber wir bemerken fortan
in allen Berichten Heines über Lißt eine gewisse Kühle, ein
ironisches Freundschaftslächeln, eine vornehm herablassende
Art der Besprechung, die wir wohl auf den Eindruck jener
Zurechtweisung zurückführen dürfen. Dazu dürfen wir nicht
vergessen, daß der alternde und kränkelnde Dichter dieses
„Zeitalter der Musik", diese „klingende Sündfluth", die da=
mals über die Welt hereingebrochen war, nicht ohne Verdruß

aufnahm, ja daß ihn bei den rauschenden Erfolgen der Virtuosen auch wohl ein klein wenig Mißmuth erfüllen mußte. Und am Ende, war dieser Mißmuth nicht auch begreiflich, wenn man die gesellschaftlichen und materiellen Erfolge eines Thalberg oder Kalkbrenner mit denen eines Heinrich Heine vergleichen wollte?

Trotz jener kleinen Verstimmungen reicht Heine doch in seinem Bericht über die musikalische Saison von 1841 Lißt die Palme vor allen andern Virtuosen, die eben nur als Klavierspieler durch die Virtuosität glänzten, mit der sie das besaitete Holz handhabten; „bei Lißt hingegen denkt man nicht mehr an überwundene Schwierigkeit, das Klavier verschwindet und es offenbart sich die Musik". Auch die wunderbaren Fort= schritte, die Lißt gemacht, seit er ihn zuletzt gehört, weiß Heine wieder in ein hübsches Bild zu fassen. „Wenn er zum Beispiel damals auf dem Pianoforte ein Gewitter spielte, sahen wir die Blitze über sein eigenes Gesicht dahinzucken, wie vom Sturmwind schlotterten seine Glieder und seine langen Haarzöpfe tropften gleichsam vom dargestellten Platz= regen. Wenn er jetzt auch das stärkste Donnerwetter spielt, so ragt er doch selber darüber wie der Reisende, der auf der Spitze einer Alpe steht, während es im Thal gewittert. Die Wolken lagern sich tief unter ihm, die Blitze ringeln wie Schlangen zu seinen Füßen, das Haupt erhebt er lächelnd in den reinen Aether."

Dieser unbedingten Anerkennung, in der er sogar soweit geht, Lißt in Bezug auf seine Genialität mit Byron zu vergleichen, folgt aber doch der hinkende Bote der Kritik nach. Heine sieht in Lißts Beethovenkonzerten eine spiri= tualistische Kunst bis zu jener tönenden Agonie der Er= scheinungswelt getrieben, die ihn mit einem gewissen Grauen erfüllt, das er nicht verhehlen mag, obgleich seine — musi= kalischen? — Freunde darüber den Kopf geschüttelt hätten.

Zwei Jahre später kommt Heine auf diese Idee nochmals zurück. Es ist ja begreiflich, daß einen Denker wie Heine diese ungewöhnliche Wirkung, die Lißt durch seine Musik auf alle Menschen ausübte und der er selbst sich kaum entziehen konnte, beschäftigen mußte. Er erklärt sich dieselbe nun auf folgende Weise: „Die elektrische Wirkung einer dämonischen Natur auf eine zusammengepreßte Menge, die ansteckende Gewalt der Ekstase und vielleicht der Magnetismus der Musik selbst, dieser spiritualistischen Zeitkrankheit, welche fast in uns allen vibrirt, diese Phänomene sind mir noch nie so deutlich und so beängstigend entgegengetreten, wie in dem Konzerte von Lißt." Sie erklären in der That auch vollständig jene Lißtomanie, die Heine selbst im Verlaufe seines Berichtes so wahr und ergötzlich schildert und deren die älteren Leser sich gewiß noch gut erinnern.

Aber wo ist die warme Freundschaft geblieben? Zwar erklärt Heine von dem Künstler, daß er „trotz aller Verkehrtheiten und verletzenden Ecken dennoch unser theurer Lißt bleibt", aber die humoristische Personalbeschreibung, die er von ihm gibt, verrät wenig von aufrichtig freundschaftlichem Interesse. Freilich — um der Wahrheit die Ehre zu geben — auf den Lißt der Virtuosenperiode paßte diese Beschreibung so genau wie ein getreuer Steckbrief; aber der Hauch der Freundschaft ist aus derselben nirgends zu verspüren. „Ja, er ist hier." — so beginnt Heine, — „der große Agitator, unser Franz Lißt, der irrende Ritter aller möglichen Orden, er ist hier, der hohenzollern-hechingensche Hofrat, der Doktor der Philosophie und Wunderdoktor der Musik, der wiederauferstandene Rattenfänger von Hameln, der neue Faust, dem immer ein Pudel in der Gestalt Bellinis folgt, der geadelte und dennoch edle Franz Lißt! Er ist hier, der moderne Amphion, der mit den Tönen seines Saitenspiels beim Kölner Dombau die Steine in Bewegung setzte, daß sie sich zusammenfügten, wie einst die Mauern von Theben! Er ist hier, der moderne Homer, den Deutschland, Ungarn und Frankreich, die drei größten Länder, als Landeskind reklamiren, wahrend der Sänger der Ilias nur von sieben kleinen Provinzialstädten in Anspruch genommen ward! Er ist hier, der Attila, die Geißel Gottes aller Erardischen Pianos, die schon bei der Nachricht seines Kommens erzitterten, und die nun wieder unter seiner Hand zucken, bluten und wimmern, daß die Thierquälergesellschaft sich ihrer annehmen sollte! Er ist hier, das tolle schöne, häßliche, räthselhafte, fatale und mitunter sehr kindische Kind seiner Zeit, der gigantische Zwerg, der rasende Roland mit dem ungarischen Ehrensäbel, der heute kerngesunde, morgen wieder sehr kranke Franz Lißt, dessen Zauberkraft uns bezwingt, dessen Genius uns entzückt, der geniale Hans Narr, dessen Wahnsinn uns selber den Sinn verwirrt und dem wir in jedem Falle den loyalen Dienst erweisen, daß wir die große Furore, die er hier erregt, zur öffentlichen Kunde bringen. Wir konstatiren unumwunden die Thatsache des ungeheuren Succeß; wie wir diese Thatsache nach unserem Privatbedünken ausbeuten und ob wir überhaupt unsern Privatbeifall dem gefeierten Virtuosen zollen oder versagen, mag demselben gewiß gleichgiltig sein, da unsere Stimme nur die eines Einzelnen und unsere Autorität in der Tonkunst nicht von sonderlicher Bedeutung ist."

Ich bemerke hierzu, daß die Hervorhebung der Schlußstelle im Druck von mir herrührt. Sie soll den Leser auf die Quelle hinweisen, aus der die Entfremdung zwischen dem Dichter und dem Künstler floß. Aus dieser Stelle liest Jeder eine starke Empfindlichkeit heraus, und diese war in der That vorhanden. Man hatte Heine hinterbracht, — ein riesiges Spinngewebe von Klatsch und Verleumdung

war ja damals über den ganzen deutschen Kreis von Paris
gezogen — daß sich Litzt sehr abschätzig über ihn und seine
musikalischen Berichte geäußert habe. Dazu war eine un=
vorsichtige Aeußerung Heinrich Laubes gekommen, der in
seinen Pariser Briefen an die „Augsburger Allgemeine
Zeitung" berichtete: Heine habe ihm erzählt, daß Franz Litzt
augenblicklich der bevorzugte Liebhaber von George Sand
sei! Diese Behauptung entsprach aber in keinem Sinne der
Wirklichkeit; weder war Litzt der Liebhaber von George
Sand, noch hatte Heine dies erzählt. Den verletzenden
Aeußerungen Litzts über ihn, die ihm sofort brühwarm
hinterbracht wurden, gegenüber, hielt es der Dichter aber unter
seiner Würde, ein Wort in dieser Angelegenheit zu sprechen.
Erst fünfzehn Jahre später (1851) erklärte er in einer Notiz der
„Lutetia": „Ich weiß nicht, wie mein Freund Heinrich Laube
einst in der „Allgemeinen Zeitung" mir eine Aeußerung in den
Mund legen konnte, die dahin lautete, als sei der damalige
Liebhaber von George Sand der geniale Franz Litzt gewesen.
Laubes Irrthum entstand gewiß durch Ideenassoziation, indem
er die Namen zweier gleich berühmten Pianisten verwechselte."
In Wirklichkeit hatte Laube Litzt mit Chopin verwechselt, der
sich damals der Liebe von George Sand zu erfreuen hatte.

Die freundschaftlichen Beziehungen aber zwischen Heine
und Litzt erkalteten immer mehr. In seinem „Buche Lazarus"
in welchem der Dichter am Rande des Grabes noch einmal
Abrechnung hält mit Allen, die je im Leben ihm nahegetreten,
erhält auch Franz Litzt noch sein Theil, und zwar zuerst in
dem Gedicht: „Im Oktober 1849", wo Heine die deutschen
Zustände nach der Revolution besingt. Dort heißt es:

„Auch Litzt taucht wieder auf, der Franz,
Er lebt, er liegt nicht blutgerötet
Auf einem Schlachtfeld Ungarlands;
Kein Russe noch Kroat hat ihn getödtet.

> Es fiel der Freiheit letzte Schanz',
> Und Ungarn blutet sich zu Tode —
> Doch unversehrt blieb Ritter Franz,
> Sein Säbel auch — er liegt in der Kommode.
>
> Er lebt, der Franz, und wird als Greis
> Vom Ungarkriege Wunderdinge
> Erzählen in der Enkel Kreis —
> „So lag ich und so führt' ich meine Klinge!"

Und dann in dem Gedicht „Jung-Katerverein für Poesie-Musik", auf die Zukunftsmusik Richard Wagners, für die Litzt zuerst öffentlich eingetreten. Der Dichter schildert dort ein „tolles Konzert" in dem der Katerverein vielleicht ...

> „Die große Oper probiret,
> Die Ungarns größter Pianist
> Für Charenton komponiret."

Das war 1855 und wenige Monate darauf starb Heine. Aber Franz Litzt hat ihm nichts von all diesen satirischen Angriffen nachgetragen. Als er in Hamburg zum erstenmal ein Konzert gab, galt einer seiner ersten Besuche der Mutter Heinrich Heines und so oft er auf den Dichter zu sprechen kam, stets geschah es mit inniger Liebe und herzlicher Pietät.

Vor etwa fünf Jahren wandte ich mich an Litzt mit der Frage, was er über Heines musikalisches Verständniß denke, und mit der Bitte um Mittheilung der Briefe des Dichters an ihn. In einem überaus liebenswürdigen Schreiben, das natürlich auch in die Hände eines Autographenjägers gefallen, antwortete mir Litzt umgehend, und zwar betreffs der Briefe mit den bereits im Eingang citirten Worten, was jedoch Heines Verhältniß zur Musik betrifft, mit dem kurzen, aber schlagenden, und große ästhetische Essays aufwiegenden Satze: „Er war Musiker als Dichter!" Damit ist eigentlich alles gesagt, und es war nur der Ausdruck pietätvoller Bescheidenheit, wenn Litzt sein Schreiben mit den Worten schloß:

„Von seinen weiteren mufikalifchen Kenntniffen ift mir nichts Genaueres bekannt, um ein Urtheil darüber abgeben zu können."

Mit einem schönen und verfühnenden Worte, das einft Lißt feinem Meifter nachgerufen und das wir nun ihm felbft wie dem Dichter nachfagen dürfen, fei diefe Skizze geschloffen: „Wie dem auch fei — Friede feinem Gedächtniß! Er war groß. Jede Größe trägt ihre eigene Schuldentlaftung in fich. Wiffen wir, um welchen Preis der Menfch feine Größe erkauft?"

Heine und die Mufik.

Hat Heine etwas von Mufik verftanden?

Um es offen herauszufagen, ich glaube: Nein!

Dann wären wir ja eigentlich mit unferer Betrachtung zu Ende, wenn nicht etwa der geneigte Lefer fich noch zu rechter Zeit erinnert, daß der Dichter in feiner „Lutetia" fehr eingehende Berichte über Mufik, über das mufikalifche Leben in Paris, über verfchiedene Opern, über Componiften und Künftler und Sängerinnen veröffentlicht hat, und nun eine Erklärung dafür zu fordern alles Recht hat: wie kann man über Mufik fchreiben, ohne etwas davon zu verftehen?

Auch ich habe mir und Andern diefe Frage vorgelegt und in den nachfolgenden Zeilen, wenn auch keine Antwort, fo doch wenigftens Anhaltspunkte zu einer folchen zu geben verfucht.

Vorerft aber habe ich mich nach claffifchen Zeugen umgefehen, die etwa berufen wären, die richtige Antwort zu geben. Nur zwei folcher Zeugen find noch am Leben*) —

---

*) 1882 gefchrieben. Seither ift leider auch diefer beiden Zeugen Mund verftummt.

zwei Zeugen allerdings von solcher Bedeutung und Glaub=
würdigkeit, daß sie vor jedem Gerichtshof der Welt in
hohen Ehren bestehen würden. Es sind dies: Franz Lißt
und Ferdinand Hiller.

Franz Lißt, der gefeierte Meister, der nicht nur in
Tönen, sondern auch in Wort und Schrift während seines
Lebens große Triumphe gefeiert hat, erledigt die Frage,
wie ich bereits im vorhergehenden Aufsatze erwähnt, mit
einem schlagenden und geistvollen Aperçu, indem er von
Heine sagt: „Er war Musiker als Dichter". Damit ist
natürlich das maßgebende Wort gesprochen und Lißt war
in der That der Mann dazu, um nach eigener Erfahrung
und aus reiflicher Erwägung dieses Wort sprechen zu können.

Ausführlicher und schärfer rückt mein verehrter Freund
Ferdinand Hiller in Köln, der mir bei meinen Studien
über Heine stets mit Rath und That hilfreich zur Seite
gestanden, der Frage zu Leibe. Und ich erwerbe mir gewiß
den Dank aller Leser, wenn ich seine Antwort hier im Wort=
laut publicire:

„Theoretisch oder gar praktisch verstand Heine garnichts
von Musik — er erzählte mir einstmals lachend, daß er
durch lange Jahre geglaubt, der Generalbaß sei der —
Contrebaß — von wegen seiner stattlichen Größe. Auch
schrieb er mir ein Heft Lieder zusammen (mit dem Titel:
Närrische Worte von H. H. — noch närrischere Musik von
F. H.) — sie waren zum größeren Theil gänzlich uncompo=
nirbar. Und doch hörte er, errieth er mit seinem aus
Phantasie und Scharfsinn gekneteten Geiste viel mehr als
viele sogenannte musikalische Leute aus der Musik heraus.
Es gehört dergleichen, meiner Meinung nach, zu dem vielen
Unbegreiflichen, was genialen Naturen eigen ist. Daß er
von Musik tief ergriffen gewesen wäre, hatte ich nie zu
bemerken Gelegenheit. — Mit seinem „Ergriffensein" war

es überhaupt nicht weit her; in seinen Gesprächen gestalteten sich seine Eindrücke zu geistreichen, meistens satyrischen Worten — wie es in seiner Poesie damit beschaffen war, wissen Sie besser als ich. Aber an Musikern von Talent oder Bedeutung nahm er lebhaftes Interesse. Was er über dieselben geschrieben, ging aber aus sehr verschiedenen Stimmungen und Absichten hervor."

In nuce hat Hiller in knapper Briefform Alles zusammengedrängt, was sich über Heines Verhältniß zur Musik sagen läßt und es bleibt mir, der ich mich seiner Ansicht fast völlig anschließe, wenig Anderes als eine dürftige Nachlese übrig, in der Heines musikalisches Leben — wenn dieser Ausdruck gestattet ist — Revue passiren mag.

Im elterlichen Hause zu Düsseldorf wurde viel Musik getrieben. Es war die Absicht der Mutter, daß alle ihre Kinder musikalisch gebildet würden. Heinrich — oder wie er damals noch hieß: Harry — sollte Violine spielen lernen. Ein tüchtiger Lehrer wurde angenommen, die Musikstunden bestimmt, die auf dem oberen Stübchen eines nach dem Garten zu gelegenen Flügels des Elternhauses stattfinden sollten. Die Mutter kümmerte sich fortan um nichts weiter, als daß der Lehrer monatlich richtig bezahlt werde; Heinrich aber that, „als ob er ganz für die Violine lebte." So war ein volles Jahr vergangen, als einst während der Musikstunde Frau Betty Heine im Garten spazieren ging. Zu ihrer großen Freude hörte sie ein gutes und fertiges Violinspiel. Sie freute sich schon in der Seele über die Fortschritte ihres Erstgeborenen und eilte die Flügeltreppe hinauf, um dem gewissenhaften Lehrer recht sehr zu danken. Als sie die Thür öffnete, sah sie zu ihrer großen Verwunderung, wie Heinrich der Länge nach auf einem Divan lag, während der Lehrer vor ihm auf- und abging und den träumenden Knaben mit seinem Violinenspiel unterhielt. Es klärte sich nun auf, daß die Musikstunden ein ganzes Jahr hindurch auf diese Weise gegeben worden waren und Heinrich auch nicht einmal die Scala richtig zu spielen vermochte. Der Lehrer wurde verabschiedet, und bei dem ausgesprochenen Widerwillen Heines hatte der Musikunterricht ein für allemal sein Ende erreicht.

Das war der Anfang von Heines musikalischem Leben; die Fortsetzung und der Schluß geben diesem wundervollen Beginn nichts nach. Heine hat es nie wieder versucht, ein Instrument zu erlernen und theoretische Musikstudien, so viel ich eruiren konnte, nie betrieben. Auf der Universität ging er den Veranlassungen, die sich ihm dazu boten, vorsichtig aus dem Wege, und sein späteres Leben war von so grellen Dissonanzen begleitet, daß ihm der musikalische Inhalt fast gänzlich abhanden kam. Er verkehrte wohl hier und da mit Componisten, seltener mit Musikern; in Berlin und in Hamburg besuchte er auch zuweilen die Oper, weniger ernste Concerte, und das Höchste, wozu es seine musikalische Begeisterung bringen konnte, war wohl die Anbetung einer Operndiva oder eine Satyre auf Weber's „Freischütz" und das bekannte Lied vom Jungfernkranz aus veilchenblauer Seide, im günstigsten Falle eine überschwengliche Paraphrase des Geigenspiels von Nicolo Paganini, in das er einen förmlichen Roman hineindichtete, der dem abenteuerlichen, blassen Geiger gewiß so fremd wie möglich gewesen, und von dem noch weiter unten die Rede sein wird.

Erst um die Wende seines Lebens, mit seiner Uebersiedlung nach Paris im Jahre 1830, kam in sein Dasein etwas Ruhe — und Musik. Das lebensprühende Paris brachte ihn mit allen Notabilitäten auf dem Gebiete der Musik in Verbindung, zum Theil in nahe Berührung. In den Salons von Ferdinand Hiller und Maurice Schlesinger lernte er die Helden der Geige und des Claviers wie die

Koryphäen der Oper kennen und zum Theil schätzen. Cherubini, Baillot, Chopin, Thalberg, Onslow, Nourrit, Berlioz, Löwe-Weimars, Meyerbeer, Stephen Heller, Roger, Richard Wagner traten zu ihm in persönlichen Verkehr.

Am interessantesten sind für unsern Zweck Heines Beziehungen zu Lißt, Meyerbeer und Wagner. Mit dem Großmeister des Pianos unterhielt Heine, wie bereits geschildert, Jahre lang eine innige Freundschaft.

Nicht minder interessant, wenn auch weniger erfreulich, sind Heines Beziehungen zu dem Heros der Zukunftsmusik. Als Richard Wagner im Jahre 1839 nach Paris kam, nahm sich Heine des armen und unbekannten Musikers hilfreich an. Die „Memoiren des Herrn von Schnabelewopski" gaben Wagner das Sujet zu einer seiner ersten Opern — zu dem „Fliegenden Holländer", wie Wagner selbst eingesteht. Zum Dank dafür hat Richard Wagner im Jahre 1879 in seinen „Bayreuther Blättern" Heine mit einem „Bänkelsänger" verglichen . . . .

Auch mit Meyerbeer verband Heine eine langjährige Freundschaft. Die meisten Dienste hat der reiche Componist dem armen Dichter in Bezug auf die Geldbörse geleistet, das heißt indirekt, indem er alle diejenigen, welche ihm Heine empfahl, reichlich unterstützte. Direkt hatte Meyerbeer Heine genutzt, indem er bei Salomon und Karl Heine wiederholt für seinen Neffen intervenirte. Dafür hat Heine Meyerbeer manche literarische Gefälligkeit erwiesen, die dieser hoch anzuschlagen allen Grund hatte. Erst später — im Jahre 1850 — löste sich die Freundschaft durch ein unseliges Mißverständniß auf. Heine glaubte sich durch Meyerbeer benachtheiligt, weil dieser es nicht durchsetzen konnte, daß die Intendanz des Hoftheaters in Berlin dem sterbenskranken Dichter eine Tantième oder mindestens eine Entschädigung dafür bezahlte, daß die Grundidee und wohl

auch die Ausführung des in Berlin mit so vielem Beifall
gegebenen Ballets „Satanella", seinem berühmten Tanzpoem
„Doktor Johannes Faust" ziemlich genau entlehnt war.
Wie ich von Freunden Meyerbeers weiß, lag es nicht in
seiner Macht, dem Dichter sein Recht zu verschaffen, so viele
Mühe er sich auch in dieser Angelegenheit gab.

Von deutschen Componisten standen noch Joseph und
Bernhard Klein, Ferdinand Hiller und Fr. W. Kücken Heine
besonders nahe. Die Erinnerungen des Letzteren sind vor
Kurzem erschienen. Für Klein schrieb er nach eigenem Ge=
ständniß eine Oper „der Batavier", als er noch in Berlin
studirte. Dieses „Singspiel" wollte Friedrich Steinmann be=
sessen haben; als jedoch seine Brief= und Gedichtfälschungen
entlarvt wurden, erblickte „der Batavier" gar nicht mehr das
Licht der Welt. Wie Heine in einem nachher veröffentlichten
Brief, den Steinmann allerdings nicht kannte, selbst erzählt,
ist dieses Singspiel „später durch Zufall verbrannt". Auch
mit Kreuzer, Methfessel und Felix Mendelsohn=Bartholdy
war er befreundet.

Es ist natürlich und leicht erklärlich, daß solche intime
Beziehungen zu so hervorragenden Musikern Heinrich Heine
auch in ein näheres Verhältniß zur Musik brachten, so daß
er es wohl wagen konnte, als Correspondent der „Augs=
burger Allgemeinen Zeitung" für Kunst und Literatur in
Paris auch die Musik in den Kreis seiner Betrachtungen
und Kritiken zu ziehen. Wo seine Kenntnisse nicht aus=
reichten, halfen die gelehrten Freunde aus — und allzu
ernst wird er es ja wohl mit der Musikkritik nicht genommen
haben. Er selbst erzählt einmal sehr humoristisch, daß er
die beste Musikkritik, „die einzige, die vielleicht etwas beweist",
in Marseille an der Table d'hôte gehört habe, wo zwei
Commis-voyageurs über das Tagesthema, ob Rossini oder
Meyerbeer der größere Meister sei, eifrig disputirten. So=

bald der Eine dem Italiener die höchste Vortrefflichkeit zusprach, opponirte der Andere, aber nicht mit trockenen Worten, sondern er trillerte einige besonders schöne Melodien aus „Robert-le-Diable". Hierauf mußte der Erstere nicht schlagender zu antworten, als indem er eifrig einige Fetzen aus dem „Barbiere de Seviglia" sang, und so trieben sie es Beide während der ganzen Tischzeit; „statt eines lärmenden Austausches von nichtssagenden Redensarten gaben sie uns die köstlichste Tafelmusik, und am Ende mußte ich gestehen, daß man über Musik entweder gar nicht oder nur auf diese realistische Weise disputiren sollte."

Auch eine ziemlich ernsthafte Erklärung über das Wesen der Musik hat Heine einmal zu geben versucht. Sie lautet: „Aber was ist die Musik? Diese Frage hat mich gestern Abend vor dem Einschlafen stundenlang beschäftigt. Es hat mit der Musik eine wunderliche Bewandniß; ich möchte sagen, sie ist ein Wunder. Sie steht zwischen Gedanken uud Erscheinung; als dämmernde Vermittlerin steht sie zwischen Geist und Materie; sie ist beiden verwandt, und doch von beiden verschieden; sie ist Geist, aber Geist, welcher eines Zeitmaßes bedarf; sie ist Materie, aber Materie, die des Raumes entbehren kann.

Wir wissen nicht, was Musik ist. Aber was gute Musik ist, das wissen wir, und noch besser wissen wir, was schlechte Musik ist; denn von letzterer ist uns eine größere Menge zu Ohren gekommen. Die musikalische Kritik kann sich nur auf Erfahrung, nicht auf eine Synthese stützen; sie sollte die musikalischen Werke nur nach ihrer Aehnlichkeiten klassifiziren und den Eindruck, den sie auf die Gesammtheit hervorgebracht, als Maßstab annehmen.

Nichts ist unzulänglicher, als das Theoretisiren in der Musik; hier giebt es freilich Gesetze, mathematisch bestimmte Gesetze, aber diese Gesetze sind nicht die Musik, sondern ihre

Bedingnisse, wie die Kunst des Zeichnens und die Farben=
lehre, oder gar Palette und Pinsel nicht die Malerei sind,
sondern nur nothwendige Mittel. Das Wesen der Musik ist
Offenbarung, es läßt sich keine Rechenschaft davon geben, und
die wahre musikalische Kritik ist eine Erfahrungswissenschaft."

Es ist klar, daß diese Definition wenig mehr als eine
geistreiche Ausflucht war, eine Nothbrücke, über die der
Dichter kühnen Muthes zu einer sehr interessanten Parallele
zwischen Rossini und Meyerbeer schritt. War ihm diese
gelungen, so sah er kein Hinderniß mehr, die musikalische
Kritik ganz offiziell zu treiben. Und in der That, man muß
gestehen, daß die Urtheile, die Heine über Componisten und
Künstler fällte und die er in seiner „Lutetia" gesammelt
hat, wahrer und zutreffender sind, als die gelehrtesten und
umfangreichsten Musikkritiken Anderer. Er errieth in Wahr=
heit mehr als Andere wußten. Intuitiv erfaßte er mit
wunderbarem Scharfsinn und einer glühenden Phantasie
das Wesen der Musik, die Intentionen des Componisten,
die Gedanken des Künstlers. Es ging ihm mit der Musik
wie mit mancher Wissenschaft, insbesondere der Philosophie,
deren Wesen und Bedeutung er ja auch klarer darzustellen
verstanden hat, als mancher exakte Forscher. Und dennoch
gingen weder hier noch dort seine Urtheile über die Grenze
hinaus, die den Dilettanten vom Fachmann trennt.

Aber er war in hohem Grade empfänglich für Musik
und — hier trennt sich meine Ansicht von der Ferdinand
Hillers — eine ernste Composition konnte ihn tief ergreifen,
ja bis zu Thränen rühren. Ich meine überhaupt, daß es
mit seinem „Ergriffensein" doch wohl mehr auf sich gehabt
hat, als seine persönlichen Freunde glauben mochten, die
es miterlebten, daß Heine auf jeden ernsten Moment eine
Fluth von Scherzen folgen ließ und jede tiefere Regung
durch ein satyrische Sturzwelle vernichtete.

Nichts ist in dieser Beziehung charakteristischer für Heines dichterische Auffassung der Kunst, als sein geistiges Verhältniß zu Paganini, das wir deshalb etwas aufmerksamer betrachten wollen.

Heine lernte Paganini im Jahre 1828 kennen, als dieser die Hamburger Kaufmannswelt in Entzücken versetzte. Er besuchte jedes Konzert des berühmten Virtuosen und gab sich — wie ein Freund versichert — dem zauberischen Eindruck vollkommen gefangen, den das Spiel Paganinis hervorbrachte. Nach dem Konzert allerdings bemerkte derselbe Freund, daß der junge Dichter nicht ohne Eifersucht das ungeheure Aufsehen betrachtete, welches der gefeierte Violinkünstler erregt hatte. Auch bei der Table d'hôte im „König von England" — dessen origineller Wirth, J. W. Marr, der Vater des berühmten Schauspielers war — hatte Heine Gelegenheit, Paganini kennen zu lernen, und ihn, wie seinen ständigen Begleiter, den Schriftsteller Georg Harrys aus Hannover, genau zu beobachten. Offenbar hatte Heine schon damals die Absicht, Beide zum Gegenstand einer Schilderung zu machen. Doch forderte er zunächst August Lewald auf, über Paganini zu schreiben. Als dieser aber nicht Wort hielt, machte ihm Heine Vorwürfe darüber: er habe ihm den so werthvollen Stoff freundlichst überlassen wollen, und es sei Unrecht, daß er ihn nun verschmähe. „Solcher Scherze" — fügt Lewald hinzu — „war er stets voll. Sehr schnell ward er von einer Idee ergriffen und erfüllt, aber zur Ausführung kam es nie."

Indeß sollte diese Idee doch zur Ausführung kommen, denn die Erinnerung an Paganinis Zauberspiel lebte noch lange in dem Dichter fort und gestaltete sich noch nach Jahren zu jenem wundervollen Capriccio in den „Florentinischen Nächten", das wohl als eine unübertroffene Charakteristik des Paganinischen Violinenspiels gelten darf.

Auf die Frage jener Maria, die Heine in den „Florentinischen Nächten" in den Vordergrund stellt: „Lieben Sie Paganini?" erzählt der Dichter zunächst von einem die wahre Physiognomie allein wiedergebenden Portrait des Künstlers, das ein tauber Maler, J. P. Lyser, — der 1859 in Hamburg gestorben — „in seiner geistreichen Tollheit" entworfen, und bei dem ihm nach eigenem Geständniß „der Teufel die Hand geführt habe". Sodann schildert er die Erscheinung Paganinis selbst, und man muß sagen, daß die Schilderung auch dem gelungensten Portrait nur wenig nachgeben dürfte. War der fremde Geiger am hellen Mittag unter den grünen Bäumen des Hamburger Jungfernstiegs dem Dichter schon hinlänglich fabelhaft und abenteuerlich erschienen, so überraschte ihn doch noch des Abends im Konzert „seine schauerlich bizarre Erscheinung", die er in folgenden Strichen jener Maria schildert: „Das war Paganini in seiner schwarzen Galla: der schwarze Frack und die schwarze Weste von einem entsetzlichen Zuschnitt, wie vielleicht am Hofe Proserpinens von der höllischen Etikette vorgeschrieben ist; die schwarzen Hosen ängstlich schlotternd um die dünnen Beine. Die langen Arme schienen noch verlängert, indem er in der einen Hand die Violine und in der andern den Bogen gesenkt hielt und damit fast die Erde berührte, als er vor dem Publikum seine unerhörten Verbeugungen auskramte. In den übrigen Krümmungen seines Leibes lag eine schauerliche Hölzernheit und zugleich etwas närrisch Thierisches, daß uns bei diesen Verbeugungen eine sonderbare Lachlust anwandeln mußte; aber sein Gesicht, das durch die grelle Orchesterbeleuchtung noch leichenartig weißer erschien, hatte alsdann so etwas Flehendes, so etwas blödsinnig Demüthiges, daß ein grauenhaftes Mitleid unsere Lachlust niederdrückte. Hat er diese Komplimente einem Automaten abgelernt, oder einem Hunde? Ist dieser bittende

Blick der eines Todkranken, oder lauert dahinter der Spott eines schlauen Geizhalses? Ist das ein Lebender, der im Verscheiden begriffen ist und der das Publikum in der Kunstarena, wie ein sterbender Fechter, mit den Zuckungen ergötzen soll? Oder ist es ein Todter, der aus dem Grabe gestiegen, ein Vampyr mit der Violine, der uns, wohl nicht das Blut aus dem Herzen, doch auf jeden Fall das Geld aus den Taschen saugt?"

Heine hatte ein „musikalisches zweites Gesicht", wie er selbst erklärt; es macht uns dies begreiflich, daß er, der absolut nichts von Musik verstand, die feinsten musikalischen Intentionen von Komponisten und Künstlern erfassen und schildern konnte. Er hatte die merkwürdige Begabung, bei jedem Tone, den er erklingen hörte, „auch die adäquate Klangfigur zu sehen". Und so kam es denn, daß ihm Paganini mit jedem Strich seines Bogens auch sichtbare Gestalten und Situationen vor die Seele zauberte, daß er vor ihm „in tönender Bilderschrift" allerlei grelle und zauberhafte Geschichten erzählte, daß er vor ihm gleichsam „ein farbiges Schattenspiel hingaukeln ließ, worin er selbst immer mit seinem Violinspiel als die Hauptperson agirte". Da verwandeln sich ihm die Koulissen des Theatersaales in das heitere, lauschige Boudoir einer Primadonna, die wunderbare Melodien singt, wie sie die Nachtigall flötet in der Abenddämmerung, indeß Paganini, der sich in einen strahlenden Kavalier verwandelt hat, sie mit den entzückendsten Tönen seiner Violine begleitet. Da er vor der holden Sängerin niederknieen will, um ihr zu huldigen, erblickt er unter dem Bett „einen kleinen Abbate". Er zieht ein Stilet aus der Tasche und stößt es in die Brust der jungen Schönen . . . .

Eine andere Variation über dasselbe Thema führt den Dichter — in die Hölle, wo ihm Paganini als ein gefesselter Teufel erscheint, der seinem Instrument schaurige Weisen entlockt, Töne „in deren bodenloser Untiefe weder Trost noch Hoffnung glimmte", gleich dem Gesang der gefallenen Engel, „die mit den Töchtern der Erde gebuhlt hatten und, aus dem Reiche der Seligen verwiesen, mit schamglühenden Gesichtern in die Unterwelt hinabstiegen". Da wagt der gequälte Künstler plötzlich einen Strich, daß die Ketten entzweispringen und die Gespenster der Hölle verschwinden. —

Ein drittes Bild zeigt Paganini in brauner Mönchstracht auf einem felsigen Vorsprung am Meere in der Dämmerung sitzend und Violine spielend. Mit seiner Zauberformel beschwört er die Geister der Fluthen und entfesselt einen Sturm, der all' die Unholde der Tiefe heraufbringt: „Ungethüme von fabelhafter Häßlichkeit, Krokodile mit Fledermausflügeln, Schlangen mit Hirschgeweihen, Affen, bemützt mit Trichtermuscheln, Seehunde mit patriarchalisch langen Bärten, Weibergesichter mit Brüsten an den Stellen der Wangen, grüne Kameelsköpfe, Zwittergeschöpfe von unbegreiflicher Zusammensetzung", alle mit kaltklugen Augen hinglotzend nach dem fidelnden Mönch, dem die Kapuze bei dem wilden Spiel zurückfällt, daß sein Haupt von schwarzen Schlangen umringelt erscheint . . . .

Eine neue Transfiguration der Töne führt den phantastischen Poeten in einen kolossalen Raum, wie nicht das körperliche Auge, nur das Auge des Geistes ihn fassen kann. In der Mitte des Raumes schwebt eine leuchtende Kugel, auf der riesengroß und stolz erhaben ein Mann stand, der die Violine spielte, ein erhabenes Götterbild, von Pilgrimen umschwebt, deren Gesang das verhallende Echo jener Violintöne war, Klänge, die nie das Ohr hört, sondern nur das Herz träumen kann und in denen unnennbar heilige Inbrunst wohnt . . .

Solche Gestalten und Situationen führt das Spiel Paganinis dem sinnenden Dichter vor die Seele und er zaubert sie mit der phantastischen Gluth seines Wortes vor das geistige Auge der Leser. Wort und Ton haben sich hier zu einer Harmonie vermählt, die der Traum edler Denker und großer Künstler zu allen Zeiten gewesen ist.

Wie aber der Tragödie das Satyrspiel in dieser Welt nie fehlen kann, so auch in diesem Bilde nicht. Die Begeisterung des großen Dichters für den Künstler wird alsbald Tagesgespräch in der guten Stadt Hamburg; kaum ist Paganini abgereist, und in einem kleinen dortigen Blättchen der folgende Nachruf erschienen:

> Paganini, lebe wohl!
> Unsre Ohren sind von Deinen Tönen,
> Deine Taschen sind von unserm Gelde voll — —

ein Poem, das auf die Hamburger Aussprache des Wörtchens „wohl" — etwa: woll — basirt ist, als sich sofort das Gerücht verbreitet, der Autor dieses unbedeutenden Poems sei Heine. Der Dichter hat alle Mühe, diese Ehre abzuwehren und sein Unmuth darüber ist mehr als begreiflich.

Die Erinnerung aber an Paganinis Saitenspiel begleitet ihn in alle Weiten, durch das ganze Leben. So oft er später einen Violinspieler hört, taucht die Gestalt des blassen Virtuosen vor ihm auf. Fast zwanzig Jahre später schreibt er aus Paris in einem musikalischen Bericht: „Ich habe Niemand besser, aber auch zu Zeiten Niemand schlechter spielen gehört, als Paganini", und dasselbe rühmt er von dem bekannten Virtuosen Ernst, der Paganini „in seinen Gebrechen wie in seiner Genialität" gleiche, während er Sivori, obzwar nur „ein matter Ersatz", doch mit Vergnügen hört, wenn er ihn auch nicht, wie die Pariser, weil er ebenfalls in Genua geboren, für einen Schüler Paganinis hält. „Nein, Paganini hatte nie einen Schüler, konnte keinen haben, denn das Beste, was er wußte, das, was das Höchste in der Kunst ist, das läßt sich weder lehren noch lernen."

Später entschließt sich Heine aber doch, H. Ernst, mit dem er auch innig befreundet war, für den einzig berufenen Nachfolger Paganinis zu erklären, der die bezaubernde Geige geerbt habe, „womit der Genueser die Steine, ja sogar die Klötze zu rühren wußte." Paganini, der uns mit leisem Bogenstrich „jetzt zu den sonnigsten Höhen der Kunst führte, jetzt in grauenvolle Tiefen stieß", erschien ihm freilich dämonischer — aber schließlich ist die Harmonie doch das Höchste im Leben wie in der Kunst. Diese süße Harmonie entzückt Heine in dem Violinspiel Ernsts, zugleich aber auch die poetische Phantastik, die ihn einst so mächtig zu Paganini hingezogen. Eine Nocturne, die er von diesem hört, entrückt ihn in eine zauberhafte Mondnacht, in das Reich der Feenkönigin Morgane in Avalun, wo all' die Helden der Sage, König Artus, Dietrich von Bern, Ogier der Däne, dann die Fee Melior, die Dame Abunde, die Königin Genevra und die schöne Melusine dem Zauberspiel der beiden Meister lauschen. In diesem Feenreiche hofft Heine dermaleinst dem Künstler zu begegnen, denn auch ihm „hat man dort eine vortheilhafte Anstellung versprochen."

Sieben Jahre lang referirte Heine der „Augsburger Allgemeinen Zeitung" über Musik — von 1840 — 1847. Dann hörte alle Musik in seinem Leben auf; er fing an zu sterben und das dauerte acht volle Jahre .... Nur selten drang noch ein Sonnenstrahl oder eine Melodie an seine Matratzengruft. Wenn ihn die Schmerzen besonders wild peinigten, ließ er sich von einem Freunde die wehmüthigen, ergreifenden, erhabenen und schaurigen Gesänge der Synagoge recitiren; wenn er einen Moment der Ruhe hatte, empfand er wohl das Verlangen, eines seiner Lieder singen zu hören. Als ihm Adolf Stahr an seinem Krankenlager erzählte, daß seine Lieder in ganz Deutschland gesungen würden, daß sie als echte Volkslieder das Eigenthum des Volkes geworden und im Munde von Handwerksburschen, Studenten und Soldaten aller Orten erklängen, bereitete ihm diese Mittheilung große Freude. Ihm selbst waren nur wenige Compositionen seiner Lieder in Paris bekannt geworden; die von Schubert, Mendelsohn und Schumann, welche das Entzücken vieler Tausende wurden, kamen ihm kaum zu Gehör, und es war nicht die geringste Kümmerniß seines Exils, daß er sehr oft zu den Melodien seiner eigenen Lieder fremde Worte in einer fremden Sprache hören mußte*). Von den Compositionen, welche er gehört, waren ihm die Loewe's die liebsten; er sagte wiederholt, daß sie ihn entzückt hätten, daß er gern ein Instrument haben und bei dem Spiel und Gesang dieser Melodien seiner Lieder sterben möchte.

Dieser Wunsch ist nicht in Erfüllung gegangen. Nicht einmal ein Instrument befand sich in des Dichters Wohnung und er pries vielmehr die Nacht, die ihn endlich von der Folter nachbarlicher Claviere erlöste.

Aber auch nicht einmal einen materiellen Vortheil hatte er von den Compositionen seiner Lieder. Während in Frankreich der Dichter eines componirten Liedes stets die Hälfte des Honorars erhält, setzten die deutschen Musikverleger, den wahren Autor verschweigend, den Namen irgend eines obscuren Dichters auf das Titelblatt seiner Lieder. „Wäre

---

*) Aus dem Catalog einer angesehenen deutschen Musikalienhandlung ging kürzlich eine Zusammenstellung durch die Blätter, derzufolge Heine als Textdichter für Componisten in erster Reihe steht. Sein Gedicht „Du bist wie eine Blume" wurde mehr als 170 mal, seine Lieder von „Fichtenbaum und der Palme" und „Leise zieht durch mein Gemüth" mehr als hundertmal in Musik gesetzt!

diese Mode, so klagt Heine mit Recht, „in Deutschland ein=
geführt, so würde ein Dichter, dessen „Buch der Lieder"
seit zwanzig Jahren von allen deutschen Musikhändlern aus=
gebeutet wird, wenigstens von diesen Leuten einmal ein
Wort des Dankes erhalten haben. — Es ist ihm aber von
den vielen hundert Compositionen seiner Lieder nicht ein
einziges Freiexemplar zugeschickt worden!"

Nur ein einzig Mal noch vor seinem Tode sollte ihm
die Freude werden, seine Lieder singen zu hören. Es war
dies im Herbst 1855, als der Kölner Männergesangverein
zum Besten des Doms eine Reihe von Concerten in Paris
gab und vornehmlich mit Heines Liedern einen großen
Erfolg erzielte. Es regte sich der Wunsch in den Sängern,
dem kranken Dichter durch Vortrag dieser Lieder ihren Dank
zu bezeigen. Und an einem milden Spätherbsttage, an dem
sich Heine etwas wohler befand, traten die vorzüglichsten
Mitglieder jenes Vereins in seine Krankenstube und trugen
mit gedämpfter Stimme, damit es den Leidenden nicht be=
hellige — meist nach Mendelsohn's Compositionen — eine
Reihe seiner Lieder vor, unter anderen „Am fernen Horizonte"
„Der Herbstwind rüttelt die Bäume", „Leise zieht durch mein
Gemüth", „Auf Flügeln des Gesanges", „In dem Wald
bei Mondenscheine", und das Quartett: Entflieh' mit mir
und sei mein Weib." Der Dichter war hochbeglückt und
tieferschüttert, als die Sänger schieden. Das war die letzte
Melodie, die in sein armes Leben klang, und dann kam
der Herbstwind und rüttelte den Baum, daß er umsank.
An seinem Grabe wurde „nichts gesagt und nichts gesungen"...

Das ist Alles, was von Heines musikalischem Leben
zu berichten war. Hiller hat Recht: sein Geist war aus
Scharfsinn und Phantasie geknetet; in ihm hatten sich

hellenischer Schönheitssinn und semitischer Scharfsinn harmonisch vereinigt, und so errieth er auch die tiefsten Geheimnisse der Musik. Und Lißt hat nicht minder Recht: Er war Musiker als Dichter — und welcher Dichter hat die Zauber der Loreley, die tönenden Gluthen, in denen Frau Mette untergeht, mit größerer Gewalt zum Ausdruck gebracht?

So wird es denn auch ferner zu den Räthseln gehören, daß der Jude Heine dem deutschen Volke seine schönsten und innigsten Lieder gesungen hat, die leben werden, so lange deutsche Eichen rauschen und junge Menschenherzen lieben!

Lady Duff.

In einem reizenden, aber von aller Cultur weit entfernten Erdwinkel habe ich in diesen Tagen*) neben dem Buche von Alexander Weill über den Dichter auch das biographische Material über das Bild einer Frau von befreundeter Seite aus London erhalten, deren Schilderungen wohl als ein wirksames Gegenstück zu jenen Diatriben aufzunehmen sein dürften.

Es scheint mir klar, daß A. Weill, der von Zeit zu Zeit das Bedürfniß fühlt, von sich reden zu machen, einen ganz gewöhnlichen Racheakt gegen die arme Mathilde hat ausüben wollen und in edler Ritterlichkeit damit bis — nach ihrem Tode gewartet hat. Vielleicht hat er auch ihre Fäuste gefürchtet, von deren Heldenthaten er so Merkwürdiges zu berichten weiß! In jedem Falle wird man gut daran thun, seine „Souvenirs" mit der äußersten Vorsicht auf=

---

*) 1883.

zunehmen. Die Beziehungen Weills zu Heine waren durchaus nicht so freundschaftlich ungetrübt, daß man ihm unbedingt glauben dürfte; — Alfred Meißner wußte Näheres und Zuverlässiges darüber zu berichten. Die Bekanntschaft Weills mit Heine rührt aus den dreißiger Jahren her. Weill lief dem Dichter Monate lang mit der Bitte nach, eine Vorrede zu seinen „Elsässischen Dorfgeschichten" zu schreiben, und dieser ließ sich in einer schwachen Stunde das Versprechen ablocken. Wie schwer ihm die Erfüllung geworden, ist aus verschiedenen Stellen seiner Briefe evident und aus jener Vorrede selbst ziemlich deutlich zwischen den Zeilen herauszulesen. Nebenbei bemerkt, war es gerade diese Vorrede, die Berthold Auerbach dem Dichter nie hat verzeihen können — und dies der Grund seiner tiefen Abneigung gegen Heine. Später mischte sich Herr Weill hie und da in die Geschäfte und Familienangelegenheiten des Dichters, wurde aber von diesem stets energisch zurückgewiesen. Die Stelle in dem Briefe Heines an seine Frau über Alexander Weill — siehe die im „Nachlaß" publizirten Briefe — ist geradezu ein Stigma für diesen, und wer so gebrandmarkt ist, sollte sich eigentlich hüten, von Neuem die Aufmerksamkeit gerade in dieser Sache auf sich zu lenken. Zuverlässige Zeugen, die Herrn Weill zuweilen bei Heine getroffen, wissen ergötzliche Geschichten von der Art und Weise der Behandlung zu erzählen, die der Dichter dem elsässischen Schriftsteller habe angedeihen lassen — und wenn Herr Weill gerade darauf besteht, dürften sich diese Histörchen als pikantes Dessert nach seinen „Souvenirs" wohl auftischen lassen. Soviel von Herrn Alexander Weill.

Und nun zu unserer Heldin, deren Manen uns nicht zürnen mögen, daß wir sie in der Gesellschaft vorführen. Schon der verstorbene Adolf Strodtmann hat in seiner Biographie Heines von ihren Beziehungen zu dem

Dichter Einiges erzählt, aber er hat, wie ich glaube, nicht aus ersten Quellen geschöpft und darum — vielleicht auch weil es in die Oekonomie des Buches nicht gut paßte — nicht Alles berichtet. Es scheint nun aber durchaus nöthig, immer und immer wieder darauf hinzuweisen, daß die Beziehungen Heines zu den Frauen uns ein ganz anderes Bild von seinem Charakter geben, als man sich gewöhnlich vorstellt. So viele „Freundinnen" Heines bekannt geworden sind, fast stets waren es bedeutende, geistvolle und reine, über jeden Verdacht erhabene Frauengestalten, die in Heine den Dichter verehrten. Das bekannte Geständniß im Nachlaß, das bei Vielen ein ironisches Lächeln hervorgerufen, wird Jedem, der einen genauen Einblick in dieses Dichterleben gethan hat, durchaus glaubhaft erscheinen. Und diesen Frauen reiht sich Lady Duff Gordon — von der hier die Rede sein soll — nicht nur ebenbürtig an, ja sie überragt die meisten durch ihre geistige Bedeutung und ihre wahrhaft liebenswürdige Theilnahme für den deutschen Dichter.

Sie war eine reiche Engländerin, die Tochter eines Staatsbeamten John Austin, und wurde am 24. Juni 1821 in London geboren. Ihre Eltern schon hatten besondere Sympathien und Beziehungen zu Deutschland. Als John Austin zum Professor des Civilrechts an der damals neugegründeten Londoner Universität ernannt wurde, ging er zunächst nach Bonn mit seiner Familie, um sich da für seinen Beruf vorzubereiten. Da lernte auch die kleine Lucie Deutsch sprechen und lesen. Später wurde sie nach englischer Sitte in ein Pensionat gebracht, und von da aus schrieb das zwölfjährige Mädchen an ihre Eltern und Pathen Briefe, die von so scharfem Verstande, so reichen Gemüthsanlagen und einer so klaren, heiteren Weltanschauung zeugen, daß ich es wirklich nur aus Rücksicht auf den mir zugemessenen

Raum unterlasse, einige von diesen interessanten Schrift=
stücken, deren mehrere mir vorliegen, hier auszugsweise zu
geben. Sie wären darum von Werth, weil sie es begreiflich
machen würden, daß sich Heine schon für die kleine Lucie
so lebhaft interessiren konnte.

Im Jahre 1840 heirathete Lucie Sir Alexander Duff
Gordon. Die Art, wie dies geschah, ist interessant und
charakteristisch zugleich. Der junge Lord verkehrte viel im
Hause ihrer Großmutter und begleitete die schöne Miß öfters
auf ihren Spaziergängen. Eines Tages sagte er ohne wei=
tere Einleitung zu ihr: „Miß Austin, die Welt sagt, daß
wir uns heirathen werden!" Die junge Dame war über
die brüske Form dieser Mittheilung natürlich „sehr ent=
rüstet" und wollte schon eine derbe Antwort geben, als
Sir Alexander in naiver Weise weiter fragte: „Wollen wir
das thun?" — „Ja!" war die kurze und resolute Ant=
wort — und am 16. Mai 1840 fand die Trauung in Ken=
sington statt. Die Ehe war eine glückliche, Mann und Frau
wetteiferten in ihren literarischen und künstlerischen Nei=
gungen, und ihr Haus war in der That ein Salon, in
dem die Intelligenz Londons sich ein Rendezvous gab. Da
verkehrten Dickens, Thackeray, J. Taylor, Tennyson, Henry
Taylor, George Elliot und viele Andere. Leopold v. Ranke
und Guizot waren dort wie zu Hause, und in den mir
vorliegenden biographischen Aufzeichnungen wird es als eine
besonders interessante Erinneruug hervorgehoben, wie der
berühmte Historiker Ranke durch das Zimmer hin und her
spazierte und dabei mit einer seltenen Vehemenz eine wahre
olla potrida von Englisch, Französisch, Deutsch, Italienisch,
Spanisch und Latein zu einer einzigen Sprache vermischte,
die Niemand außer ihm verstand, die er aber mit besonderer
Vorliebe kultivirte.

Ein Jahr darauf ging Lady Duff Gordon mit ihrem

Manne nach München, und da ist es vor Allem Wilhelm v. Kaulbach, dessen Atelier die größte Anziehungskraft auf sie ausübt, und dessen Genius sie ihre Verehrung zollt. Kaulbach malte damals gerade an der „Hunnenschlacht", und die begeisterte Engländerin weiß nicht genug des Lobes für diese große historische Komposition nach Hause zu berichten. An diesen Besuch knüpfte sich eine dauernde freundschaftliche Beziehung zu dem berühmten Maler.

Nach der Rückkehr in die Heimat widmete sich das Paar ausschließlich literarischen Studien und Arbeiten. Sie übersetzten gemeinsam ein juristisches Werk von Anselm Feuerbach — wahrscheinlich auf Veranlassung ihres Vaters — und Lady Duff Gordon allein übersetzte den bekannten Roman von Wilhelm Meinhold „Die Bernsteinhexe", der damals so großes Aufsehen in Deutschland erregt hatte, daß Friedrich Wilhelm IV. den Autor, einen pommerschen Landpfarrer, nach Berlin kommen ließ, um ihm persönlich dafür zu danken. Heute ist die „Bernsteinhexe" längst im Schutt der Leihbibliotheken vergraben und vergessen.

Der Erfolg, den ihre Uebersetzungen hatten, veranlaßte sie, dieses Gebiet weiter zu kultiviren. Im Jahre 1847 übersetzten sie wieder gemeinsam Rankes „Preußische Geschichte" ins Englische, und später schrieben sie auch ein selbständiges Buch — es ist das einzige geblieben — „Skizzen aus dem deutschen Leben", in welchem sie die Erfahrungen und Beobachtungen, welche sie in Deutschland gemacht, niederlegten. Auch auf socialem Gebiete entfaltete das edle Paar eine rühmliche Thätigkeit. Die energische Lady gründete auf ihrem Landsitze in Esher eine Schule, eine Bibliothek und widmete diesen Anstalten dauernde Aufmerksamkeit.

Von diesem Landsitz aus macht sie auch eines Tages die folgende interessante Mittheilung in einem Briefe an eine intime Freundin: „Wir haben soeben die Uebersetzung eines Buches von Moltke, einem preußischen Major, über den russischen Feldzug von 1828 — 29 beendigt, sehr interessant, besonders da gegenwärtig alle Welt an Krieg denkt und darüber spricht." Die Zeit, da alle Welt von diesem preußischen Major und seinen Kriegen sprach, hat die gute Lady aber nicht mehr erlebt.

In demselben Jahre, aus welchem diese Uebersetzung datirt (1854), machte Lady Duff Gordon eine Reise nach Paris und verkehrte dort viel mit Heinrich Heine. Ihre Erinnerungen an den Dichter hat sie in Lord Hougthons „Monographs" publizirt, nnd wir werden sie am besten selbst erzählen lassen, was sie von Heine und ihren Beziehungen zu ihm zu berichten weiß.

Ich habe Heine vor 20 Jahren kennen gelernt — so beginnt Lady Duff Gordon ihre Relation an Lord Hougthon, der sie um ihre Erinnerungen an Heine dringend gebeten hatte, — als Kind von 12 Jahren und zwar in Boulogne, wo ich an der Table d'hôte neben ihm saß. Er war stark und klein, ziemlich kurzsichtig und hatte einen sinnlichen Zug um den Mund. Da er mich mit meiner Mutter deutsch reden hörte, fing er alsbald ein Gespräch mit mir an, das mit der Bemerkung endete: „Wenn Sie nach England zurückkehren, werden Sie Ihren Freundinnen erzählen können, daß Sie Heinrich Heine kennen gelernt haben!"

„Und wer ist Heinrich Heine?" fragte ich.

Er lachte herzlich und war über meine Unwissenheit nicht beleidigt. Später pflegten wir oft zusammen spazieren zu gehen oder am Hafendamm zu faullenzen. Er erzählte mir stets interessante Märchen von verzauberten Fischen, Seejungfern, Meergespenstern und andere Geschichten. Sie waren immer phantastisch gemischt, manchmal humoristisch und oft sehr pathetisch — besonders wenn die Wogen ihm Grüße brachten von der Nordsee. So sagte er mir eines Tages, daß das Gedicht: „Wenn ich an Deinem Hause" ꝛc. eigentlich auf mich sich beziehe und auf meine braunen Augen. Heine blieb einen oder zwei Monate in Boulogne und ich sah ihn noch oft. Später erinnerte ich mich stets mit Vergnügen an den Dichter, der mir so schöne Geschichten erzählt, der so liebenswürdig gegen mich und so sarkastisch gegen Andere gewesen war.

Erst vor drei Jahren — 1854 — als ich in Paris war und hörte, daß er sehr arm und sterbenskrank sei, sah ich Heine wieder. Ich sandte ihm zunächst meine Karte und schrieb ihm, daß das kleine Mädchen, dem er vor Jahren in Boulogne so schöne Märchen erzählt, ihn sehnlichst zu sprechen wünsche. Wenn er sich dessen noch erinnerte, möchte er mir eine passende Stunde für einen Besuch angeben. Heine schickte sofort nach mir, und als ich ihn besuchte, erinnerte er sich jedes, auch des geringfügigsten Umstandes aus jener Zeit — vor zwanzig Jahren — und jedes einzelnen Menschen, der damals in demselben Hotel gewohnt hatte. Eine englische Ballade war ihm besonders in Erinnerung geblieben, die ich damals gesungen hatte, und in der das tragische Ende einer Lady Alice und ihres ergebenen Liebhabers Giles Collins herzbeweglich geschildert wird, und die damit endet, daß Lady Alice aus Verzweiflung einen vollen Löffel Hafergrütze „mit Zucker und süßem Gewürz gemischt" genommen, und daß nach ihrem jähen Tode „der Pfarrer den Rest abgeleckt hat" („the parson licked up the rest"). Diese Ballade hatte Heine immer sehr amüsirt, und er frug mich sofort nach dem Pfarrer, der die Hafergrütze so rasch ausgeleckt.

Ich für mein Theil konnte nur schwer und wenig

sprechen, so erschrocken war ich über das Aussehen des Dichters. Er lag auf einem Berg von Matratzen, sein Körper war so mager, daß er nicht stärker wie der eines kleinen Kindes schien. Die Augen waren meist geschlossen und das Gesicht so leidend, so abgezehrt, daß es aufs Haar dem Ecce Homo eines alten deutschen Malers glich. Seine Stimme klang sehr leise, und ich wunderte mich deshalb über die Lebhaftigkeit, mit der er trotzdem sprach. Man sah es klar: der Geist hatte hier den Körper überwunden.

Als ich eintrat, hob er die Augenlider mit den dünnen weißen Fingern empor und rief aus: „Gott! die kleine Lucie ist groß geworden und hat einen Mann; das ist eigen!" Dann frug er ernst, ob ich glücklich und zufrieden sei, und bat mich, ihm meinen Mann zuzuführen. Er hoffe, sagte er weiter, daß ich glücklich geworden, weil ich ein so lustiges kleines Kind gewesen sei. Ich antwortete ihm, daß ich schon lange nicht mehr so lustig sei, wie die kleine Lucie einst gewesen, daß ich aber glücklich und zufrieden in meiner Ehe geworden sei. Darauf sagte Heine: „Das ist schön! Es bekommt Einem gut, eine Frau zu sehen, die kein wundes Herz herum trägt, um es von allerlei Männern ausbessern zu lassen, wie die Weiber hier zu Lande, die es am Ende gar nicht merken, daß, was ihnen eigentlich fehlt, gerade das ist, daß sie gar keine Herzen haben."

Ich führte Heine bald darauf meinen Gatten zu, und wir verabschiedeten uns von ihm. Beim Fortgehen sagte er mir, er hoffe mich noch einmal zu sehen, so krank er auch sei, er werde doch noch nicht sterben!

Ende September desselben Jahres war ich wieder in Paris und suchte natürlich Heine auf. Er war ausgezogen und wohnte in derselben Straße wie ich, in den Champs Elysées. Ich ließ ihm durch einen Diener sagen, daß ich angekommen sei und ihn zu sehen wünschte. Bald darauf

erhielt ich ein Briefchen, das sehr mühevoll mit Bleistift
geschrieben war und folgendermaßen lautete:

„Hochgeehrte, großbritanische Göttin Lucie!

Ich ließ durch den Bedienten zurückmelden, daß ich, mit Aus=
nahme des letzten Mittwochs, alle Tage und zu jeder beliebigen
Stunde bereit sei, your Goldship bei mir zu empfangen. Aber
ich habe bis heute vergebens auf solche himmlische Erscheinung
gewartet. Ne tardez plus à venir! Venez aujourd'hui, venez
souvent. Vous demeurez si près de moi, dem armen Schatten
in den Elysäischen Feldern! Lassen Sie mich nicht zu lange warten.
Anbei schicke Ihnen die vier ersten Bände der französischen Aus=
gabe meiner unglückseligen Werke. Unterdessen verharre ich Ihrer
Göttlichkeit unterthänigster und ergebenster Anbeter

H. Heine.

N. B. The parson drank gruel water."

Ich ging sofort zu ihm und kletterte mühselig die
Treppen hinauf in ein kleines Zimmer, wo ich Heine auf
demselben Matratzenberg liegend fand, wie vor Monaten.
Sein Aussehen war noch mehr leidend. Er war abgezehrt
wie ein Schatten. Aber das Gesicht hatte durch das Leiden
einen ihm vordem fremden, schönen Zug erhalten. Heine
war sehr freundlich zu mir und sagte: „Ich habe jetzt mit
der ganzen Welt Frieden gemacht, und endlich auch mit
dem lieben Gott, der schickt mir Dich nun als schönen
Todesengel; gewiß sterb' ich bald." Ich erwiderte: „Armer
Dichter, bleiben Ihnen doch immer noch so viele herrliche
Illusionen, daß Sie eine reisende Engländerin für Azraël
ansehen können? Das war sonst nicht der Fall, Sie konnten
uns ja nicht leiden." Darauf Heine: „Ja mein Gott, ich
weiß gar nicht, was ich gegen die Engländer hatte, daß ich
immer so boshaft gegen sie war; es war aber wahrlich nur
Muthwillen; eigentlich haßte ich sie nie, und ich habe sie
auch nicht gekannt. Ich war einmal in England, kannte
aber Niemand und fand London recht häßlich, und die

Leute auf der Straße kamen mir unausstehlich vor. Aber England hat sich schön gerächt; es schickte mir ganz vorzügliche Freunde — Dich und Milnes, den guten Milnes, und noch andere."

Ich sah Heine damals zwei- oder dreimal in der Woche während meines zweimonatlichen Aufenthaltes in Paris und fand ihn stets sehr lebhaft in der Unterhaltung, mit einem innigen Interesse für jede Sache und mit seiner alten, unverhohlenen — Eitelkeit; er konnte sehr vergnügt sein, wenn er irgend eine schlechte Uebersetzung seiner Werke zu Gesichte bekam, und war doch außerordentlich ängstlich, daß sie nur ja gut ins Englische übersetzt würden. Er schenkte mir das Verlags- und Uebersetzungsrecht für alle seine Schriften und erklärte wiederholt, daß er mir carte blanche gebe, Alles auszumerzen, was ich für nöthig halte, nach meinem Gutdünken und nach dem Geschmack des englischen Publikums. Er gab mir alle seine Werke und wurde schließlich so eifrig wie ein Kind, welches sich über irgend eine Sache freut, in der Aufforderung, daß ich mich sogleich ans Werk machen und ihm etwas englisch vorlesen solle. Besonders dringend wünschte Heine eine getreue Uebersetzung seiner Gedichte von mir, gegen meine wiederholt ausgesprochene Ueberzeugung von der Unmöglichkeit einer solchen Uebertragung.

Heine sprach auch sehr viel von Politik — meist in demselben Tone wie in seinen letzten Schriften, und mit einer unüberwindlichen Abneigung gegen jede Herrschaft des Pöbels. Er erzählte mir darüber viele Geschichten von verschiedenen Völkern, die ich nicht wiederholen möchte. Oft sprach er den Wunsch aus, gesund zu werden, um mich in London besuchen zu können. Er wollte sich dann mit England versöhnen.

Im Allgemeinen habe ich nie einen Menschen so schrecklich leiden und seine Qualen mit einer so erhabenen, nicht affektirten Ruhe ertragen sehen, als Heine. Er beklagte sich wohl zuweilen über seine Leiden und war gerührt, Thränen in meinen Augen zu sehen, aber dann plötzlich bemühte er sich sofort wieder, mich über einen Scherz lachen zu machen, was ihm stets großes Vergnügen bereitete. Er zeigte nicht gerade Angst, er suchte aber auch nicht, sie zu verbergen oder die Rolle eines kalten Stoikers zu spielen. Ich habe ihn überhaupt damals viel weniger sarkastisch, dagegen viel herzlicher, angenehmer und wohlwollender als je gefunden. Nach einigen Wochen näheren Verkehrs bat er mich, ihm nicht zu sagen, wann ich fortreisen würde, weil er es nicht ertragen könnte zu sagen „Lebe wohl auf ewig!" oder dies zu hören. Er wiederholte, daß ich „als ein schöner, gütiger Todesengel" gekommen sei, um ihm die letzten Grüße der Jugend und der Heimath zu bringen und die „bösen französischen Gedanken" zu zerstreuen.

Wenn Heine mit mir deutsch sprach, sagte er „Du" und gebrauchte meist so familiäre Ausdrücke, wie sie in Deutschland Kindern gegenüber angewendet werden. Sprach er französisch, so war ich „Madame" und „Vous".

Es war mir klar, daß ich ihn an eine glückliche Zeit seines Lebens erinnerte, und daß es ihm Trost in seinen Leiden gewährte, Deutsch sprechen zu können. Einmal sagte er: das, was er am meisten an mir liebe, sei, daß ich so herzlich lache, was die Französinnen nicht könnten. Ich vertheidigte „la vieille gaité française," er aber sagte: „Oui, c'est vrai, cela existait autrefois, mais avouez, ma chère, que c'était une gaité un peu bête." Er hatte so wenig Empfindung für das, was ich am meisten am französischen Charakter geliebt habe, daß ich sehen konnte, er mußte nur in solchen französischen Kreisen sich bewegt haben, die keinen höheren Maßstab für die Werthung der Nation abgeben können. Im Gegensatze hierzu zitterten

Thränen in seiner Stimme, so oft er von Deutschland — sei es auch nur im Scherze — sprach.

Auch über religiöse Dinge sprach Heine sehr oft. Er war sehr ungehalten über das Gerücht, das damals sich verbreitete, er sei zur katholischen Kirche übergetreten. Was er über seinen eigenen Glauben gesagt, das, meine ich, würde in England nicht verstanden werden. Auch möchte ich nicht die Gefühle eines Sterbenden verrathen.

Der Eindruck, den Heine auf mich machte, war ein so tiefer und schmerzlicher, daß ich mich nur schwer der Thränen beim Scheiden enthalten konnte, um den Leidenden nicht aufzuregen. Die letzten Tage, da ich ihn gesehen, werden mir unvergeßlich bleiben, wie das bleiche, traurige Gesicht und die Gemüthstiefe des armen Heine.

Damit schließt Lady Duff Gordon ihre Erinnerungen, die ich ziemlich wortgetreu zu übersetzen gesucht habe. Hinzuzufügen wäre denselben wenig, es sei denn die Bemerkung, die sich gewiß jedem unbefangenen Leser von selbst aufdrängt, daß das Bild des leidenden Heine in diesem Spiegel ganz anders reflektirt, als in dem, den uns Herr Weill zeigen möchte. Aber auch die Erscheinung der Frau hebt sich von dem Hintergrunde ihrer Erinnerungen vortheilhaft ab. Wir erkennen in ihr eine hochbegabte, tief empfindende, zart besaitete und vornehme weibliche Natur — und wenn wir ihre Mittheilungen mit denen vergleichen, welche deutsche Literaten masculini gleichwie feminini generis — meist als Indiskretionen aus dem Leben Heine veröffentlichten, so gewinnt das Bild, das wir uns von Lady Duff Gordon entwerfen, immer mehr an Licht und Farbe. Wir finden das lebhafte Interesse begreiflich, das Heine für sie empfunden und erkennen sie für werth und würdig, dem Kranze edler

Frauen, der auch dieses arme Dichterleben umrahmt, angereiht zu werden.

Heine hat sie seit jenem Besuch nicht wiedergesehen. Er starb im Jahre 1856, als Lady Duff Gordon sich gerade anschickte, eine Reise nach dem Orient zu unternehmen, um ihrer leidenden Gesundheit willen. Auch in Kairo, wo sie zunächst wohnte, und dann in Theben erwarb sich die edle und wohlthätige Dame bald allgemeine Sympathien. Sie lebte dort noch dreizehn Jahre. Als sie ihre Todesstunde herannahen fühlte, sprach sie den Wunsch aus, "unter ihrem Volke begraben zu werden", das heißt in Theben, der alten Gräberstadt Aegyptens, wo ihr die Scheikhs eine Grabstätte geschenkt hatten. Indeß war sie zu schwach, um dorthin noch reisen zu können. Sie starb in Kairo am 14. Juli 1869 und fand auf dem dortigen englischen Kirchhofe ihre letzte Ruhestätte. Ihr Name hat in der englischen Gesellschaft einen vornehmen Klang — für uns ruht die Bedeutung desselben in der Thatsache, daß sie eine aufrichtige Freundin des innig theuren Dichters gewesen ist.

Drei Freunde.

Die alte orientalische Parabel von den drei Freunden ist bekannt. Sie repräsentiren die drei Stufen der Freundschaft; der eine verläßt uns, wenn die Scheidestunde schlägt, der andere begleitet den Sarg bis vor das Haus, und nur der dritte bleibt bis über den Tod hinaus treu. Auch aus dem Leben in die Literatur übertragen, bewährt sich die alte Parabel. Wenn wir sie heute auf ein deutsches Dichterleben anwenden, so geschieht dies zunächst, um den Beweis zu führen, daß dieses Leben doch glücklicher war, als man allgemein anzunehmen gewohnt ist, und daß der, der es gelebt, ein besserer Mensch gewesen, als man nach seinem Schaffen zu vermuthen berechtigt wäre; denn die drei Freunde, die Heinrich Heine in seinem Leben sich erworben, sind ihm nicht nur bis zum Grabe, sondern noch lange über das Grab hinaus bis zu ihrem eigenen Tode treu und ergeben geblieben.

Nun hat auch sie der Tod ereilt, und zwar alle drei im Laufe eines Jahres. Im vorletzten Sommer hat uns Heinrich Laube verlassen, nicht gar lange nachher hat Ferdinand Hiller das Zeitliche gesegnet und schließlich haben sie auch den dritten, Alfred Meißner, in der alten stillen Stadt Bregenz zur kühlen Erde gebettet. Alle drei waren gleich aufrichtige Freunde Heines, Laube der älteste, Meißner der wärmste; es verlohnt sich, den Beziehungen nachzugehen, in denen sie während ihres Lebens zu dem Dichter gestanden. Eine solche Untersuchung, die sich zum Theil auf noch unbekannte Details stützt wird zugleich als ein Beitrag zur Lebensgeschichte der drei Freunde selbst gelten können.

Das „junge Deutschland" vermittelte die erste Bekanntschaft Heines mit Laube. Seit dem Frühjahr 1833 war letzterer mit dem Dichter in persönliche Korrespondenz getreten. Und zwar war es, wie er mir selbst erzählte, als er die Redaktion der „Zeitung für die elegante Welt" übernommen hatte. Laube forderte natürlich alle gleichstrebenden Genossen, vor allem Heine, zur Mitarbeit an diesem Journal auf, das er sich gewissermaßen als das Forum des jungen Deutschland dachte. Heines zustimmende Antwort ließ nicht lange auf sich warten. Er schätzte Laube schon von dessen ersten literarischen Anfängen her, oder vielmehr es gefiel ihm, daß dieser sich in seinen „Reisenovellen" als Apostel und Schüler seiner Theorien und seiner Darstellungsform, ja sogar seines Stils, gezeigt hatte. Auch der fröhliche Jugendmuth, das burschikose, studentenhafte Stürmen gefiel ihm an Laube, und das „große, flammende Herz", das unter allen anderen glänzend hervorleuchtete. So kam Heine, wie es nun einmal seine Art war, bald bis zur enthusiastischen Ueberschätzung des gelehrigen und treuen Jüngers. Er schrieb ihm „eine soziale Bedeutung" zu, „deren ganzes Gewicht jetzt noch nicht ermessen werden kann. Er hat alle gute Eigenschaften, die wir bei den Autoren der vergangenen Periode finden, und verbindet damit den apostolischen Eifer des jungen Deutschlands. Dabei ist seine gewaltige Leidenschaft durch hohen Kunstsinn gemildert und verklärt. Er ist begeistert für das Schöne, ebenso sehr wie für das Gute, er hat ein feines Ohr und ein scharfes Auge für edle Form, und gemeine Naturen widern ihn an, selbst wenn sie als Kämpen für noble Gesinnung dem Vaterlande nützen. Dieser Kunstsinn, der ihm angeboren, schützte ihn auch vor der großen Verirrung jenes patriotischen Pöbels, der noch immer nicht aufhört, unsern großen Meister Goethe zu verlästern und zu schmähen".

So Heine über Laube. Man muß annehmen, daß sich dieses Urtheil auf dessen Roman „Das junge Europa" und auf dessen „Deutsche Literaturgeschichte" bezogen hat. In wie enthusiastischer Weise Heine über die letztere Arbeit dachte, ist bekannt. Laube bewahrte eine Kritik des Dichters über dieses Buch, weil sie ihm selbst „im Lob viel zu ausschweifend" war, mehr als vierzig Jahre in seinem Schreibpult und überließ mir dieselbe erst auf dringendes Bitten mit der Bedingung, daß die Publikation des Aufsatzes — einer damals nicht veröffentlichten Korrespondenz für die „Augsburger Allgemeine Zeitung" — erst nach seinem Tode erfolge.

Es ist hier nicht der Ort, um Laubes wirkliche Bedeu=

tung, die bekanntlich auf ganz anderem, als dem von Heine
ihm angewiesenen Gebiete liegt, ins rechte Licht zu stellen.
Aber wohl muß gesagt werden, daß er die Hoffnungen, die
Heine auf ihn setzte, damals nicht ganz erfüllte. Laube war
der erste oder jedenfalls einer der ersten, die das sinkende
Schiff des jungen Deutschland im Moment des Sturmes
verließen. Schon am 13. Dezember 1835, also drei Tage
nach dem berüchtigten Beschluß des Bundestages, erließ er
eine feierliche Erklärung, daß er keineswegs die Tendenzen
des jungen Deutschland habe fördern wollen, daß er jede
Solidarität mit diesen auflösenden Elementen von sich ab=
weisen müsse.

Ueber einen solchen Abfall des treuesten Bundesgenossen
mußte Heine natürlich sehr verstimmt sein. Er gab Laube
verloren, den er kurz vorher noch vertrauensvoll für einen
jener Fechter gehalten, die „nur in der Arena sterben".

Erst später, als die Hoffnungen und Ideale des jungen
Deutschland zu Grabe getragen waren, erfolgte eine Aus=
söhnung. Laube war es, der sich dem Dichter wieder näherte
und in seiner Zeitung dessen Schriften, hauptsächlich die
„Französischen Zustände", den ersten Band des „Salon",
die „Beiträge zur Geschichte der neueren schönen Literatur
in Deutschland" mit begeisterten kritischen Artikeln begrüßte.
Auch gegen die Feinde Heines, die sich damals in Deutsch=
land auffallend mehrten, nahm er entschieden Stellung. Er
verteidigte Heine ohne jede Einschränkung, und was das
Wichtigste ist, zu einer Zeit, wo selbst dessen Freunde und
Verehrer das Lob des Dichters nicht uneingeschränkt zu ver=
künden wagten, indeß seine Feinde ihm jede höhere Bedeutung
absprachen. Das war in jener Zeit eine literarische That.
Laube hat mir selbst einmal erzählt, daß ihm das homerische
Gelächter unvergeßlich bleiben werde, mit dem in einem
Kreise deutscher Schriftsteller zu Leipzig eines schönen Abends

seine durch gegentheilige Behauptungen hervorgerufene Erklärung aufgenomen wurde: „Und ich bleibe dabei: in fünfzig Jahren ist der Börne vergessen und Heine als der erste lyrische Dichter nach Goethe anerkannt!"

Eine solche Treue und einen solchen apostolischen Eifer entwickelte keiner von Heines Freunden in jener Periode, die man wohl als die trübste in dem Leben des Dichters bezeichnen kann. Das Verbot des Bundestages hatte seine literarische Thätigkeit gehemmt, die immer weiter um sich greifende Krankheit drohte seinen Körper zu zerstören, die Grundlagen seiner materiellen Existenz waren erschüttert; in solcher Lage thut es wohl, in der Ferne ein treues Freundesherz zu wissen, das jeden Angriff abwehrt und zu jedem Dienst sich frisch und entschlossen zeigt. Damals wurde die Grundlage zu jenem dauernden Freundschaftsbund gelegt, der Heine mit Laube nun ohne jede Unterbrechung bis zum Tode vereint hat. Wenn Laube noch zwei Jahre vor seinem Tode in seiner entschiedenen und schroffen Weise mir gegenüber behauptete, „er habe die Freundschaft und Zuneigung Heines gar nicht in solchem Maße verdient, er sei immer etwas bedrückt dadurch gewesen", so hat er mit ersterer Behauptung sich selbst unrecht gethan, während er durch die zweite nur seine aufrichtige Freundestreue, die sich selbst nie genug thun konnte, an den Tag gelegt hat.

Im Jahre 1839 lernte er den Dichter in Paris persönlich kennen. Laube brachte damals fast ein Jahr in Paris zu, und knüpfte durch Heine die interessantesten Bekanntschaften in der französischen Literatur und Kunstwelt an. Im ersten Bande seiner „Erinnerungen", die man zu den besten Memoirenwerken aus halbvergangener Zeit zählen kann, hat Laube selbst den persönlichen Eindruck und die ferneren Beziehungen zu Heine während seines Pariser Aufenthaltes geschildert. Ich habe nichts oder doch nur sehr wenig Neues diesen Mittheilungen anzufügen, die alles Wissenswerthe in der Manier Laubes kurz und scharf, klipp und klar erzählen, ohne sich sonderlich viel mit Raisonnements oder sentimentalen Freundschaftsbetheuerungen abzugeben.

Während jener Zeit war es auch, daß Laube dem Dichter einen jungen deutschen Musiker zuführte, der mit anderthalb Opern, einer sehr kleinen Börse und einem sehr großen Hund nach Paris gekommen war, in der Hoffnung, dort Geld und einen großen Namen zu erwerben. Laube und Heine nahmen sich des idealistischen Musikers mit den hochfliegenden Plänen warm an; sie empfahlen ihn an Meyerbeer, der ihn wirksam unterstützte. Sonderlich dankbar hat sich dieser Musiker — er hieß Richard Wagner — weder Heine noch Laube und am wenigsten Meyerbeer gegenüber erwiesen.

Desto dankbarer war aber Laube für jeden Freundschaftsbeweis Heines, der wiederum auf seinen deutschen Genossen große Stücke hielt. Kaum war Laube wenige Wochen in Paris, als er ihm das brüderliche „Du" antrug und ihn in alle seine Verhältnisse, in persönliche und literarische Pläne einweihte. Heine hatte damals gerade sein Buch über Börne geschrieben und gab es Laube zu lesen. Vergebens suchte dieser ihn von der Veröffentlichung der Arbeit zurückzuhalten. Als Heine alle seine Einwendungen nicht gelten lassen wollte, gab er ihm wenigstens einen praktischen Rath. Laube war damals bereits in seine zweite Lebensperiode, die praktische, eingetreten. Er sagte zu ihm: „Setze wenigstens mitten in diese Invektiven hinein einen Berg, welcher Deine höheren und weiteren Anschauungen der Welt erhebend darstellt und die Polemik vor und hinter demselben als eine leichte Zuthat erscheinen läßt, die sich durch Dein persönliches Bedürfniß, historisch vollständig zu

sein, historisch aufzuräumen, erklärt und entschuldigt."
Heine befolgte diesen Rath und schob die Briefe aus Helgo=
land — die man in neuerer Zeit irrthümlich für Bruch=
stücke aus der ersten Recension seiner „Memoiren" gehalten
hat — in das Buch über Börne ein. Laube bemerkte später,
so oft er dieses Vorfalls gedachte, er habe sich diesen Berg
allerdings doch anders, höher und imposanter gedacht.

Auch als der Erbschaftsstreit zwischen Heine und seinen
Hamburger Verwandten ausbrach, stand ihm Laube als ein
treuer Wardein zur Seite. Er sekundirte den in angesehenen
Blättern namentlich von dem jungen Ferdinand Lassalle
publizirten Artikeln über diese Angelegenheit und schwieg
erst, als seine guten Absichten auch von befreundeter Seite
verdächtigt oder mißverstanden wurden. Der Schlag, mit
dem diese Affaire Heine traf, beschleunigte sein Ende. Als
Laube im Sommer 1847 ihn zum zweitenmal besuchte, traf
er einen schwerkranken, hilflosen Mann. „Von einem feisten
aus kleinen, schalkhaften Augen Funken sprühenden Lebe=
mann hatte ich vor sieben Jahren lachend Abschied genommen
— jetzt umarmte ich fast weinend ein mageres Männchen,
in dessen Antlitz kein Blick des Auges mehr zu finden war."
Schon damals beschäftigten ihn religiöse und philosophische
Gedanken über Gott und Welt, über den Tod und die
Fortdauer der Seele sehr angelegentlich. Auf eine Frage
Laubes: „Und was wird weiter? Was denkst Du?" ant=
wortete er nach kurzem Sinnen: „Was wird aus dem Holz
dort im Kamin? Die Flamme verzehrt es. Wärmen wir
uns daran, bis die Asche in die Winde zerstreut wird!"
Der zufällig mit anwesende Alexander Weill fügte in seiner
enthusiastischen Weise hinzu: „Die ganze Menschheit ist nur
ein Mensch, in ihr geht also keiner verloren durch den Tod;
als irgend ein Punkt, wohl gar als ein Nerv, lebt jeder
einzelne fort in der Menschheit, von Adam her bis auf

uns und unsere Kindeskinder. Es stirbt nichts, was lebendig gewesen." — „Wohl gesprochen, junger Maulwurf," antwortete Heine lächelnd, „die Weltgeschichte ist die Lebensversicherung derjenigen, welche durchaus eine Rente brauchen."

In den fünfziger Jahren sah Laube seinen Freund Heine zum letzten Mal auf der vielberufenen Matratzengruft. Bald darauf starb der Dichter nach fast zehnjähriger Leidenszeit. Doch nein, er starb nicht; diesmal hat Weill recht: es stirbt nichts, was je lebendig gewesen! Nicht nur in seinen Werken, sondern auch in seinen Freunden lebte Heine fort, die noch eine ganze Generation über seinen Werth und seine Bedeutung belehren und fast ein Vierteljahrhundert lang alle feindseligen Angriffe und gehässigen Verleumdungen, die auch den todten Dichter nicht schonten, abwehren konnten. Wie viel Laube nach dieser Richtung hin persönlich und literarisch geleistet hat, das zu schildern, geht über den Rahmen dieser Skizze hinaus. Aber wohl darf man sagen, daß ihm ein hervorragender Antheil an der richtigen Würdigung und Anerkennung gebührt, die Heinrich Heine in den letzten Jahrzehnten doch endlich im deutschen Vaterlande gefunden hat.

* * *

Beruhte die Freundschaft zwischen Heine und Laube im letzten Grunde doch auf einer gewissen literarischen Interessengemeinschaft, so waren die Beziehungen des Dichters zu dem zweiten der hier vorzuführenden Freunde rein persönliche, da die Sphären, in denen sie lebten, weit von einander entfernt lagen. Heine hat bekanntlich nichts oder doch nur sehr wenig von Musik verstanden, seine Beziehungen zu Hiller galten also nur dem Menschen, weniger dem Künstler, gar nicht dem Schriftsteller, als welcher Hiller eigentlich erst nach dem Tode Heines mit Erfolg aufgetreten ist.

Heine wurde mit der Familie des jüngst heimgegangenen Komponisten, einer der angesehensten jüdischen Familien in Frankfurt am Main, schon auf seiner ersten Reise von Hamburg nach München bekannt. Als er dann nach Paris übersiedelte, war Hiller einer seiner ersten Bekannten in der Seinestadt. Die musikalischen Soireen im Salon Hillers und seiner Mutter waren damals berühmt, Heine war ein ständiger Gast derselben, und hat sich wohl dort seine ganze musikalische Bildung geholt, die ihn befähigte, jahrelang an die „Augsburger Allgemeine Zeitung" kritische Berichte über neue Opern, berühmte Komponisten und konzertirende Virtuosen zu schicken, welche von seinem Erfassen des musikalischen Geistes zeugen.

Mit liebenswürdiger Bescheidenheit fragte Hiller jedesmal, so oft er das Entree dieser Bekanntschaft privatim oder öffentlich erzählte: „Was ihn wohl zu mir gezogen, oder an mir gefallen hat? Meine Jugend, mein Uebermuth — ich war zwar ein guter Musikant, aber ich erinnere mich nicht, daß er sich jemals etwas hätte von mir vorspielen lassen!" Ein Jahr darauf reiste Hiller nach München, um dort zu konzertiren und verlangte einen Empfehlungsbrief von Heine. Diesem Verlangen entsprach der Dichter mit gewohnter Freundlichkeit. Er empfahl den jungen Virtuosen an Michael Beer, an Dr. Lindner, an F. von Tjutschew und fügte in seinem Schreiben an Hiller noch hinzu: „Fragt Sie Jemand, wie ich mich hier befinde, so sagen Sie: „Wie ein Fisch im Wasser" oder vielmehr, sagen Sie den Leuten, daß wenn im Wasser ein Fisch den andern nach seinem Befinden fragt, so antwortet dieser: „Ich befinde mich wie Heine in Paris."

„Ich habe Heine während der ersten Jahre seines Pariser Aufenthalts sehr viel gesehen", schrieb mir Hiller auf meine erste Anfrage nach seinen Beziehungen zu dem

Dichter „aber auch nur während dieser. Wenn Ihnen jedoch in dieser Periode irgend etwas aufstößt, was Ihnen zweifelhaft, so wäre es immerhin möglich, daß ich Ihnen einige Aufklärungen geben könnte, wozu ich selbstverständlich gern bereit sein würde." Mit innigem Dankgefühl für den theuren Todten kann ich es heute bezeugen, wie oft und wie liebenswürdig Hiller dieses Versprechen in den letzten zehn Jahren gehalten, wie freundwillig er meine biographischen Studien über jene Lebensperiode Heines, die bis dahin gerade am wenigsten bekannt war, unterstützt und gefördert hat. Ein reizendes Stündchen verdanke ich einer solchen Schilderung seiner Beziehungen zu Heine, in der er den Charakter des Dichters, seine äußere Erscheinung, seinen Geist und Witz, sein Verhältniß zu Börne, seine gesellschaftlichen Beziehungen, sein Benehmen den Frauen gegenüber mit der unnachahmlichen Grazie schilderte, die Alle an Hiller geschätzt haben, welche je in den Bannkreis seiner einnehmenden und herzgewinnenden Persönlichkeit getreten sind.

Und diese unnachahmliche Grazie kehrt zum Theil auch in seinen Schriften wieder. Gerade die „Briefe an eine Ungenannte", die dem Schriftsteller am meisten die Gunst der Leserinnen erworben haben, enthalten im 45. Capitel eine solche feine Bleistiftskizze über Heine, ein in flüchtigen Umrissen entworfenes, aber die geniale Künstlerhand trotzdem verrathendes und wohlgetroffenes Bild des Dichters, auf das ich hier wohl verweisen darf und zu dessen Ergänzung nur wenig nachzutragen sein dürfte. Am merkwürdigsten berühren in dieser Schilderung zwei Momente, zunächst die Beantwortung der Frage: „Ob Heine im Gespräch sich ebenso geistreich gezeigt hat wie mit der Feder?" und dann das Bild, das Hiller von Heines Aussehen entwirft.

Schon aus dieser Darstellung ersehen wir, daß Hiller dem Dichter mit aufrichtiger Liebe zugethan war. Dies machte ihn aber für die Schwächen Heines, menschliche sowohl wie poetische, keineswegs blind. Und ebenso ehrte Heine in Hiller den liebenswürdigen Menschen, den aufrichtigen Freund, während er dem Virtuosen und Komponisten nur bedingtes Lob zollen konnte. Ein Brief Heines an Hiller, in dem dieser dem inzwischen nach Köln gezogenen Musiker anläßlich des Todes seiner Mutter kondolirt, zeigt, wie warm er dieses freundschaftliche Verhältniß auffaßte und welch innigen Antheil er an den Schicksalen dieser Familie nahm. Er schreibt dort: „Von Tröstung kein Wort; wer in gewissen Fällen getröstet werden kann, der hat gewiß des Trostes nicht nöthig . . . . Da die Kunst Ihnen nicht blos ein Spielzeug ist, da Sie ihr immer mit Ernst zugethan waren, wird sie sich wohl jetzt dankbar erweisen und Ihre Schmerzen etwas lindern. Das erwarte ich; nichts mehr . . ." Das Schreiben ist in dem gesammelten Briefwechsel nachzulesen, wo auch noch andere Briefe an Hiller sich finden; ein großer Theil aber scheint verloren oder verweht zu sein. Wenn Hillers gesammter Briefwechsel einmal an die Oeffentlichkeit gelangt, so wird man darin gewiß zahlreiche und sehr interessante Mittheilungen über seine Beziehungen zu Heine finden, wenn auch keine Briefe von Heine selbst, denn „ich bin ganz ausgeheinet", schrieb mir Hiller noch wenige Monate vor seinem Tode auf eine diesbezügliche Anfrage.

Es ist merkwürdig, daß Hiller fast nichts von Heines Gedichten komponirt hat, so nahe dies bei so innigen persönlichen Beziehungen gelegen hätte. Als Hiller zum zweitenmal in Paris lebte (1836) war sein Salon in der Rue Saint-Florentin wieder das Rendezvous aller berühmten Virtuosen und Komponisten. Auch Heine war regelmäßiger Gast. Dort ärgerte er Cherubini, neckte er Chopin und Bellini, dort auch lernte er alle bedeutenden Sänger und Komponisten kennen. Eines schönen Winterabends wurde beschlossen, daß Heine etwas für Hiller, der damals beständig auf der Jagd „nach guten Texten" war, dichten sollte. Schon nach wenigen Wochen erfüllte er sein Versprechen und sandte Hiller ein Heft: „Närrische Lieder von H. H., noch närrischere Musik von F. H." Leider war jedoch kein einziges dieser Lieder — ich glaube, sie befinden sich meist in der Sammlung „Neuer Frühling" — auch nur im entferntesten komponirbar. So unterblieb die gemeinschaftliche Arbeit.

Seit seiner Uebersiedelung nach Deutschland sah Hiller nur noch dreimal seinen Freund Heine, mit dem es nun rapid abwärts ging. Zunächst in den vierziger Jahren noch einmal, dann das zweite Mal im Frühling des Jahres 1851. Es war bereits ein Besuch am Krankenlager der „Matratzengruft".... Auch diesen Besuch hat Hiller seiner Zeit ausführlich beschrieben. „Als ich an seinem Bette saß und er mir abwechselnd sprach vom lieben Gott und von Meyerbeer, vom König von Preußen und von mir selber, vom Frankfurter Parlament und von seinen Gedichten, da war mir's zuweilen, als flanierte ich wie vor fünfzehn Jahren mit ihm auf dem Boulevard Italiens herum. Aber zuweilen kamen auch Klagen auf die Lippen des Leidenden, zu welchem der früher so gesunde, das Leben so reichlich genießende Mann damals keine Veranlassung hatte. Doch auch dann, wenn er von seiner Krankheit, von seiner hoffnungslosen Zukunft spricht, zeugten die Ruhe, die Resignation seiner Worte von einer riesigen physischen Kraft...."

Grade an dem Tage, als Hiller den kranken Poeten besuchte, hatte Heine an den Musikverleger Michael Schloß in Köln ein neues Gedicht gesandt, um welches dieser ihn anläßlich einer Preiskonkurrenz angesprochen hatte. Heine meinte, in diesem Gedicht ganz besonders den Forderungen des Komponisten in die Hände gearbeitet zu haben. „Der Liebe Leichenbegängniß" — unter diesem Titel erschien die Dichtung Heines in der von Schloß verlegten „Rheinischen Musikzeitung" vom 29. März 1851. Ob es komponirt wurde, weiß ich nicht. Auch Hiller wußte darüber nichts Näheres. Er erinnerte sich nur der Thatsache, daß Heine stets großen Werth auf die Komposition seiner Lieder gelegt habe, obwohl ihm von diesen Kompositionen nichts, aber auch buchstäblich nichts zu Gute gekommen war.

Zum vierten und letzten Male sah Hiller Heine im Herbst des darauffolgenden Jahres. Es war auch Herbst geworden im Leben des Dichters. Aber der Humor, das göttliche Gnadengeschenk, war ihm in schmerzfreien Stunden doch noch verblieben, und so empfing er Hiller, der seinen Bericht über den Besuch bei Heine in der „Kölnischen Zeitung" publizirt hatte, mit der charakteristischen aber sicher aufrichtigen Aeußerung: „Ihr Feuilleton hat mir Freude gemacht. Nicht etwa, weil sie darin allerlei Schönes von mir gesagt, aber weil es hübsch geschrieben war, — ich bin Künstler vor Allem."

Es war für Heine ein wehmütiger Genuß, im heitern Geplauder mit dem alten Freunde die Erinnerungen an frohe Jugendjahre heraufzubeschwören und bei diesen der trüben Gegenwart zu vergessen. Nach dem Tode Heines bewahrte ihm Hiller stets ein treues Andenken und auch er war jedesmal einer der ersten auf der Bresche, wo es galt, das Andenken des Dichters gegen Beschimpfung und Verleumdung zu schützen und für seinen vielverkannten Charakter wie für seine künstlerische Bedeutung Zeugniß abzulegen.

Das Künstlerische in beiden Naturen war es ja auch sicherlich, was Hiller und Heine in so nahe und vertraute Beziehungen gebracht, was sie an einander interessirte und fesselte. Als ein kleiner, aber nicht minder charakteristischer

Beweis für die Wahrheit dieser Behauptung mag die Thatsache gelten, daß Hiller gerade das Lob Heines über sein schriftstellerisches Können am meisten gefreut hat. Ja man kann sagen, daß Heine dadurch förmlich den Anstoß gegeben hat, den Schriftsteller, der in Hiller verborgen war, zu wecken! Was nun aber jenen letzten Besuch bei dem Dichter anbetrifft, so hatte Hiller uns wenig mehr davon zu berichten, als den überaus traurigen, unsäglich rührenden Eindruck, den dies verfallende, stückweise absterbende Dichterleben auf den innig theilnehmenden Freund unwillkürlich hervorrufen mußte.

Dagegen war er der Anerkennung und des Lobes voll für Mathilde Heine und ihre eifrige Fürsorge um den kranken Dichter. Und er nahm gern jede Veranlassung wahr, die ja nach dem Tode der Dichtersgattin vor drei Jahren reichlich sich geboten hat, die arme Frau gegen alle Angriffe und Verdächtigungen nichtsnutziger Reporter und falscher Freunde warm und eifrig in Schutz zu nehmen. Er kannte dieses Verhältniß ja von Anbeginn; er sah es keimen und sich entfalten. Er hatte also ein Recht, darüber zu sprechen und sein Wort mußte Ausschlag geben, den Namen einer Todten, die des deutschen Dichters letzte Lebensjahre wie ein Sonnenstrahl erhellt, rein und unbefleckt zu erhalten. Und damit sind wir an das Grab des Dichters und auch zum Schluß unseres Berichtes über Hiller gelangt, den wir aber, da er von zwei so heiteren und humorvollen Geistern handelt, doch nicht mit so tragischen Eindrücken, sondern lieber mit einem anmuthigen Scherz schließen wollen, welchen Hiller stets sehr gerne im frohen Freundeskreise zu erzählen pflegte. Er hatte ihn wahrscheinlich von Wolfgang Müller von Königswinter, dem liebenswürdigen Poeten des Rheinstroms, selbst gehört, der in dieser Geschichte ja eine wichtige Rolle spielt und sie auch einmal beschrieben hat.

Müller von Königswinter, gleichfalls ein warmer Verehrer Heines, war in den vierziger Jahren einmal zu längerem Aufenthalt nach Paris gereist und wollte gern Heine kennen lernen. Eines Morgens erhielt er eine Karte, deren Inhalt ungefähr also lautete: „Une dame, que Vous connaissez, desire Vous parler. Trouvez Vous demain vers midi rue Rivoli à la porte de la maison Nr. 22." An einem wetterwendischen Märzmorgen machte sich der junge Poet, der irgend ein lustiges Abenteuer witterte, zur bestimmten Zeit auf die Wanderung nach der rue Rivoli. Bald fand er auch die Nummer des Hauses, das mit einem Brettergerüst umgeben war. So konnte Müller durch die Ritze der Bretter den Verlauf der Begebenheiten ruhig abwartend mit ansehen. Aber die geheimnißvolle Dame erschien nicht. Endlich erblickte er durch die Planken — Rochau, einen journalistischen Tischgenossen aus der Pension, in der er von der mysteriösen Einladung Tags zuvor erzählt hatte. Auch dieser sah sich nach allen Seiten um und versteckte sich dann in einem Bogengang der Arkaden, die sich durch jene Straßen durchziehen. Alsbald stieg in Müller die Vermuthung auf, daß er das Opfer eines schlechten Witzes geworden, den einer der Freunde, wahrscheinlich Dingelstedt, ausgeheckt haben mochte. Er trat an den erstaunten Rochau heran; sie verglichen nach einigen Redensarten ihre Billets miteinander und erkannten, daß man sie einfach dupiert hatte. Rasch ergriffen sie das Hasenpanier, damit die Anstifter dieser Komödie sie nicht mehr erblicken und verspotten konnten. Aber sie waren kaum zwanzig Schritte gegangen, als Rochau lachend ausrief: „Da kommt ja auch Heine; er hat sich ebenfalls an der Nase herumführen lassen!" Und dann redete er den Dichter an: „Nun Heine, haben Sie auch eine Einladung erhalten?" „Ei freilich!" lautete die Antwort und er zog sein Billet aus der Tasche. Alle drei waren natürlich von derselben Hand geschrieben. Wer hatte nun aber diese schändliche Intrigue ausgeheckt? Heine war sehr verdrießlich; er hatte sich schon ein schönes Abenteuer in seiner Phantasie ausgemalt, und witterte nun, daß dieser wohlfeile Spaß von seinen Feinden ausgegangen sein müsse, die ihn noch vor Kurzem auf gemeinste Art verfolgt hatten. Aber diesmal habe er, wie er jetzt sagte, derartiges ahnend, für alle Fälle eine scharfe Waffe eingesteckt, die er auch wirklich in Gestalt eines kleinen Dolches aus der Brusttasche zog! So lernte Müller von Königswinter Heinrich Heine kennen.

Die Auflösung des Räthsels folgte aber erst einige Jahre später. Und zwar auf einen Karnevalsball in Köln, wo eine reizende junge Dame dem rheinischen Dichter erzählte, daß ihre Freundinnen, unter denen sich einige besonders lustige und lebensfrische Rheinländerinnen befanden, sich den Spaß gemacht hätten, die drei Schriftsteller in der rue Rivoli aufzupflanzen. So löste sich der abenteuerliche Spuk in einen harmlosen Scherz auf, wie so vieles Andere, was Heine mit dem ihm eigenen Pessimismus von Jugend an, als eine Intrigue offener Feinde oder falscher Freunde anzusehen geneigt war. Nur an Ferdinand Hiller wurde er nicht irre. Ihm hat er nicht ein einziges Mal die Freundschaft aufgekündigt, und das will viel sagen! Aber Hiller hat diese feste und treue Freundschaft um seiner innigen und begeisterten Anhänglichkeit an Heine willen wohl verdient. Er war und blieb ihm ein aufrichtiger Verehrer und hingebender Freund vom ersten Tage ihrer persönlichen Bekanntschaft an bis zum Tode des Dichters, ja über das Grab hinaus. Noch in den letzten Jahren erzählte er seinen vielen Lesern in den „Gesprächen mit Todten" von seinem Freunde Heine, den er an den acherontischen Gestaden traf, mit dem er von entschwundenen Tagen, verflossenen glücklichen Stunden sich lange und gut unterhielt und in dessen Nähe er nun für immer verweilt.

* * *

Der treueste aber von den drei Freunden war unstreitig Alfred Meißner. Es ist schwer zu sagen, was Heine zu dem damals noch sehr jungen Poeten hinzog, was diesen wiederum an Heine mit so hoher Bewunderung erfüllte. Wir alle, die wir den theuren Dahingeschiedenen persönlich gekannt, wissen sehr wohl, was an ihm so überaus anziehend war, aber es wäre doch wohl schwer, es mit wenigen Worten zu sagen. Wie mir scheint, war der Kern seines Wesens die Vereinigung zweier sonst verschiedenartigen und gewöhnlich fern von einander liegenden Eigenschaften. Er war von unbestechlicher Wahrhaftigkeit und doch auch zugleich von bezwingender Liebenswürdigkeit. Daß die erste dieser Eigenschaften nie die zweite hinderte oder gar aufhob, das war eben seine Lebenskunst, durch die er alle fesselte, die ihn kannten, und jeden zu seinem Freund machte, dem er selbst zugethan war. „Die Freundschaft mit Heine ist eine meiner schönsten und heiligsten Erinnerungen," sagte mir Meißner einmal in einer vertrauten Stunde, „die ich in meinem Lebensbuche um keinen Preis missen möchte. Diese Erinnerungen stehen in meinem Gedächtniß dicht hinter denen an meine Mutter und meine — erste Liebe!"

So innig faßte Meißner noch fünfundzwanzig Jahre nach dem Tode des Dichters den Begriff der Freundschaft auf, die ihn doch nur im ganzen etwa neun Jahre an Heine gefesselt hatte.

Es war im Februar 1847, als der junge österreichische Poet zum erstenmale schüchtern an die Thür Heines klopfte. Laube war damals gerade auch in Paris, wie wir bereits oben mitgetheilt, und so trafen sich die beiden oft bei Heine.

„Man kann sich wirklich nichts Anmuthigeres denken," so erzählte mir Laube, „als diesen kaum flügge gewordenen, freiheitsdurstigen, jungen deutsch=böhmischen Poeten mit der flatternden Dichtermähne, dem lang herabwallenden Locken= haar, den gutmüthigen Manieren und der ewigen Verliebt= heit. Wir hatten ihn alle sehr gern, am liebsten aber Heine. Ja, Frau Mathilde behauptete wiederholt und sehr entschieden, er sei der einzige Deutsche, welcher menschlich aussehe, wobei sie es nie unterließ, mir einen ironischen Seitenblick zuzuwerfen. Ich selbst wanderte damals mit Meißner oft allein, manchmal aber auch mit ihm und Heine über die Boulevards, in die Kaffeehäuser und Lesekabinette, Theater und Vorlesungen. Er war kein Spielverderber, der junge Meißner, zu jedem Spaß aufgelegt und bei jedem am Platze."

So Laube, der später, wie ich von ihm selbst gehört habe, mit Meißner etwas auseinander gekommen ist. Wie Heine über den jungen Poeten dachte, ist bekannt. Er zog ihn allen anderen Deutschen vor und behandelte ihn mit besonderer Liebenswürdigkeit. Ja er geht in seiner Freund= schaft für den jungen Poeten so weit, ihn in einer seiner französischen Vorreden als den einzig berechtigten Erben Friedrich Schillers in Deutschland zu bezeichnen.

In drei oder vier Werken hat Meißner selbst alle seine Er= innerungen an Heine niedergelegt. Alle seine Erinnerungen — ich muß mich korrigiren, denn ich glaube, wenn Meißner noch fünfundzwanzig Jahre gelebt hätte, so hätte er noch immerfort aus dem unerschöpflichen Schatz seines merk= würdigen Gedächtnisses uns die interessantesten und cha= rakteristischsten Mitheilungen über seinen unsterblichen Freund machen können. Als sein bestes, als ein „Buch seines Herzens" sah er die ersten „Erinnerungen an Heine" an, die er im Todesjahr des Dichters schrieb, als ringsumher im deutschen Vaterlande noch eine sehr kühle Luft für

Heine und seine Poesie wehte. Daß dieses Buch nicht so durchgegriffen, wie er gehofft und gewünscht, bezeichnete Meißner später wehmütig „als einen der großen Fehlschläge seines Lebens!"

Hat Meißner selbst, und zwar mit der ihm eigenthümlichen schriftstellerischen Gewandtheit, in diesen „Erinnerungen", im „Schattentanz", den „Kleinen Memoiren" und seiner „Lebensgeschichte" die einzelnen Stadien seiner Beziehungen zu Heine geschildert, so bleibt uns nur eine kleine und dürftige Nachlese übrig, die sich zumeist auf private Mittheilungen und Beobachtungen stützt. Und da sind es denn hauptsächlich zwei Punkte, die ich hier, um jeder Mißdeutung vorzubeugen, kurz darlegen möchte.

Es ist vielleicht bekannt, daß Meißner seine Ansicht über Heines Ehe und Frau Mathilde selbst innerhalb der letzten Jahre vollständig geändert hat. Eine solche Wandlung darf aber keinen, auch nicht den leisesten Schatten auf das Andenken des edlen Mannes werfen! Als Meißner seine ersten Erinnerungen schrieb, da galt es zunächst, den Charakter Heines selbst vor Verkennung und Verleumdung zu schützen und sein Leben allen Angriffen gegenüber zu vertheidigen. Man war damals gewohnt, Mathilde für wenig mehr als die Maitresse Heines zu halten, und benützte auch dieses Verhältniß gleichsam als ein Zeugniß für die Immoralität des Dichters. Es kommt dazu, daß Meißner sich damals noch in seiner sogenannten jungdeutschen Periode befand — kein Wunder, daß er warm für die verleumdete Frau eingetreten und diese Ehe in einem besseren Lichte gezeigt hat, als man sie bis dahin zu sehen gewohnt gewesen.

Als dann die Verleumdungen schwiegen und aus dem Lager der Heine=Partei desto lauter förmliche Lobpsalmen auf die gute, dicke Mathilde erklangen, als die alte deutsche Sucht, alles Ferne zu idealisiren, auch über dieses Verhältniß sich verbreitete, da erwachte in Meißner, der inzwischen durch viele „Fehlschläge" in eine zweite pessimistische Lebensperiode eingetreten war, jene unbestechliche Wahrheitsliebe und jener Gerechtigkeitssinn, den wir bereits oben als eine seiner hervorstechendsten Charaktereigenthümlichkeiten bezeichnet haben. „Nun werde ich aber offen meine Meinung über das naive Dorfkind aus der Normandie sagen," so theilte er mir eines Tages mit. Es giebt eben Dinge, die wir in einem gewissen Lebensalter, wo wir alles noch mit idealistischem Blick ansehen, ganz anders auffassen als später, wo der Blick sich verschärft und die idealistische Binde von den Augen fällt. Wie durch einen Gedankenblitz erhellt sich uns dann in reiferen Jahren eine Situation, ein Verhältniß, ein Vorgang, die wir Jahre und Jahrzehnte lang in ganz anderem Lichte zu sehen gewohnt waren. Freilich, wer vermöchte kühn zu entscheiden, welche eigentlich die rechte Beleuchtung ist, ob die idealisirende der Jugend, ob die realistische des kritischen Alters? In keinem Falle darf man aber die eine um der andern willen zurücksetzen oder ihr gar persönliche Motive unterschieben.

Rein aus innerer Ueberzeugung hat es Meißner — und zwar, als Mathilde Heine noch lebte — ausgesprochen, daß diese Ehe, die er früher milder beurtheilt, nach seiner gereiften Ueberzeugung als ein Unglück für Heine erscheinen müsse, das auf sein ganzes Leben unheilvoll eingewirkt habe. Man muß eine solche fest ausgesprochene Ueberzeugung ehren, auch wenn man ihr nicht zustimmt. Und da mich selbst das schwerwiegende Urtheil Alfred Meißners von diesem „unheilvollen Einfluß" nicht zu überzeugen vermocht hat, da ich auch heute noch über diese geistige Mesalliance auf Grund gewichtiger Thatsachen ganz anders zu denken geneigt bin, so darf ich um so eher in dieser Sache für die Lauterkeit des gegnerischen Urtheils plaidiren.

„Cherchez la femme!" heißt es natürlich auch beim zweiten Punkt in den Beziehungen Heines zu Meißner. Und das ist ein sehr heikler Fall, der auch heute noch nicht mit voller Offenheit zu behandeln ist, da noch eine dritte Person lebt, deren Rechte geschont werden müssen. Die kundigen Leser haben sicher errathen, daß es sich um die Mouche, jenes räthselhafte Wesen handelt, das in vorgerückten Jahren selbst den Schleier von ihrem bis dahin poetisch verhüllten Bilde hinweggezogen hat. Man denke sich die Situation, um die Lage Meißners zu begreifen: der junge Dichter lernt im Eisenbahncoupé eine junge, hübsche, geistvolle Dame kennen, noch dazu eine Deutsche, ja — wie Meißner versichert — sogar eine Pragerin. Aus diesem Kennenlernen entsteht mit der allernatürlichsten Konsequenz eine Liebschaft, die um so heißer wird, je dichter die Dame den Schleier des Geheimnisses um ihr Leben zieht. Der Reiz des Geheimnißvollen, der Zauber einer verborgenen Liebe, erfaßt den Poeten mit ganzer Macht. Da verschwindet die phantastische Dame geheimnißvoll, wie sie gekommen. Im Strudel des Pariser Lebens vergißt der junge Poet auch dieses schönen Abenteuers. Wie groß ist nun sein Erstaunen, als sie ihm nach Jahren abermals wie eine Traumerscheinung am Sterbebett des geliebten Freundes begegnet!

Man muß sich das Eigenthümliche dieser Situation ganz vergegenwärtigen, denn ohne Frage hat auch der sterbende Heine „die Blume, räthselhaft gestaltet", in der doch „wilder Liebreiz waltet", geliebt — wie einen „schönen Freudentraum" vor dem schwarzen Grabe. Da auch dieses sich öffnet, um, was sterblich war von Heinrich Heine, aufzunehmen, verschwindet die räthselhafte Mouche, die, einem Sonnenstrahl gleich, über das Sterbebett des Dichters gehuscht, zum zweitenmal. Alles Suchen ist vergeblich, alles Nachforschen zwecklos. Nachdem mehr als zehn Jahre ver=

gangen und keine Spur von der seltsamen Erscheinung
aufzufinden, nimmt Meißner keinen Anstand, in vorsichtiger,
verhüllter Weise von dieser Mouche zu erzählen und einige
von den bekannten Briefen mitzutheilen, die der Dichter
in seinen letzten Lebenstagen an sie gerichtet. Auch von
anderen Seiten kommen dann Mittheilungen, die das Räthsel
immer mehr verwirren. Der eine hat sie in London, der
andere wieder in Paris gesehen, dieser erzählt von ihrer
unglücklichen Ehe, die sie sogar ins Irrenhaus gebracht
habe, jener weiß noch Schlimmeres zu berichten. Von ihr
selbst ist aber keine Spur zu finden. Da — nach dreißig
langen Jahren — taucht die Erscheinung plötzlich von neuem
auf. Wieder unter einem andern Namen, diesmal als
Camille Selden, tritt die Dame in gereiften Jahren hervor,
— um selbst das Räthsel ihres Lebens zu lösen? O nein,
nur um die Erinnerungen an die eigenthümliche Episode
jenes „Blüthentraums" eines sterbenden Dichters noch ein=
mal mit großer Umständlichkeit zu erzählen. Aber aus dem
„Blüthentraum" ist eine alte Dame, eine Professorin, eine
Schriftstellerin geworden, die erstaunlich dicke Bücher und
gelehrte Abhandlungen schreibt. Der Blüthentraum ist eben
verrauscht und nur der Blaustrumpf ist geblieben. „Um
Gottes willen, nur nicht idealisiren!" schrieb mir damals
Meißner, und kennzeichnete mit diesen wenigen Worten die
Situation, die er sofort nach ihrer wirklichen Bedeutung
erfaßte. Abermals hatte seine unbestechliche Liebe zur
Wahrheit den Sieg davongetragen.

So war Meißner, und ich könnte noch spaltenlang
von seinem reinen Charakter, von seinem edlen Herzen, von
seinem lebhaften Freundschaftsgefühl erzählen. Auch zahl=
reiche Briefe könnte ich deß zum Zeugniß anführen, die
alle von jener innigen Verehrung, von jener starken Wahr=
heitsliebe und Gerechtigkeit erfüllt sind, die in dem Freunde

den Menschen wie den Dichter gleich hoch ehrten, die aber seine Fehler nicht verschweigen und seine Mängel nicht beschönigen. Doch ich muß zum Schluß eilen, da dieses flüchtige Bild von den drei Freunden sich schon über Gebühr ausgedehnt hat.

Nur noch die eine Bemerkung sei mir gestattet: Man hat oft und mit Vorliebe Heine herzlos gescholten. Ist es wohl möglich, daß ein Mensch, der nicht ein warmfühlendes, tiefempfindendes Herz hat, so viel Freundschaft und Liebe während seines Lebens und noch über den Tod hinaus sich gewinnen konnte, wie sie Heine zu theil wurde? Mögen dies die Ankläger bedenken, und aus den Beziehungen dreier in ihrer Art so hervorragenden Männer, wie Heinrich Laube, Alfred Meißner und Ferdinand Hiller zu unserm Dichter, erkennen lernen, daß Heine ein guter Mensch, ein hilfsbereiter Genosse und ein treuer Freund gewesen ist sein Leben lang.

Ein Besuch bei George Sand.

Indem ich daran gehe, einen Besuch bei George Sand zu schildern, den ich selbst nicht abgestattet, muß ich zuvor eines Besuches gedenken, den ich vor etwa drei Jahren bei Heinrich Laube in Wien wohl gemacht habe. Der ursächliche Zusammenhang dieser beiden Besuche wird nicht allzuschwer zu errathen sein, wenn ich sofort hinzufüge, daß damals gerade der zweite Band von Laube's „Erinnerungen" erschienen war, und daß unser Gespräch naturgemäß — nach einigen rasch abgewickelten literargeschäftlichen Präliminarien — sich um diese Erinnerungen, um Laube's zweimaligen Aufenthalt in Paris und seine freundschaftlichen

Beziehungen zu Heinrich Heine drehte. Ich bat Laube, mir noch mehr zu erzählen, als in den „Erinnerungen" stände. Er lehnte dies ziemlich barsch ab: „Was ich gewußt, habe ich geschrieben, mehr taugt nichts." Auf meine Bitte, wenigstens einige nur kurz berührte Punkte, so namentlich das Verhältniß Heines zu den französischen Notabilitäten seiner Zeit, ausführlicher zu schildern, da diese Verhältnisse ebenso interessant als unbekannt seien, holte er aus einem Schubfach ein altes, deutsches Zeitungsblatt hervor, das einen Besuch, den er mit Heine zusammen bei George Sand gemacht, schildert, und das er mir mit Randglossen analysirte, die ich mir, ebenso wie die wichtigsten Mittheilungen aus jenem heute vollständig vergessenen Aufsatz, genau aufgezeichnet habe.

Von diesem Besuch, den Laube in seinen „Erinnerungen" mit ein paar Zeilen kurz abgefertigt hat, will ich hier ein Weiteres erzählen, nachdem nun fast alle Hauptpersonen jener Visite die kühle Erde deckt. Laube war schon dreiviertel Jahr in Frankreich, ehe er sich an diesen Besuch wagte. Und zwar hatte er nach eigenem Geständniß der Sprache wegen so lange gezögert, deren völlige Beherrschung ihm überaus schwer wurde. Als er Heine einmal sein Leid klagte, bemerkte dieser: „Warten Sie, bis Sie von Ihrer Reise in die Provinzen zurückgekehrt sind! Hier in Paris spricht man zu viel Deutsch, um gut Französisch zu lernen; in der Provinz hört man nicht überall das beste Französisch, aber man hört und spricht nur Französisch, und vom besten Französisch kann überhaupt erst nach einigen Jahren die Rede sein — das ist wie Wein. Kaum gelesen und gekeltert, ist er nur für den ersten Durst."

Laube ließ sich dies gesagt sein und unternahm in der That zuerst seine Reise in die französischen Provinzen, die er bis Algier ausdehnte. Nach seiner Rückkehr — ich weiß nicht, ob er da das Französisch besser beherrscht hat — wollte er nun endlich George Sand, die damals auf dem Gipfel ihres literarischen Ruhmes stand, kennen lernen. Er fragte Heine: „Sind sie mit Madame Dudevant genauer bekannt?" „O ja!" erwiederte dieser, „aber ich habe sie zwei Jahre lang nicht gesehen; vor zwei Jahren war ich oft bei ihr." „Wird die Dame Ihnen diese Vernachlässigung nicht übel genommen haben und Sie jetzt kalt aufnehmen?" fragte wiederum Laube. „Ich denke nicht; sie lebt ja auch in Paris, und ihre Bücher lese ich doch alle", lautete die Antwort Heines. Man weiß, wie hoch er George Sand als „den größten Dichter in Prosa, den die Franzosen besitzen," zu schätzen wußte. Aber auch ihre Schwächen suchte Heine als ein wahrer Freund zu verdecken. Auf die Frage Laube's: „Und wer ist jetzt ihr Cavalier?" gab Heine die folgende charakteristische Antwort: „Chopin, der Claviervirtuos, ein liebenswürdiger Mann, dünn, schmal, vergeistigt wie ein deutscher Poet aus der Trösteinsamkeit." „Virtuosen müssen ihr besonders angenehm sein," bemerkte Laube. „War nicht auch Litzt lange Zeit ihr Liebling?" — Darauf Heine: „Sie sucht Gott und er ist ja nirgends schneller zur Hand als in der Musik. Das ist so allgemein, das fordert keinen Widerspruch heraus, das ist niemals dumm, weil es niemals klug zu sein braucht, das ist Alles, was man eben will und kann — das erlöst vom Geiste, der uns peinigt, ohne doch geistlos zu machen." —

An einem sonnigen Wintertag des Jahres 1839 war's, daß die beiden deutschen Dichter die Fahrt zu der französischen Schriftstellerin unternahmen. Natürlich trafen sie sie nicht zu Hause und überlegten nun, wen sie von den nahewohnenden Schriftstellern überfallen sollten, Custine, Balzac, oder Jules Janin. Heine war eben bei Allen beliebt; er galt ihnen fast als ein Franzose und sie sprachen von ihm, wie wir etwa von Chamisso sprechen. Mancher weiß gar nicht, daß dieser aus Frankreich, jener aus Deutschland stammt. Allerdings haben wir aber ein größeres Recht, Chamisso für einen Deutschen, als jene, Heine für einen Franzosen zu erklären.

Am andern Morgen wurde der Versuch wiederholt. Laube wollte nicht nach Deutschland zurückkehren, ohne daß „literarische Mannweib" gesehen zu haben, von dem man sich in der Heimat so ungeheuerliche Geschichten erzählte. Diesmal trafen sie die Dichterin glücklich zu Hause. Allerdings lag sie — es war 2 Uhr Mittags — noch zu Bette. Aber sie ließ durch ihre Zofe melden, daß sie sofort aufstehen und die Herren empfangen werde.

Als wenn es gestern gewesen wäre, so erinnerte sich Laube noch nach mehr als vierzig langen Jahren jeder Einzelheit dieses Besuches, so schilderte er mir in seiner kurzen, aber treffenden Weise das Interieur der Wohnung, den Eindruck der Erscheinung von George Sand. Schon nach der ersten Begrüßung und Vorstellung war es ihm klar geworden, daß die Bezeichnung „Mannweib" für diese Frau eine durchaus irreführende sei. Den besten Platz ihres Salons nahm das Bild ihres Sohnes ein, eines Knaben von etwa 12 bis 14 Jahren, „ein echter Van Dyk", wie Laube sagte, „ein liebes Menschenantlitz", wie George Sand freudestrahlend hinzufügte. Sie war ein echtes Weib — im Leben wie in ihren Büchern, deren Hauptgedanken Laube in seiner knappen Art sehr richtig so zusammenfaßte: Sie ist von einem Manne verfolgt, der etwas von einem Dämon hat, selten den Geist, sonst aber alle Schrecken und Reize des Dämons. Sie ist ferner von einem Drang nach Religion getrieben, der Alles an ihr durchdringt — sie sehnt sich, sie schmachtet nach einem Gott, dem sie sich hingeben möchte!

Das Gespräch wurde natürlich zwischen den Dreien französisch geführt. Und daß George Sand „das schönste

Französisch" sprach, diese Versicherung hätte uns Laube nicht
erst zu geben brauchen. In einem eigenthümlich geschnittenen
grauen Morgenmantel, den Kopf unbedeckt, das schwarze,
volle Haar griechisch gescheitelt und in einem tief hinabgehenden
Knoten geschlungen, — also eigentlich ganz modern! — so er=
schien George Sand vor den beiden deutschen Dichtern. In=
zwischen bereitete ihr Chopin die Chokolade am Kamin und
sie trank sie, indem sie Heine „mit heiterer Herzlichkeit" be=
grüßte. Er schien ihr sehr werth zu sein, erzählt Laube.
„Sie fuhr ihm mit der Hand über das Haar und schalt
ihn äußerst anmuthig, daß er sie so lange nicht aufgesucht habe."

Von Schriftstellerei war zunächst nicht die Rede, wie
denn überhaupt in französischen Literaturkreisen derartige
Themata nur sehr selten erörtert werden. Höchstens litera=
rische Anecdoten oder Honorarfragen werden in solchen Ge=
sellschaften geduldet, sobald keiner der Anwesenden dadurch
verletzt werden kann. Da aber Heine das große Wort
führte, dessen humoristisches Steckenpferd doch nun einmal
die Literatur war und blieb, so fehlte es nicht an Scherzen,
ironischen Bemerkungen und Malicen über bekannte Per=
sönlichkeiten der französischen Gesellschaft. Mit mildem Ernst
und mit seltener Klarheit antwortete George Sand auf alle
Bemerkungen des deutschen Dichters. Dann nahm sie aus
einem Etui Papiercigaretten und bot solche der Reihe nach
an. Keiner von den Herren — die Gesellschaft hatte sich
inzwischen vergrößert — rauchte. Auch Heine nicht. Endlich
wandte sie sich an Laube: „Ach, Sie kommen aus Deutsch=
land, Sie rauchen mit mir eine Cigarre?"

Von den neuhinzugekommenen Personen des Kreises
nennt Laube nur den jungen Herzog von Larochefoucauld,
— Sosthènes — denselben „Cavalier der Legitimität", der
ein eifriges Mitglied der sogenannten Chambre introuvable
war und deren politische Grundsätze bis zu seinem Tode

(1864) bewahrte. Mit einem kleinen schwarzen Hündchen erschien der junge Herzog, der sich übrigens recht schweigsam verhielt und nur den aufmerksamen Zuhörer spielte. Auch ein bekannter französischer Schauspieler, Bocage, hatte sich eingefunden, von dem aber gleichfalls nicht viel zu hören war. Desto mehr sprach aber sofort nach seinem Eintreten der letzte der Gäste, ein kleines, dürftiges, älteres Männchen, altmodisch in einen dunkelgrünen Rock gekleidet, in starkledernen Schuhen mit groben, grauen Strümpfen einherspazierend — der berühmte Abbé Lammenais, der gefeierte Schriftsteller, der kurz vorher in seinen „Paroles d'un croyant" die Revolution im erhabensten Bibelstyl verherrlicht hatte, der nun mit Kirche und Monarchie in heftiger Fehde lebte und der wohl deshalb auch ein guter Freund von George Sand war, die den zunächst etwas schüchtern auftretenden Abbé freundlich und vertraut willkommen hieß.

Wie ein „stubenblasser deutscher Gelehrter" erschien dieser berühmte Lammenais, von dem er sich eine so ganz andere Vorstellung gemacht hatte, unserm Laube. „Er sah aus, als ob er von seiner bretagnischen Meernebel-Einsamkeit eben gekommen wäre". Das Gespräch nahm aber doch nach dem Auftreten des schüchternen Abbé eine höhere Wendung und zog alsbald die wichtigsten Fragen der Religion und der Philosophie in seinen Kreis.

Auf diesen Gebieten war aber Heine erst recht zu Hause. Waren doch kaum fünf Jahre darüber hingegangen, seit er den Franzosen das schwere Schulgeheimniß der deutschen Philosophie ausgeplaudert hatte, die nun sein rechtes Element war, in dem er mit dem größten Behagen sich bewegte! Die Schlagworte „Spiritualismus" und „Sensualismus" waren ihm damals wirklich geläufig, wie zu anderen Zeiten Austern mit Champagner und schöne Frauen. Nur daß er diese Begriffe allerdings ganz anders faßte, wie die franzö=

fische Schulphilosophie, die durch dieselben die entgegenstehenden Ansichten über die Natur unserer Erkenntnisse ausdrückte. Er sah vielmehr in diesen zwei Worten zwei sociale Systeme, „wovon das eine, der Spiritualismus, auf dem Grundsatze basirt ist, daß man alle Ansprüche der Sinne verachten muß, um ausschließlich dem Geiste die Herrschaft zu gewähren, der nach alleiniger Herrschaft strebend, die Materie zu zertreten, wenigstens zu fletriren sucht, während das andere System, der Sensualismus, die Rechte des Fleisches wieder in Anspruch nimmt, welche man weder vernichten soll noch kann."

Wenn uns also Laube erzählt, daß Heine auch damals das Gespräch auf sein Schlagwort vom Sensualismus lenkte, so können wir uns die Wendung, die dasselbe nahm, schon aus seinem Buche: „Zur Geschichte der Religion und Philosophie in Deutschland" bequem selbst construiren. Mit freiem dithyrambischen Schwung hat er sicherlich den gewaltigen, die ganze Weltgeschichte durchziehenden Kampf zwischen Spiritualismus und Sensualismus geschildert und mit poetischem Feuer den Sieg des letztern Systems verherrlicht als einen Sieg der Freiheit und der Lust über die Knechtschaft des Dogmas und des Glaubens! Nun war auch Lammenais ohne Frage ein freier Geist, ein unabhängiger Denker. Zu den Consequenzen der Theorie, die Heine aufstellte, konnte er sich aber doch von seinem Standpunkte aus unmöglich stellen, ebensowenig wie wir etwa heute diesen Emancipationstheorien unbedingt zustimmen würden. Heines Haß gegen das Christenthum war ein ungerechter, einseitiger. Er sah in ihm nur die Quelle aller Uebel und Kämpfe; er verkannte aber in seiner einseitigen Negation die große weltgeschichtliche Culturmission und den tiefen ethischen Lehrgehalt des Christenthums. Auch da konnte ihm Lammenais natürlich nicht folgen, so radical

sein theologischer Standpunkt war. Es wäre sicher zu
einer heftigen Wortfehde gekommen, wenn sich nicht etwas
Seltsames, Wunderbares zugetragen hätte, etwas so Selt=
sames, daß wir es kaum glauben würden, hätte es nicht
ein so glaubwürdiger Zeuge ausdrücklich berichtet.

Der feurige Abbé, der glänzende Prediger und Schrift=
steller, war nämlich ganz ohnmächtig dem leichtsinnigen,
aber geistvollen Poeten gegenüber, dem sonst die Gabe der
Rede gänzlich versagt war! So geschickt auch George Sand,
als die sorgsame Wirthin, einzulenken, zu vermitteln suchte,
so oft sie auch Heine über den Kopf und durch die Haare
fuhr, so liebenswürdig sie ihn „Wildfang" titulirte, es
half alles nichts. Je mehr Heine seine Position behauptete,
desto mehr zog sich Lammenais zurück. Es war klar: „Er hatte
die freche Neigung, Lammenais aufzuziehen." Um Laubes Ver=
gnügen zu erhöhen, flüsterte er ihm leise in's Ohr: „Dieser senti=
mentale Pfaff war einmal nahe daran, Papst zu werden; hör' zu!"

Und dann rückte er mit immer schärferen Wendungen
hervor. Es mochte ihm schmeicheln, einen so hohen Würden=
träger der Kirche in die Enge treiben zu können. „Nie
habe ich Heine so mächtig gesehen in gesellschaftlichem Verkehr.
Oft sprach er sein Französisch — das er übrigens fein culti=
virte — zäh und stockend, hier floß es ihm wie die Welle
des Sturzbaches von den Lippen, und er fand, ohne zu suchen,
die schlagendsten Ausdrücke wie ein überlegener Franzose".
Und ein ander Mal ergänzt Laube seinen Bericht: „An
jenem Morgen sprach er französisch, wie ich es nie wieder
von ihm gehört: ein Beweis, wie sehr er Mensch der Stimmung
war und wie viel Vorbereitetes zerstreut in ihm lag, was
bei erhöhter Stimmung zu einer mächtigen Wirkung ge=
sammelt werden konnte."

Er, der allen Zeugnissen zufolge sonst selten in ge=
schlossener Form sprach und noch seltener in systematischer

Geschlossenheit seine Gedanken zu vertheidigen pflegte, war heute ein ganz Anderer. Er griff den bretagnischen Spiritualismus so schonungslos witzig an, daß die ganze Gesellschaft in Bewegung gerieth.

Das Gespräch war inzwischen zu einem Dialog zwischen Heine und Lammenais geworden, zu einem förmlichen Rededuell, bei dem George Sand hin und wieder zwar zu interveniren, abzulehnen suchte, ohne daß sie jedoch die heiteren Wendungen Heines ernsthaft hätte anhören können. Auch sie mußte lachen, wie alle Uebrigen. Sie war selbst nicht witzig, hatte aber doch ein feines Verständniß für die graciösen Wendungen des Humors bei Heine, den sie „als eine eigenthümliche Kraft, welche ihr abging", respectirte. Scharf zutreffend charakterisirt Laube die Stellung dieser drei bedeutenden Geister zu einander in folgenden Sätzen: „Zwischen Lammenais und der Sand gab es ein innerliches Bündniß religiösen Sinnes. Er übersah ihre sinnlichen Bedürfnisse, sie übersah seine kirchlichen Anknüpfungen und Wünsche. Das ehrliche, religiöse Herz war ihnen gemeinschaftlich, ihr beiderseitiges Verhältniß zu Heine war der freie Geist, welchen sie ihm beide zutrauten, und welchen Heine an jenem Morgen gegen Lammenais fast mißbrauchte — zu meinem Erstaunen mißbrauchen konnte, denn es gehörte dazu eine volle Beherrschung der französischen Sprache."

Und doch lachte auch die Sand über Heines Sarkasmen. Selbst Lammenais lächelte, er lachte sogar zuweilen, aber „säuerlich, unerquicklich, wie Einer, der kein freies Lachen besitzt." Er ließ sich von dem unbequemen Weltkind sogar humoristische Anspielungen auf seinen abgelehnten Cardinalspurpur gefallen, die ihn sonst in Verlegenheit gebracht hätten. Vielleicht hatten ihn die Angriffe des Dichters außer Fassung gebracht, weil er gewohnt war, allein und ohne Widerrede zu sprechen. Deshalb zog er diesmal den kürzern, während

Heine in eine immer frischere Kampfesstimmung sich hinein=
redete, obwohl ihn die Sand immer wieder mit den Augen
bat, er möchte doch endlich aufhören.

Alles sah gespannt auf Lammenais und erwartete eine
schlagende Antwort auf jene geistreichen, feinen Nadelstiche.
Vergebens. Der Mann, der mit der Gluth und dem Feuer
eines biblischen Propheten seine freien Ueberzeugungen in
Wort und Schrift vertheidigt hatte, war heute machtlos
gegen den Dichter, mit dem er ja eigentlich die Grundidee
des freien Denkens theilte. Freilich, Lammenais war fromm
und ernst, Heine war leicht und frivol — damals wenigstens.
Wenn Lammenais Heines „Geständnisse" noch erlebt hätte,
so wäre ihm der Triumph vergönnt gewesen, den Spötter
auf seiner Seite und bei seinen Anschauungen zu sehen.
Diesen Triumph erlebte er allerdings nicht mehr. Und auch
aus jenem Wortgefecht ging er nicht als Sieger hervor.
Zwar erwartete die ganze Gesellschaft einen bedeutenden Ab=
schluß des Gesprächs gerade von dem redegewandten, leiden=
schaftlichen Manne. Auch Heine mag dies wohl gefürchtet
haben. Es kam aber nicht. Vielmehr suchte Lammenais
angelegentlich das Gespräch auf andere, weltlichere Themata
abzulenken, wohin ihm schließlich die Gesellschaft schon aus
Artigkeit folgen mußte.

Wenn man nun aber nach all' dem Vorhergegangenen
etwa wird behaupten wollen, Heine habe sich gegen die
oberste gesellschaftliche Pflicht der Artigkeit eines Gastes gegen
den andern in jenem Kreise vergangen, so muß man doch
vorher zweierlei bedenken: Erstens dürfen die Lebensgewohn=
heiten und Gesellschaften großer, erlauchter Geister nicht mit
dem Maßstab der Alltäglichkeit gemessen werden, zweitens
aber hat Heine schon von jeher eine Antipathie gegen den
freisinnigen Priester gehegt, der er einmal Ausdruck geben
mußte. So war denn jenes Gespräch ja nicht etwa ein

bloßes Wortgefecht — es war der Kampf zweier Weltanschauungen, die seit Jahrhunderten in heißem Ringen sich die Herrschaft streitig machen und die noch heute nicht sich versöhnt haben. Wer da glauben möchte, daß ich zuviel in jenes Gespräch hineininterpretire, der wird gut daran thun, Heines Buch über Ludwig Börne an jenen Stellen durchzulesen, wo er mit leidenschaftlichem Eifer sich gegen Lammenais wendet, gegen die Verbindung der Demokratie mit dem Katholicismus auftritt und endlich zu Schlüssen gelangt, die nicht nur wahrhaft prophetischen Fernblick, sondern auch jenen echten Patriotismus verrathen, den ihm seine Gegner bis auf diesen Tag noch abzusprechen geneigt sind. Ausgehend von Börne und Lammenais kommt Heine zu der folgenden historischen Perspective:

„Wir armen Deutschen, die wir leider keinen Spaß verstehen, wir haben das Fraternisiren des Republikanismus und des Katholicismus für baaren Ernst genommen, und dieser Irrthum kann uns einst sehr theuer zu stehen kommen. Arme deutsche Republikaner, die ihr Satan bannen wollt durch Beelzebub, ihr werdet, wenn euch solcher Exorcismus gelänge, erst recht aus dem Feuerregen in die Flammentraufe gerathen! Wie gar manche deutsche Patrioten, um protestantische Regierungen zu befehden, mit der katholischen Partei gemeinschaftliche Sache treiben, kann ich nicht begreifen. Man wird mir, dem die Preußen bekanntlich so viele Herzeleid bereiteten*), man wird mir schwerlich eine blinde Sympathie für Borussia zuschreiben: ich darf daher freimüthig gestehn, **daß ich in dem Kampfe Preußens mit der katholischen Partei nur Ersterem den Sieg wünsche** . . ."

Diese merkwürdigen Worte schrieb Heine im Jahre 1839, also vielleicht wenige Tage oder Wochen nach jenem

---

*) Man darf diese Aeußerung wohl mehr als eine Uebertreibung oder Einbildung des Dichters, denn als historische Wahrheit ansehen.

Gespräch mit Lammenais. In der That, es gilt von Heine noch mehr wie von Börne, was er selbst von diesem behauptete: In der Seele dieses Mannes jauchzte und blutete eine rührende Vaterlandsliebe, die ihrer Natur nach verschämt, wie jede Liebe, sich gern unter knurrenden Scheltworten und nörgelndem Murrsinn versteckte, die aber in unbewachter Stunde desto gewaltsamer hervorbrach!

Und eine solche unbewachte Stunde war wohl auch die, in der er die protestantischen Ideen dem republikanischen Katholicismus gegenüber mit allen Waffen der Satyre und und des Geistes vertheidigte. Insofern hat jener Besuch eine über das Persönliche hinausgehende, allgemeine Bedeutung, und wir freuen uns, zu hören, was Laube berichtet: „Er herrschte bei diesem Lever wie ein Imperator des Geistes!"

Lammenais aber, dem vor Allem daran liegen mochte, den Eindruck seiner Niederlage abzuschwächen, suchte durch verdoppelte Liebenswürdigkeit gegen jedes einzelne Mitglied der Gesellschaft wieder das verlorene Terrain zu gewinnen. Schließlich wandte er sich auch an Heinrich Laube und fragte ihn nach den Kölner Wirren, die damals alle Welt beschäftigten, nach dem Posener Erzbischof Dunin und den kirchlichen Streitfragen in Deutschland. Er versicherte ihm, daß er den Deutschen das Beste in diesen Fragen zutraue, daß er die größte Hochachtung für die deutsche Wissenschaft und Bildung hege, daß er die deutsche Sprache gern verstehen und Deutschland kennen lernen möchte. Eine edle Revanche des geistvollen Priesters an Heine, der lächelnd zuhörte und seinem Freunde schließlich zuflüsterte: „Mehr können Sie doch unmöglich verlangen!"

Damit endete zur allgemeinen Zufriedenheit jenes Lever bei George Sand, bei dem zum ersten Mal vielleicht ein Deutscher das große Wort geführt, und vielleicht auch zum ersten Mal der Sensualismus den Spiritualismus besiegt hat.

Mathilde Heine.

Es war nur ein kleines stilles Häuflein, — mehr Frauen als Männer, meist Bekannte aus dem Hause und der Nachbarschaft, fast gar kein „Leidtragender" darunter, — das am 20. Februar 1883 der Gattin Heinrich Heines das letzte Ehrengeleit zum Montmartre gab. Genau so, wie siebenundzwanzig Jahre vorher an demselben Kalendertage, als sie das, was sterblich war von dem großen Poeten, zur kühlen Erde bestatteten!

Auch diesmal war's ein kalter, trauriger Februarmorgen. Wieder zitterten die kahlen Ulmen in den elysäischen Feldern fröstelnd im Nebelwinde, wieder gingen dieselben Freunde des Hauses hinter der Bahre und sahen den Sarg in die Gruft senken . . . „nichts gesagt und nichts gesungen — wird an meinen Sterbetagen". Nur daß das „süße, dicke Kind" diesmal nicht eines Fiakers bedurfte, um mit Frau Pauline nach Hause zu fahren, sondern nun an der Seite ihres Gatten, dem sie treu blieb bis zum Tode, ausruhen darf für immer . . .

Wäre es in der Geschichte unserer Literatur ein so unerhörter Fall, daß ein großer Dichter sich mit einer ihm geistig nicht ebenbürtigen Gemahlin verbunden, so läge vielleicht den Commentaren, die in Deutschland mit gewohnter Gründlichkeit über dieses Verhältniß seit etwa vierzig Jahren geschrieben wurden, ohne daß die Gelehrten über dieses schwierige Thema bis jetzt einig wären, irgend eine Spur von Berechtigung zu Grunde. Aber der Fall ist weder unerhört, noch überhaupt selten — und es wäre vielleicht gar nicht so undankbar, eine gelehrte Monographie über die Frauen deutscher Dichter zu schreiben, um den Spuren ihres guten oder schlechten Einflusses auf die Schöpfungen der Literatur nachzugehen.

Er „verlangte jetzt nur Gesundheit, Frische, Jugend, Hingabe, gepaart mit offenem Verstande, sei es es übrigens aus welcher Sphäre der Gesellschaft immer. Und so scheut er sich nicht, als ihm aus niederen Kreisen ein schönes Mädchen begegnet, die ihm alles das gewährte, sie an sich zu fesseln." So sagt sein vornehmster Biograph, allerdings — — von Goethe! Aber ich sehe nicht ein, warum Heine verwehrt sein sollte, was Goethe gestattet war, und warum man nicht dasselbe auf die Gattin des modernen Poeten sollte anwenden dürfen! Daß wir gerade in der Frau Heinrich Heines eine jener Naturen zu verehren wünschen, wie etwa Tassos Leonoren sind, wird doch wohl Niemand im Ernst behaupten wollen. Ja es ist merkwürdig, daß man fast dasselbe, was die „gute Gesellschaft" von Weimar über Christiane Vulpius medisirte, mutatis mutandis von Mathilde Mirat erzählt hat. Oder klingt es nicht wie ein Bericht über Frau Heine, wenn wir lesen: „Sie hatte ein angenehmes Gesicht und einen herzlichen Gesprächston; ihre Manieren waren ohne Förmlichkeit und ungezwungen. Wunderliches Gerede erging über ihr unterwürfiges Benehmen und die Freiheit ihres Umgangs mit ihm, als sie jung war; aber als ich sie sah, waren alle jene Excentricitäten längst vorüber." Und doch sind diese Worte der Bericht eines Engländers, Robinson, über Frau Geheimrath Goethe! Nur daß der wohlerzogene Engländer das harmlose Wort „Excentricitäten" gebraucht, wo minder scrupulöse deutsche Berichterstatter aus Paris voll Medisance die haarsträubendsten Gerüchte und abenteuerlichsten Märchen mittheilten. So hat sich über die arme Mathilde eine ganze Legende herausgebildet, die zu zerstören nicht leicht, aber durchaus nöthig ist. Schon im Interesse der Gerechtigkeit, noch mehr aber im Sinne jener ausgleichenden Milde, die auf Gräber ihren verklärenden Schimmer wirft, und am meisten zu Ehren des Dichters, dessen Lieder uns lieb und werth geblieben sind und bleiben werden. Hermann Grimm, den ich bereits citirte, hat Recht, wenn er sagt: „Man ignorirt oft Menschen, die nun einmal vorhanden sind, von denen man aber wünschte, sie wären es lieber nicht. Man begrüßt sie in Gedanken und scheint sie nicht mehr zu sehen. Aber ein Wesen, das Goethe so nahe stand und auf seine Werke eingewirkt hat, zwingt uns, uns eine eine Ansicht über sie zu bilden. Es würde sich da wahrhaftig nicht geziemen, ein paar Hände voll dicht vor uns wachsender Vorwürfe zusammenzuraffen, diese als vollgültig und genügend anzunehmen und darnach abzuurtheilen." Und wiederum dasselbe darf man mit Bezug auf Mathilde Heine kühn behaupten. Warum nicht auch hier, statt zu wiederholen, was fremde Leute erzählt und was „herrschende Ansicht" geworden, sich lieber an das halten, was Heine in seiner Mathilde sah und was er an ihr hatte: „ein Mädchen, das er leidenschaftlich liebte", die Frau, die ihm bis zum Tode und über den Tod hinaus treu blieb, die Theilnehmerin seiner Sorgen, den Trost und die Freude seines Krankenlagers! Man kann nicht behaupten, daß die Erscheinung Heines durch diesen Hintergrund etwas verliere; im Gegentheil, sie gewinnt an menschlich-sympathischen Interesse, wenn man das Zusammenleben des Dichters mit seiner Gattin näher kennen lernt.

„Liebster Campe! Heute melde ich Ihnen ein Begebniß, welches ich Ihnen bereits mehrere Tage vorenthielt — nämlich meine Vermählung mit dem schönen und reinen Wesen, das bereits seit Jahren unter dem Namen Mathilde Heine an meiner Seite weilte, immer als meine Gattin geehrt und betrachtet ward, und nur von einigen klatschsüchtigen Deutschen aus der Frankfurter Clique mit schnöden Epitheten eklaboussirt ward. Die Ehrenrettung durch gesetz=

liche und kirchliche Autorität betrieb ich gleichzeitig mit der Angelegenheit meiner eigenen Ehre".

So schrieb Heine am 5. September 1841 an seinen Verleger, und der alte Campe mag wohl zunächst bedenklich den Kopf geschüttelt haben über diese Nachricht "seines Dichters", aber schließlich war er klug genug einzusehen, daß diese Ehe doch wiederum auch von guter Wirkung auf den nervös überreizten und in seiner Gesundheit bereits geschwächten Heine sein werde.

Und sie war es auch. Ich will es versuchen, den Beweis hiefür aus dem Allen zu Gebote stehenden Material der Briefe Heines, sowie aus den Mittheilungen seiner Freunde und schließlich aus zahlreichen Privatquellen anzutreten. Möchte dieser Versuch einer "Ehrenrettung" endlich einmal ein richtiges, unparteiisches Verständniß dieser Ehe anbahnen!

Ein munteres Dorfkind aus der Normandie, aus dem Weiler Vinot, war Mathilde Crescentia Mirat, als sie — etwa 16 Jahre alt — nach dem großen Seine-Babel zu ihrer Tante Madame Maurel kam, die dort in einer Passage, nahe dem Justizpalast, einen Schuhwaarenladen hatte, und die das junge, hübsche Mädchen als Verkäuferin verwendete. Dort lernte Heine die anmuthige Grisette im Oktober 1834 kennen — und lieben. Sie beschäftigte und belustigte ihn vollauf, denn "sie besaß den großen Vorzug einer gleichmäßigen, angenehmen Heiterkeit". Eines Tages kam er freudestrahlend zu Heinrich Laube, den er stets als treuen Freund und Berather schätzte und sagte: "Ich habe das große Frauenzimmer in eine Mädchenpension gegeben, draußen in der Vorstadt, heute ist dort Ball, Ihr müßt mitkommen und meine Mathilde tanzen sehen!" Das geschah denn auch, wie Laube in seinen "Erinnerungen" mittheilt, und es war wirklich unterhaltend zu sehen, welch kindliches reines Vergnügen Heine, der alte Knabe, an den Tag legte. „Ganz der Dichter eines Märchens trippelte er umher. Wie ein ausgelassener Knabe, der Witze reißt über sich selbst, erklärte er uns stets im Vorüberhuschen den Grund seines Wohlbehagens." Und ungefähr zur selben Zeit schrieb Heine an einen andern Freund — an August Lewald — aus Paris: „Haben Sie das Hohe Lied des Königs Salomo gelesen? Nun so lesen Sie es nochmals, und Sie finden darin Alles, was ich Ihnen heute sagen könnte." Und schließlich: „Lesen Sie das Hohe Lied von König Salomo; ich mache Sie aufmerksam auf diesen Mann." Aus diesem Hohen Liede aber citirte der Dichter damals beständig, wie mir ein Freund von ihm erzählte, jene herrliche Stelle, die man als die Perle des erhabensten Liebesgedichtes betrachten darf:

„Stark wie des Sterbens Los ist die Liebe!
Fest wie Hölle hält heiße Minne!
Ihre Gluthen sind Feuergluthen,
Sind Flammen Gottes. — Gewaltige Wasser
Können nicht löschen die Liebesgluth,
Nicht Ströme können hinweg sie fluthen.
Wenn einer böte all sein Vermögen
Um die Liebe, man würd' ihn verhöhnen."

Als ihn eine befreundete junge Dame damals um ein Autograph für ihr Album bat, schrieb der Dichter zunächst diese Worte hin, zerriß das Papier aber alsbald mit dem Ausrufe: „Nein, es wäre schade um den schönen Vers, den man ja doch nur verstehen kann, wenn man in den Banden einer solchen höllenheißen Minne steckt."

Daß aus einem solchen Verhältniß sich eine Ehe entwickeln werde, davon waren damals fast alle Freunde Heines überzeugt und nur wenige waren darunter, die ihn von dieser Heirath abriethen. Ueberrascht war aber gewiß Niemand, als er die Nachricht las, daß der Dichter Heine am 31. August 1841 in der Kirche zu St. Sulpice in Paris sich mit Fräulein Mathilde Crescentia Mirat habe trauen lassen. Am allerwenigsten sein Freund Lewald, dem er die Anzeige der vollzogenen Trauung mit der Bemerkung zuschickte: „Dieses eheliche Duell, welches nicht aufhören wird, als bis einer von uns Beiden getödtet ist, ist gewiß gefährlicher als der kurze Holmgang mit Salomon Strauß aus der Frankfurter Judengasse."

Es ist interessant und bis jetzt noch nirgends erwähnt worden, daß Heine über seine Frau — mit geringen Ausnahmen — eigentlich nur an zwei seiner vielen Freunde schrieb: an Heinrich Laube und an August Lewald. Man kann sagen, daß er in Bezug auf seine Frau nur diese Beiden als vollgültige Freunde erkannte. Heinrich Laube war ihm von jeher besonders sympathisch, vielleicht weil er ihm nicht schmeichelte und Heine doch genau wußte, wie hoch ihn Laube stelle. „Er hielt mich für ehrlich," berichtet Laube. „Das gelang ihm bei herzlich wenig Menschen. Durch seine Schuld. Bei mir glaubte er sagen zu dürfen: auf dich verlaß ich mich in Noth und Tod." Und darum vertraute er auch Laube alle Nöthen seines jungen Liebes- und Eheglückes an. Ihm allein schrieb er mit einer gewissen Behaglichkeit: „Meine Stimmung ist jetzt eine heitere, eine lebenslustige, es fehlt mir nicht an Proviant, ja sogar an Glück, und ich bin obendrein verliebt — in meine Frau." Und als Kehrseite der Medaille ein ander Mal: „Verfluchte schlechte, brustglucksende Nächte; hätte ich nicht Frau und Papagei, ich würde (Gott verzeih' mir die Sünde) wie ein Römer der Misère ein Ende machen." Laube gehörte eben zu jenen „drei und ein halb Menschen", die er in Deutschland liebte.

Und August Lewald? Das Verhältniß zu August Lewald hatte — so merkwürdig dies klingt — einen durchaus katholischen Hintergrund. Ein Oheim von Fanny Lewald, aus einer aufgeklärten jüdischen Familie in Königsberg stammend, hatte August Lewald schon ein vielbewegtes Leben hinter sich, als er Heine kennen lernte, für den er stets einen großen Enthusiasmus zur Schau trug. Er war Dolmetsch russischer Truppen, Schauspieler, Theatersekretär, Redacteur gewesen, und schließlich regte sich in ihm, genährt durch seine Gattin, eine gewaltige Sympathie für Weihrauch und Meßgewänder. In dieser Sympathie traf er aber mit Frau Mathilde Heine zusammen, die wie alle Französinnen streng katholisch war, und es niemals glauben wollte, daß ihr angebeteter Henri eigentlich — ein juif sei.

Als sie gelegentlich einer Controverse mit Alfred Meißner auf Heines Freunde und deren Religionsbekenntniß zu sprechen kam, sagte sie lachend: „Henri ist Protestant, glaubt an Lütheer! Wenn ich ihm sage, daß Lütheer ein abscheulicher Ketzer war, wird er ordentlich böse und behauptet: er sei ein großer Mann gewesen, der größte Deutsche, der je gelebt, der Lütheer! O wie man doch in vielen Dingen gescheidt sein und dabei doch so dumm reden kann!"

Natürlich fand Mathilde mit solchen Ansichten bei dem katholisirenden Lewald ungleich mehr Glück als bei Alfred Meißner — und daher ihre Vorliebe für August Lewald und Heines Theilnahme an derselben. Noch viel später, als die Frömmigkeit Lewalds bedenkliche Dimensionen angenommen und er in München mit der Weihrauchkerze hinter jeder Procession einherging, vertheidigte ihn Heine den Freunden gegenüber. „Nein, er ist kein Heuchler" — behauptete er. „Er macht sich das Alles selbst weiß. Man sagt: „der Mensch ist, was er ißt". Das ist sehr wahr, wenn auch in anderem Sinne, als dem der Materialisten. Beim kräftigen Rostbeaf, das die Engländer und die Norddeutschen verzehren, entwickeln sich Energie und praktischer Sinn. Dagegen ist Mehlspeiskost sehr ungesund. Lewald war zu viel bei katholischen Prälatentafeln eingeladen; die Kost hat seine Gedankenwelt umgewandelt!"

Und zu diesem August Lewald hatte nun Heine ein besonderes Zutrauen gewonnen — trotz seiner großen Gourmandise und seiner großen Frömmigkeit. Ihm berichtet er zuerst von seiner Liebe zu Mathilde, ihm theilt er zuerst den Entschluß mit, sie zu heirathen, ihm meldet er mit großer Regelmäßigkeit die einzelnen Phasen seines Verhältnisses, ihm vertraut er sogar das große Geheimniß an, daß seine Frau absolut von seinen Schriften nichts verstehe und ganz naiv bemerkte: "Die Leute sagen, daß mein Henri ein großer Poet sei; ist es nicht schnurrig, daß ich gar nichts davon verstehe?" — So sind die Briefe Heines an Lewald eigentlich die beste und untrüglichste Quelle für das Verständniß seiner Ehe.

"Mathilde erheitert mir das Leben durch beständige Unbeständigkeit der Laune;" — schreibt er einmal — "nur höchst selten noch denke ich daran, mich selbst zu vergiften oder zu asphyxiren; wir werden uns wahrscheinlich auf eine andere Art ums Leben bringen, etwa durch eine Lectüre, bei der man vor Langeweile stirbt. Herr ** hatte ihr so viel Rühmliches über meine Schriften gesagt, daß sie keine Ruhe hatte, bis ich zu Renduel ging und die französische Ausgabe der "Reisebilder" für sie holte. Aber kaum hatte sie eine Seite darin gelesen, als sie blaß wie der Tod wurde, an allen Gliedern zitterte und mich um Gotteswillen bat, das Buch zu verschließen. Sie war nämlich auf eine verliebte Stelle darin gestoßen, und, eifersüchtig wie sie ist, will sie auch nicht einmal, daß ich vor ihrer Regierung einer Andern gehuldigt haben sollte."

Und in einem folgenden, recht charakteristischen und gerade heute sehr beherzigenswerthen Briefe schreibt Heine an August Lewald: "Mathilde läßt schönstens grüßen. Sie war bei ihrer Mutter, wo sie während meiner Abwesenheit ihren Wittwensitz hielt; ich habe vernommen, wie man sie in Deutschland verleumdet hat; die Art und Weise dieser Verleumdung macht dem deutschen Volke große Ehre. Ich habe nie an meinem Vaterlande gezweifelt; wir sind ein großes Volk; wir bespritzen nicht unsere Feinde mit ätzenden Epigrammen, sondern wir begießen sie mit deutschestem Unflath."

So bitter und hart diese Worte klingen — wer jene Schandliteratur kennt, wer einmal sich die Mühe genommen, zu lesen, was deutsche Berichterstatter damals aus Paris an angesehene deutsche Zeitungen über Heine und seine Gattin an Schmutz und Lügen und Entstellungen berichtet haben, der wird ihnen eine gewisse Berechtigung nicht absprechen. Und Heine hat Recht gehabt. Kaum ist die letzte Scholle auf das Grab seiner Gattin gefallen, regt sich die Hyder der Verleumdung wieder und spritzt ihr Gift aus. . . .

Dem gegenüber muß constatirt werden, daß von allen Freunden Heines fast ohne Ausnahme, selbst von denen, die Mathilde nicht wohlwollten, übereinstimmend ihre Treue und Anhänglichkeit, ihre unerschütterliche Liebe zu Heine anerkannt wird. Es ist traurig, daß solche Dinge erst noch bestätigt werden müssen, es ist aber noch viel trauriger, daß sie überhaupt erst ohne Grund in Frage gestellt werden.

Aber auch ohne diese attestirte Treue — man braucht sich nur die geringe Mühe zu nehmen, die Briefe Heines an Lewald und Laube, vor allem aber an Mathilde selbst zu lesen, die im Nachlaß des Dichters publicirt wurden, um daraus das Idyll einer Liebe kennen zu lernen, wie sie reiner und inniger und heißer nicht denkbar ist. „Das Wichtigste, was ich Dir mitzutheilen habe, ist, daß

ich Dich liebe bis zum Wahnsinn, meine liebe
Gattin" — so lautet die erste Versicherung, als Heine
kaum im Hause der Mutter zu Hamburg angekommen,
und diese Versicherung variiren die folgenden Briefe in allen
möglichen Tonarten. Wer diese Briefe aufmerksam durch=
gelesen und dann noch bezweifeln kann, daß diese Frau
ein Glück für Heine gewesen, der urtheilt wider besseres
Wissen, der wird gut daran thun, den Ausspruch Ludwig
Börnes sich klar zu machen: Die wahre Liebe würdigt ihren
Gegenstand; aber das ist die wahre Liebe nicht, die nur
das Würdige liebt!

Und deshalb muß ich auch heute noch die Behauptung
aufrecht erhalten, der ich schon vor fünfzehn Jahren,
damals freilich auf starken Widerstand stoßend, entschiedenen
Ausdruck gegeben, daß Heine in seiner Ehe und durch die=
selbe ein Glück genossen, das eine andere Frau, selbst
von höherer Bildung und vornehmerer Herkunft, ihm
kaum zu bieten im Stande gewesen wäre, wenn ihr jene
Munterkeit und frohe Laune, jene Naivetät und Harm=
losigkeit gefehlt hätte, die Heine an seiner Mathilde so sehr
entzückte. (Am wenigsten ein deutscher Blaustrumpf, fügte
ich damals hinzu, nicht ahnend, daß sich auf mein sündiges
Haupt, und noch mehr auf das der armen Mathilde eine
solche Last blaustrümpflichen Zornes entladen würde!) Daß
an diesem Ehehimmel auch gar oft trübe Wolken herauf=
zogen — wer vermöchte zu entscheiden, ob Heine oder seine
Frau die schuldige Veranlassung waren? Und ob nicht gar
dritte Personen die Hand mit im Spiele hatten?

Ich habe bereits erzählt, daß Heine im Jahre 1843
seine Mutter in Hamburg besuchte und von dort aus jene
entzückenden Briefe voll inniger Liebessehnsucht an seine
Mathilde schrieb. Im darauffolgenden Sommer wiederholte
er diese Reise mit seiner Frau. Vorher schrieb er an seine

Mutter: „Ich komme mit Familie, d. h. meiner Frau und Cocotte, dem Papagei." Mathilde hatte kaum die Mutter gesehen — zum ersten Male überhaupt — als sie ihr klagte: „Ach, wenn Sie wüßten, wie seekrank der arme Vogel war!" Ist es da zu verwundern, wenn ein Mitglied der Familie Heine von ihr sagt, daß „ihr französischer Charakter, ihre Pariser Gewohnheiten nicht zu unseren strengen deutschen Sitten paßten", und daß „auch sie im Kreise unserer Familie sich nicht glücklich fühlen konnte, da sie nicht geliebt, sondern nur geduldet wurde!"

Aber das ist's ja eben, daß „sie nicht geliebt, sondern nur geduldet wurde", was uns der Lösung des Räthsels erheblich näher bringt nnd uns begreiflich macht, daß Mathilde und Cocotte schon nach vierzehn Tagen ihre Koffer packten und die stolze Hammonia verließen. „Als sie fort war, athmeten Alle freier auf", heißt es in den obencitirten Relation, und nun sehe man abermals die Briefe Heines an Mathilde aus Hamburg und vergleiche damit diesen Bericht der Familie, um Alles zu verstehen, was uns unklar und unwahrscheinlich in diesem dichterischen Eheleben scheinen möchte.

„Meine liebe Nonotte!" — so beginnt der erste Brief — „ich bin seit Deiner Abreise zu Tode betrübt.... Alle Welt hier, besonders meine arme Mutter, ist betrübt wegen Deines Fortganges." Und schließt mit der Versicherung: „Ich liebe Dich mehr als je!"

Und das war Wahrheit, nicht dichterische Erfindung, wie selbst die heftigsten Gegner der armen Mathilde zu ihrem Leidwesen eingestehen müssen. Und wurde immer mehr Wahrheit, je länger und stärker die Schatten in Heines Leben fielen. Und je mehr das Drama der Matratzengruft seinem tragischen Ende sich näherte. „Die junge lebenslustige Frau hatte ein recht schweres Dasein," so berichtet

eine vorurtheilsfreie Pariserin, die Zeugin jenes Dramas gewesen. „Man kann ihr nur das Rühmlichste in ihren Beziehungen zu Heine, als ihrem Gatten und Pflegling nachsagen. Nur sehr kurze Zeit und nur selten hatte sie die verzeihliche Eitelkeit befriedigen können, sich an Heines Arm in Concerten und Theatern dem Pariser Publikum zu zeigen. Der Klang ihrer Stimme und ihre nie versiegende Munterkeit war für Heine ein beständiger Zauber und der einzige Lichtpunkt in seinen entsetzlichen Leiden."
„Er hat mir mehrmals die Versicherung gegeben" — erzählt Frau Caroline Jaubert — „daß er durch diese helle, frische Stimme ins Leben zurückgerufen worden sei in Augenblicken, als seine Seele zu den unbekannten Bezirken sich aufschwingen wollte. Wenn die hohe, helle Stimme seiner Frau aus dem Nebenzimmer in die Krankenstube hinüber klang, hielt Heine im Gespräch inne, lauschte auf, ein freundliches Lächeln ging über sein Gesicht und er horchte, bis wieder Stille eintrat."

Und in solchen Momenten entstanden jene herrlichen Lieder, die er seiner Frau geweiht, und deren Existenz allein schon hätte genügen müssen, um die also Besungene und Gefeierte vor jeder üblen Nachrede zu schützen. Man hat gesagt, sie hätte Heine nicht verstanden, sie hätte nie eine Zeile von ihm gelesen — obwohl das letztere entschieden unwahr ist — aber was thut's; wenn sie es vermocht hat, durch ihr Wesen und ihre Lebensführung den leidenden Heine zu jenen drei Gedichten: „An die Engel", „Babylonische Sorgen" und „Ich war, o Lamm, als Hirt bestellt" zu begeistern, so hat sie auch im höhern und höchsten Sinne ein ideales Lebensziel erfüllt! Das erste dieser drei Gedichte, in dem er die Engel bei ihrer „eigenen Schönheit, Huld und Milde" beschwört:

„Beschützt, wenn ich im öden Grab,
Das Weib, das ich geliebet hab';
Seid Schild und Vögte eurem Ebenbilde,
Beschützt, beschirmt mein armes Kind Mathilde —"

ist allgemein bekannt und seinem poetischen und ethischen Werthe nach gewürdigt. Viel weniger das zweite, welches in einem jener schauerlichen Momente entstanden, da den von den entsetzlichsten Leiden gequälten Dichter noch der Dämon einer rasenden Eifersucht packte, wenn seine Mathilde von einem Spaziergang etwa um eine Stunde später nach Hause kehrte. Darf es uns verwundern, wenn der Dichter seinen „Babylonischen Sorgen" schmerzvollsten Ausdruck verleiht in den Versen:

„Glaub' mir, mein Kind, mein Weib, Mathilde,
Nicht so gefährlich ist das wilde
Erzürnte Meer und der trotzige Wald,
Als unser jetziger Aufenthalt!
Wie schrecklich auch der Wolf und der Geier,
Haifische und sonstige Ungeheuer,
Viel grimmere, schlimmere Bestien enthält
Paris, die leuchtende Hauptstadt der Welt,
Das singende, springende, schöne Paris,
Die Hölle der Engel, der Teufel Paradies —
Daß ich Dich hier verlassen soll,
Das macht mich verrückt, das macht mich toll!"

Und wenn dann Mathilde kam und einen Strauß von Blumen „lächelnd brachte mit bittender Hand", dann überfiel den Dichter wieder eine unendlich tiefe Wehmuth. Er sah im Stundenglase schon den kargen Sand zerrinnen, und in einem dieser letzten Momente seines Lebens dichtete er das letzte der drei genannten Lieder, eine traurig-schöne Blüthe seiner Passionszeit, ein Gedicht voll Hoheit und Ergebung, den edelsten Liedern der Resignation Hiobs, des biblischen Dulders, an die Seite zu stellen:

„Ich war, o Lamm, als Hirt bestellt,
Zu hüten dich auf dieser Welt;
Hab' dich mit meinem Brot geätzt,
Mit Wasser aus dem Born geletzt.
Wenn kalt der Wintersturm gelärmt,
Hab' ich dich an der Brust erwärmt.
Hier hielt ich fest dich angeschlossen:
Wenn Regenstürme sich ergossen,
Und Wolf und Waldbach um die Wette
Geheult im dunklen Felsenbette,
Du bangtest nicht, hast nicht gezittert.
Selbst wenn den höchsten Tann zersplittert
Der Wetterstrahl — in meinem Schoß
Du schliefest still und sorgenlos.

Mein Arm wird schwach, es schleicht herbei
Der blasse Tod! Die Schäferei,
Das Hirtenspiel, es hat ein Ende.
O Gott, ich leg' in deine Hände
Zurück den Stab. — Behüte du
Mein armes Lamm, wenn ich zur Ruh'
Bestattet bin — und dulde nicht,
Daß irgendwo ein Dorn sie sticht —
O schütz' ihr Fließ vor Dornenhecken
Und auch vor Sümpfen, die beflecken;
Laß überall zu ihren Füßen
Das allerliebste Futter sprießen;
Und laß sie schlafen, sorgenlos,
Wie einst sie schlief in meinem Schoß."

Natürlich suchte sie Heine oft dazu zu bewegen, allein oder in fremder Gesellschaft auszugehen. Erwachte dann in der muntern Französin die Lebenslust und ging sie geputzt von dannen, dann entstanden wohl Eifersucht und Argwohn in dem Dichter. Führte nun in einem solchen Augenblick ein unglücklicher Zufall einen literarischen Freund zu Heine, so war jener natürlich Ohrenzeuge seiner grausamen Scherze, seiner wehmütigen Klagen, ja oft seiner gräßlichen Schmerzausbrüche. Deßhalb sind alle Anekdoten auch von der

„Matratzengruft" — wie bereits oben erwähnt — nur mit großer Vorsicht aufzunehmen, und deshalb übergehe ich sie auch hier, wo es gilt, einer Todten die Wahrheit nachzusagen. Kam dann aber Frau Mathilde, die inzwischen immer stärker und schöner wurde, nach Hause, dann brach durch seine Fenster „französisch heitres Tageslicht":

> „Es kommt mein Weib, schön wie der Morgen,
> Und lächelt weg die deutschen Sorgen."

„Ich habe," sagte Heine im Frühjahr 1848 zu Fanny Lewald, „eine seltene Frau, die ich unaussprechlich geliebt, dreizehn Jahre hindurch mein eigen genannt, ohne einen Moment des Wenigerlebens, ohne Eifersucht, in unwandelbarem Verständniß und in vollster Freiheit. Kein Versprechen, kein Zwang äußerer Verhältnisse band uns an einander, und erst spät habe ich, um meine Frau nach meinem Tode sicherzustellen, die gesetzliche Legalisation meiner Ehe nachgesucht. Ich erschrecke jetzt in meinen schlaflosen Nächten noch oft vor der Seligkeit dieses Lebens; ich schauere entzückt zusammen vor dieser Glückesfülle. Ich habe oft über solche Dinge gescherzt und gewitzelt und noch viel öfter ernsthaft darüber nachgedacht: die Liebe befestigt kein Miethscontract, sie bedarf der Freiheit, um zu bestehen und zu gedeihen."

Diese goldenen Worte sind das Grundmotiv Heines geblieben bis zu seinem Tode, und an sie muß man denken und immer wieder erinnern, wenn man über seine Ehe spricht und schreibt, um die volle Bedeutung zu ermessen, die dieses Verhältniß für ihn gehabt hat. Sie zeigen uns den Menschen Heine doch von einer ganz andern Seite, als wir ihn zu betrachten gewohnt und vielleicht auch geneigt waren; sie bilden den Schlüssel zum Verständniß dieses seltsamen und merkwürdigen Charakters, in dem sich Herzensgüte und vernichtende Ironie, Edelmuth und Egoismus zu einer eigenartigen Mischung vereinigten, der aber im Grunde des Herzens ein guter, ein wirklich guter Mensch war.

Im Morgengrauen des 17. Februar 1856 fiel der Vorhang zum letzten Male über dem Drama in der Matratzengruft. Mathilde hat sich in der Nacht auf das dringende Bitten des Gatten schlafen gelegt; als sie erwachte, war Heine todt . . .

Siebenundzwanzig Jahre lang lebte sie nun ausschließlich der treuen Erinnerung an ihren geliebten Henri, und auch diese Thatsache würde genügen, selbst schwerere Sünden, als die, deren sie sich etwa schuldig gemacht, zu sühnen. In die Oeffentlichkeit trat sie nur selten; wenn es geschah, so war der Anlaß gewiß nur, das Andenken ihres Gatten rein und in Ehren zu halten.

Ihre materiellen Verhältnisse gestalteten sich ziemlich günstig, da sie von der Familie Salomon Heines und von dem Verleger des Dichters eine jährliche Rente von etwa 6000 Frcs. bezog. Daß sie mit der Familie ihres Gatten wiederholt in Conflict gerieth, ist bekannt. Das erste Mal, als es sich darum handelte, den Grabstein zu setzen. Gustav Heine, der Bruder des Dichters, wollte ihm ein prachtvolles Marmordenkmal errichten, aber Mathilde Heine wehrte sich entschieden dagegen. Die Gründe, die ich zu kennen glaube, ehren diesen Wunsch, ohne die Familie zu tadeln. Das zweite Mal machte Frau Mathilde, die sich in Passy bei Paris ihren Wittwensitz ausgesucht, von sich reden, als sie gegen Herrn Michel Levy, den französischen Verleger der Schriften Heines, einen Prozeß anstrengte, und obwohl sich daran eine häßliche Zeitungspolemik knüpfte und die Gerichte trotz der ausgezeichneten Vertheidigung Jules Favres gegen sie entschieden — das moralische Unrecht war auch diesmal nicht auf ihrer Seite und die höhere Instanz der vergebenden Milde muß sie auch in diesem Falle freisprechen.

Das letzte Mal trat Mathilde Heine anläßlich der Memoiren-Frage in den Vordergrund des öffentlichen Interesses. Es ist wichtig, den Stand dieser Frage nach der Stellung der einzelnen Familienmitglieder und Freunde Heines zu derselben zu präcisiren. In einem der nächsten Aufsätze dieses Buches soll dies ausführlich geschehen.*)

Am 17. Februar 1883 ist Mathilde Heine im 68. Lebensjahre gestorben. Sie ruht neben ihrem Gatten auf dem Montmartre. Fassen wir Alles zusammen, was über sie zu sagen ist an Vorwurf und Vertheidigung, so ergiebt sich: Sie war keine hochbegabte, feingebildete Frau, die theilnehmend einwirken konnte auf das dichterische Schaffen ihres Mannes, aber sie besaß einen gesunden Mutterwitz, eine beständig frohe Laune, eine harmlose Naivetät, die Heine stets entzückten und bezauberten, und was über Allem ist: Sie war ihm eine treue, hingebende Gattin in glücklichen, noch mehr aber in trüben Tagen bis zum Tode und über den Tod hinaus. Sie gab Heine das Glück einer

---

*) Ich möchte bei diesem Anlasse noch erwähnen, daß Heine zu denjenigen Schriftstellern gehört, über die am meisten falsche Daten und Mittheilungen im Schwange sind. So schleppte sich lange die Ente durch alle Zeitungen, daß Heine mit Karl Marx zusammen in Paris ein Journal „Vorwärts" herausgegeben habe. Das ist nun aber nicht wahr. Den „Vorwärts" haben H. Börnstein und Ch. Bernays herausgegeben und Heine hat im Ganzen etwa fünf kleinere Gedichte beigesteuert. Aber damit noch nicht genug. Später folgte wieder in einer ganzen Anzahl deutscher Zeitungen die Notiz, daß Heine mit Marx und Ruge in Paris „Les Annales Franco-Allemandes" herausgegeben. Natürlich handelt es sich hier um die bekannten „Deutsch-französischen Jahrbücher", die Marx und Ruge herausgegeben und in denen drei Beiträge Heines enthalten sind. Um allen künftigen Enten vorzubeugen, wird es vielleicht gut sein, zu constatiren, daß Heine nur einmal ein halbes Jahr lang mit Dr. Lindner in München die „Politischen Annalen" herausgegeben, sonst aber kein Blatt redigirt oder sich je an einem solchen redactionell betheiligt hat.

innigen, dauernden Liebe, und darum darf sie auch auf ein dankbares Gedächtniß rechnen in den Herzen aller Verehrer des Dichters.

Die "Frau Gevatterin".

Ueber viel wichtigeren und bedeutungsschweren Nachrichten ist seiner Zeit eine kleine unscheinbare Notiz fast ganz übersehen worden, welche in lakonischer Kürze den Tod der Frau Maxime Caroline Jaubert in Paris 1884 meldete und erläuternd hinzufügte, daß die Verstorbene ein hohes Alter erreicht hat und die Freundin Berryers, Alfred de Mussets, Pierre Lanfreys und Heinrich Heines gewesen ist.

Und doch verdiente Frau Jaubert mehr als diese lakonische Notiz. Schon die Thatsache, daß die verstorbene Greisin in jungen Jahren die Freundin so bedeutender Menschen gewesen, mußte darauf hinweisen, daß sie keine gewöhnliche Frau war. Und das war sie in der That auch nicht, die "Frau Gevatterin", wie Alfred de Musset seine Freundin nannte! Die Briefe dieses unglücklichen Dichters „à ma marraine" ehren die Adressatin mehr noch als den Schreiber; sie lassen ein inniges Freundschaftsverhältniß, welches vom Jahre 1836 bis zum Tode Muffets dauerte, in seiner ganzen Harmlosigkeit und Anmuth, aber auch in seiner vollen geistigen Bedeutung erkennen. Der Biograph Alfred de Mussets hat deshalb Recht, wenn er meint, man gewinne aus diesen Briefen die Ueberzeugung, daß die kleine Marraine eine ganz entzückende Person sei. "Sie ist verständig, ohne im mindesten philisterhaft beschränkt zu sein. Sie begreift Alles und verzeiht Mancherlei. Schmollt sie mit ihm, so merkt man ihr an, daß es gar nicht ernst gemeint ist und daß sich hinter ihrem neckischen Unwillen nichts Anderes verbirgt, als aufrichtigste Sympathie für Musset, dem sie so gern die überflüssigen Sorgen abnehmen, den sie so gern zur Thatkraft anspornen möchte." Und gerade deshalb ist das Epitheon „Frau Gevatterin" wahrhaft charakteristisch für das Wesen dieser Frau und für ihre Beziehungen sowohl zu Musset wie zu Heine.

In einem anmuthig geschriebenen Buche hat Frau Jaubert vor längerer Zeit diese Beziehungen selbst geschildert. Es führte den Titel „Souvenirs" und ist bei Hetzel u. Comp. in Paris erschienen. Von verschiedenen Seiten wurden diese „Souvenirs" damals in Deutschland eingeführt und besprochen. Das Buch scheint aber doch die Verbreitung nicht gefunden zu haben, die es verdiente, und die schnelllebige Zeit hat die Erinnerung an die Freundin zweier großer Poeten so rasch verweht, daß es sich wohl geziemen dürfte, auf dieselbe nochmals zurückzukommen. Erst vor einigen Wochen ist das Buch in deutscher Uebertragung erschienen, so daß das Bild der „Frau Gevatterin" von Neuem in den Gesichtskreis des deutschen Lesepublikums tritt. Natürlich werden für deutsche Leser die Erinnerungen der Dame an Heinrich Heine und die Schilderung ihrer mehr denn zwanzigjährigen Freundschaft mit dem Dichter von besonderem Interesse sein.

„Ich erinnere mich eines Augenblickes," schreibt Heine einmal in seinen „Florentinischen Nächten", „wo mir Bellini in einem so liebenswürdigem Lichte erschien, daß ich ihn mit Vergnügen betrachtete und mir vornahm, ihn näher kennen zu lernen. . . . Dies war eines Abends, nachdem wir im Hause einer großen Dame, die den kleinsten Fuß in Paris hat, mit einander gespeist. . . ."

Diese große Dame mit dem kleinsten Fuß ist Frau Caroline Jaubert gewesen. Sie war eine geborene d'Alton aus einer der aristokratischen Familien Frankreichs und vermählte sich schon in ihrem fünfzehnten Lebensjahr mit dem um ein Vierteljahrhundert älteren Herrn Maxime Jaubert, der Ober-Tribunalsrath am Pariser Cassationshofe war. Der Jaubert'sche Salon gehörte jahrzehntelang zu den interessantesten von Paris, und die Hauptzierde desselben war die „Frau Gevatterin" selbst, die durch ihre Anmuth und ihren Geist Alles belebte und die hervorragendsten Geister zu fesseln wußte. Es war auf einem Ball im Jahre 1835, als Frau Jaubert Heine kennen lernte. Er introducirte sich bei ihr mit dem alten Witze: „Ich bin der erste Mann des Jahrhunderts", sprach spottschlecht Französisch und machte einem im Ganzen recht unbeholfenen Eindruck. Erst als er auf Alfred de Musset zu sprechen kam, fing sich Frau Jaubert für ihn zu interessiren an, und auch Heine empfand bald die lebhafteste Sympathie für die anmuthige Französin.

Wenige Tage darauf sandte ihr Heine sein Buch „De l'Allemagne" mit folgendem liebenswürdigen Schreiben:

> Ich habe die Ehre, Madame, Ihnen anbei mein Buch über Deutschland zu schicken. Ich bitte Sie, den sechsten Abschnitt zu lesen; ich spreche dort von Undinen, Salamandern, Gnomen und Sylphen. Ich weiß wohl, daß meine Kenntnisse über diesen Gegenstand sehr unvollständig sind, obwohl ich die Werke des großen Aureleus Theophrastus Paracelsus Bombastus von Hohenheim im Original gelesen habe. Als ich mein Werk schrieb, hatte ich solche Elementargeister noch nie gesehen, ich zweifelte sogar, ob sie etwas Anderes sein könnten als Erzeugnisse unserer Einbildungskraft, ob sie nicht nur das menschliche Gehirn, sondern auch die Elemente bewohnen .... Doch seit vorgestern glaube ich an die Wirklichkeit ihrer Existenz ... Der Fuß, welchen ich vorgestern gesehen habe, kann nur einem solchen phantastischen Wesen angehören, von welchem ich in meinem Buche spreche; aber ist er wirklich der Fuß einer Undine? — Ich glaube, daß er dahingleitet wie eine Welle, und daß er gut auf dem Wasser tanzen könnte.

Oder gehört er einem Salamander? „Es ist nicht kalt," sagt Joseph Martau zu Geneviève, da seine Einbildungskraft durch den Fuß der schönen Blumenmacherin entflammt ist. Oder ist es der Gnomenfuß — dafür ist er klein, niedlich, fein und zart genug — oder der einer Sylphe? Die Dame ist wirklich so ätherisch, so feenhaft . . . . ist sie eine gute oder eine böse Fee? Ich weiß es nicht, aber dieser Zweifel quält, beunruhigt, bedrückt mich. In der That, ich scherze nicht. Sie sehen, Madame, daß ich in den geheimen Wissenschaften noch nicht fortgeschritten genug bin, daß ich kein großer Zauberer bin, ich bin nur Ihr sehr ergebener und sehr gehorsamer Diener

22. April 1835. H. Heine.

Frau Jaubert fand bald inniges Behagen an dem deutschen Dichter, und es entspann sich eine Freundschaft zwischen ihr und Heine, die alle Wechselfälle überdauerte. Sie lud den Dichter oft zu ihren Gesellschaften, und hat in ihren Erinnerungen einige von den Briefen aufbewahrt, in denen ihr Heine für diese Einladungen seinen Dank aussprach. So schreibt er einmal:

Madame!

Ich sehe mit großem Vergnügen, daß Sie darauf bestehen, mich nicht zu vergessen. Ich danke Ihnen dafür; wissen Sie denn noch nicht, daß ich schon lange todt bin? Indeß möchte mich dies doch nicht stören, heute bei Ihnen zu speisen, da meine sterbliche Hülle mich überlebt hat; aber ich leide augenblicklich an einer nachträglichen, ziemlich langweiligen Migräne. Ich kann nicht kommen, und seien Sie überzeugt, daß ich es sehr bedauere. Sie wissen, was eine Migräne ist, diese kleine Hölle, welche man im Gehirn trägt. Ich werde in diesen Tagen kommen, um Ihnen persönlich zu danken. Inzwischen bitte ich die unsterblichen Götter, Sie in ihre heilige und würdige Obhut zu nehmen.

Montag Morgens. Heinrich Heine.

Ein andermal schreibt Heine an Frau Jaubert:

„Kleine Fee!

Ein junger Windbeutel, wie ich nun einmal bin, habe ich gestern vergessen, daß ich unbedingt noch heute nach Montmorency zurückkehren muß; ich kann deshalb heute nicht mit Ihnen speisen und werde Sie wohl erst in Marly sehen, wohin ich am Sonnabend wahrscheinlich gehen werde. Ich würde sehr lügen, wenn ich verschwiege, daß das Vergnügen, welches ich stets empfinde, so oft ich Sie sehe, zu denjenigen gehört, welche mir das Leben einigermaßen erträglich machen.

Ihr ganz ergebener

Mittwoch Früh. Heinrich Heine.

In dem Dorfe Marly, dessen Heine in diesem Briefe erwähnt, wohnte damals die Fürstin Belgiojoso, deren classische Schönheit Heine verehrte. Heine traf dort mit vielen hervorragenden Schriftstellern, Künstlern und Akademikern zusammen, und Frau Jaubert weiß nicht genug von den kleinen Neckereien und Malicen zu erzählen, mit denen der boshafte Dichter einmal Victor Cousin, ein andermal den armen Bellini verfolgte. Da war nun die „Frau Gevatterin" so recht in ihrem Element, auszugleichen, zu begütigen, zu versöhnen. Anfangs zürnte sie Heine nach solchen Scenen, aber sie ließ sich rasch wieder besänftigen und schenkte dem damals schon Schwerleidenden ihre aufrichtige und herzliche Theilnahme. In der Folge wuchsen die Sympathien mit den Leiden des Dichters, und manchen schönen Gedanken und manches tiefempfundene Wort hat Caroline Jaubert in ihren Erinnerungen reproducirt, das Heine in solchen Momenten ausgesprochen. „Ich verliere die Sehkraft und werde nun, wie die Nachtigall, um so besser singen," sagte er ihr, und dann wieder: „Ich kann nur noch auf einer Seite kauen und nur noch mit einem Auge weinen. Ich bin nur noch ein halber Mensch. Ich vermag nur noch auf der linken Seite eine Liebeserklärung zu machen und zu gefallen. O Weiber! Werde ich künftig nur noch auf die Hälfte eines Herzens Anspruch machen dürfen?"

Natürlich interessirte sich die „Frau Gevatterin" auch sehr lebhaft für die junge Ehe Heines; dieses Interesse theilte sie allerdings mit vielen Gevatterinen, aber es entsprang bei ihr aus der innigsten Sympathie für den Dichter und sein Schicksal, das sie in Folge der immer zunehmenden Krankheit sehr beunruhigte. Sie war deshalb froh, ihn in der Obhut einer braven Frau zu wissen. „Heine ist gekommen, um mich zu sehen," schreibt sie am 26. November 1847 in ihr Tagebuch . . . „zu sehen? ach, seine gelähmten Lider schließen ihm die Augen. Das Leiden scheint größer geworden zu sein. Sein armer Körper ist nur noch ein Schatten, aber sein Geist lebt in voller Stärke. Er hat mir von seiner Mutter gesprochen, welche in Hamburg lebt. Er schreibt ihr jeden Tag, um sie zu beruhigen, obwohl ihm diese Arbeit in seinem Zustande sehr schwer wird. Die deutschen Zeitungen haben von dem Unglück berichtet, welches ihn getroffen. Da kam Heine auf die Idee, seiner Mutter vorzureden, daß es eine kluge Buchhändler=Speculation sei, ihn als sterbend auszugeben. „Wie gefaßt ich auch bin", fügte Heine hinzu, „gestern übermannte mich doch die Rührung, als ich einen Brief von meiner Mutter erhielt, in dem sie mir schrieb, daß sie jeden Tag aus der Tiefe ihres Herzens Gott danke, daß er ihrem theuren Sohn die Gesundheit erhalten. Und das nimmt Gott ohne Gewissensbisse an! Ah, das ist gewiß ein barbarischer Gott, wie der der alten Aegypter! Eine griechische Gottheit würde einen Poeten nicht so behandeln; sie würde ihn vielleicht mit dem Blitze treffen! Aber ihn elend sterben lassen Stück für Stück . . . .!"

Im Januar 1848 machte Heine Frau Jaubert seinen letzten Besuch. Er mußte sich von seinem Diener aus dem Wagen in die Wohnung tragen lassen. Kaum dort angelangt, wurde er von einem jener schrecklichen Krämpfe befallen, wie sie ihn bis zu seinem Tode nur zu oft heimsuchten und die er nur durch Anwendung von Morphium

überwinden konnte. Wie Frau Jaubert berichtet, gebrauchte
er jährlich von diesem Gifte für 500 Francs. Als sie ihn
bat, sich doch zu schonen und nicht mehr auszugehen, sagte
er: „Meine Krankheit ist unheilbar. Wenn ich mich nieder=
lege, werde ich nicht wieder aufstehen. Ich bin auch nur
hierher gekommen, um Ihnen einen Eid abzunehmen, daß
Sie mich öfter besuchen und nie verlassen werden. Wenn
Sie mir das nicht zuschwören, lasse ich mich wieder hierher
tragen und jage Ihnen aufs Neue den schönsten Schrecken
ein."

Wir wissen nicht, ob sie diesen Eid geleistet, aber daß
sie das Versprechen treu und redlich gehalten, dieses Lob
soll ihr nicht vorenthalten werden. Schon wenige Monate
nach jener Scene erhält sie das folgende republikanisch an=
gehauchte Billet:

Passy, den 16. Juni 1848.
Bürgerin!
Wenn Sie in Paris sind und eines Tages im Bois de Boulogne
spazieren gehen, so bitte ich Sie, einige Minuten anzuhalten in
Passy 64, Grande Rue, wo mitten in einem Garten ein armer
deutscher Dichter wohnt, welcher jetzt gänzlich paralysirt ist. Meine
Füße sind ganz starr geworden; man trägt und nährt mich wie
ein Kind. Gruß und Brüderlichkeit!
Heinrich Heine.

Frau Jaubert leistete natürlich dieser Aufforderung
Folge, und man mag ihre Unterhaltungen mit dem kranken
Dichter, über die sie getreulich Bericht erstattet, in ihren
"Souvenirs" nachlesen. Sie beleuchten das trostlose Passions=
spiel der „Matratzengruft" in einer wehmüthigen Weise.
„Ich will mich dem Kirchhof von Montmartre nähern,"
schreibt er in einem folgenden Briefe, „den ich schon längst
als meine letzte Residenz gewählt habe. Die Krämpfe haben
nicht nachgelassen; im Gegentheil, sie haben sich des ganzen
Rückgrats bemächtigt und sind bis zum Gehirn gestiegen,

wo sie vielleicht schon mehr Verwüstungen angerichtet, als ich selbst ahnen kann ... Es steigen mir schon religiöse Gedanken auf ..."

Daß die „Frau Gevatterin" von der Eifersucht Heines und von der mangelnden Bildung seiner Gattin gar schreckliche Geschichten zu erzählen weiß, darf uns nicht Wunder nehmen. Es haben ja Männer, alte und junge, gelehrte und geistreiche, derartige Klatschgeschichten mit Vergnügen verbreitet; warum sollte das einer „kleinen Fee" verwehrt sein, noch dazu, wenn es in so harmloser Weise und mit so wohlwollender Miene wie bei Frau Jaubert geschieht!

Sie beurtheilt die Schwächen Heines mit so vieler Nachsicht, und seine Eigenart mit so feinem Verständniß, daß gelehrte deutsche Professoren dem Muster dieser Französin folgen könnten. Und sie gewann mit den Jahren wirklich einen bedeutenden Einfluß auf den Dichter. Sie wußte ihn von boshaften Angriffen gegen Meyerbeer, Béranger und Andere abzuhalten und manche schwere Stunde seines Lebens zu erheitern.

In den letzten Jahren seines Lebens führte Heine mit der „kleinen Fee" sogar sehr ernsthafte philosophische und religiöse Gespräche. Wiederholt sprach er den Wunsch aus, in aller Stille und ohne jede Ceremonie begraben zu werden. „Meine Werke sollen sprechen," sagte er, „und das ist Alles! Sie wissen, meine Freundin, es ist nicht der Lorberkranz, der mich reizt. Aber ich bin ein tapferer Krieger gewesen, der seine ganze Kraft und sein Talent dem Dienste der Menschheit geweiht hat. Legen Sie, wenn Sie wollen, auf das Grab eine Schleuder und einen Bogen."

Dazwischen weiß Frau Jaubert wieder eine allerliebste Klatschgeschichte von Frau Mathilde Heine einzufügen. Die „kleine Fee" wechselt mit der „Frau Gevatterin" alle Augenblicke die Rolle. Als Heine wieder einmal in der Nacht von seinen schrecklichen Schmerzen heimgesucht wurde, kam seine Frau athemlos herbei, küßte und liebkoste ihn unter Thränen und sagte: „Nein, Henri, du darfst nicht sterben, das darfst du nicht thun, du wirst Mitleid mit mir haben. Ich habe schon heute früh meinen Papagei verloren — wenn du noch stirbst, würde ich zu unglücklich sein."

„Das war ein Befehl," sagte Heine zu Frau Jaubert, als er ihr diese Geschichte erzählte, „ich bin ihm gefolgt und lebe weiter. Sie begreifen, liebe Freundin, wenn man mir mit vernünftigen Gründen kommt . . . ."

Das letze Mal sah Frau Jaubert Heine kurz vor seinem Tode; er unterhielt sich mit ihr wie gewöhnlich, aber das Gespräch hatte doch einen vorwiegend religiösen Ton. Wiederholt citirte er ein Wort von La Bruyère über den Tod. Als sie Abschied nahm und ihm die Hand reichte, hielt er sie einige Zeit fest und sagte dann erst: „Bleiben Sie nicht zu lange aus, meine Freundin, es wäre unvorsichtig."

Vier Tage später war er todt . . .

Als die „kleine Fee" den Dichter in seinem guten Tagen einmal nach seinen Ansichten über die Unsterblichkeit fragte, machte er wie gewöhnlich seine Scherze und ironische Bemerkungen. Dann aber wurde er plötzlich ernst und nach einer längeren Pause schloß er das Gespräch mit den Worten: „Und doch, es ist etwas Göttliches im Menschen!" Caroline Jaubert schließt ihre Erinnerungen an den Dichter, da sie sein Martyrium gekannt und bewundert, mit denselben Worten — und wir werden kaum des Guten zu viel thun, wenn wir dasselbe Wort auch auf den Grabstein der „kleinen Fee" setzen.

Eine Tochter Heines.

Vor einem Jahre hat Aurelien Scholl, der französische Chroniqueur, auf einem kleinen Dorfkirchhof in der Bretagne eine Tochter Alfred de Muffets, ein Kind seiner Liebe und seines Elends, entdeckt. Wenn ich heute den geneigten Lesern von einer Tochter Heines erzähle, so dürfen sie auf eine gleiche Entdeckung nicht rechnen. Aber eine kleine Notiz iu einem Brief des Dichters an Campe hat mich doch auf die Spur eines Kindes geführt, das Heines Schmerzens= jahre durch ihr liebliches Geplauder erheiterte und seinem Herzen so nahe wie eine Tochter stand. In diesem Brief aus dem Jahre 1837 beklagt sich Heine, der damals in großen Geldnöthen steckte, über seinen reichen Oheim Salomon Heine mit folgenden Worten: „Es ist schlimm genug, daß dieser Mann, der wie ich höre, Institute stiftet, um heruntergekommene Schacherer wieder auf die Beine zu bringen, seinen Neffen mit Weib und Kind in den unverschuldetsten Nöthen hungern läßt."

Mit Weib und Kind! Der Kasus machte mich lachen. Ich mußte an einen mir aus Breslauer Jugendtagen be= kannten Schauspieler denken, der sich einmal ein kleines Kind armer, im selben Hause wohnender Leute ausgeliehen hatte, und mit demselben zu seinen in Oesterreich wohnenden begüterten Eltern reiste, um dort mit Hilfe des süßen Pfandes eine größere Anleihe zu machen.

Indeß hielt ich bei Freunden des Dichters doch weitere Umfrage — und der Erfolg war ein günstiger. Heine hat eine Pflegetochter gehabt, die er sehr liebte. Die Thatsache steht fest.

Die erste Antwort auf meine Anfragen lautete aller= dings wenig ermuthigend. Sie kam von Heinrich Laube, dem

treuen Freunde Heines, der sonst seine intimsten Familien=
angelegenheiten kannte, und lautete klipp und klar: „Unsinn!"
Dieses harte Wort schreckte mich jedoch nicht von weiteren
Nachforschungen ab, zumal ich durch eine Mittheilung von
Adolf Stahr in seinem Bericht über einen Besuch bei Heine
inzwischen auf die richtige Fährte geleitet worden war. Es
war Ende Oktober des Jahres 1850, als Stahr zum ersten=
male Heine sah. Er sprach mit ihm wie mit einem alten
vertrauten Freunde: über seine Eltern, seine Jugend, seine
augenblickliche Lage, und schließlich führte er ihm auch die
Gattin und das Adoptivtöchterchen vor.

Wenn man heute etwas von Adolf Stahr erfahren
will, so muß man sich an Fanny Lewald wenden. Die
greise Schriftstellerin erwiderte auf meine Anfrage mit ge=
wohnter Liebenswürdigkeit Folgendes: „Das Kind, ein kleines
Mädchen, kam gar nicht bei unsren Besuchen bei Heine zum
Vorschein oder in Betracht, wenn Heine nicht seiner flüchtig
als „des Kindes" erwähnte und seine Scherze erzählte."

Also das Kind kam nicht zum Vorschein. Aber es
hat doch existirt. Jawohl, sagte mir ein alter Freund
Heines. Aber es war ein Pflegekind, eigentlich das Kind
einer Freundin Mathildens, das Heine zu sich genommen
hatte. Diese Freundin, Frau A. wird von Alfred Meißner,
der sie kannte, als eine lebhafte Pariserin geschildert, mit
schwarzen Augen und schwarzem Haar; ihr Mann hatte
eine Schnittwaarenhandlung in der Chaussee d'Antin, träumte
aber stets von einem größeren Wirkungskreise. Die kleine
Alice, so hieß das Kind, hatte Heine aus der Taufe gehoben.
„Er liebte das Kind über die Maßen." Seinetwillen wurden
Mutter und Vater mit hingenommen, so wenig sie, nament=
lich der letztere, in den Kreis paßten. Eine schlanke, reizende
Mademoiselle Jenny wachte über die kleine Alice, führte
sie alle Tage im Wagen zu Heine und wieder nach Hause.

So Meißner. Ob diese kleine Alice mit unsrem Pflege=
kind identisch ist, weiß ich nicht, möchte es aber wohl glauben.
Wie es scheint, hat Heine das Kind später ganz zu sich
genommen, denn er liebte es, mit Kindern zu spielen und
zu plaudern. Sein Bruder Gustav Heine fand ihn einst
auf dem Matratzenbett, wie gewöhnlich mit geschlossenen
Augen, liegen. Im Arm hielt er ein liebliches Kind,
„schön wie ein Engel", mit schwarzen Augen; an seine
Schulter geschmiegt, halb stehend, halb sich an sein Bett
lehnend, sah ihn ein schönes, schwarzlockiges Mädchen —
eben jene Alice — mit großen leuchtenden Augen lächelnd
an, während ein drittes kleines Mädchen aufhorchend zu
seinen Füßen stand. Sein Patchen ließ er sich häufig holen,
wenn ihm seine Schmerzen etwas Ruhe gönnten; dann
aß er Kuchen mit der Kleinen und erzählte ihr drollige Ge=
schichten, so z. B. wie es im Himmel so schön und glänzend
hergehe, wie man dort von früh bis spät Kuchen esse, und
wie der liebe Gott Engel zu Küchenjungen habe, die, wenn
sie lecker gespeist, sich mit ihren weißen Flügeln den Mund
wischten. „Ce qui du reste est bien sâle de leur part!"
rief das Kind mit entrüstetem Reinlichkeitsgefühl aus, und
auch Frau Mathilde lachte, daß ihr die hellen Thränen über
die Wangen liefen.

Derselbe Heine, dem man herzlosen Spott, grausame
Ironie, vernichtende Bosheit oft mit Recht vorgeworfen,
hatte trotz alledem sich einen wahrhaften Kindersinn bis in
sein Alter erhalten.

<blockquote>
Fürcht' dich nicht, du liebes Kindchen
Vor der bösen Geister Macht!
Tag und Nacht, du liebes Kindchen,
Halten Englein bei dir Wacht!
</blockquote>

So mag Heine oft die kleine Alice beruhigt haben,
wenn sie an sein Schmerzenslager getreten und von den

bleichen, krampfentstellten Zügen in kindlicher Furcht zurück=
geschreckt wurde. Und so tritt zu den Gestalten, die das
Bild ausfüllen, welches wir uns von der Matratzengruft
entworfen haben, zu der kleinen Freundin und Gevatterin,
Frau Jaubert, zu der liebevoll besorgten Mathilde und der
ängstlichen dicken Pauline, zu der sein Sterbebett verklärenden
Mouche auch noch die kleine, schwarzlockige Alice an das
Lager des sterbenden Dichters und in die dankbare Er=
innerung der immer weitere Kreise umfassenden Gemeinde
seiner begeisterten Verehrer.

Die Mouche.

Heines Leben ist reich an Räthseln und Fragezeichen,
reicher wie das der meisten deutschen Dichter. Wer ist Cal=
monius, wer der schwarze ungehängte Makler, wer da=
gegen Herr von Weiß, wer Zucker-Cohn, wer ist die Lady
Mathilde — und hauptsächlich, wer ist die merkwürdige,
mysteriöse Mouche, die über Heines Sterbebett huscht und
dann spurlos verschwindet? Zu ungezählten Malen ist
diese letzte Frage an mich gerichtet worden. Ich habe —
obwohl ich Namen und Schicksal der Dame kannte —
stets dieselbe Antwort gegeben, mit der ich vor nun bald
vierzehn Jahren die schönen und neugierigen Leserinnen
deutscher Blätter über Heines erste Liebe zu beruhigen
suchte: „Was frommt es, den Schleier von einem Bilde
zu ziehen, wenn uns das Bild darum nicht schöner und
verständlicher erscheint?"

Inzwischen hat die Dame, nach achtundzwanzig=
jähriger Ueberlegung, selbst den Schleier gelüftet und es
erscheint somit nicht mehr als Indiskretion, von ihr und

ihren Beziehungen zu Heine Näheres zu erzählen, als bis jetzt allgemein bekannt war. In einem überaus splendid ausgestatteten Buche „Les derniers jours de Henri Heine" hat sie das Interessanteste über dieses merkwürdige Verhältniß berichtet und rasch hat man sich in Deutschland beeilt, diesen Bericht zu übertragen.*) Im Anschlusse an diesen Bericht werden wir diese Geschichte der letzten Liebe Heines schildern, und da, wo die Dame aus Bescheidenheit und aus vielen anderen Gründen sich Schweigen auferlegt, aus besseren Quellen zu ergänzen suchen.

Um es gleich von vornherein anzumerken: Von sich selbst spricht sie nicht gern oder auch gar nicht. Ich weiß nicht, warum, da doch bereits Veröffentlichungen über ihr Leben und ihre Schicksale existiren. Kündigte doch ein Berliner Blatt gar ihre Memoiren an! Es kann daher nicht als indiskret scheinen, auch darüber etwas zu sagen, zumal dies vielleicht ebenso interessant als die Schilderung ihrer Beziehungen zu Heine sein dürfte.

Camille Selden, so nennt sich die Autorin des citirten Buches, in welchem sie ausdrücklich erklärt, sie sei die Mouche Heines. Die Dame hat aber nicht immer so geheißen. Ich kenne nun bereits vier Namen von ihr — die Initialien eines desselben — E. K. — hat die Fürstin della Rocca in ihrem Buche über Heine verzeichnet· und Alfred Meißner wiederholt. Auch den Namen „Margot" nennt Meißner, der der Dame bekanntlich sehr nahe gestanden, ferner Sarah Dennigson. Es existiren außerdem noch zwei Namen. Welcher der richtige sei, bleibe gelehrten Literarhistorikern zu erforschen überlassen, die in künftigen Jahrhunderten zweifellos sehr gelehrte Dissertationen über die Mouche schreiben werden. Wir haben es

---

*) Heinrich Heines letzte Tage. Erinnerungen von Camille Selden, Jena, H. Costenoble.

für jetzt vorläufig mit Camille Selden zu thun, die gegenwärtig Lehrerin der Literatur an einer Mädchenschule zu Rouen und überdies eine eifrige Schriftstellerin ist.

Eine Deutsche von Geburt — Meißner hält sie für eine Pragerin, Wilhelm Singer, der sie bekanntlich sogar „interviewt" hat, für eine Sächsin — kam Camille Selden früh nach Paris und soll sich dort im Alter von 18 Jahren — in parenthesi: heute zählt sie etwa 57 Jahre — an einen Franzosen verheirathet haben. Die Ehe war nicht glücklich und wurde nach einigen Jahren getrennt. Die Art und Weise, in der dies geschehen sein soll, ist nicht weniger romantisch, wie das ganze Leben der Dame. Der Franzose gab nämlich vor, in London Geschäfte zu haben und ersuchte sie, ihn dahin zu begleiten. In London angekommen, ließ er sie unter dem Vorwande, sie sei wahnsinnig geworden, in ein Irrenhaus sperren. Die Unglückliche, ohnedies von zarter, nervöser Natur, erkrankte in Folge der schrecklichen Gemüthserregung. Es trat eine Paralyse ein, so daß sie nur undeutliche und unzusammenhängende Worte sprechen konnte. Aber auch aus diesen erkannte ein intelligenter, junger Arzt den wahren Sachverhalt und es gelang ihm, der Armen nach erfolgter Genesung die Freiheit zu erwirken.

Natürlich betrieb sie nun selbst die Scheidung und reiste hierauf nach Paris zurück. Dort lebte sie mit ihrer Mutter, und dort lernte sie Meißner kennen. Die Beziehungen des Dichters zu der seltsamen Frau sind von ihm selbst in seinem „Schattentanz" in eigenartiger, liebenswürdiger Manier erzählt worden — und ich brauche sicher nur auf dieses Buch hinzuweisen.

Daß trotzdem und auch ungeachtet der meiner Ansicht nach nicht durchweg zutreffenden Mittheilungen der Fürstin della Rocca noch genug Räthsel in der Geschichte bleiben, hat Meißner selbst erklärt. Aber die wichtigsten sind doch wohl nun gelöst, und es bleibt nur noch die komische Ansicht der Frau Mathilde Heine zu erwähnen, die die Mouche „für einen weiblichen Spion" hielt. Wahrscheinlich für einen preußischen!

„Hellbraunes Haar, das in Locken herabfiel, blaue hellblickende Augen und ein allerliebstes Stumpfnäschen", so schildert Alfred Meißner das Aussehen der Mouche — allerdings im August 1847. Und mein alter Freund Wilhelm Singer erklärt im November 1883 — also rund sechsunddreißig Jahre später: „Die Sammtaugen sind noch immer anziehend geblieben, in dem vollen Gesicht spielt noch heute der Wiederschein einstiger Grazie. Auf dem schöngeformten Kopfe streitet das Grau mit dem tiefen Blond, ohne letzteres besiegen zu können. Freilich die Geschmeidigkeit der Gestalt hat einer angenehmen Fülle Platz gemacht." Auf seine Frage: „Haben Sie nicht eine Photographie von sich aus den . . . . vergangenen Jahren?" erwidert die „Frau Professorin" schnell: „Es existirt eine Photographie von mir, allein die hat Jemand . . . . Sprechen wir lieber nicht davon, überhaupt sagen Sie möglichst wenig über mich!"

Also sprechen wir lieber nicht davon!

* * *

Mit einer musikalischen Komposition, die ein Verehrer Heines, ein jüngst verstorbener Freiherr von Vesque-Püttlingen aus Wien demselben überschickte, führte sich die junge Dame bei dem Dichter zum ersten Male ein, dessen Lieder auch sie schon in den Jugendjahren entzückt hatten, und den kennen zu lernen natürlich auch ihr lebhaftester Wunsch war. „Ich liebte ihn um so mehr, als ich ihn angefeindet wußte," sagt sie — „ich fühlte, daß ich, ihn vertheidigend, gewissermaßen mich selbst vertheidigte, und daß ich, indem ich für ihn eine Lanze brach, mich selbst vorbereitete für den Tag, da ich mich gegen menschliche Bosheit und Niedertracht zu wehren haben würde."

In der That, ein bemerkenswerthes Geständniß, das noch ergänzt werden mag durch ein von Heine citirtes Wort: „Unsere Geister sind nahe verwandt; und deshalb habe ich Dir nichts zu verbergen."

Es entspann sich nun zwischen dem alternden, aber noch immer liebesbedürftigen und der Frauenschönheit huldigenden Dichter und der jungen, begeisterten und schönen Verehrerin ein merkwürdiges Verhältniß, eines jener Verhältnisse, das dem Psychologen viel zu denken geben mag, zu dem aber der Literarhistoriker sofort in des greisen Goethe Beziehungen zu Ulrike von Levetzow eine Parallele finden wird. Nur daß Goethe ein Achtziger und Heine kaum ein Fünfziger, jener aber freilich gesund und kräftig, und dieser ein Todeskandidat war.

Die einzelnen Stadien dieses Verhältnisses mag man in dem Buche von Frau Selden verfolgen. Zum großen Theil sind sie den Verehrern des Dichters schon aus der Darstellung Alfred Meißners bekannt, und es ist der Dame selbst nur eine späte, nicht gerade reiche Nachlese von Gesprächen und Briefen übrig geblieben, die sie nun, nachdem die Bedenklichkeiten und Skrupel der Jugend der reifen Ueberlegung des Alters Platz gemacht, ohne Scheu publiziren kann.

Weil sie ein Petschaft mit einer eingravirten Fliege führte, nannte sie Heine beständig die Mouche, und unter diesem Namen war sie bis jetzt allein bekannt. Einen unsäglich rührenden Eindruck machen die kleinen Billets, die der kranke Dichter an diese Mouche richtet, voll Liebesbedürfniß, voll Sehnsucht und voll Schmerz.... Das Postskriptum enthält gewöhnlich eine lakonische Mittheilung über seinen trostlosen Zustand. Es sind nicht große literarische

Fragen, die in diesem Briefwechsel abgehandelt werden, aber der Dichter tritt uns darin menschlich näher; wir fühlen und leiden mit ihm, wir sehnen uns mit ihm nach der fröhlichen „Fliege", und trauern mit ihm, wenn sie morgen nicht kommen kann oder gestern ausgeblieben ist. Auch von diesen Briefen ist ein großer Theil schon bekannt und aus dem Buche Meißners in den Briefwechsel Heines aufgenommen, wo er sich freilich zwischen all den ernsten literarischen und geschäftlichen Korrespondenzen seltsam genug und sehr deplacirt ausnimmt. Ein Theil der Billets, die Camille Selden nun mittheilt, sind neu; daß sie die deutschen Briefe in ihr geliebtes Französisch übertragen und daß wir jetzt genötigt sind, sie ins Deutsche rückzuübersetzen, wäre wohl geeignet, gegen die Sächsin, oder meinethalben Pragerin, einzunehmen, zumal die wenigen deutschen Worte, die das Büchlein enthält, sämmtlich falsch geschrieben sind. So heißt es einmal „Burschen Schaften", ein andermal „gedanken bann", und so mit Grazie weiter, daß man sich fast versucht fühlt, an eine Absicht zu denken. Warum auch nicht? Hat ja erst kürzlich der geistvolle französische Kritiker Francisque Sarcey feierlich erklärt, Heine sei ein Franzose und er begriffe nicht, was die Deutschen für einen Anspruch auf ihn hätten! Und Victor Cherbuliez hat mich gleichfalls kürzlich etwas unsanft angefahren, weil ich in meiner biographischen Einleitung zur Volksausgabe von Heines Werken (Hamburg 1884) behauptet habe, das Leben in Paris sei ein Unglück für Heine gewesen! Die deutsche Uebersetzerin — natürlich ist es eine Uebersetzerin — hat solche Fehler selbstverständlich ausgemerzt.

Doch zurück zur Mouche und den Briefen Heines, deren erster — „au début de notre liason" — in der von mir versuchten Rückübersetzung, an Heines Art und Manier hintastend, allerdings schon ziemlich vertraut klingt:

Reizendste und allerliebste Frau!

Ich bedaure lebhaft, Sie letzthin nur so kurze Zeit gesehen zu haben. Sie haben mir einen sehr angenehmen Eindruck hinterlassen, und ich empfinde ein großes Verlangen, Sie wiederzusehen. Kommen Sie von morgen an, wenn Sie können, in jedem Falle kommen Sie so bald wie möglich. Ich bin bereit, Sie in jeder Stunde zu empfangen, doch würde ich vorziehen, von 4 Uhr an bis . . . so spät wie Sie wollen. — Ich schreibe Ihnen selbst trotz der Schwäche meiner Augen, weil ich in diesem Augenblicke gar keinen vertraulichen Sekretär habe. Meine Ohren sind voll von schrecklichem Lärm, und ich habe gar nicht aufgehört, leidend zu sein. Ich weiß nicht, warum mir Ihre herzliche Sympathie so wohlthut; so abergläubisch zu sein, wie ich es bin! Ich bilde mir ein, daß eine gute Fee mich besucht hat in der Stunde der Betrübniß. Nein, wenn die Fee gut, ist die Stunde glücklich. Oder wären Sie eine schlechte Fee? Ich muß das bald wissen.

Ihr Heinrich Heine.

Daß die Mouche alsbald kam, brauche ich wohl nicht erst hervorzuheben. Immer inniger entwickelte sich das freundschaftliche Verhältniß. Camille wurde der vertraute Sekretär, sie korrigirte die französische Ausgabe der "Reisebilder", er diktirte ihr die intimsten Briefe, unter anderen auch einen, der ihr besonders im Gedächtniß geblieben, es war ein Condolenzschreiben an die Baronin Betty v. Rothschild nach dem Tode ihres Gatten, voll des lebhaften Beileids und eine poetische Schilderung des innig warmen jüdischen Familienlebens enthaltend. Die Familie Rothschild bewahrt diesen interessanten Brief in ihrem Archiv auf.

Heine nennt sich, da er die "Mouche" so ernsthaft beschäftigt, ihren "Schulmeister", und schon der zweite der an sie gerichteten Briefe beginnt mit der scherzhaften Wendung:

Keine Schule heute, weil der Schulmeister noch nicht Pfarrer ist, wie der alte Lißt sagt: deshalb behelfe ich mich heut ohne Dich. Aber laß mich wissen, ob Du morgen Montag kommen kannst. Ich habe große Kopfschmerzen; es wäre egoistisch, Dich kommen zu lassen, ohne daß ich mich mit Dir unterhalten könnte.

Deiner Antwort gewärtig, verbleibe ich, theure Mouche, der Verrückteste der Verrückten H. H.

Auf dem Wege von dem freundschaftlichen „Sie" zu dem vertraulichen „Du" hat sich, wie man sieht, das Band zwischen den beiden verwandten Naturen schon enger geknüpft. Die leise auftauchende Frage — ich lese sie auf dem Gesichte der verehrten Leserin! — wie sich Frau Mathilde Heine zu diesem gefährlichen Sekretär gestellt habe, beantwortet uns Frau Selden auch und zwar recht energisch, aber, wie ich glaube, nicht ganz befriedigend! Die Mouche ist auf die Gattin des Dichters nicht gerade gut zu sprechen; sie bezeichnet seine Ehe als eine Verirrung und schildert den schmerzlichen Kontrast zwischen dieser kräftigen, für den Lebensgenuß geschaffenen Frau und dem bleichen Sterbenden, der aber immer noch genug Energie besaß, „um außer dem täglichen Brode auch noch schöne Kleider zu schaffen." Aber etwas Schlechtes weiß auch Camille Selden nicht von Mathilde Heine zu berichten — und das ist gut so. Wenn sie uns erzählt, daß Mathilde auf sie trotz der eifrigen Besuche nicht eifersüchtig gewesen sei, so rechnen wir es der dicken Mathilde hoch an, die ja später selbst erzählte: „Ich habe mich nie viel um diese Besuche gekümmert!"

„La plus douce des fines Mouches!" so hebt ein dritter, in der Anrede kaum übersetzbarer Brief Heines an, wie es denn der Dichter überhaupt liebte, französische und deutsche Sätze in den Billets an die Mouche untereinanderzumengen und sich völlig gehen zu lassen.

Oder lassen wir vielleicht das Symbol Ihres Petschafts und soll ich Sie nach dem Parfüm Ihres Briefes nennen? In diesem Falle würde ich Sie „die niedlichste aller Moschuskatzen" heißen. Ich habe Ihren Brief gestern erhalten, die pattes de mouche gehen mir beständig im Kopfe herum, ja selbst im Herzen. Meinen lebhaftesten Dank für all' das Wohlwollen, das Sie mir zuwenden. Die Uebersetzung der Gedichte ist schön, und ich wiederhole, was

ich Ihnen über diesen Gegenstand vor Ihrer Abreise gesagt habe.
Ich freue mich auch, Sie bald wiederzusehen und de poser une
empreinte vivante auf Ihr liebliches Schwabengesicht. Ach! Dieser
Satz würde eine weniger platonische Bedeutung haben, wenn ich
noch ein Mann wäre: Aber ich bin nichts mehr wie ein Geist,
was Ihnen wohl recht sein kann, mir aber nur wenig paßt.

Die französische Ausgabe meiner Gedichte ist soeben erschienen
und macht Furore. Immerhin aber erst in zwei oder drei Monaten
werden diejenigen meiner Gedichte, welche noch nicht veröffentlicht
waren, wie z. B. der „Neue Frühling" in einem der letzten Bände
der französischen Ausgabe erscheinen. Sie sehen also, es ist keine
verlorne Zeit. Ja, ich freue mich, Sie wiederzusehen, zarte Mouche
meiner Seele! Du graciöseste aller Moschuskatzen, zugleich aber
auch süß wie eine Angorakatze, eine Art, die ich vorziehe. Eine
lange Zeit habe ich die Tigerkatzen geliebt; aber sie sind zu ge=
fährlich und die empreintes vivantes, die sie manchmal auf meinem
Gesicht zurückließen, waren fatal. Ich befinde mich immer noch
sehr schlecht; fortwährend Widerwärtigkeiten und Wuthanfälle.
Rasend gegen meinen Zustand, der verzweifelt ist! Ein Todter,
der nach all' den heißen Genüssen begehrt, die das Leben nur
bieten kann! Das ist schrecklich! Möge das Bad Sie stärken und
Ihnen gutthun. Die herzlichsten Grüße von Ihrem Freunde

H. H.

Manche von den kleinen und originellen Billets waren
auch französisch geschrieben — und dann wieder mit deutschen
Worten vermengt. Ich citire hier eines dieser kleinen
Briefchen:

Ma chere amie,

Vous êtes à Paris et pourtant vous tardez encore à venir
me serrer la main. J'ai grande envie de sentir le muse de vos
gants, d'entendre le son de votre voix, de poser une empreinte
vivante sur votre Schwabengesicht. — Ne vous fâches pas:
— quelque gracieuse que vous soyez, vous avez une figur de
Gelbveigelein souabes!

Mais venez bientôt. Tout à vous

Henri Heine.

Die Mittheilungen, die die Mouche über ihre Gespräche
mit Heine macht, lassen allerdings in ihr einen regen und kühnen

Geist erkennen, und es ist begreiflich, daß der alternde kranke Dichter an der lebhaften und schönen jungen Dame, die Stunden lang an seiner „Matratzengruft" saß, ihm vorlas, Briefe schrieb, Korrekturen machte, das herzlichste Wohlgefallen haben, ja daß er ihr die innigste Neigung zuwenden mußte. In der That sind die folgenden Billets der Ausdruck einer solchen Zuneigung, die den noch immer jugendlich empfindenden Heine gar mächtig erfaßt hat. Er erzählt ihr Alles, er klagt ihr Alles, und beichtet ihr Manches, was er erlitten und getragen, indeß sie abwesend war. Schon aus dem Ton der nächsten Billets ist das Wachsen dieser Neigung, die am Baume seines Lebens noch eine späte aber schöne Blüthe reifte, deutlich zu erkennen. So lautet eines der folgenden Briefchen:

Theures Kind!

Ich habe einen Migräne-Anfall, welcher, wie ich fürchte, morgen noch fortdauern, ja wahrscheinlich noch schlimmer werden wird. Ich eile, Dich davon zu benachrichtigen, damit Du weißt, daß morgen keine Schule ist und daß Du folglich über Deinen Nachmittag nach Belieben disponiren kannst. Ich rechne aber auf Dich für übermorgen. Wenn Du nicht kommen kannst, so laß es mich vorher wissen, mein theures, süßes Kind. Ich werde Dich nie prügeln, auch wenn Du es durch ein Uebermaß von Dummheit verdienen solltest. Vor Allem, um die Ruthe halten zu können, muß man mehr Kraft haben, als ich besitze. Ich bin niedergeschlagen, leidend und traurig. Ich küsse die pattes de mouche.

Dein Freund H. H.

Auf denselben Ton sind nun auch die folgenden Briefe gestimmt, von denen Frau Selden noch sechs mittheilt, die aber — wie gesagt — zum Theil schon im deutschen Originaltext veröffentlicht und bekannt sind. Die Aufschriften und Unterschriften wechseln beständig in diesen kleinen Briefchen, den letzten Boten des sterbenden Dichterlebens! Bald heißt sie „Liebste Katze!" bald „Theure süße Seele!" bald wieder „Geliebte Mouche!" Er selbst ist heute ihr „Lotos-

blumen=Anbeter", morgen der "Vandalenkönig Bison I.", und ein ander Mal gar "Nebuchodonosar II., ehemaliger preußischer Atheist und jetziger Lotosblumen=Anbeter". Den schmerzhaftesten Eindruck macht der Schluß eines der letzten Briefe:
"Misère, ton nom est
Henri Heine."

In solchen kurzen und knappen Sätzen, Billets und Karten der letzten Jahre hat Heine oft das ganze Elend seiner Lage klarer und schärfer ausgesprochen, als dies ganze Bände von Biographien und Erinnerungen vermöchten.

Um nach dieser kurzen Abschweifung aber wieder auf die kleine Mouche zurückzukommen, finden wir es begreiflich, daß sie, das Inventar ihrer Liebe und ihrer Erinnerungen aufnehmend, auch die vier Gedichte ihrem Buche einverleibt, die Heine ihr gewidmet hat, und von denen das eine: "Für die Mouche" jene schaurige Vision seiner letzten Tage enthält, da dem Dichter in einer Sommernacht ein toller Hexensabbath von Spukgestalten erschien, indeß über seinem Haupte eine Blume sich entfaltete, eine Passionsblume, die sich vor seinen Augen in ein Frauenbildniß verwandelt . . .

> Du warst die Blume, du geliebtes Kind,
> An deinen Küssen mußt' ich dich erkennen.
> So zärtlich keine Blumenlippen sind,
> So feurig keine Blumenthränen brennen.

"Die Wahlverlobten" ist das zweite dieser der Mouche geweihten Lieder, das mit dem Bekenntniß schließt:

> Ich weiß es jetzt. Bei Gott! Du bist es,
> Die ich geliebt. Wie bitter ist es,
> Wenn im Momente des Erkennens
> Die Stunde schlägt des ew'gen Trennens!
> Der Willkomm ist zu gleicher Zeit
> Ein Lebewohl! Wir scheiden heut
> Auf immerdar. Kein Wiedersehn
> Giebt es für uns in Himmelshöhn.

Und in dem Cyklus von Liedern, die „Zum Lazarus" überschrieben sind, finden sich die beiden andern Gedichte, von denen das eine „Dich fesselt mein Gedankenbann" den mächtigen Zauber verräth, mit dem der Dichter die Mouche fesselte, indeß das andere, „Laß mich mit glüh'nden Zangen kneipen", einer der bereits erwähnten „Wuthanfälle" ist, da ihn die Mouche über Gebühr hatte warten lassen . . .

> Du kamest nicht — ich rase, schnaube,
> Und Satanas raunt mir in's Ohr:
> Die Lotosblume, wie ich glaube,
> Moquirt sich Deiner, alter Thor.

Ob Heine gewußt hat, wer diese seltsame Mouche war, die seine letzten Lebenstage erhellte? Darüber lassen uns die Geständnisse der Dame im Unklaren. Und auch Alfred Meißner berichtet nicht darüber. „Wir haben sie beide geliebt, Heine und ich" — sagt er — „aber wie anders Jeder! Ich, in den sonnigen Tagen des Glückes, mit Gelächter und Leichtsinn, er in Leid, Gram, und Verzweiflung." Und beide erfreute das Surren der kleinen, glänzenden „Fliege", ohne daß sie fragten, woher sie kam und wohin sie ging.

„Schiebe deinen Hut etwas zurück, daß ich dich besser sehe! Morgen also, hörst du, nicht ausbleiben!" Das waren die letzten Worte Heines zur Mouche. Und als sie des andern Morgens kam, „war keine Schule mehr", denn Heine war todt . . . .

In ergreifender Weise schildert die Frau, welche einst dem Dichter so nahe gestanden, ihren letzten Eindruck; schließen wir mit jener Schilderung dies kurze Skizzenblatt: „Man führte mich in ein stilles Zimmer, wo die Leiche wie eine Statue auf einem Grabmal in der erhabenen Unbeweglichkeit des Todes lag. Nichts Menschliches mehr in diesen kalten Zügen, nichts mehr, was an Den erinnert, der da geliebt, gehaßt und gelitten: eine antike Maske, über welche

die Ruhe des Todes die Eisschicht einer stolzen Gleichgiltig=
keit gelegt hatte, ein bleiches Marmorgesicht, dessen korrekte
Linien an die erhabensten Meisterwerke der griechischen Kunst
erinnerten, so habe ich ihn zum letzen Male gesehen, dessen
gewissermaßen vergöttlichte Züge an irgend eine erhabene
Allegorie gemahnten. Der Tod zeigte sich gerecht gegen
Den, der ihn liebte, und wandelte ihn zur Statue um;
ähnlich der herrlichen Gestalt, welche er in der Wallfahrt
nach Kevlaar gezeichnet, lenkte der Tod, der große Tröster,
seine Schritte des Morgens nach dem Bette des Kranken,
um seinen Leiden ein Ende zu machen."

Heines Sekretair.

Immer mehr lichtet sich der Kreis der Menschen, die
Heine nahe gestanden, die ihn gekannt und geschätzt haben.
Auf Heinrich Laube ist nun auch Karl Hillebrand gefolgt,
dessen Tod (Oktober 1884) überall da schmerzlich wird
empfunden werden, wo man seine literarische Mission
als Vermittler deutschen und fremden Geisteslebens, vor
Allem aber sein feingeistiges literarisches Schaffen als
Historiker wie als Essayist gebührend gewürdigt und geehrt
hat. Es ist nicht die müßige Sucht, zwei hervorragende,
anscheinend fremd einander gegenüberstehende Geister in
persönliche Berührung zu bringen, die uns etwa veranlaßt, von
Hillebrands wenig gekannten Beziehungen zu Heinrich Heine
zu erzählen. Vielmehr möchte ich am frischen Grabe des
theuren Mannes zu den vielen Zeugnissen seiner Bedeutung
wie seiner persönlichen Vorzüge auch noch hinzufügen, daß er
an seinem Theile so viel dazu beigetragen hat, daß das öffent=
liche Urtheil, insbesondere das unserer Gelehrtenkreise, in dem

letzten Jahrzehnt eine so merkwürdige Wandlung zu Gunsten des einst so vielgeschmähten Dichters erfahren hat.

Wenn man die Wandlungen dieses Urtheils verfolgen will, so braucht man sich nur an die Familie Hillebrand selbst zu halten. Joseph Hillebrand, der Vater, fällt 1846 in seiner „Deutschen Nationalliteratur" ein hartes, ja vernichtendes Urtheil über Heinrich Heine; Karl Hillebrand erklärt sich 1876 öffentlich als ein aufrichtiger Verehrer des Dichters und läßt seinen Schöpfungen wie seinem Charakter volle Gerechtigkeit widerfahren. So mächtig war der Umschwung zu Gunsten Heines innerhalb dreier Jahrzehnte.

Und auch das spricht schon zu Gunsten des Dichters, daß er, der Joseph Hillebrands scharfe Kritik über seine Schöpfungen sehr genau kannte, den Sohn, Karl Hillebrand, 1849, also drei Jahre später, als dieser, nachdem er drei Monate in den Kasematten von Rastatt wegen Betheiligung am badischen Aufstande gesessen, dann nach Paris entkommen war, daselbst in der herzlichsten und freundschaftlichsten Weise aufnahm. Ein im dritten Semester von der Universität weggelaufener Student, ein badischer Freischärler, konnte Karl Hillebrand dem Dichter damals nur wenig Anregung bieten. Auch sein ganzes persönliches Auftreten war nicht gerade besonders anmuthend. Dennoch fesselte ihn Heine an sich.

Karl Hillebrand war Heines erster Privatsekretär.

Es ist bekannt, daß mit den Stürmen des Jahres 1848 auch in Heines Leben die große Katastrophe hereinbrach. Er konnte nicht mehr aufrecht sitzen, nicht mehr sehen, nicht frei gehen und natürlich auch nicht mehr schreiben. Aber peinlicher als alle körperlichen Leiden war ihm gerade das Diktiren. Es dauerte lange, bis er sich daran gewöhnte, seine Gedanken vorher im Kopfe sorgfältig zu redigiren und sie durch einen Fremden aufschreiben zu lassen. „Ich schrieb bisher Alles immer selbst," sagte er damals zu Adolf Stahr, „und ich glaube, daß es im Deutschen namentlich mit dem Diktiren von Prosa ein mißliches Ding ist. Der Schriftsteller hat nicht blos den Tonfall, sondern auch den architektonischen Bau seiner Perioden in Betracht zu ziehen. Unsere Sprache ist für das Auge mitberechnet; sie ist plastisch, und beim Reimen entscheidet nicht nur der Klang, sondern auch die Schreibart .... Verse, die man im Kopf fertig macht, kann man noch eher diktiren, als Prosa; und ich könnte auch das nicht, ich würde auch so noch Vieles ändern."

Wenn sich Heine später dennoch dazu entschließen mußte, Alles, Prosa und Verse, Aufsätze und Briefe zu diktiren, so wird man es begreiflich finden, daß er sich keine gewöhnliche Schreiberseele für seine Zwecke aussuchte, und daß er mit seinem durchdringenden Blick, mit seiner großen Menschenkenntniß in dem unscheinbaren deutschen Emigranten eine geistige Kraft entdeckte oder ahnte, die nicht mechanisch das Diktirte nachschreiben, sondern durch geistige Auffassung, durch Rath und selbstständige Meinung helfen würde.

Hillebrand war zu bescheiden, um das zuzugestehen. Aber es ist mehr als wahrscheinlich, das er schon damals eine solche geistige Kraft ahnen ließ, als ein Korrespondent deutscher Zeitungen, Dr. Löwenthal, ihn dem Dichter vorstellte. Sie wurden bald handelseinig, und er gesteht selbst ein, daß sie auch handelseinig geworden wären, wenn ihm Heine seine „harten Fünffrankenthaler, die er seufzend aus der rothen Börse unter dem Kopfkissen hervorzuziehen pflegte, nicht angeboten hätte." Hillebrand wurde nun des Dichters ständiger Sekretär, und er selbst hat in einem ausführlichen Schreiben an Prof. Hermann Hüffer in Bonn das Interessanteste und Wichtigste über seine damaligen Beziehungen zu dem Dichter mitgetheilt. Zwar hatte er in jener Zeit noch kein Tagebuch geführt und war — nach seinem Geständniß — „jugendlich leichtsinnig genug, all' das schöne Gold, das aus des Dichters Munde floß, anstatt es sorglich aufzuspeichern, durch die Finger gleiten zu lassen. Denn er war ein Verschwender: Witz und Bild strömten ohne Unterlaß von seinen Lippen, und man hätte nur kein jämmerliches Sieb sein müssen, wie ich es war, um den Strom aufzufangen."

Indeß ist auch dieses nur ein Bekenntniß seiner Bescheidenheit. Denn ich selbst kann aus mündlicher Unterhaltung bezeugen, wieviel Hillebrand noch nach mehr als dreißig Jahren von Heines Geistesspielen, scharfen Witzen, satyrischen Bemerkungen, persönlichen Ausfällen und funkelnden Gedankenblitzen in treuer Erinnerung bewahrt hat. Das Thatsächliche aber über seine Stellung bei Heine hat er in jenem gedruckten Schreiben veröffentlicht, in dem er öffentlich Zeugniß ablegte für seine Verehrung Heines, für den Charakter des Dichters, für die mächtige Geisteskraft, die mitten unter den entsetzlichsten Qualen eine solche Schärfe des logischen Denkens, eine so hohe poetische Weltanschauung sich bewahrte. Auf dieses Schreiben, das ich für eines der wichtigsten Dokumente zur Biographie Heines halte, und das — meiner Ansicht nach — nicht wenig dazu beigetragen hat, das deutsche Urtheil über Heine, das mehr als billig von Gervinus, Koberstein, Goedeke u. A. beeinflußt war, zu Gunsten des Dichters umzuwandeln, brauche ich hier nur zu verweisen; es enthält über die Leidenszeit des Dichters und die Entstehung des „Romancero" die interessantesten Aufschlüsse.*)

---

*) Dasselbe ist in dem bereits wiederholt citirten, vortrefflichen Buche von H. Hüffer: „Aus dem Leben Heinrich Heines" (Berlin 1878) S. 157 ff. enthalten.

Denn den ganzen „Romancero" hat Heine Hillebrand in die Feder diktirt. Und Hüffer hat Recht, wenn er hinzufügt, es sei für die Freunde seiner Muse ein sehr erfreulicher Gedanke, daß die unter so vielen Schmerzen entstandenen Gedichte gleich, da sie zum ersten Male laut wurden, ihre Aufzeichnung durch die Hand eines Freundes erhielten, der ihren Werth und den Werth des Dichters zu schätzen gewußt hat.

„Das Gedicht war jedesmal ganz fertig am Morgen," so erzählt Hillebrand. „Dann aber ging's an ein Feilen, das Stunden lang währte, und wobei ich ihm als Prüfstein diente, oder vielmehr er meine Jugend wie Molière die Unwissenheit Louisons benutzte, indem er mich über Klang, Tonfall, Klarheit u. s. w. befragte. Dabei ward dann jedes Präsens und Imperfectum genau erwogen, jedes veraltete und ungewöhnliche Wort nach seiner Berechtigung geprüft, jede Elision ausgemerzt, jedes unnütze Adjektiv weggeschnitten; hier und da auch wohl Nachlässigkeiten hineincorrigirt. Ich erinnere mich lebhaft jedes einzelnen Gedichtes der Sammlung, ziemlich genau auch der Kommentare vornehmlich über Personen, die er dazu machte."

Aber Hillebrand war auch Heines Vorleser. Und die Mittheilungen, die er über die Lektüre des an die Matratzengruft gefesselten Dichters macht, sind von nicht geringerem Interesse und von großem Werth für das Urtheil über seinen wissenschaftlichen Sinn, den ihm die Literarhistoriker unter den deutschen Professoren stets so gern abgesprochen haben. Drei bis vier Stunden täglich las ihm Hillebrand theologische und philosophische Schriften vor, wie die Werke von Spittler, Tholuck, Spalding und die Bibel, „die er fast auswendig wußte" und aus der man ihm besonders häufig vorlesen mußte. Von Zeitungen wollte er nichts wissen. Höchstens das „Journal des Débats" duldete er —

und von populären Büchern erinnert sich Hillebrand nur des Werkes von Heinrich Laube über das deutsche Parlament, welches Heine aus Freundschaft für den Autor sehr lebhaft interessirte. Dagegen wurden die deutschen Klassiker, Goethe und Schiller vorab, fleißig gelesen und besprochen. Heine hegte eine besondere Vorliebe für Schillers Dramen, namentlich für den „Wallenstein". Dabei ließ er sich die Mühe nicht verdrießen, den jungen Vorleser in die Geheimnisse des Handwerks einzuweihen, „ihm das Warum uud Wie gewisser Stilformen, ja sogar der Kunstgriffe des Dichtens, die er sofort herausfand, auseinanderzusetzen, ihn anf die feinsten Nuancen aufmerksam zu machen, ihm immer und immer wieder das Maßvolle der Klassiker anzupreisen".

Ein Jahr lang dauerte dieses Verhältniß, während dessen Hillebrand von dem Dichter „stets mit einer Güte und liebevollen Rücksichtnahme" behandelt wurde, die tief in seinem Herzen eingeprägt geblieben ist. Das hinderte Heine natürlich nicht, über den jungen und unbeholfenen Deutschen zu Zeiten die witzigsten Glossen zu machen. So erzählte er einmal Ludwig Kalisch, dem bekannten humoristischen Schriftsteller, von seiner Art zu arbeiten: „Ich diktire fast jeden Tag, was mir eine entsetzliche Anstrengung verursacht. Es erschöpft mich fürchterlich. Wenn Sie noch ein wenig verweilen, werden Sie den Schlemihl sehn, dem ich in die Feder diktire. Doch was sag' ich? Nicht er ist der Schlemihl; ich bin es!"

Andere und zum Theil schärfere Witze erzählte Hillebrand selbst oft in Privatgesellschaft; aber nie ließ er sich dazu herbei, über Heines Familienleben, über seine Beziehungen zu Frau und Familie etwas Nachtheiliges mitzutheilen. „Gerade die Sicherheit, mit welcher man in meiner Gegenwart handelte und sprach, legte mir in dieser Beziehung Verschwiegenheit auf," so erklärt Hillebrand in dem mehrfach citirten Schreiben. Aber leider hat sein Beispiel nicht Nachahmung gefunden. Vorher und nachher hat der Privatklatsch mit Vorliebe in dem Leben Heines gewühlt und eine Unmasse von Schmutz zusammengetragen, von dem das Andenken des Dichters zu reinigen, die Aufgabe aller seiner Freunde sein und bleiben muß.

Unter diesen nimmt aber Karl Hillebrand einen besonders hohen Rang ein. Nicht nur durch das Zeugniß, das er für Heines Schöpfungen, für seinen Ernst, seinen guten Charakter und seinen wissenschaftlichen Sinn ablegte, sondern auch und hauptsächlich durch das freimüthige Bekenntniß, wieviel er von seiner höhern Bildung und literarischen Bedeutung Heine zu danken habe. Ich erinnere mich nicht, daß einer von Heines Freunden ein so offenes Bekenntniß seiner Dankesschuld abgelegt hätte, wie sehr auch Mancher dazu verpflichtet gewesen wäre. Und wie mir scheint, liegt gerade in diesem Bekenntniß das Wesentliche und Bedeutsame der Beziehungen Hillebrands zu Heine.

Zum letzten Male sah Hillebrand den Dichter ein Jahr vor seinem Tode. Er erkundigte sich mit inniger Theilnahme nach den literarischen Fortschritten seines Schützlings, dessen schriftstellerische Versuche er schon vorher wiederholt gelesen und korrigirt hatte, und rieth ihm französisch zu schreiben.

„So danke ich ihm" — damit schließt Hillebrand seine Mittheilungen — „zu viel Anderem auch dies, daß ich im Exil nicht verbummelt bin, daß ich fünf volle Jahre darauf verwendet habe, mich der Zucht einer zweiten Schul- und Universitätsbildung zu unterwerfen, alle meine akademischen Grade vom Abiturientenexamen bis zur Doktorpromotion in der Sorbonne redlich zu erkämpfen, und was nicht das Geringste ist, daß ich nie eine Zeile vor dem vollendeten dreißigsten Jahre habe drucken lassen."

Man wird nicht ohne Rührung nach dem Tode des edlen Mannes diese Mittheilungen lesen. Wenn man bedenkt, was Karl Hillebrand in diese kurze Spanne Zeit von noch nicht fünfundzwanzig Jahren an geistigem Gehalt zusammengedrängt, wenn man die lange Reihe seiner historischen, literar= und kulturgeschichtlichen Werke und Essays Revue passiren läßt, und wenn man endlich sein glänzendes Darstellungstalent, seine ideale Weltanschauung, seine kühne und zutreffende Weise, „Zeiten, Völker und Menschen" zu charakterisiren, sich in Erinnerung bringt, so wird man zu der Ueberzeugung gelangen, daß wir in ihm einen unserer vorzüglichsten Schriftsteller verloren haben. Dann wird man aber auch des Dichters mit inniger Liebe gedenken, der ihm die ersten Anregungen gegeben und seine ersten literarischen Versuche gefördert hat.

———

Heines letzter Tag.

In ein kleines, stilles Gäßchen des Seine=Babel führe ich nun die geneigten Leser. Zwar nur wenige Schritte davon tost und tobt die Menschenwelle gar gewaltig; Carossen und Spaziergänger und Lärm und Musik fluthen durch die herrlichen Champs Elysées; hier aber ist es still und einsam, in der Avenue Matignon. Nur selten trägt der Windhauch einen Ton von drüben in diese abgelegene Straße; nur vereinzelte Spaziergänger wählen sie, um nach dem Arc de l'Etoile zu gelangen. Und drei Treppen hoch, hundertundfünfzig Stufen, muß ich Sie bitten, mich zu begleiten und durch einen langen finstern Corridor zu wandeln, ehe wir in ein kleines, aber helles und freundliches Balkonzimmer gelangen, das uns durch seine Ausstattung schon auf den ersten Blick als eine Krankenstube erscheint.

Das ist es auch. Ein Blick auf das "Matratzenlager" sagt uns alles. Dort liegt ein seltsam aussehender, bleicher Mann nicht etwa auf einem Bett, sondern auf einem halben Dutzend übereinandergelegter Matratzen. Es dauert lang, bis wir den Eindruck dieser Erscheinung überwunden haben. Zwar haben wir uns darauf vorbereitet, einen Gelähmten auf seinem Schmerzenslager zu finden, aber diese entsetzliche Verwüstung haben wir nimmer erwartet. Der kleine, förmlich zusammengeschrumpfte Leib ist etwas zur Seite des des niedrigen Lagers geneigt, die Beine dagegen, stark gekrümmt, liegen der ganzen Schwere nach auf der linken Seite, unbeweglich lahm, in einer Sellung, die nur ein seit vielen Jahren Gelähmter überhaupt ertragen kann. Oberleib, Arme und Gesicht bewegt der Kranke zwar frei, seine Augen aber sind infolge einer Lähmung der Augenliber, welche schlaff herabhängen, fast geschlossen; wenn er uns betrachten will oder die kleine üppige Frau, die eben an sein Lager getreten und ihm den Morgengruß bringt, muß er die linke Hand über den Kopf weg führen und das rechte Augenlid heben, wobei aus dem matten dunklen Auge noch ein Schimmer unsäglicher Liebe und tiefen Leids auf die kleine Frau strahlt — dann fällt das Lid seiner ganzen Schwere nach wieder herab.

Die Physiognomie des Kranken fesselt uns aber trotz dieser unheimlichen Vorgänge doch so mächtig in einem unsagbaren Zauberbanne, daß wir, so oft wir es auch versuchen, doch den Blick nicht von ihm wenden können. Es sind überaus interessante, durch Leiden veränderte Züge: ein ovales Gesicht mit erkennbarem orientalischem Typus, in welchem ein Ausdruck tiefer Erschlaffung vorherrscht, und über das nur selten wie blitzartig ein mephistophelisches Lächeln zuckt; halblanges, dunkelbraunes, glattes Haar bedeckt etwas verworren den feingeschnittenen Kopf; ein feiner

Bart à la Henri IV., zu beiden Seiten des Kinns mit stark von der sonst dunklen Färbung abstechenden weißen Stellen, umrahmt den schön geformten Mund.

Wir sind schnell mit uns darüber einig, daß dieser Mund und jene über die dünn Decke ausgestrehten feinen, durchsichtigen Hände das Schönste an dieser leidenden Mannesgestalt sind. An diesen „schöngereimten Lippen, die man nur bei Dichtern findet", erkennen wir den Poeten und verfolgen mit Spannung die Worte, die er mit einem räthselhaften Lächeln an seine Gattin — denn das war jene kleine geschwätzige Frau — richtet, die ihm, da er eben aus einem kurzen, unruhigen Halbschlummer erwacht, mit ihren materiellen Sorgen naht.

Mit gebrochener Stimme, fast wie im Traume noch, erwidert der Kranke der ängstlich auf ihn blickenden Mathilde: „Sei unbesorgt, meine Liebe; es kommt ein Mann ... mit einem Sack voll blanker Thaler ... der kleine Zacharias ... da wird alles gut werden ... es wird Geld ins Haus kommen ... der kleine Zach ... a ... rias kommt ... mit einem Sack ... blanker Thaler" ...

Dann wendet er sich zur Seite und träumt weiter.

Mathilde aber ruft entsetzt aus: „O mein Gott, er redet irre!" Weinend und händeringend holt sie ihre treue Pauline herbei, und beide umstehen nun das Krankenlager. Der Dichter aber hat sein leidendes Dulderantlitz der Sonne zugewendet, die eben ihre vollen Strahlen in sein stilles Heim und auf sein Schmerzensbett und auf sein abgemagertes Gesicht sendet, und noch einmal dasselbe mit der Aureole der Poesie umglänzt. Er scheint zu träumen; nur selten hört man ein abgerissenes Wort, einen hastig ausgesprochenen Satz, einen schwer hervorgestoßenen Namen über die feinen, weichen und doch kräftigen Lippen huschen! Hier und da verzieht sich der herrliche Mund zu einem

scharfen Lächeln, zuweilen wandelt über die bleiche, gedanken=
stolze Stirn schwere Sorge — es ist der Traum eines Dichter=
lebens, den Heine zum letzten mal träumt. Und wir er=
kennen ihn aus den einzelnen zusammenhanglosen Worten,
die vernehmlich an unser lauschendes Ohr klingen und uns
die Gestalten, Situationen, Gedichte nnd Momente vor das
geistige Auge zaubern, aus denen dieses reichbewegte Leben,
das nun seinem Ende zugeht, sich zusammengesetzt hat.

Heine ist erwacht. Wie so oft auch im Leben des
Gesunden Traum und Wachen sich in einem Moment
zusammenfinden, so spinnt auch der Kranke die Traumfäden
immer weiter, die mit den Sonnenstrahlen sich zum lieblichen
Bilde in der Phantasie des Dichters einen. Das letzte Ge=
bilde seines Schaffens liegt vor ihm auf der Decke; es sind
noch nicht zwei Tage vergangen, da es seinem Geiste in
einer glücklichen, schmerzfreien Stunde sich entrungen, und
nun liest er es wieder, und tief ergreift ihn die schauerliche
Symbolik des eigenen Lieds, in welchem er das eigene
Leid verewigt hat:

Du warst die Blume, du geliebtes Kind,
An deinen Küssen mußt' ich Dich erkennen.
So zärtlich keine Blumenlippen sind,
So feurig keine Blumenthränen brennen!

Geschlossen war mein Aug', doch angeblickt
Hat meine Seel' beständig dein Gesichte,
Du sahst mich an, beseligt und verzückt
Und geisterhaft beglänzt vom Mondenlichte.

Wir sprachen nicht, jedoch mein Herz vernahm,
Was du verschwiegen dachtest im Gemüthe —
Das ausgesprochne Wort ist ohne Scham,
Das Schweigen ist der Liebe keusche Blüthe.

Lautloses Zwiegespräch! man glaubt es kaum,
Wie bei dem stummen, zärtlichen Geplauder
So schnell die Zeit verstreicht im schönen Traum
Der Sommernacht, gewebt aus Luft und Schauder!

Die letzten Verse hat der Dichter nicht mehr aus dem Blatt gelesen, auf dem sie mit Bleistift gekritzelt waren, sondern er spricht sie frei zu der lieblichen Frauengestalt, die unbemerkt in das Zimmer getreten ist und an dem Krankenlager, bang aufhorchend, nun schon eine Weile gestanden hat.

„Endlich bist du da!" ruft ihr Heine in einem fast strengen Ton entgegen.

Sie aber bricht in Thränen aus; ein convulsivisches Zucken zieht über ihr Gesicht; man merkt es der zierlichen Erscheinung an, daß sie ein Fieberfrost schüttelt, daß sie nur mühsam ihre Schmerzen verbergen kann. Denn gewaltsam hat sie sich aus dem Bette aufgerafft, um den kranken Dichter noch einmal zu sehen, und nun ruft dieser wenig liebevolle Ton, mit dem er sie empfangen, alle ihre trüben Erinnerungen wach. Als ob Heine dies alles geahnt hätte, ruft er sie jetzt mit schmeichelnden Worten zu sich heran, und sie muß sich an den Rand seines Lagers setzen. Die Thränen, die über ihre blasse Wangen rollen, scheinen ihn tief zu erschüttern.

„Nimm deinen Hut ab, damit ich dich besser sehen kann", sagt er. Und mit einer liebkosenden Geberde zieht er an ihrem Hutband. Wie von einer schnellen, gewaltsamen Erregung ergriffen, wirft sie den Hut fort und kniet an seinem Lager nieder. Vergebens sucht sie den Strom der Thränen zurückzudrängen ... In der Stube herrscht eine feierliche Stille, die nur hier und da von dem Schluchzen der Mouche unterbrochen wird. Auch die Sonnenstrahlen sind vorübergezogen. Kein Laut unterbricht die heilige Ruhe; die Hand des Dichters, welche auf dem Lockenhaupt des Mädchens liegt, scheint sie zu segnen.

Dann erhebt sie sich leise und will sich entfernen, ohne den Kranken aus seinem Sinnen zu stören. Sie hat schon

faſt die Schwelle des Zimmers überſchritten, als der Klang
der geliebten Stimme noch einmal, deutlich zwar, aber wie
angſtvoll zitternd, ihr Ohr berührt:

„Auf Morgen, hörſt du? ſäume nicht!" —

Hätten wir einen Tag zuvor dieſes Zimmer betreten,
wir hätten vielleicht eine ähnliche Scene mit geringen Ver=
änderungen beobachten können. Nur daß es geſtern nicht
die Mouche, ſondern Frau Caroline Jaubert war, die „kleine
Gevatterin", die Freundin Alfred de Muſſets, die Heine
zum letzten Mal beſuchte.

Auch ihr rief Heine, als ſie ihm zum Abſchied die
Hand reichte, bewegt die Worte nach: „Bleiben Sie nicht
zu lange aus, meine Freundin, es wäre unvorſichtig!"

Er iſt eben bereit, den Gevatter Tod in jedem Augen=
blick zu empfangen . . . .

Und wenn er heute, da ſein Zuſtand ein verhältniß=
mäßig günſtiger genannt werden kann, noch etwa mit leiſem
Zweifeln, mit ſchwachen Hoffnungen ſich an das Leben
klammern möchte, der Mann, der nun mit prüfender Miene
an ſein Bett getreten, iſt im Stande auch dieſen letzten
Zweifel zu beſeitigen. Es iſt der Arzt des Dichters, Dr. Gruby,
zugleich ſein theilnehmender und hingebender Freund.

Mit Erſtaunen bemerkt er, daß man dem Kranken eine
Taſſe Thee und Waſſer von Vichy, mit einem Tropfen Lauda=
num vermiſcht, vorgeſetzt hat. Die treue Wärterin hatte
in der Nacht zuvor aus Beſorgniß einen in der Nähe
wohnenden alten Arzt gerufen, der dieſe Anordnungen ge=
troffen, die Gruby, der den Zuſtand des Kranken genau
erkannt, ſofort beiſeite ſchaffen läßt. Er verordnet Eis=
umſchläge auf den Magen.

Das hört aber Heine, und aus dem Ton, mit dem
Gruby zu Mathilden ſpricht, erkennt er, daß ſeine Stunde
gekommen. Er fragt ihn mit feſter Stimme:

„Also, ich muß sterben?"

Der Arzt, der den Charakter des Dichters kennt und Heine in einem feierlichen Moment fest versprochen hatte, ihm die Wahrheit nicht vorzuenthalten, wenn der letzte Augenblick nahe, bejaht die schauerliche Frage; diese Kunde empfängt der Dichter aber ohne die geringste Unruhe. Auch ein Todesurtheil vermag nicht mehr zu erschrecken, wenn man sich acht Jahre darauf hat vorbereiten müssen.

Nur selten stellen sich während des Nachmittags noch Momente der Erleichterung ein. In einem solchen Augenblick sagt Heine zu seiner Wärterin, der treuen Catharine Bourlois: „Ich fühle mich glücklich, daß ich meine gute Schwester noch einmal gesehen habe, denn ach, Catharine, ich bin ein todter Mann!"

Und nun nehmen auch wir Abschied von dem Sterbenden, dessen letzten Lebenstag wir hier aufmerksam verfolgt haben. Das war der Freitag des 15. Februar 1856. Was noch folgte, war nicht mehr Leben, sondern ein beständiger Kampf, ein Ringen der verrinnenden Lebenskräfte mit dem siegenden Tode. Das läßt sich nicht mehr schildern, das ist kein Lebenstag mehr. Die Pflicht des Chronisten ist nun beendet, nachdem er den wirklich letzten Lebenstag des Dichters geschildert.

Am darauffolgenden Sonnabend verschlimmerte sich der Zustand immer mehr; die Sprache wurde undeutlich, der Gesichtsausdruck verzerrt. Nur in der späten Nachmittagsstunde flüstert er noch dreimal das Wort: „schreiben", dann rief er: „Papier, Bleistift!"

So verfolgte ihn noch in den letzten Stunden seines Daseins beständig der Gedanke an seine Arbeiten, über welche er am Mittwoch noch zu der Wärterin begütigend gesagt hatte: „Ich habe nur noch vier Tage Arbeit, dann ist mein Werk vollendet."

Das war am Mittwoch, und am Sonntag in grauer Morgenfrühe war sein Lebenswerk vollendet, war der Liedermund verstummt auf ewig, indeß seine Wohllautweisen fortleben und fortklingen werden.

* * *

Der Erzähler nimmt Abschied von dem geneigten Leser, der ihn an Heines Sterbelager begleitet und seinen letzten Lebenstag beobachtet hat. Aber er würde seine Aufgabe nicht für völlig ausgeführt betrachten müssen, wenn er die Thatsache verschweigen wollte, daß am Morgen nach dem Tode des Dichters der Kassirer des Buchhändlers M. Levy, des französischen Verlegers der Werke Heines, Monsieur Zacharias, in die Wohnung desselben trat und Frau Mathilden einen grauen „Sack voll blanker Thaler" als das vereinbarte Honorar für die französische Ausgabe überbrachte.

Die Memoiren.

I.

Es ist charakteristisch für das neuerwachte Interesse an Heinrich Heine und seinen Schöpfungen, daß man heute nur zu sagen braucht: „Die Memoiren" und wohl berechtigt ist, zu erwarten, daß jeder Leser wissen werde, es handle sich um die Memoiren Heinrich Heines, die seit Wochen und Monaten Gegenstand eines erbitterten Federkrieges sind.*)

Das war nicht immer so. Erst seit etwa zwei bis drei Jahren, seit überhaupt jener Herr Julia, den Heine zum Testamentsvollstrecker ernannt hat, aus dem Dunkel einer

---

*) Im Februar 1884 geschrieben.

französischen Präfektur an das Zeitungslicht gezogen wurde, beschäftigt sich das deutsche Volk mit dem zu erwartenden Werke des Dichters. Vor zehn Jahren wußten nur die Heineaner etwas von der Existenz des Werkes, dessen Verbleib ihnen aber ebenso unbekannt war wie heute, und dem sie bald im Geldschrank des Bruders, bald in den Archiven des österreichischen Finanzministeriums seinen Ruheplatz anwiesen. Ich erinnere mich noch sehr lebhaft, daß mir Maximilian Heine, mit dem ich damals in der vielbesprochenen Berliner „Artistisch-Litterarischen Gesellschaft" oft verkehrte, ein donnerndes: „Polizeispion!" entgegenschleuderte, als ich ihn nach den „Memoiren" ausfragen wollte. Die einzig sichere Quelle, die wir für die Existenz der „Memoiren" hatten, waren die Briefe Heines selbst und die Mittheilungen Alfred Meißners aus dem Leben des Dichters. Es ist merkwürdig, das es in neuerer Zeit Niemandem eingefallen ist, danach zu fragen, was Heine selbst von seinen „Memoiren" berichtet, da dies ja die Neugierde wesentlich gesteigert und uns wenigstens einigermaßen über den Inhalt und die Bedeutung der vielumstrittenen „Memoiren" instruirt hätte. Ich will es daher versuchen, das Wichtigste darüber nach den Quellen zu gruppiren und durch einige Bemerkungen zu ergänzen, die die Mythenbildung über dieses Werk vielleicht aufklären helfen.

Daß Heine im Alter von 23 — oder nach anderer Berechnung von 26 Jahren, da viele der Ansicht sind, daß er 1797 geboren wurde — bereits anfing, seine „Memoiren" zu schreiben, wird mit Recht ein Lächeln erregen. Indeß wird es Niemanden wundern, der sich daran erinnert, daß Heine zu derselben Zeit den Vers gemacht: „Ich bin ein deutscher Dichter, bekannt im deutschen Land" u. s. w., wenn er in einem Briefe des stud. jur. Harry Heine aus Berlin vom 7. April 1823 an seinen Freund Wohlwill in Hamburg Folgendes zu lesen bekommt: „Ich weiß nicht, ob du mich verstanden; wenn du einst meine Memoiren liest und einen Hamburger Menschentroß geschildert findest, wovon ich einige liebe, mehrere hasse und die meisten verachte, so wirst du mich besser verstehen." Doch wird auf diese Aeußerung des Dichters noch wenig Wert zu legen sein — er konnte ja auch die künftig zu schreibenden „Memoiren im Sinne gehabt haben — ebensowenig wie auf die Bemerkung in einem Briefe an Ludwig Robert aus demselben Jahre: „Vielleicht erleben Sie es noch, meine Bekenntnisse zu lesen, und zu sehen, wie ich meine Zeitgenossen betrachtet, und wie mein ganzes trübes, drangvolles Leben in das Uneigennützigste, in die Idee, übergeht."

Erst aus dem Jahre 1825 datiren frohere Nachrichten über die Memoiren des damals also fünf- oder achtundzwanzigjährigen Mannes. In einem Briefe an Moser, den modernen „Marquis Posa", erklärt er, daß er an einem „angefangenen ‚Faust', Memoiren und dergleichen" arbeite. Und ein kürzlich verstorbener Studienfreund Heines von der Georgia Augusta, Eduard Wedekind, bestätigt nach seinem Tagebuche aus jener Zeit, daß ihm der Dichter auf seine diesbezügliche Anregung erwidert habe: „Ich habe schon einen Anfang dazu gemacht, indem ich Memoiren schreibe, die schon ziemlich stark angewachsen sind. Jetzt bleiben sie indeß liegen, weil ich anderes zu thun habe; ich werde sie aber fortsetzen, und sie sollen entweder nach meinem Tode erscheinen, oder noch bei meinem Leben, wenn ich so alt werde, wie der alte Herr!" (Goethe.)

Schon wieder sehe ich das Lächeln auf den Lippen des geneigten Lesers sich festpflanzen, der diese Bemerkungen im mildesten Falle für studentische Rodomontaden halten wird. Das Lächeln aber schwindet, wenn wir nach Jahren wieder die erste wehmüthige Mittheilung des Dichters über seine

„Memoiren" lesen, in denen er mit allen seinen Feinden Abrechnung halten will. „Ach, krank und elend wie ich bin", — so schreibt er an die schöne Friederike Robert — „wie zur Selbstbespottung, beschreibe ich jetzt die glänzendste Zeit meines Lebens, eine Zeit, wo ich berauscht von Uebermuth und Liebesglück, auf den Höhen der Appeninen umherjauchzte, und große, wilde Thaten träumte, wodurch mein Ruhm sich über die ganze Erde verbreitete bis zur fernsten Insel, wo der Schiffer des Abends am Heerde von mir erzählen sollte."

Es vergehen lange, bange Jahre, der Dichter hat des Lebens Leid und Lust erfahren und befindet sich eben wieder in der bittersten Stimmung, da die Censur seine Gedanken gemordet und mancherlei Unglück seine Verhältnisse zerrüttet hat. Da schreibt er an Julius Campe, den alten treuen Verleger und Beichtiger seiner Literaturschmerzen: „Ich stehe schon schlecht genug mit meinem Oheim, ich sitze bis an den Hals in großen Zahlungsnöthen und er läßt mich in Stich, aber ich bin nicht der Mann, der um dergleichen Misere auch nur in einer Zeile sich rächt. Gottlob, als ich meine „Memoiren" schrieb, wo er oft besprochen werden mußte, standen wir noch brillant und ich habe wahrlich ihn con amore gezeichnet."

Zweierlei erhellt aus dieser Notiz. Erstens, daß Heine im Jahre 1836 bereits einen oder zwei Bände seiner Erinnerungen geschrieben hatte, und dann, daß es eine böswillige Verleumdung war, wenn man damals behauptete, die Familie Heine hielte die Publikation der „Memoiren" wegen der Schilderung zurück, die der Neffe darin vom Onkel entworfen habe!

Die Bestätigung der ersteren Folgerung enthält schon ein weniges Monate jüngerer, gleichfalls an Campe gerichteter Brief, in dem es heißt: „Hätte ich nicht heute

rasenden Kopfschmerz, so würde ich Ihnen über das nächste
Buch, das ich herausgebe, das Umständlichste mittheilen.
Ich habe nämlich wirklich schon begonnen, mein Leben zu
schreiben; nur der Zeitumstände wegen zögere ich gern mit
dieser Publikation, ich wollte ihr auch den höchsten Glanz
verleihen und lange daran schreiben; aber gerne kontrahiere
ich schon jetzt mit Ihnen über dieses Werk, wie ich es immer
lange vorher mit meinen Büchern zu machen pflege, und
ich glaube: wenn es einst den Schluß der Gesammtausgabe
bildet, ist der Werth derselben unberechenbar zu Ihrem
Vortheile erhöht."

Es ist nicht bekannt, was der schlaue Verleger auf
diesen echt geschäftsmännisch abgefaßten Brief Heines er=
widert hat, jedenfalls kommt der Dichter schon in seinem
nächsten Briefe auf die Sache, die ihm sichtlich sehr am
Herzen liegt, zurück: „Tag und Nacht beschäftige ich mich
mit meinem großen Buche, dem Romane meines Lebens,
und jetzt erst fühle ich den ganzen Werth dessen, was ich
durch den Brand im Hause meiner Mutter an Papieren
verloren habe.*) Ich hatte die Absicht, dieses Buch erst
in späteren Zeiten herauszugeben, aber angeregt durch die
Idee der Gesammtausgabe meiner Werke, soll es das nächste
sein, was das Publikum von mir erhält; nichts soll früher
von mir herauskommen. Ich habe Ihnen in meinem letzten
Briefe bereits gesagt, daß ich mich freue, ein solches Buch
Ihnen anbieten zu können ... Sie wissen, ich prahle nicht,
und ich kann schon jetzt das Außerordentlichste prophezeien,

---

*) Während des großen Hamburger Brandes im Jahre 1842.
Heine hatte seiner Mutter eine Kiste mit Papieren und Büchern auf=
zuheben gegeben, in der das Manuskript des „Rabbi von Bacharach",
sein ganzer Briefwechsel mit Immermann, Rahel u. a. aufbewahrt
lag, und die damals mit verbrannten.

da ich das Publikum kenne und genau weiß, über welche Personen, Zustände und Ereignisse es belehrt und unterhalten sein will." Heine berichtet dann noch des weitern, daß er sich nur betreffs der Lieferungszeit und des Volumens nicht verpflichten könne, da sich ihm der Stoff unter der Hand dehne und was er heute auf zwei Bände schätze, später über drei hinauslaufen könne.

Die Antwort Campes schien trotz alledem nicht sehr ermuthigend gewesen zu sein, denn Heine wird in den nächsten Briefen an seinen Verleger ganz still von dem Projekt, in einem Schreiben aber, das er wenige Monate später an Bruder Max aus Havre de Grace richtet, meldet er diesem: "Ich schreibe viel. Mein wichtigstes Werk sind die Memoiren, die aber doch nicht so bald erscheinen werden; am liebsten wäre es mir, wenn sie erst nach meinem Tode gedruckt würden!"

Man kann sagen, daß von all' den Herzenswünschen des armen Heine eigentlich nur dieser eine einzige wirklich in Erfüllung gegangen ist! Die Differenz aber zwischen dem vorigen und diesem Schreiben kann man aus der einfachen Thatsache erklären, daß auf die schreckliche Geldebbe wieder eine Honorarfluth gefolgt ist, die dem Dichter das Hinausschieben des Memoirenprojekts gestattete.

Es ist nun lange still von den Memoiren. Erst der Sturm, den das Testament des reichen Onkels erregte, der des armen Neffen ganz vergessen, beschwört auch die "Memoiren" wieder herauf, die aber — zur Ehre Heines sei es gesagt — nie als Waffe gegen den Feind vorgeführt, sondern nur in einem Moment überwallenden Zornes zu den "Tribulationen" gezählt werden, die er gegen die Familie aushekt. Indeß geht auch dieser Sturm vorüber und der Dichter ist seinem Schaffen wiedergegeben. Um so seltsamer, daß wir jetzt und lange Zeit — fast 10 Jahre hindurch —

nichts von der Arbeit an den „Memoiren", nichts von der
Herausgabe hören oder lesen. Erst das geldfressende Un=
geheuer seiner Krankheit erinnert ihn wieder an die betrüb=
same Thatsache, auf neuen Erwerb sinnen zu müssen. Und in
dem Unmuth darüber schreibt er — im März 1852 — an
Campe: „Ich habe vielleicht der Delikatesse immer zu sehr
geopfert, und man hat mir verflucht schlechten Dank dafür
gewußt. Rücksichten für Ueberlebende sakrificierte ich den
größten Theil meiner „Memoiren", und es klingt wie eine
Ironie, wenn ich jetzt in Bezug auf letztere Anträge erhalte,
die Sie in Erstaunen setzten würden. Mißverstehen sie mich
nicht, liebster Freund, ich denke an keine solche Herausgabe,
die mich auf einmal aus der Patsche reißen würde" ...

In die Lücke dieser zehn Jahre fällt also die „Sakri=
fikation" eines Theils der von ihm selbst auf vier Bände
geschätzten „Memoiren", von denen Heine selbst noch einmal
berichtet, daß „in der That ein großer Theil davon ver=
nichtet ist." Auch viele Freunde des Dichters — Laube,
Meißner, Kalisch, Weill u. a. — berichten von einem Auto=
dafé, das Heine in jenen Jahren einmal angerichtet, in
einem jener dunklen Augenblicke, wo man geistigen Selbst=
mordgedanken nicht widerstehen kann; „es waren hübsche
Sachen darunter" — erzählte er später einem Bekannten
— „Friede ihrer Asche!"

Nun gibt es allerdings böse Skeptiker, die nicht recht
daran glauben wollen, daß Heine, der von seinen Produktionen
wirklich sehr eingenommen war, die Kinder seiner Muse in
so grausamer Weise dem Feuertode habe übergeben können.
Indeß wird eine Notiz in einem zwei Jahre späteren Briefe
— gleichfalls an Campe — doch wohl die Wahrscheinlichkeit
dieses litterarischen Kindesmords bestätigen. In diesem
Briefe spricht er zunächst von der Herausgabe der „Geständ=
nisse", dir gleichsam „die Vorläufer" zu den „Memoiren"

bilden, welche jedoch „in einem populärern und noch viel pittoreskern Stil geschrieben werden" — sodann schreibt er: „Herr T. wird Ihnen gewiß die Mittheilung gemacht haben, daß ich mich mit Heroismus einer ganz neuen Ab= fassung meiner „Memoiren" unterziehe, und ich hoffe, daß dieses die Krone meiner Schriften sein wird. Aber Heroismus war es, statt zu flicken, gleich wieder etwas Neues zu weben, und ich hoffe, wenn ich ohne Störung bleibe, schon in diesem Jahre eine große Portion fertig zu machen und unverzüglich zu publiciren. Da ich jetzt weiß, was ich nicht sagen darf, so schreibe ich mit großer Sicherheit, und nichts hindert mich mehr, das Geschriebene schon bei Lebzeiten vom Stapel laufen zu lassen."

Vergebliches Hoffen — denn immer tiefer fallen die Schatten in das Leben des kranken Heine, immer heftiger bohren die Schmerzen sich in seinen arg zerrütteten Körper ein, immer schwerer wird ihm die Sorge um sein Weib, immer mühevoller sein Schaffen, die tägliche Arbeit um das Brot. Sein Sekretär aus jener Zeit — es war dies bekanntlich kein Geringerer als Karl Hillebrand — hat nichts darüber mit= getheilt, ob ihm Heine auch etwas von den „Memoiren" in die Feder diktirt habe. Und nur noch einmal begegnen wir in den Briefen des Dichters — und zwar in dem Schreiben an einen theuren Jugendfreund, an Joseph Lehmann, einer Erwähnung der „Memoiren". Er bittet den alten Freund um Nachrichten, da er vom Vaterlande nichts mehr erfahre .... „Denn auch, da ich, sobald ich wieder zur Ruhe komme, mich ganz in meine Memoiren versenken werde, kann irgend eine Mittheilung über Schicksale und Transformationen landsmännischer alter Freunde für mich von einigem Nutzen sein. Manchen glaube ich lebend, der längst todt ist; und manchen glaube ich todt, der unterdessen bloß dumm geworden oder schlecht."

Er ist nicht wieder zur Ruhe gekommen — und zwei Jahre darauf war er in die ewige Ruhe eingegangen.

In jenen Sommertagen des Jahres 1854, aus welchem der Brief an Lehmann datirt, besuchte ihn Alfred Meißner, der treue, hingebende Freund Heines — und auch diesem zeigte der Dichter, auf ein Kästchen, das zu oberst auf einem Schrank gerade seinem Bette gegenüber stand, hindeutend, die „Memoiren" mit den Worten: „Sehen Sie dahin! Dort liegen meine „Memoiren", darin sammle ich seit Jahren fratzenhafte Porträts, abschreckende Silhouetten. Manche wissen von dem Kästchen und zittern, daß ich es öffne und verhalten sich inzwischen in banger Erwartung still oder lassen wenigstens nur verstohlen durch nichtige Subjekte und litterarische Handlanger den Krieg gegen mich führen. In diesem Kästchen liegt ein hoher, keineswegs der letzte meiner Triumphe."

Meißner hat übrigens — wie er mir selbst erzählt — das Manuscript der „Memoiren" zu wiederholten Malen gesehen. Es wurde auf Foliobogen mit Bleistift geschrieben, denn Heine konnte in seinem Bette kein Tintenfaß placiren. Er bediente sich dabei als Unterlage einer sehr primitiven Mappe, eines breiten Stückes Pappendeckel, dem der Buch=binder einen passenden schwarzen Ueberzug gegeben hatte. Schon damals schätzte Meißner den Umfang des Werkes auf drei Bände.

Auch Rudolph Christiani, „der Mirabeau der Lüne=burger Haide", bekanntlich ein Verwandter des Dichters, bestätigte das Vorhandensein der „Memoiren" ausdrücklich, mit der Bemerkung, daß nach seinem Wissen Mathilde Heine von dem der Familie verkauften Manuscripte für alle Fälle eine Abschrift zurückbehalten habe. Diese Abschrift ist denn auch wahrscheinlich aus dem Nachlaß Mathildens in den Besitz des Herrn Julia übergegangen. Selbst die

„Mouche" bestätgt die Existenz der echten Memoiren in ihrer kleinen Schrift über Heine.

Fassen wir alles zusammen, was als unzweifelhaft oder zum mindesten sehr wahrscheinlich aus den eigenen Mittheilungen Heines über seine „Memoiren" hervorgeht, so ergiebt sich zunächst die nicht wegzuleugnende — weil durch klassische Zeugen bestätigte — Thatsache, daß Heine das Werk geschrieben, daß die „Memoiren" also in mindestens drei Bänden existirt haben! Ob er sie wirklich schon 1823 angefangen, ob er sie in der That zum Theil sakrifizirt, zum Theil verbrannt und dann, nach fast 20 Jahren, von neuem wieder geschrieben — dies alles mag dahingestellt bleiben. Es ist auch von untergeordnetem Werthe gegenüber dem Inhalt der „Memoiren" selbst, die nach den obigen Mittheilungen Heines ein ungemein interessantes Bild der gesammten Zeitepoche darstellen müssen. Kein „kurzer, dürrer Lebensabriß" sollen die „Memoiren" nach einem ködernden Schreiben Heines an Campe werden, sondern ein großes Buch, „welches die ganze Zeitgeschichte, die ich in ihren größten Momenten mitgelebt, umfasse, sammt den markantesten Personen meiner Zeit, ganz Europa, das ganze moderne Leben, deutsche Zustände bis zur Juliusrevolution, die Resultate meines Aufenthaltes im Foyer der politischen und socialen Revolution, das Resultat meiner kostspieligsten und schmerzlichsten Studien, das Buch, das man ganz eigens von mir erwartet." Denken wir nur an das Kaleidoskop von Bildern, das das Leben Heines von der Bolkerstraße in Düsseldorf bis zur Matratzengruft in Paris darbietet, so werden wir uns ungefähr wohl vorstellen können, was wir zu erwarten haben. Sind die „Memoiren" wirklich und unzweifelhaft echt und vollständig, so müssen sie uns die farbenprächtigsten Bilder der Napoleonischen Fremdherrschaft und des buntbewegten Lebens der Rheinlande, der auf=

blühenden Romantik in Bonn, der Genieperiode und der
Salons in Berlin, des „jungen Paläſtina", des kauf=
männiſchen Treibens in Frankfurt und Hamburg, der ge=
waltigen Eindrücke der Julirevolution und des Pariſer
Lebens, des St. Simonismus und der franzöſiſchen Ro=
mantik, des „jungen Deutſchland" und der aufreibenden
Kämpfe mit Cenſur und Bundestag, des Bürgerkönigthums,
des Jahres 1848, und endlich die Porträts der hervor=
ragendſten Zeitgenoſſen und der bedeutendſten Männer des
Jahrhunderts, zu denen Heine meiſt in nahen Beziehungen
geſtanden, liefern. Da müßten neben Schlegel und Goethe
auch Immermann und Rahel, neben Zunz, Gans, Lehmann
und Moſer, Grabbe, Uechtritz und Köchy, neben Humboldt
und Hegel, Meyerbeer, Mendelſohn=Bartholdy und Hiller,
neben Wagner Roſſini, neben Gutzkow und Laube Laſſalle
und Marx, neben Chevalier, Enfantin und Pierre Leroux,
Thiers, Mignet, Victor Hugo, Muſſet und die Sand, Dumas
und Gautier, Börne und Herwegh, Dingelſtedt und Lißt
und hundert andere nicht minder intereſſante Charakterköpfe
zu treffen ſein.

Und dies alles in dem „pittoresken" Stil ſeiner beſten
Proſaſchriften, voll des bezwingenden Humors, der glühen=
den Phantaſie und der ſcharfen Charakteriſtik, die Heine zu
eigen war, — in der That, wenn wir uns die „Memoiren"
ſo denken, dann müßten ſie wirklich der letzte und größte
Triumph dieſes Dichterlebens ſein.

II.

Die Memoiren Heinrich Heines ſind nun erſchienen*).
Unwillkürlich drängt ſich jedem die Frage auf: haben ſie die
hochgeſpannten Erwartungen erfüllt oder getäuſcht? Soll

---

*) Im Mai 1884 geſchrieben.

ich meinen, den Eindruck eines aufrichtigen Verehrers der Muse Heines zusammenfassen und ehrlich bekennen, so muß ich sagen: der Eindruck dieser Aufzeichnungen aus dem Leben des Dichters ist der einer Enttäuschung. Es muß das um so stärker betont werden, weil der Publikation der Memoiren eine journalistische Reklame voraufging, die wohl geeignet schien, den literarischen Thatbestand zu verdunkeln. Dabei war für den Beobachter eine interessante Wahrnehmung zu machen, welche merkwürdigen Wandlungen das Interesse für Heine und an seinem Schaffen in den letzten dreißig Jahren durchgemacht hat.

Nimmt man heute die erste beliebige litterarische Zeitschrift aus den dreißiger oder vierziger Jahren zur Hand, so wird man kaum eine oder zwei Nummern lesen können, ohne irgend eine pikante Notiz über Heine zu finden. Bald handelt es sich um ein Duell, eine Liebschaft, eine Heirath, zu Zeiten wohl auch um eine Tracht Prügel oder eine historische Ohrfeige, bald wieder um ein neues Werk, eine projektirte Zeitschrift, eine Wandlung in politischen und religiösen Anschauungen. In der nächsten Nummer kommt die Berichtigung, in der dritten ein geharnischtes Dementi, und nicht selten hält dann schließlich in der vierten Nummer der Korrespondent seine Mittheilung in allen Theilen aufrecht. Dann starb Heine. Wie mit einem Schlage war die Situation verändert. Die Rubrik: Heine, die sich allmählich zu einer Seeschlange für die deutschen Journale herausgebildet hatte, verschwindet fast völlig aus den Spalten deutscher Blätter. Kaum daß die größeren noch ausführliche Nekrologe über den Dichter brachten. Die „Augsburger Allgemeine Zeitung", deren treuer Mitarbeiter Heine länger als zwanzig Jahre gewesen war, fand auch dies nicht einmal für nöthig. Ja noch mehr, ein so geistvolles, aus warmem Herzen und feinsinnigem Verständniß hervor-

gegangenes biographisches Denkmal, wie es Alfred Meißner
dem dahingeschiedenen Freunde bald uach dessen Tode er=
richtete, fand nur wenig Leser und ging, nach Meißners
eigenem Geständniß, fast unbeachtet vorüber. „Versunken
und vergessen", das schien auch dieses Sängers Fluch zu
sein. Mit dem Jahre 1870 änderte sich die Situation
einigermaßen zu Gunsten Heines. Neben Angriffen auf
seinen mangelnden, kamen Dithyramben auf seinen prophe=
tischen Patriotismus, der in Prosa und Versen die Einigung
Deutschlands und die Wiedergewinnung Elsaß=Lothringens
vorher verkündet hatte. Es begann die Periode der Wall
fahrten nach dem Grabe Heines. Kein deutscher Tourist konnte
aus Paris zurückkehren, ohne am Grabe Heines gestanden
und seine elegischen Empfindungen, nebst der bekannten
Schilderung des Montmartre, den Lesern und zahlreichen
Verehrern des Dichters mitgetheilt haben. Hatte aber der
Dichter in der That zahlreiche Verehrer? Wie es scheint,
nein. Zum Mindesten in der oberen Schicht der litterarischen
Zehntausend nicht, oder richtiger, nicht mehr. Diese waren
schon über Heine hinaus fortgeschritten. Selbst, als das
Leben des Dichters, von allen Mythen und Entstellungen
gereinigt, in wissenschaftlicher Darstellung von Adolf Strodt=
mann vorgeführt wurde, konnte dieses vortreffliche Werk
weder für sich noch für seinen Helden einen dauernden
Erfolg erringen.

Die neueste Wandlung zu Gunsten des Dichters, ein
völliger Umschlag in der Stimmung aller litterarischen und
nicht litterarischen Kreise, datirt seit dem Tode Mathildens,
seiner Gattin, eigentlich aber schon seit dem Jahre 1880,
als das „Deutsche Montagsblatt" zuerst durch seinen Mit=
arbeiter Paul d'Abrest „Die Jagd auf Julia", den an=
geblichen Besitzer der „Memoiren", anstellen ließ. Seither
ist die Frage der Memoiren nicht mehr zur Ruhe gekommen,

und mit ihr hat das Interesse an Heine, auch in jenen Kreisen, denen er schon entfremdet war, so stark zugenommen, daß man heute wohl berechtigt ist, von einer litterarischen Auferstehung des Dichters zu sprechen. Allein aus dem vergangenen Jahre zähle ich fünf Broschüren und mehr als sechzig Zeitungsartikel über Heine und die Memoiren. Nun sind sie da, die langersehnten, viel umstrittenen und heiß umworbenen, fast mythisch gewordenen Memoiren, von deren Existenz die Eingeweihten allerdings schon seit Jahren wußten. Bekanntlich sollen diese Memoiren sogar in zwei Rezensionen existiren, deren eine die jetzt veröffentlichte von Mathilde=Julia ist, während die andere und, wie es heißt, vollständigere in dem Besitz des Baron Gustav Heine in Wien sich befinden und nach dessen bündiger Erklärung niemals das Licht der Welt erblicken soll. Der Heraus= geber der ersten Rezension, die zuerst in der „Gartenlaube" zum Abdruck gelangt und sodann auch als Supplement zu Heines Werken erschienen ist, behauptet allerdings ebenso bündig, daß eine zweite Rezension gar nicht existire.*) So steht die eine Behauptung der andern gegenüber, und es bleibt dem Leser überlassen, sich sein eigenes Urtheil zu bilden. Inzwischen halten wir uns an die existirende Aus= gabe, bis über die zweite eine authenische Aufklärung erfolgt, oder das verhängnißvolle „Niemals" vielleicht doch aufgehoben wird.

Die Erwartungen, die man an diese Memoiren Heines knüpfte, waren aber nicht blos deshalb so hoch gespannt, weil ein journalistischer Federkampf darüber entbrannte, sondern hauptsächlich, weil man nach den „Geständnissen" und anderen autobiographischen Mittheilungen Heines zu= nächst, dann aber auch aus seinen brieflichen Aeußerungen über die Memoiren selbst, zu diesen Erwartungen vollauf

*) Vergl. S. 65.

berechtigt war. „Ich bin nicht geneigt, einen kurzen, dürren Lebensriß zu geben", schreibt er an Campe, „sondern ein großes Buch, vielleicht mehrere Bände, welche den Schluß der Gesammtausgabe bilden sollen, und die ganze Zeitgeschichte, die ich in ihren größten Momenten mitgelebt, umfassen". Hat Heine seine Verehrer zu großen Erwartungen also nicht nur berechtigt, sondern geradezu aufgefordert, so mußten sich diese Erwartungen noch steigern, als wir hörten, daß der Dichter in einem Anfall von Raserei das ganze Memoirenwerk verbrannt, dann aber, etwa nach zwanzig Jahren, wieder von Neuem zu schreiben angefangen und dies neue Werk als sein kostbarstes Vermächtniß, als das Facit seines ganzen litterarischen Lebens angesehen, ja daß ihn noch bis in die Todesstunde der Gedanke beschäftigt habe, welches Aufsehen dieses Buch erregen würde. Und nun die Memoiren! Ihr Herausgeber, Dr. Eduard Engel, verdient den Dank aller Freunde des Dichters, daß er schon im Vorwort eine Warnungstafel vor allzugroßen Erwartungen aufgestellt hat. Es ist also nicht seine Schuld, wenn die Erwartungen des Publikums nicht entfernt in Erfüllung gegangen sind. Das Fragment der Memoiren beschränkt sich zwar nur auf Heines Jugend, aber Heines Jugend fällt bekanntlich in eine merkwürdig bewegte Zeit. Die Franzosenherrschaft in Düsseldorf, seiner Vaterstadt, die Emancipation der rheinischen Juden, die Freiheitskriege, die Burschenschaft erfüllen sie. Wenn man die Erinnerungen des Dichters aus seiner Knabenzeit in den „Reisebildern" mit diesem Fragment vergleicht, jene farbenfrische, leichtbeschwingte, humorgewürzte Darstellung mit diesen verblaßten Aufzeichnungen des gealterten Dichters zusammenstellt, so wird man einen großen, nicht zu verkennenden Abstand wahrnehmen und zugleich das Maß der Enttäuschung begreifen, das alle diejenigen erfüllen mußte, die sich etwa mit den „Reisebildern" auf die

„Memoiren" vorbereiteten. Die vorliegenden Schilderungen machen ganz den Eindruck einer alten Photographie: die Züge sind halbverwischt und kaum noch die Umrisse der der Gestalt sind aus dem fahlen Aschgrau herauszuerkennen.

Aber nicht allein dieses Dämmerlicht ist es, das die Erinnerungen hinter denen der „Reisebilder" zurückstehen läßt, es kommt noch ein anderes, wichtigeres Moment hinzu, das ich schon oben angedeutet. Die Gegenwart ist in der That über Heine hinausgegangen und vorgeschritten. Wir sind seit seinem Tode fast dreißig Jahre älter geworden. Heine hat eine große Schule gemacht, und es ist nicht zu leugnen, daß die Wiener Feuilletonisten in der Manier seines Stiles schreiben und oft bessere Witze machen als er. Die äußerliche Manier seines Stils war leicht nachzuahmen, schon bei Lebzeiten Heines konnte man eine Parodie des= selben nur schwer vom Original unterscheiden. Das Bizarre und Frivole seiner poetischen Prosa, der Studentenstil, und mit Julian Schmidt zu sprechen, und das souveräne Feuilleton sind mit ihm in die Litteratur gekommen und haben sie lange beherrscht. Am Ende ist man aber dieser Form überdrüssig geworden und hat sich anderen Stilarten zugewandt — und nun kommt der alte Dichter mit der alten Romantik, und erzählt uns dieselben Scherze oft mit denselben Phrasen, oder auch neue Scherze in der her= gebrachten Weise jener koketten Selbstspiegelung, die ihm von jeher die meisten Gegner erweckt hat. Wie konnte da die Enttäuschung ausbleiben! Wenn es noch eines Be= weises bedurft hätte, dieses Memoirenfragment wird ihn liefern, daß nur Heines Poesie allein sein unsterblich Theil ist, während ein großer Theil seiner Prosaschriften wohl ein interessanter und wichtiger Theil der Kulturgeschichte auf lange hinaus bleiben, dauernde Bedeutung aber kaum behalten wird. Schon heute versteht die Mehrzahl der Leser

die Hälfte der Scherze und Anspielungen in den „Reise=
bildern" nicht mehr, die sich auf Personen und Ereignisse
längstvergangener Zeit beziehen. Mit welchem Interesse
wir auch heute noch die „Reisebilder" lesen, von dem
bacchantischen Rausch, in den sie Alt und Jung, Fürsten
und Demokraten, Metternich und Gentz, Varnhagen und
Humboldt bei ihrem Erscheinen versetzt, haben wir keine
Vorstellung mehr. Dies Alles wird uns erst recht klar,
wenn wir das Memoirenfragment gelesen haben. Bringt
dasselbe in die ästhetische Würdigung des Dichters, dessen
Poesie man, wie ich glaube, noch nicht genug hoch, und
dessen Prosa man vielleicht zu hoch schätzt, Klarheit und
richtiges Maß, so wollen wir es mit Freuden begrüßen.
Man wird dann sein unsterblich Theil von dem vergänglichen
endgültig absondern und jenes allein wird seinen Namen
und seine Lieder zur fernsten Zukunft tragen.

Treten wir nun den „Memoiren" selbst etwas näher,
so stellen sie sich uns als ein Stück der Erziehungsgeschichte
Heines etwa aus den Jahren 1800 — 1816 dar. Als
ein Beitrag zu dieser hätten sie ohne Zweifel hohen Werth,
wenn sie uns wesentlich neues Material brächten. Leider
ist auch dieses kaum der Fall. Die Bilder der Mutter und
des Vaters, die Schilderung der blassen Josepha, der Nichte
des Düsseldorfer Scharfrichters, das sind die wichtigsten
Punkte der Darstellung, deren Einzelheiten wohl noch die
Kritik beschäftigen werden. Von einer „Wechselwirkung
äußerer Begebenheiten und innerer Seelenereignisse", die
„die Signatura meines Seyns und Wissens" offen=
baren würde, kann in diesem Fragment nichts verspürt
werden. Ein Meisterstück jener obenerwähnten poetischen
Prosa aber ist die Einleitung. „Lege dein schönes Haupt
auf meine Knie und horche, ohne aufzublicken. Ich will
dir das Märchen meines Lebens erzählen." Das ist Heine,

echter Heine, den man erkannt hätte, auch wenn nicht sein Name über dem Ganzen stände. Und in dieser Tonart fährt er fort: „Wenn manchmal dicke Tropfen auf dein Lockenhaupt fallen, so bleibe dennoch ruhig; es ist nicht der Regen, welcher durch das Dach sickert. Weine nicht und drücke mir nur schweigend die Hand." Natürlich richtet sich die Erzählung an eine „theure Dame"; man wird nicht viele Erzählungen der jungdeutschen Periode finden, die sich nicht an eine „theure Dame" oder „schöne Frau" richten! Daß aber der Herausgeber sich bemüht, das Urbild dieser „theuren Dame" in der Mouche oder gar in der Fürstin Belgiojoso aufzusuchen, hat mich sehr gewundert; Heine hat doch wohl nur eine damals übliche poetische Fiktion angewendet, eines jener Phantasiegebilde, wie es der Herausgeber selbst vermuthet, an die sich der Dichter so oft in seinen Schriften und Gedichten wendet. Auf der Rückseite der Einleitung hat sich das Brouillon eines Widmungsgedichtes vorgefunden, dessen erste Strophe also lautet:

    Manch kostbar edle Perle birgt
    Der Ocean; manch schöne Blume
    Küßt nie ein Menschenblick, nur stumme
    Waldeinsamkeit schaut ihr Erröthen,
    Und trostlos in die Wildnißöde
    Vergeudet sie die süßen Dufte.

Charakteristisch ist die Thatsache, daß Heine in seinen „Memoiren" endlich eingesteht, „zu Ende des skeptischen achtzehnten Jahrhunderts" geboren zu sein. Es hat dies Viele in der Ueberzeugung, der auch Strodtmann in seinen letzten Lebensjahren sich zuneigte, nur noch bestärkt, daß Heine weder 1800 noch 1799, sondern vielmehr 1797 geboren wurde. Gewichtige Umstände sprechen allerdings für diese Jahreszahl, zu denen noch die nunmehr feststehende Thatsache der Heirath seiner Eltern im Jahre 1796 verstärkend hinzutritt. Was Heine von seiner, durch die Lehrer des Düsseldorfer Lyceums geförderten Liebe zum Katholizismus erzählte, das war allen Kennern seiner Schriften bis auf einige nicht zu unterschätzende psychologische Züge schon hinlänglich bekannt. Geradezu komisch klingt es aber, wenn er seiner Mutter nachsagt, sie hätte es schließlich bereut, daß sie ihn nicht "dem geistlichen Stand gewidmet." Auch in den Erinnerungen seines Bruders oder seiner Nichte befindet sich eine ähnliche Mittheilung, noch verstärkt durch ein Wort Heines: "Ich hätte können Erzbischof werden!" Nun muß man aber nicht vergessen, daß Heines Eltern, Vater und Mutter, fromme Juden waren; zu der Zeit, von welcher diese "Memoiren" sprechen, sogar orthodoxe Juden; man kann also diesen Scherz nicht anders auslegen, als daß seine Mutter gewünscht hätte, Heine hätte Rabbiner werden sollen. Doch dies alles ist nur Scherz. Im Ernst gesprochen, ist es an der Zeit, von der thörichten Großmanns= sucht zu reden, die zu den willkürlichsten Annahmen, Entstellungen und Vertuschungen gegenüber der Thatsache führt, daß die Eltern des Dichters arm, und daß sie jüdischer Abstammung waren. Beides ist notorisch, sie aber stellen das Erste entschieden in Abrede, das Andere suchen sie durch solche Anekdoten, wie die oben erzählte, zu vertuschen. Handelte es sich um die Neigungen von Privatleuten, so könnte es für die deutsche Litteratur sehr gleichgültig sein, welcher Ansicht ein russischer Staatsrath und eine italienische Fürstin über Heine sind. Aber es handelt sich um einen deutschen Dichter, dessen Charakterbild durch solche Fabeln verdunkelt wird, und da ist es Pflicht, ein ernstes Wort zu reden. Nur auf dem Untergrunde der realen Ver= hältnisse wird uns das Wesen Heines erklärlich und ver= ständlich; sie aber entziehen diesem Werke jede Basis, wenn sie diese Verhältnisse anders darstellen, als sie in der That gewesen sind. Heines Eltern waren ziemlich wohlhabend, bis zum Jahre 1814 etwa, wo sein Vater, ehedem Besitzer eines einträglichen Tuch- und Manufakturgeschäfts, sein Vermögen verlor. Dann lebten sie nur von den Unterstützungen des reichen Salomon Heine. Heines Eltern waren fromme Juden; der Vater aus Gewohnheit und, wie es scheint, der öffentlichen Meinung wegen; die Mutter aus inniger Ueberzeugung, und ihre Kinder wurden im Hause zur Erfüllung aller religiösen Ceremonien auf das Strengste angehalten. Nicht scharf genug kann die Einwirkung dieser Jugendverhältnisse betont werden, weil einzig und allein aus ihnen die Bildungsgeschichte Heines und die Entwickelung seines Charakters zu erklären sind, dessen seltsame Widersprüche ohnedies genug psychologische Räthsel aufgeben.

Eine der interessantesten Partien der neuen „Memoiren" sind die leider nur zu flüchtigen Erinnerungen an Grabbe, den Heine einen betrunkenen Shakespeare nennt. Die Erzählung von dem Manuscript des „Gothland" ist ebenfalls schon bekannt. Nur ist sie in der kritischen Gesammtausgabe der Werke Grabbes von Oscar Blumenthal wahrheitsgetreuer dargestellt. Einer Mittheilung Köchys zufolge, soll Heine dem ihm das Manuskript zeigenden Professor Gubitz auf dessen Bemerkung: „Sehen Sie sich einmal das Ding an. Ein verrücktes Geschreibsel", die Antwort gegeben haben: „Sie irren sich, lieber Gubitz! Der Mensch ist nicht verrückt, sondern ein Genie." An dieser Ansicht hielt Heine auch in späteren Jahren fest. Es ist dies um so interessanter, als Grabbe in neuerer Zeit wiederum, und zwar von maßgebendster Seite, in der Litteraturgeschichte von W. Scherer, eine sehr abfällige, ja vernichtende Beurtheilung erfahren hat. Wenn Scherer Grabbe nur als eine Vorstufe zu Hebbel betrachtet, so ist es hingegen charakteristisch, daß Heine oft in Privatgesprächen Hebbel wiederum nur als eine schwache Nachahmung Grabbes gelten lassen wollte.

Was die Mittheilungen Heines über seine Familie betrifft, so kann man nur sagen, daß sie wenig oder vielmehr so gut wie nichts Neues bringen. Der Reiz, den aber gerade diese Mittheilungen ausüben werden, besteht in der Beobachtung, wie sich Heine zu der vielbestrittenen Frage der Objektivität solcher Memoiren stellt. Will man gerecht sein, so muß man sagen, daß er diese Frage glänzend gelöst hat. Das Bild, das er von seinem Vater und seiner Mutter entwirft, hat die kindliche Pietät und die innigste Liebe gezeichnet. Dabei aber steht er doch dem Thema genügend objektiv gegenüber, um auch die Fehler der Eltern nicht zu übersehen oder zu verschweigen. Einer der vielen Freunde Heines, vor denen er sich mehr zu fürchten hatte, als vor seinen Feinden, hat einmal die vertrauliche Mittheilung gemacht, Heine habe in den Memoiren des Herrn von Schnabelowopski seinen Vater gezeichnet; Andere wiederum wußten mit geheimnißvoller Wichtigkeit zu erzählen, daß die Familie nur deshalb die „Memoiren" nicht erscheinen lasse, weil das Bild, das er darin von seinen Eltern entworfen, große Pietätlosigkeit verrathe. Beides schien gleich unglaublich und Beides ist durch diese „Memoiren" glänzend widerlegt. Das Gleiche gilt von der Insinuation, daß Heine stets seine mütterlichen, nie seine väterlichen Verwandten erwähnt, gegen die er sich in diesen Aufzeichnungen entschieden verwahrt. Auch das Bild, das Heine von dem Großoheim Simon van Geldern entworfen, ist nach vielen Richtungen charakteristisch. Diese Darstellung athmet ganz den Reiz der Jugendschriften. Es scheint, als hätte ihn bei der Erinnerung an den Großoheim der Humor der alten Zeit in voller Frische überkommen. Der jüngere Doktor van Geldern war ein eifriges Mitglied des in den zwanziger Jahren in Berlin wirkenden „Kulturvereins", für den er am Rhein Propaganda machte, und ich glaube, daß durch seine

Empfehlungen Heine mit Zunz, Gans, Moser und jenem Kreise junger Reformatoren bekannt wurde, der auf das Schaffen des Dichters nicht ohne nachwirkenden Einfluß geblieben.

Eine besondere Freude hat mir die Widerlegung der albernen Märchen durch Heine selbst gemacht, welche über den Vater, Samson Heine, ausgesprengt worden sind. Die Fürstin della Rocca ist in ihrem ersten Buche nicht wenig ärgerlich auf mich, daß ich schon vor zwölf Jahren die Mittheilung ihres Onkels, Samson Heine sei Offizier gewesen, als eine Erfindung gekennzeichnet hatte. Nun wird sie durch die Memoiren Heines eines Besseren belehrt sein. Samson Heine war eine Zeit lang Armee-Effekten-Lieferant und hat eine Uniform höchstens in der Hand getragen, um sie an ihren Bestimmungsort zu bringen. Was aber Heine selbst von den militärischen Uniformen und Neigungen seines Vaters, von seiner Liebhaberei für Hunde und Pferde, von seiner Neigung für das hohe Spiel und die „Priesterinnen der dramatischen Kunst" erzählt, das klingt fast unglaubwürdig, wenn man die ernsthaft zu nehmenden Mittheilungen von Zeitgenossen und noch mehr die eigenen Briefe der Frau Betty Heine, die sie als Braut an eine Freundin über ihren Bräutigam schrieb, dagegen hält. „Er war von allen Menschen derjenige, den ich am meisten auf dieser Erde geliebt." Damit schließt Heine den Bericht über seinen Vater nach fünfundzwanzig Jahren. „Ich dachte nie daran, daß ich ihn einst verlieren würde, und selbst jetzt kann ich es kaum glauben, daß ich ihn wirklich verloren habe. Es ist so schwer, sich von dem Tod der Menschen zu überzeugen, die wir so innig liebten. Aber sie sind auch nicht todt, sie leben fort in uns und wohnen in unserer Seele."

Was Heine über die Bedeutung des Namens „Harry" erzählt, den er zu Ehren eines englischen Geschäftsfreundes

in „Velveteen" erhalten hatte, ist bereits durch eine von der
Nichte des Dichters allerdings korrumpirt und deshalb un=
verständlich wiedergegebene Anekdote bekannt gewesen. Ebenso
war die Episode mit der Hexe von Goch, dem rothen Sefchen,
der Nichte des Düsseldorfer Scharfrichters, schon aus den
Erinnerungen Max Heines bekannt. Nur daß auch er diese
seltsame Geschichte, die auf die romantische Jugendpoesie und
die schaurigen „Traumbilder" ein helles Licht wirft, zum
Theil wörtlich nach den Memoiren, zum größeren Theil aber
nach eigener Bearbeitung wiedergiebt. Und da ziehe ich denn
schon die Bearbeitung Heines vor, wenn ich auch selbst dieser
Erzählung gegenüber eine gewisse skeptische Bedenklichkeit
nicht zurückhalten kann. Max Heine knüpft an die Geschichte
noch zwei merkwürdige Mittheilungen. Erstens, daß das
rothe Sefchen in der That die einzige und wahre erste Liebe
seines Bruders gewesen sei, und dann, daß derselbe jenes
Abenteuer später in einer Novelle „Die Hexe von Goch"
bearbeitet habe, die aber mit vielen anderen Manuskripten
bei dem großen Hamburger Brande vernichtet worden sei.
Von beiden Dingen erzählt Heine in diesen „Memoiren"
nichts.

Es wäre ungerecht, wenn man auch durch das nun
veröffentlichte Fragment der „Memoiren" eine gelinde Ent=
täuschung erfahren hat, dem Herausgeber desselben irgend
Schuld beizumessen. Es muß vielmehr anerkannt werden,
daß dieser eine litterarische Ehrenpflicht erfüllt, und seiner
Aufgabe sich mit Geschick und großer Gewissenhaftigkeit
entledigt hat. Ohne die Posaunenstöße der Reklame, als
ein litterarischer Fund, der nun veröffentlicht werden
soll, wären die „Memoiren" überall günstig aufgenommen
worden. Man hätte sie vielleicht sogar als einen inter=
essanten Beitrag zur Lebensgeschichte des Dichters bezeichnet.
Nach dem journalistischen Lärm aber mußte der Eindruck

der Enttäuschung, den dies Fragment hervorgerufen, um so mehr konstatirt werden, je größer die Liebe zu dem Dichter, je inniger seine allgemeine Anerkennung und ein dauerndes Interesse für seine unsterblichen Schöpfungen ersehnt wird. Erhält sich das Interesse für Heine trotz dieser Enttäuschung auf dem gleichen Niveau, dann haben die „Memoiren" ein nicht gering anzuschlagendes Verdienst, von dem Heine, als er dieselben, wahrscheinlich im Jahre 1854, schrieb, allerdings keine Ahnung hatte. Ebensowenig wie er ahnen mochte, daß diese Memoiren einst in gewisser Hinsicht sogar zu einer Parallele zwischen ihm und Lord Byron führen würden. Es ist bekannt, daß auch Byrons Aufzeichnungen nur bruchstückweise vorhanden sind. Dem neuesten Biographen Jefferson zufolge soll ein Familienrath bald nach dem Tode die Vernichtung beschlossen und ausgeführt haben. Nach anderen Mittheilungen soll sich noch eine Handschrift derselben in den Händen einer dritten Person befinden — die eine besaß Mrs. Leigh — und es wäre sogar Aussicht vorhanden, daß sie noch einmal das Licht der Welt erblicken werden. Aber noch mehr. Auch von Byrons Memoiren hieß es, „daß der Verlust derselben nicht zu bedauern sei"; und daß durch dieselben „die Kenntniß seines Charakters gewiß nur sehr unwesentlich hätte erweitert oder berichtigt werden können." Schon im Jahre 1822 hatte August Wilhelm von Schlegel zu Heine gesagt, daß ihm das Uebersetzen Byrons leicht werden müßte, da er „Aehnlichkeit im Charakter mit Byron habe." Und als Byron starb, schrieb Heine im Jahre 1824 an Moser nach Berlin: „Byrons Tod hat mich sehr erschüttert; ich ging mit ihm um, wie mit einem Spießgesellen". Was hätte er erst gesagt, wenn er das Schicksal seiner und Byrons „Memoiren" geahnt oder gekannt und die Schlüsse gelesen hätte, die die Nachgeborenen aus diesen Schicksalen auf den

Charakter und die Lebensentwickelung beider Dichter zu ziehen geneigt sind!

Heine in England.

Es ist bekannt, daß Heine England und die Engländer nicht leiden konnte. Seine Reise nach London war, genau genommen, nur eine Flucht vor der Polizei. An demselben Tage, an welchem in Hamburg der zweite Band der „Reisebilder" ausgegeben wurde, reiste er, der die „feigen Rekruten" so gern verspottete, schleunigst nach London ab, um fern von Deutschland den Eindruck zu beobachten, den das neue Buch erregen würde. Schickt einen Philosophen nach London; bei Leibe keinen Poeten, ruft er später in seinen Reiseerinnerungen aus, da er den Gesammteindruck des englischen Lebens zu schildern unternimmt. In dieser Schilderung ist John Bull schlecht weggekommen. Und so oft Heine bei anderen Gelegenheiten auf England zu sprechen kam, ließ er sich in den bitterſten Ausdrücken darüber vernehmen. Man müsse England wirklich im Stile eines Handbuchs der höhern Mechanik beschreiben, erklärt er noch nach zwanzig Jahren in der Erinnerung an den Londoner Aufenthalt, „ungefähr wie ein sausendes, brausendes, stockendes, stampfendes und verdrießlich schnurrendes Maschinenwesen, wo die blank gescheuerten Utilitätsräder sich um alt verrostete historische Jahrzahlen drehen." „Hol' der Teufel das Volk und seine Sprache!" ruft er in den „Memoiren des Herrn v. Schnabelowopski" aus, und selbst die Verehrung des „göttlichen William" erleidet einen Stoß bei dem Gedanken, „daß er am Ende doch ein Engländer ist, und dem widerwärtigſten Volke angehört, das Gott in seinem Zorn erschaffen hat".

Eine müßige Untersuchung wäre es, den Gründen nach=

zuforschen, aus welchen diese Antipathie entsprungen. Für den träumerischen deutschen Poeten, der im Mondschein der Romantik herumwandelte, konnte selbst London mit seiner kolossalen Großartigkeit nichts Verlockendes haben. Dazu kam, daß Heine sich damals in allerlei Nöthen, litterarischen und materiellen, befunden hat. Und diese Mißlaune übertrug er auf die Engländer. Später verdichtete sich diese Mißlaune zu dauernder Antipathie.

Erst in den letzten Lebensjahren, wo Heine so manches Vorurtheil ablegte, so manches Unrecht wieder gut zu machen suchte, kam er zu der Ueberzeugung, daß er den Engländern Unrecht gethan habe. Verschiedene Erfahrungen, die er gemacht, mehrere englische Freunde, die er zu seinen besten zählte, die Anerkennung, die er schon bei Lebzeiten dort gefunden, brachte diese Umwandlung zu Wege. Nicht zum wenigsten die edle und liebenswürdige Frau, die noch an seinem Sterbebette den Gruß der Versöhnung des Dichters empfing — Lady Duff Gordon, der Heine, da sie noch ein kleines Mädchen war, im Seebade zu Boulogne die artigsten Märchen von Fischen, Nixen und Seeungeheuern erzählt hatte, und die er nun nach zwanzig Jahren als die Gattin eines englischen Staatsmannes begrüßte*). „Ich weiß gar nicht, was ich wider die Engländer hatte," so sagte Heine auf seinem Sterbebette zu der liebenswürdigen Lady, „daß ich immer so boshaft gegen sie war; es war im Grunde nur Muthwille, eigentlich haßte ich sie nie, und habe sie auch nie gekannt. Ich war einmal in England vor langen Jahren, kannte dort aber Niemand. Ich fand London recht trist, und die Leute auf der Straße kamen mir unausstehlich vor. Aber England hat sich schön gerächt; es schickte mir ganz vortreffliche Freunde — Dich und Milnes — den guten Milnes und noch mehrere."

---

*) Vergl. S. 144.

Moncton Milnes war der später als Lord Hougthon
bekannte englische Schriftsteller und Diplomat, der diese
Konfession des sterbenden Dichters aufbewahrt und veröffentlicht
hat. Sie ist aber nie so bekannt geworden, daß sie das
Urtheil in dem Prozeß Heine contra England hätte um=
stoßen können.

Nichtsdestoweniger hat sich England nach dem Tode
des Dichters nicht minder edel gerächt, indem es die unbe=
fangene Würdigung Heines fast zuerst in der Weltlitteratur
anbahnte und durchführte. Ist es die Objektivität des
englischen Nationalcharakters oder die siegreiche Macht der
Poesie Heines, der diese gerechte Würdigung zu verdanken?
Oder haben vielleicht beide Theile zusammengewirkt? Ich
weiß es nicht und muß das Urtheil darüber Denen über=
lassen, die der Zeit und den Verhältnissen näher gestanden.
Ich begnüge mich damit, die Thatsache zu konstatiren, welche
mir für die Stellung Heines in der Weltlitteratur von be=
sonderem Interesse zu sein scheint.

Von um so größerem Interesse, wenn man ferner erfährt,
daß das einzige Werk, in dem der des Deutschen nicht
mächtige Engländer bisher Aufschluß über Heines Leben
und Meinungen suchen konnte, ein ebenso albernes wie
nichtsnutziges ist, nämlich das Buch von W. Stigand:
„Life and Opinions of H. Heine". Von einem so bornirten,
pudelnärrischen Standpunkt hat noch Niemand den unge=
zogenen Liebling der Grazien zu erfassen und darzustellen
gesucht, wie Master Stigand, der mit seinem Werk deshalb
auch der verdienten Lächerlichkeit anheimgefallen ist.

Aber schon vor diesem großen Biographen, der neben
vielen andern vorzüglichen Qualitäten einen ganz merk=
würdigen Deutschenhaß zu seiner Arbeit mitbrachte, hatten
angesehene englische Kritiker die Söhne Albions auf Heines
Bedeutung in eindringlichen Betrachtungen aufmerksam ge=

macht. Bald nach dem Tode des Dichters, zu einer Zeit da in Deutschland die litterarische Kritik förmlich stumm geworden zu sein schien und Freund und Feind über den Dahingeschiedenen noch nichts zu sagen wußten oder wagten, fällte schon in England keine Geringere als George Eliot in einem Essay für die „Westminster Review" das folgende Urtheil über den Dichter: „Heine ist wesentlich ein lyrischer Dichter. Die schönsten Schöpfungen seines Genius sind

„Short swallow-flights of song that dip
Their wings in tears and skim away."

Seine Lieder sind so ergreifend, daß wir, indem wir sie lesen, glauben möchten, es müsse jedes derselben eine Melodie als Zwilling haben, die in demselben Moment und durch dieselbe Begeisterung geboren wird . . . . Sein Lied hat ein großes Register von Noten; er kann uns an den Strand der Nordsee führen und durch die düstere Erhabenheit seiner Bilder und träumerischen Phantasien erschüttern; er kann uns durch den Ton, den er unsern eigenen Schmerzen oder den Leiden des „armen Peter" giebt, eine Thräne entlocken; er kann uns schaudern machen, durch seine geheimnißvollen Balladen oder durch eine noch entsetzlichere Schilderung der rauhen Wirklichkeit; er kann uns aber auch entzücken durch eine friedliche Idylle, herzlich lachen machen durch seinen überschäumenden Humor, oder in Staunen versetzen durch seinen Witz und Geist in dem Uebergang vom Erhabenen zum Komischen. Diese letztere Begabung ist keine wesentlich poetische, aber nur ein echter Dichter kann sie mit solchem Erfolg üben, wie Heine; denn nur ein Dichter kann unsere Empfindung und Erwartung zu einer solchen Höhe führen und durch einen raschen Fall noch eine Wirkung erzielen. Die größte Macht von Heines Talent ist sein einfaches Pathos, in dem immer verschiedenen, stets aber natürlichen Ausdruck, den

er den zarten Empfindungen des Gemüthes zu geben ver=
standen hat."

Ihr abschließendes Urtheil über den Dichter faßt George
Eliot in den Worten zusammen: „Heine ist einer der be=
deutendsten Männer des Jahrhunderts; er ist kein Echo,
aber eine wahre Stimme, und deshalb, wie alles Wahre
in dieser Welt, werth gehört zu werden."

Bald darauf — Heine war inzwischen gestorben —
sollte das englische Publikum Gelegenheit finden, dieses
Urtheil zu ratificiren. Es erschien eine lesbare englische
Uebersetzung von Heines sämmtlichen Gedichten, die Edgar
Alfred Browning, der schon an Schiller und Goethe
Kraft und Glück erprobt hatte, 1859 herausgegeben. Auch
er hielt Heine „für einen der hervorragendsten Sänger nicht
nur Deutschlands, sondern der Welt" und für „den
größten Poeten Deutschlands seit Goethes Tode".

Etwa zur selben Zeit schrieb Lord Houghton — eben jener
bereits genannte Monckton Milnes — seine „Monographs"
und in diesen über Heine, dessen Einfluß auf die Weltlitteratur
er damals schon nicht hoch genug anschlagen konnte: „Manches
Blatt unserer modernen politischen Satyre entspringt aus
einem einzigen Satz von Heine, manche Stanze, manches
Gedicht stammt aus einer Zeile seiner Verse. Die Formen
des Witzes, die er erfunden hat, werden von denjenigen an=
gewendet, die seinen Namen nie gehört haben, und dennoch
gehört dieser Name schon in die Litteratur Europas."

Die günstige Meinung für Heine erreichte ihren Höhe=
punkt, als der angesehenste zeitgenössische Kritiker Englands,
Professor Matthew Arnold, seinen Essay über „den Mär=
tyrer der Rue de Amsterdam" fünf Jahre später veröffent=
lichte. Er macht Carlyle den Vorwurf, daß er über Goethe und
dessen Schule Heine und seinen Anhang vergessen habe, der
doch „der Wichtigste und Bedeutendste seit Goethes Tode

sei". Heine habe den "modernen französischen Witz und Geist mit deutschem Gefühl, deutscher Bildung und deutschem Gedanken verbunden." Sein "litterarisches Glück sei größer gewesen, als das der beiden britischen Dichter" — Byron und Shelley nämlich — ein merkwürdiges und sehr beachtenswerthes Zugeständniß aus dem Munde eines englischen Schriftstellers, ein höchst charakteristisches zugleich, wenn das Urtheil des Oxforder Professors mit den gleichzeitigen Aeußerungen deutscher Professoren über Heine zusammenhält. Damals erklärte Karl Goedeke feierlich mit Bezug auf Heine: "Er hat niemals einen positiven, befreienden Gedanken aufgestellt, der sein Eigenthum wäre" . . . . . "Sieht man gegenwärtig die Reihe seiner Schriften ruhig und unbefangen wieder durch, erschrickt man fast vor der geistigen Oede und Leerheit derselben und muß sich, um die Wirkung, die sie auf die Zeitgenossen gehabt haben, einigermaßen zu begreifen, daran erinnern, daß damals die Litteratur der Stichwörter und der Anspielungen im Schwunge war". . . . . Und ein anderer deutscher Professor ging noch weiter, indem er sagte: "Durch Heinrich Heine ist die Lüge, im Gegensatz zur Goethe'schen Wahrheit, in unsere Poesie eingeführt worden. Eine große Bedeutung hat Heine überhaupt nicht zu beanspruchen, wird man ihm auch um so weniger sichern können, als gegenwärtig bereits der bei weitem größte Theil seiner Schriften der Vergessenheit anheimgefallen ist."

Während man also in Deutschland sich eifrig bemühte, den Lorbeerkranz des Dichters, Blatt um Blatt, zu zerpflücken, fing man in England und Amerika an, ihn nach seiner vollen Bedeutung zu erkennen und zu übersetzen. Auf die Uebertragung der Lieder durch Browning folgten Uebersetzungen der poetischen Werke von J. E. Wallis, von dem berühmten und Heine congenialen, amerikanischen

Dichter Charles G. Leland, von Mary Buth, u. A., der Prosa-Schriften von S. L. Fleishman, G. V. Haven und wieder von Leland und Anderen. Ja, als das Pamphlet des Herrn Stigand im Jahre 1875 erschien, erhob sich die gesammte englische Kritik, um seine „ohnmächtigen, läppischen Feindseligkeiten" entschieden zurückzuweisen und zu erklären, daß Heines Ruhm als Dichter unbestritten bleiben müsse — in England wenigstens! „Heine war einer der größten Meister lyrischer Kunst" — erklärte aus jenem Anlasse die vornehmste englische Revue — „sein „Buch der Lieder" machte es offenbar, daß der Mantel von Goethes Jugend auf die Schultern des jungen Düsseldorfer Juden gefallen war!" Und ein Anderer behauptete: „Wenn wir Goethe ausnehmen, lohnt kein deutscher Dichter dieses Jahrhunderts das Studium so reichlich wie Heinrich Heine!"

Diese Schätzung Heines ist in England die gleiche geblieben bis auf diese Stunde. Sie geht von der richtigen Würdigung seiner Fehler und Vorzüge aus und erhebt weder diese in den Himmel, noch verwünscht sie jene zur Hölle. In Deutschland war der Gradmesser der Werthschätzung Heines zu verschiedenen Zeiten ein wesentlich verschiedener; es verdient aber hervorgehoben zu werden, daß nachdem die Wage des deutschen Urtheils über Heine in den letzten Jahren ansehnlich zu seinen Gunsten in die Höhe geschnellt ist, auch in England sich wieder von Neuem ein erhöhtes und überaus lebhaftes Interesse für den Dichter gezeigt hat.

Als das beredteste Zeugniß für diese Thatsache mögen drei Schriften dienen, die uns recht eigentlich zu dieser Betrachtung über das Verhältniß Heines zu den Söhnen Albions angeregt haben. Die ersten beiden sind Uebersetzungen Heine'scher Schriften.*) John Snodgraß heißt der Schriftsteller, der

---

*) Wit, Wisdom, and Pathos from the Prose of Heinr. Heine. — Religion and Philosophy in Germany. A Fragm. Lond., Trübner & Co·

bisher uns Deutschen wenig oder gar nicht bekannt war, der es aber wohl verdient, daß sein Name in Deutschland mit Ehren genannt werde. Wie Keiner vorher ist er in den Geist und die Weltanschauung des Dichters eingedrungen, wie wenige Uebersetzer hat er originelle und gewissenhafte, geistreiche und sorgfältige Wiedergabe der Prosa Heines zu seiner ausschließlichen Aufgabe gemacht. Wenn man von den Uebersetzungen Stigands gesagt hat, daß Heine, hätte er derlei erlebt, auf die Engländer mit noch größerer Bitterkeit geschimpft hätte, so darf man von den Uebersetzungen des Magister Snodgraß sagen, daß sie selbst Heine befriedigt und mit England ausgesöhnt hätten. Es ist ja natürlich, daß auch die beste Uebersetzung den Blüthenstaub des Originals abstreifen wird; aber die von Snodgraß gibt wenigstens das Bild und den Gedanken wieder und bemüht sich, Beides der Begriffswelt und der Sprache anzueignen, von der Heine einmal geklagt: „Sie nehmen ein Dutzend einsilbiger Wörter in den Mund, kauen sie, verdrehen sie, und speien sie wieder aus, und das nennen sie sprechen."

Mit dem vollen Inhalt und ihrer reinen Form lassen sich weder Heines Poesie noch auch seine Prosa in eine andere Sprache verpflanzen; welchen Wohlklang und welche Treue aber unser Uebersetzer seinen Nachbildungen trotz des spröden Sprachmaterials verliehen, das mag das auf's Geradewohl herausgegriffene erste Gedicht aus dem Buche: „Wit, Wisdom and Pathos" klar an den Tag legen. Es ist die Uebertragung des bekannten Gedichts: „Aus meinen Thränen sprießen — viel' blühende Blumen hervor".

I.

Out of my tears grow flowers
The fairest of the dales,
And my sighing doth become
A choir of nigthingales.

II.
And if thou lov'st me still, my child,
For thee the flowers shall spring,
And beneath thy window-sill
The nightingales shall sing.

Es ist selbstverständlich, daß auch Snodgraß von inniger Verehrung für den Dichter erfüllt ist, dem er seine Arbeit gewidmet. In den Einleitungen und Vorreden zu beiden Werken legt er ein offenes Zeugniß dieser Verehrung und hingebenden Treue ab.

In einer dieser Vorreden beruft sich Snodgraß vor Allem auf das Urtheil, das Charles Grant in einem ausgezeichneten Essay der „Contemporary Review" vom September 1880 über Heine gefällt — und ich bedaure lebhaft, das Wichtigste aus dieser gerechten und liebevollen Würdigung Heines nicht auch mit den zeitgenössischen Urtheilen deutscher Litterarhistoriker in Parallele stellen zu können, da ich zum Schlusse eilen muß und doch noch des wichtigsten Buches zu gedenken habe, das mich recht eigentlich erst auf das in Rede stehende Thema gebracht hat.

Es ist dies das Werk des rühmlichst bekannten Londoner Professors Dr. C. A. Buchheim „Heine's Prosa, being Selections from his Prosa Works" — der siebente Band der vortrefflichen Ausgaben deutscher Klassiker, die unser gelehrter Landsmann in den Ausgaben der „Clarendon Preß Series" herausgegeben. Das hätte sich Heine gewiß nicht träumen lassen, daß kaum dreißig Jahre nach seinem Tode die Oxforder Universität eine Ausgabe seiner Prosaschriften zum Gebrauch junger, deutschlernender Engländer herausgeben würde!

Ich habe schon einmal über die Bedeutung dieser Klassiker-Ausgaben an einer andern Stelle mich ausgesprochen und kann hier nur wiederholen, daß wir in unserer über=

reichen deutschen Klassikerlitteratur auch nicht annähernd etwas ähnlich Gediegenes und wahrhaft Populäres haben. Der beschämenden Thatsache, daß wir die populairste Goethe-Biographie aus England empfangen haben, dürfte die vielleicht weniger beschämende als erfreuliche Erscheinung folgen, daß wir auch bald die praktischsten Klassiker-Ausgaben aus London oder Oxford beziehen werden. Denn ich zweifle keinen Augenblick daran, daß man die Editionen Goethe'scher, Schiller'scher, Lessing'scher und nun auch Heine'scher Schriften, wie sie Prof. Buchheim seit Jahren veranstaltet, wenn sie erst in Deutschland genügend bekannt geworden sind, alsbald auch in unsere Litteratur verpflanzen wird.

Unter diesen Editionen scheint mir die Ausgabe Heines in der That die interessanteste und beste, weil sie zugleich die schwierigste gewesen. Die Aufgabe war, wie gesagt, jungen, Deutsch lernenden Engländern Heines Prosa mundgerecht und klar zu machen — in der That keine geringe Arbeit, die nur ein wirklich hervorragender Litterarhistoriker und Pädagoge würdig ausführen konnte. Prof. Buchheim verdient uneingeschränktes Lob für die Ausführung dieser Idee, die Heine nun auch wirklich in den breiten Schichten des englischen Volkes populär machen wird.

„Sein „Life of Heine" das der Ausgabe vorangeht, ist eine wahrheitsgetreue und durchaus objektive Schilderung von Heines Leben und Schriften, die auf eingehenden Quellenstudien beruht und dem Dichter wie dem Menschen nach allen Seiten gerecht wird. Indem er einen Rückblick auf dies bewegte und so oft falsch und ungerecht beurtheilte Leben wirft, sagt Buchheim seinen Lords und Ladies Folgendes: „Als Mensch hatte Heine viele angenehme und ausgezeichnete Eigenschaften. Er liebte sein Vaterland mit wahrem patriotischen Gefühl, wie aus vielen seiner Gedichte, aus unzähligen Stellen seiner Briefe und Werke zu ersehen ist. Das Gefühl, daß er gezwungen war, im Exil zu leben, verließ ihn nie in Frankreich, obwohl er dort im sozialen Leben viel ihm Verwandtes vorfand. Für einen Dichter wie Heine, war die Luft der Heimath eine unbedingte Nothwendigkeit, und wenn er doch in Frankreich zu leben liebte, so kommt dies daher, weil er dort gut aufgenommen wurde und das Leben eines freien Menschen führen konnte, während er in Deutschland aller Wahrscheinlichkeit nach hätte im Gefängniß schmachten und unter beständiger Polizei= aufsicht stehen müssen. Aber er hatte eine höhere Meinung von dem deutschen Geiste und dem deutschen Schaffen, wie von dem französischen. Die deutsche und auch die englische Poesie stand höher in seiner Achtung als die französische und ebenso hielt er die Franzosen für unfähig, echte Poesie zu würdigen. Und wenn er auch die Deutschen stets wegen ihrer lauen Erfüllung sozialer und politischer Aufgaben schalt, so war das doch nur wie ein wohlwollendes Urtheil, das wir über einen Freund, den wir gern vollkommen sehen möchten, aussprechen. Die Ehre seines Vaterlandes lag ihm in Wirklichkeit so am Herzen, daß er sich in der That einmal mit einem Franzosen duellirt hat, weil sich derselbe schmähende Aeußerungen über Deutschland erlaubt hatte. Wir haben gesehen, daß er zahlreiche Beweise physischen und nicht selten auch moralischen Muthes gegeben hat, welche ganz gewiß sehr ehrenvolle Züge im Charakter eines Mannes sind. Treue Freundschaft erwiderte er ehrlich, und ein Dürftiger, ein Nothleidender fand stets an ihm einen hochherzigen Helfer. Er war sehr feinfühlig und stets bereit, das Unrecht, welches man ihm oder Anderen zugefügt, zu empfinden; ein reizbares Temperament ließ ihn dann Worte sagen, die er später bereute. Es scheint überhaupt ein charak= teristischer Zug in Heines Familie gewesen zu sein, wie er selbst in einem Briefe an den Onkel dies hervorhebt. Heine war sehr pünktlich in der Erfüllung seiner Pflichten, und obwohl er in den Ausgaben extravagant gewesen sein mag, führte er doch ein ernstes und mäßiges Leben — er rauchte nicht einmal — und seine größte Sorge war immer, die Schulden zu bezahlen. Wir müssen hier noch besonders hervorheben, obwohl es kaum nöthig scheint, daß er wahrhaftig und geradsinnig gewesen, weil er unfähig war, den Ausdruck seiner Ueberzeugung zu verbergen, auch wenn dieselbe feindselig gewesen und die Aeußerung derselben ihn so gut wie Andere berührte."

Das klingt doch ganz anders wie „der Brustton der Ueberzeugung", in dem Heinrich v. Treitschke und andere deutsche Professoren über Heine abzuurtheilen gewohnt sind. Und es ist begreiflich, daß die verehrlichen Lords und Ladies sich in diesen deutschen Poeten am Ende noch gar verlieben.

Wie hat nun aber Buchheim den Kern der Sache selbst, nämlich die Prosa Heines, dargeboten, ohne daß es bei den prüden Söhnen Albions auch nur den geringsten Anstoß hätte erregen können? Auch dies ist mit großem Geschick und pädagogischem Scharfblick in dieser Ausgabe gelungen, wie schon ein flüchtiger Blick in den Inhalt zeigen wird. So beginnt seine Anthologie mit der bekannten „Autobiographischen Skizze", der dann ausgewählte Stücke aus den „Reisebildern" und aus den „Englischen Fragmenten" nachfolgen. Der „Rabbi von Bacharach", diese Perle der Erzählungskunst Heines, fehlt natürlich nicht. Darauf folgen die bedeutendsten Kapitel aus dem Buch „Ueber Deutschland" nnd aus den „Französischen Zuständen" eine Reihe von „Gedanken und Einfällen", zwei Briefe aus Berlin und vier persönliche Briefe.

Das Wichtigste und Schwierigste aber kommt zuletzt — nämlich die Noten, die fast die kleinere Hälfte des Bandes

füllen und einen erstaunlichen Aufwand von Gelehrsam=
keit, Sammelfleiß und pädagogischem Geschick verrathen.
Wie schwierig die Aufgabe dieser Noten gewesen, kann man
sich am Besten vorstellen, wenn man auch nur eine, meinet=
halben gleich die erste Seite der Reisebilder durchliest. Da
kommen Worte, Anspielungen, Ausdrücke, Sprüchwörter,
Citate und Personalien vor, die — ich wage kühn die Be=
hauptung — selbst einem großen Theil unserer jüngeren
Generation unverständlich bleiben müssen, geschweige denn,
einem mit deutschen Verhältnissen wenig vertrauten Eng=
länder. Die Art und Weise, wie Buchheim nun mit philo=
logischer Akribie und litterarischem Takt alles erklärt, ist in
der That meisterhaft und unbedingter Anerkennung werth.

Man bedenke nur — um bei jener ersten Seite der
Reisebilder zu bleiben — was es heißt, John Bull Aus=
drücke wie „Rathskeller", „Feuerstätte", „Konsiliiren",
„Schnurren", „Pedelle", „Promotionskutschen", „Relegations=
rath", „Profaxen", „Haupthähne", „Comment" und „Phi=
lister" zu absolutem Verständniß zu bringen — und man
wird das Verdienst dieser Ausgabe vollauf würdigen, die
sicher den Zweck erfüllen wird, den der gelehrte Herausgeber
im Auge gehabt hat.

Es wird wohl noch viel Wasser und litterarisches
Geschwätz, so flüchtig wie die Welle, stromabwärts fließen,
ehe man in Deutschland zu einer objektiven und unbefangenen
Würdigung Heines gelangt sein wird, wie sie gerade England
vor allen anderen Ländern Europas, trotz seines von Heine
so schwer verletzten Nationalstolzes, in den letzten Jahr=
zehnten angebahnt und gelehrt hat.

Unbekannte und ungedruckte Briefe von Heine.

Es ist nicht zu leugnen, daß wir Heine eigentlich erst, seitdem wir seinen Briefwechsel gelesen, wirklich kennen. Kaum ein deutscher Professor wird es heute noch wagen, ein solches Urtheil über den Dichter zu fällen, wie etwa vor fünfundzwanzig Jahren Vilmar, Goedeke, Minkwitz u. A. Alle Eigenschaften des Charakters und Vorzüge des Herzens, die man dem ungezogenen Liebling der Grazien so gern abgesprochen, finden sich in seinen Briefen ausgeprägt. Und Briefe sind in der That Fenster der Seele. Man kann durch sie klar sehen, während man durch andere Veröffentlichungen nur ein gefärbtes Bild erhält. Von diesem Standpunkt aus würde jede Publikation Heine'scher Briefe zu billigen sein; bis jetzt hat noch keine ein schlechtes Licht auf den Dichter geworfen oder indiscreterweise ein Verhältniß enthüllt, das besser mit dem Schleier der Vergessenheit bedeckt geblieben wäre.

So bedarf eine Publikation Heine'scher Briefe heute keiner Rechtfertigung mehr. Man kann wohl dreist behaupten, daß es wenige deutsche Dichter giebt, deren Briefe ein gleiches Interesse erregen, wie die Heines. Und dieses Interesse beruht nicht etwa, wie bei vielen ähnlichen Publikationen, nur auf der Lust am persönlichen Klatsch und Skandalgeschichten, sondern auf der Vorliebe für den sprühenden Geist des Dichters, der sich auch nicht in einer Zeile dessen, was er geschrieben, verleugnen kann, sowie auf der Erkenntniß, daß diese Briefe die wichtigsten und charakteristischsten Beiträge zur Lösung jenes Dichter=Räthsels, zur Erkenntniß dieser merkwürdigen poetischen Individualität bilden. In der That, da wir wohl für immer auf die „Memoiren" Heines zu verzichten haben, müssen seine Briefe fortan als solche gelten! Sie sind in Wahrheit „Fenster seiner Seele"; sie sind aber noch mehr: nämlich Zeugnisse seiner inneren Wahrhaftigkeit, die so viel bestritten worden, sowie seines guten Charakters, der nicht minder oft verleumdet wurde! Es ist noch lange nicht gebührend gewürdigt, welche Bedeutung seine Briefe für unsere Ansicht von Heines Wesen allmälig gewinnen, indem sie eine seltene Uebereinstimmung zwischen seinen privaten und öffentlichen Aeußerungen constatiren und so die Aufrichtigkeit dieser wie jener bekunden.

Es kommt noch dazu, daß Heine — wie für jeden Kenner leicht ersichtlich — seine Briefe nicht für den Druck geschrieben hat. Die Jugendbriefe natürlich nicht; aber auch nicht die späteren aus der Periode seiner Berühmtheit, wiewohl die unberechtigte Publikation einzelner Jugendbriefe bei Lebzeiten des Dichters (1843) ihm schon damals die Gewißheit gab, daß die gesammte Correspondenz nach seinem Tode einem gleichen Schicksal nicht entgehen werde. Und doch schrieb Heine auch ferner nicht für den Druck, wie man leicht beweisen könnte. Ich meine, daß auch dies Moment erheblich zu seinen Gunsten in die Wagschale fällt, wenn man seine Briefe mit denen gefeierter deutscher Dichter, deren Charakter von den zünftigen Litterarhistorikern und Biographen nicht hoch genug über den Heines gestellt werden kann, einmal wird zu vergleichen haben.

Die nachfolgenden Briefe und Brieffragmente bestehen eigentlich nur „aus verlornen Aehren, aus verwehter Spreu"! Sie waren vergessen oder sind nicht bekannt geworden, weil die Besitzer seinerzeit nicht viel Werth darauf legten. Und dennoch bieten sie so manches Beachtenswerthe und Interessante zur Biographie Heines, zur Geschichte seiner Beziehungen zu hervorragenden Zeitgenossen, zur Kenntniß seines Charakters und seiner Lebensanschauung.

Schon das erste dieser kleinen Fragmente, das in meiner biographischen Einleitung zu der 1884 erschienenen Volks=
ausgabe von Heines Werken zuerst abgedruckt ist, entscheidet eine wichtige litterarhistorische Streitfrage. Es ist bekannt, daß Heine sein Geburtsdatum des Witzes halber, daß er einer der ersten Männer des Jahrhunderts sei, weil er in der Neujahrsnacht auf 1800 geboren, unrichtig angegeben hat. Später wurde der Irrthum aufgeklärt, das richtige Datum stand aber keineswegs fest. Die Einen nahmen den 13. December 1799, die Anderen — und der erste Biograph des Dichters, Adolph Strodtmann, neigte sich gleichfalls später dieser Ansicht zu — den 13. December 1797 als den wirk=
lichen Geburtstag Heines an. Alle seine Jugendfreunde, Neunzig, Prag, Rousseau, Steinmann, entschieden sich für das letztere Datum. Nun stellt aber der nachfolgende, im Besitze seines Neffen, des Herrn Ludwig v. Embden, sich befindende Brief Heines an seine Schwester Charlotte das Geburtstagsdatum unwiderleglich fest. Darauf beruht die Wichtigkeit des an sich bedeutungslosen Brieffragments, das folgenden Wortlaut hat:

> Was das Datum meiner Geburt betrifft, so bemerke ich Dir, daß ich laut meinem Taufscheine am 13. December 1799 geboren bin, und zwar zu Düsseldorf am Rhein, wie Dir ebenfalls bekannt sein wird. Da alle unsere Familienpapiere durch die Feuersbrunst in Hamburg zu Grunde gegangen und in den Düsseldorfer Archiven das Datum meiner Geburt nicht richtig angegeben sein kann, aus Gründen, die ich nicht sagen will, so ist Obiges allein authentisch, jedenfalls authentischer als die Erinnerungen meiner Mutter, deren alterndes Gedächtniß keine verloren gegangenen Papiere ersetzen kann.

Ein authentischer Zeuge für die Richtigkeit dieser in einem Schreiben vom 16. Juli 1853 zu biographischen Zwecken gemachten Angaben ist auch die Empfängerin des Briefes, Frau Charlotte v. Embden, selbst, die im October

1800 geboren und mit Bestimmtheit angiebt, daß ihr Bruder
Harry elf Monate älter als sie gewesen sei. Steht nun
das Geburtsdatum Heines für alle Zeit fest, so kann man
aus diesem Anlasse den Wunsch gewiß nicht unterdrücken,
daß sich doch die Familie des Dichters bald entschließen
möchte, die gewiß sehr interessante und in jedem Falle wich=
tige Correspondenz Heines, die noch in ihrem Besitze sich
befindet, herauszugeben. Ich weiß nicht, ob unter diesen
Briefschätzen sich auch eine Copie des Schreibens Heines an
seinen Cousin, Dr. Rudolph Christiani, befindet, von
dem seltsamerweise ein ungarisches Blatt vor etwa fünf
Jahren zuerst einen Auszug brachte und dessen Original
sich im Besitze eines Arztes zu Perchtoldsdorf in Nieder=
österreich befinden soll. Der Brief scheint nach jenen Aus=
zügen sehr interessant zu sein. Ob er im authentischen
Wortlaut von der einen oder der andern Seite wird ver=
öffentlicht werden, weiß ich nicht. Begnügen wir uns
daher vorläufig mit den folgenden, allerdings aus dem Un=
garischen ins Deutsche rückübersetzten Stellen und Aphorismen
jenes Briefes:

Ich bin wirklich krank... Der Speichel im Munde ist bitter,
ich kann mir nur helfen, wenn ich bittere Aphorismen schreibe...
Und dafür verlange ich nicht einmal ein Honorar. Nur wer ein
Gott war, kann ein Teufel werden, wie auch nur derjenige von
Haß weiß, der wirklich geliebt hat... Es giebt hundert Arten
des Rechtes, aber jeder sucht sein eigenes... Der schlechte Minister
fürchtet die Preßfreiheit, wie die Dirne die hellbeleuchtete Straße.

Auch ein Gedicht befindet sich bei diesem Briefe, in dem
fast auf jeder Zeile das Wort „Liebe" vorkommen soll, das
aber schon im „Buch der Lieder" — und zwar als das 89.
von den Liedern der „Heimkehr" — steht. Es ist das be=
kannte Gedicht: „Der Tod, das ist die kühle Nacht — das
Leben ist der schwüle Tag."

In chronologischer Reihenfolge kommt nun ein Brief Heines an den alten Jugendfreund, an Joseph Lehmann, zum Abdruck. Er lautet:

Lüneburg, den 3. September 1823.
Lieber Lehmann!

Sie sind wohl böse auf mich, daß ich so lange geschwiegen? Ich sehne mich darnach, etwas von Ihnen zu hören. Wie es mir geht und wie ich lebe, wird Ihnen wohl Freund Moser dann und wann gesagt haben.

Ja lieber Freund, ich bin seit drei Monaten durch einen Strudel von Verhältnissen und Schmerzen fast nicht zu mir selbst gekommen. Jetzt habe ich wieder Ruhe und arbeite. Wahrlich höchst trockene Sachen, nähmlich meine Juristerey. Ich muß alles Poetische von mir zurückdrängen, um fürs liebe Brod zu sorgen. Ich gedenke Neujahr auf ein Paar Augenblicke nach Berlin zu kommen. —

Wie geht es Ihnen? wie leben Sie? was thun Sie? Haben Sie über meine Tragödien nichts gehört?

Was macht Berlin und seine Spree-Literatur?

Bitte, bitte, schreiben Sie doch bald Ihrem Freunde

H. Heine.

Der kurze Brief ist biographisch nicht ohne Interesse. Heine war im Mai 1823 von Berlin nach Lüneburg gegangen, wo seine Eltern damals lebten. Vorher war er in Hamburg gewesen, wo die unselige, mühsam zurückgedämmte Leidenschaft für seine Molly und der unaufhörliche Krieg mit dem Oheim ihn in jenen „Strudel von Verhältnissen und Schmerzen" stürzten, dessen er oben erwähnt, und aus dem er sich nur durch die Flucht in die Lüneburger Heide retten konnte.

Der nun folgende Brief ist an Karl Immermann, den treuen Freund und Waffenbruder, gerichtet; in der Reihe der Briefe an Immermann ist er der fünfte. Er lautet:

Berlin, den 11. April 1828.
Lieber Immermann!

Ich bin noch nicht aus dem ersten Lachen gekommen, seit ich hier bin; alle Mittheilungen muß ich bis zu meiner Zurückkunft nach Magdeburg aufsparen. Varnhagens und den größten Theil meiner Freunde habe ich in vollem Wohlsein angetroffen. Andere sind abwesend. So ist z. B. die Hohenhausen nach Dresden gereist, begleitet vom Baron v. Uechtritz! Dieser hat also jetzt Gelegenheit, weibliche Charaktere zu studiren. Wenn Blomberg zu Ihnen kommt, so bitten Sie ihn, daß er hier in Berlin im Comptoir von M. Friedländer u. Comp., Neue Friedrichstraße 47 seine Adresse für mich abgebe. Ich werde ihn alsdann schon auffinden; mich würde er schwerlich zu Hause treffen. — Viele haben sich nach Ihnen erkundigt. — Leben Sie wohl. Ich sehe Sie bald. Ihr Freund

H. Heine.

In Eil.
Ich befinde mich sehr wohl.

Zur Erläuterung dieses Briefchens ist nur wenig zu bemerken. Wir erfahren daraus, daß Heine schon 1824 mit Immermann so befreundet war, daß er ihn wiederholt in Magdeburg, wo dieser zur Zeit als Kriminalrichter lebte, besucht hat. Es ist dies bisher ebensowenig bekannt gewesen, wie die Thatsache, daß Heine eigentlich zuerst den Dichterruhm Immermanns proklamirt hat, und daß er gerade damals von Berliner Kritikern wegen dieser Propaganda für einen „obskuren Magdeburger Dichterling" hämisch angefeindet wurde. — Friedrich von Uechtritz ist der bekannte romantische Dichter, der damals eifriges Mitglied der poetischen Tafelrunde bei Lutter & Wegener war, an der Heine und Grabbe das große Wort führten. — Elise v. Hohenhausen war gleichfalls eine bekannte Schriftstellerin, die erste Uebersetzerin Byrons in Deutschland. Es ist wohl nun ein Stück Berliner Medisance, wie es im Salon Varnhagen damals ausgeheckt zu werden pflegte, was Heine von beiden berichtet. — Wilhelm v. Blomberg endlich war ein

preußischer Offizier, der unter anderem auch ein Trauer=
spiel „Thomas Aniello" geschrieben hat, welches die Grund=
lage des Textbuches der Oper „Die Stumme von Portici"
bildet. Seine Gedichte erschienen bei Cotta 1836 — also
war er ein Dichter! Er starb als Major a. D. in Herford
1846.

Es folgt ein Brief Heines, gleichfalls aus seiner
Studentenzeit, an einen bisher noch nicht bekannten Jugend=
freund. Leider ist nur dieses eine Schreiben aus dem ganzen
Briefwechsel erhalten. Ich verdanke dasselbe der Güte des
Sohnes des Adressaten, der mir auch die nachfolgenden
Erläuterungen und Anekdoten mitgetheilt hat.

An
Herrn Ferdinand Oesterley, Dr. jur.
Assessor an der juristischen Fakultät Göttingen.

Insel Norderney, 14. August 1825.

Lieber Oesterley!

Am 5. Abends um 9 Uhr war ich in Deinem Hause, um Abschied
von Dir zu nehmen und die Wärterin wollte mir keinen Zulaß
zu Dir gestatten, weil Du in Gesellschaft wärst. Ueber Hals und
über Kopf reiste ich ab, um hierher zeitig ins Seebad zu gelangen,
Ich bitte Dich, sieh zu, ob etwa ein Brief für mich angekommen,
und in diesem Falle schicke ihn an Dr. Heine in Lüneburg.

Ende September werde ich nämlich in Lüneburg sein; vier
Wochen bleib' ich hier und mache unterdessen oder nachher einen
Abstecher nach Holland. In Embden habe ich schon den Vor=
geschmack des holländischen Wesens genossen; ich wollte mich tod=
lachen, als ich die erste hübsche Holländerin küßte und sie phleg=
matisch still hielt und nichts sagte als ein immerwährendes
myn heer!

Grütern lasse ich herzlich grüßen. Bücher, die ich in der Eile
nicht verpacken konnte, habe ich Raumern beauftragt, dem Grüter
zu geben, damit er sie mir nach Lüneburg befördere. Ob ich meinen
Plan ausführe und zur Bibliothekbenutzung nach Göttingen zurück=
kehre, das wissen die Götter. Ich soll ja hier an gar nichts denken
und bloß des Morgens den Kopf in die schäumenden Wogen der
Nordsee sorglos hineinstecken. — Hab' schon zehnmal gebadet und

befinde mich wohl. Lebe wohl und behalte mich lieb. Empfiehl
mich auch Deiner Familie. Ich hoffe auch, daß die Gesundheit
Deiner Schwester hergestellt werde. Ich sehe, Geduld hilft und
wenn ich meinen Zustand vom vorigen Winter bedenke, so bin ich
zufrieden. — Laß oft von Dir hören. Ich werde einige Zeit in
Lüneburg einsam leben und schreiben; alsdann gehe ich nach Berlin.
Und ich bitte Dich, ich bitte Dich sehr, inständigst, schicke mir doch
die Komposition meines Mondscheinliedes. Ich will es mir oft
vorspielen lassen und Deiner in Liebe gedenken.

Dein Freund

H. Heine.

Fernow zu grüßen. Als ich das große Weltmeer sah, gedachte
ich seiner. — Geppert, Limpricht, Siemens, wenn Du sie siehst, grüß
mir herzlich. Aber den Fernow grüß mir nochmals.

Der Empfänger dieses interessanten Briefes war Ferdi=
nand Oesterley, geboren 1802 zu Göttingen, Sohn des
dortigen Universitätsraths und Bruder des bekannten Hof=
malers Professor Carl Oesterley in Hannover. Nachdem
er selbst eine Zeit lang Privatdocent in Göttingen gewesen,
wurde er zum Stadtsyndikus erwählt. Er starb 1858 als
Oberbürgermeister von Göttingen. Oesterley ist als Autor
mehrerer juristischer Werke in Fachkreisen bekannt. Unter
den Studenten der Georgia Augusta war er als Amateur
ein ausgezeichneter Klavierspieler, ja sogar als ein begabter
Komponist geschätzt. Später war er jahrelang mit Spohr
und Hauptmann, unter dem er Theorie studirte, befreundet
und in regem Briefwechsel. Die freundschaftlichen Be=
ziehungen zu Heine datiren aus der Studentenzeit 1824.
Oesterley erzählte in späteren Jahren oft von dem inzwischen
berühmt gewordenen Dichter allerlei Schnurren, so z. B.
von einer sehr heitern Fahrt ins Bürgerthal, welche bei Gelegen=
heit von Heines Taufe stattfand. Heine behauptete Oesterley
gegenüber merkwürdigerweise stets, seine Gedichte seien un=
musikalisch und eigneten sich nicht zur Komposition, während
dieser das Gegentheil fand und zum Beweise ein Lied an

den Mond komponirte, welches Heine für diesen Zweck gedichtet. Heine behielt diese Komposition; wie ich vermuthe, ist es das herrliche, allgemein bekannte Gedicht, welches in Göttingen entstanden, und das jener Komposition zu Grunde gelegen:

> Mir träumte: traurig schaute der Mond,
> Und traurig schienen die Sterne;
> Es trug mich zur Stadt, wo Liebchen wohnt,
> Viel' hundert Meilen ferne.
>
> Es hat mich zu ihrem Hause geführt,
> Ich küßte die Steine der Treppe,
> Die oft ihr kleiner Fuß berührt
> Und ihres Kleides Schleppe.
>
> Die Nacht war lang die Nacht war kalt,
> Es waren so kalt die Steine;
> Es lugt aus dem Fenster die blasse Gestalt
> Beleuchtet vom Mondenscheine.

Auf dem Wege nach Italien kam Heine 1828 noch einmal durch Göttingen, um, wie er sagte, nicht nach Italien zu gehen, ohne noch einmal das schönste Mädchen gesehen zu haben — Oesterleys Braut! Aus einer Gesellschaft, die er einmal in Sehlens Garten seinen Kommilitonen gab, war Heine selbst plötzlich verschwunden; seine Gäste suchten ihn und fanden ihn schließlich in seiner Wohnung — im Bette. Die Gesellschaft war ihm zu langweilig geworden. Solche und ähnliche Geschichten wußte Oesterley und auch die anderen Freunde aus Heines Jugendjahren viele und komische zu erzählen. Von diesen Freunden schien ihm der in obigem Briefe wiederholt gegrüßte Fernow besonders werth zu sein. Es war ein Russe und riesengroß, weshalb ihn Heine bei der Nordsee erwähnte. Grüter hieß eigentlich Adam August Kaspar Louis von Diepenbroick=Grüter; er war der älteste Sohn eines hannöverschen Gutsbesitzers, ein junger Mann von hervorragenden Geistesgaben aber allzu schwärmerischer Sentimentalität, welcher seinen lustigen Kameraden oft „wie ein trümmerhaftes Ueberbleibsel aus der Wertherperiode" erschien. Fritz Limpricht war ein Hamburger. Er wanderte später nach Mexiko aus, wo er Naturwissenschaften trieb und Unterricht ertheilte, und wo er auch in den dreißiger Jahren gestorben ist. G. Siemens war bis vor wenigen Jahren Oberamtsrichter in Hannover, wo er auch gestorben ist, und Göppert war später, wenn es derselbe ist, Professor der Botanik an der Breslauer Universität. Bleibt noch Otto von Raumer, der in Göttingen ein liebenswürdiger, flotter Bruder Studio, ein intimer Freund Heines und Verehrer seiner Muse war. Später freilich änderte sich das. Raumer wurde preußischer Kultusminister, als welcher er die berüchtigten Schulregulative eingeführt und im Jahre 1851 den „Romancero" seines Jugendfreundes verboten hat, ja sogar die konfiszirten Exemplare zerstampfen ließ, weshalb ihn Heine seinen „lieben Zerstampfer" nannte.

Ich habe bereits bemerkt, daß wir leider nur einen Brief Heines an Oesterley haben; dagegen bin ich durch die Güte des Herrn Carl Oesterley in London in den Besitz der Copie eines Briefes gelangt, den Ferdinand Oesterley über Heine an seine Braut am 5. Oktober 1825 geschrieben hat; dort fällt er das nachstehende Urtheil über seinen Studienfreund:

„Der Heine ist ein eigener Mensch und noch ein eigenerer Dichter; das Feld, worauf seine Blumen wachsen, gehört ihm allein, und wenn auch Lord Byron sein Grenznachbar ist und dessen Ader höher liegt, so ist's ihm dennoch nicht verstattet, jene Grenzen zu überschreiten. Wer Heine kennt, kann kaum das Lachen lassen, wenn's ihm einfällt, daß der schmerzzerrissene Mensch solch herzzerreißende Lieder dichten konnte; denn dem äußeren Umgange nach zu urtheilen, ist's ihm ebenso einerlei, wenn ihm ein Mädchen untreu wird, als er eine ungezügelte Angst vor Allem hatte, was körperlicher Schmerz hieß, namentlich vor Prügeln. Doch giebt's wohl wenig Menschen, wo das Innere im Stillen immer so mächtig und fürchterlich fortbrütet, als bei Heine, wenig Menschen, bei denen das Innere sich so wenig im äußeren Leben zeigt, als bei ihm. Die meisten Menschen, mit denen er umging, sah er nur von einer poetischen Seite an, je mehr er Jemanden gebrauchen konnte, desto lieber ging er mit dem Menschen um, einerlei wer er war. So läßt es sich erklären, daß er ein Herz mit dem schauderhaftesten Ochsen war; von ihm hatten diese Menschen nichts als seine schlechten Witze, ihn amüsirten sie durch ihre Eigenheiten bis zum Todtlachen; wo etwas lächerlich war, oder wo seine Ironie Spielraum hatte, da war er am wohlsten. Freunde hatte er sehr wenige, doch die, welchen er einmal traute, hatte er sehr lieb, gegen diese war er, bis auf gewisse Stücke, sehr offen, hinreißend liebenswürdig, von dem feinsten Schicklichkeitsgefühle, grade und aufopfernd. Er prahlte sehr, und dabei hatte innerlich doch niemand eine geringere Meinung von sich als er; am liebsten scherzte er über seine juristische Unwissenheit. Bei seinen heftigen und unausgesetzten Kopfschmerzen hatte er eine seltene Heiterkeit und Frische des Geistes, die sogleich durchblickte, wenn ihm etwas einfiel, was ihm lächerlich war. Niemanden habe ich über seine eigenen Witze mehr lachen hören als ihn, Niemand machte mehr Witze als er, aber auch Niemand mehr schlechte als er; die guten waren sehr gut. —

Er hatte viel hellen Kopf, aber war zum Denken zu faul. Wenn er nicht wohl war, so flüsterte er fast nur und hatte seine Augen fast immer halb geschlossen. Da er fast nie ganz wohl war, so hatte er davon eigene Züge erhalten; besonders charakteristisch war bei ihm ein sehr ironisches und kühnes Ziehen der linken Oberlippe. Doch ein ander Mal mehr."

Leider scheint das Versprechen der Schlußworte nicht schriftlich eingehalten worden zu sein; wenigstens ist die obige Briefstelle die einzige, die uns zugänglich wurde. Man wird dies bedauern dürfen, denn die Charakteristik zeigt von seltenem psychologischem Scharfblick, und unser Respekt vor demselben wird um so größer, wenn wir uns erinnern, daß dieses Urtheil von einem Zweiundzwanzigjährigen über einen Fünfundzwanzigjährigen niedergeschrieben worden.

Wichtiger als alle diese Briefe ist der folgende an einen
Mann, der später Heines eifrigster Gegner wurde, den er
selbst sehr lieblos und scharf angriffen, und der heute
fast vergessen ist, obwohl er seinen Schöpfungen nach ein
viel besseres Loos verdient hätte — an Wolfgang Menzel.
Die Vorgänge sind Jedem, der die Geschichte des „Jungen
Deutschland" und die Biographie Heines kennt, zur Genüge
bekannt, aus denen sich die bittere Feindschaft zwischen
Heine und Menzel entwickelte. Weniger bekannt dürfte die
Thatsache sein, daß beide Männer vordem sehr befreundet
waren und in regem litterarischen Verkehr lebten. Sie sind
schon als Studenten zu Bonn im Jahre 1819 mit einander
bekannt geworden.*) Dennoch bedurfte Heine erst eines
Empfehlungsbriefes von Börne, mit dem er Ende November
1827 auf seiner Reise nach München, Wolfgang Menzel
in Stuttgart besuchte. Aus diesem Besuche entwickelte sich
ein litterarischer Verkehr. Hatten sie ja Beide ein wichtiges
Gemeinsames: Die Auflehnung gegen Goethe, die sie einander
zuführte und lange Zeit neben einander friedlich einhergehen
ließ. Dieser Uebereinstimmung hat Heine auch in seiner
Recension von Menzel's „Litteraturgeschichte" für die
„Annalen" entschiedenen und wahrhaft freundschaftlichen
Ausdruck gegeben, und auch Menzel belobte in seinem
„Litteraturblatt" Heines „Reisebilder", seinen männlichen
Muth und die aufregende Kraft seiner Worte. Aus dieser
Zeit stammt nachfolgender Brief Heines, der sich im Besitze
der Menzel'schen Familie befindet und dessen Copie ich der
Güte des Herrn Pfarrers Conrad Menzel verdanke, der
die Denkwürdigkeiten des Lebens seines bedeutenden Vaters
bekanntlich mit ebenso viel Pietät als litterarischem Geschick
herausgegeben hat. Es handelt sich darin um eine Be=

---

*) Vgl. die „Denkwürdigkeiten" von W. Menzel (Bielefeld 1877)
S. 142 ff.

sprechung der Gedichte Heines, die mit der Chiffre G. S. im Tübinger „Litteraturblatt" vom 27. Juni 1828 erschienen ist und wahrscheinlich von Gustav Schwab herrührt. Wenn wir heute diese Kritik lesen, so kommt sie uns allerdings recht hausbacken und dürftig vor; sie spricht sich zwar voller Achtung über Heines „Dichterphantasie" aus, die ihm „einen Platz unter unseren bleibenden, unter unseren originellen Dichtern aufbewahren" werde — das Wesen seines Humors aber erfaßt sie ebensowenig, wie alle anderen Besprechungen aus jener Zeit, weil jenen Beurtheilern das Verständniß für das Geheimniß der Contraste in dieser Poesie noch fehlte. So erklärt sich der Unmuth Heines über diese Kritik, dem er in einem am 16. Juli 1828, also dem letzten Tage seines Aufenthalts in München, geschriebenen Brief an den Redacteur jenes „Litteraturblattes", an Wolfgang Menzel, in folgenden Worten drastischen Ausdruck gibt:

Ueber die —sche Recension würde ich schweigen, wenn es nicht kleinlich wäre, meine Meinung zu verschweigen. Indessen ist es ebenso kleinlich, irgend eine Empfindlichkeit zu verrathen. Unter uns gesagt, sie findet auch nicht statt; nur daß man von allen Seiten über Scandal schrie und empört war, daß in einem Cotta'schen Blatte mit so wenig äußerer Achtung von mir gesprochen worden. Der arme — hat's gewiß ehrlich gemeint, und erst gedruckt mag das Ding euch in seiner fatalen Objectivität aufgefallen sein. Wahrlich, ich hätte in einem anderen Tone und respectirlicher von einem auf jeden Fall gleichbürtigen Dichter gesprochen. Nach dem Inhalte jener Recension zu schließen, sollte man glauben, ich sei eben der Galeere entsprungen; sie wirkt sogar auf meinen Credit: ich glaube wer sie gelesen, borgt mir keinen Groschen mehr.

Eine größere Beleidigung ist es, wenn man von einem bedeutenden Geiste nur ein Stückchen auffaßt. Dies ließ ich mir gegen Sie zu Schulde kommen. Ich habe in der Recension der Menzel'schen Litteratur nur Formelles besprochen. Von ihrem positiven Wesen, von der Innerlichkeit des Autors, z. B. von seiner Feindschaft gegen die Zeit, war nicht die Rede. Diesen

Theil der Recension werde ich nachliefern und Sie werden eine
bessere Meinung von meinem Verständnisse Ihrer Werke bekommen.
In Berlin hat man meine Ansichten über Göthe am feinsten verstanden und Zeter geschrieen. Niederträchtig sind die Ausfälle
auf Sie im Berliner Conversationsblatt. Sie sind von F. F.
Dieser F. ist ein jämmerlicher Patron und spielt den Vertheidiger
Göthe's. Es ist ein trister Anblick, wenn der Esel sich spanischen
Pfeffer in den Steiß steckt, um in Ekstase zu gerathen und desto
besser den wüthenden Champion des Löwen machen zu können.

Der Schluß dieses interessanten Briefes, in dem aber
die Keime der späteren Feindschaft schon ganz leise angedeutet sind, hat nach der mir gewordenen Mittheilung
„nichts für die Litteraturgeschichte irgendwie Bemerkenswerthes". Der Briefwechsel zwischen Menzel und Heine
mag in der Folge kein besonders reger gewesen sein. Mindestens hat sich kein Brief mehr erhalten. Menzel spendete
zwar noch den späteren Schriften Heines bis zum zweiten
Bande des „Salon" warmes Lob, ja er forderte sogar den
Dichter ausdrücklich auf, die „Memoiren des Herrn von
Schnabelewopski" fortzusetzen, — aber ein brieflicher Verkehr zwischen beiden Schriftstellern scheint nicht mehr stattgefunden zu haben. Im Jahre 1835 erfolgte die Anklage
Menzels gegen die „jeune Allemagne", die mit der feierlichen Erklärung schloß: „Ich will den Kopf der Schlange
zertreten, die im Miste der Wollust sich wälzt ... So lange
ich lebe, werden Schändlichkeiten dieser Art nicht ungestraft
die deutsche Litteratur entweihen." Und zwei Jahre später
1837, erschien Heines Vorrede zum dritten Theile des „Salon"
als besondere Broschüre mit dem Titel: „Ueber den Denunzianten", in der er die volle Schale seines Grimmes
über Menzel ausgießt. Damit war das freundliche Verhältniß für immer gelöst, von dem Heine selbst sagt: „Wir
waren sogar ehemals gute Freunde, und er hat mich oft
genug wissen lassen, wie sehr er mich liebe. Er hat mir

nie vorgeworfen, daß ich ein schlechter Dichter sei, und auch ich habe ihn gelobt. Ich hatte meine Freude an ihm, und ich lobte ihn in einem Journale, welches dieses Lob nicht lange überlebte. Ich war damals ein kleiner Junge, und mein größter Spaß bestand darin, daß ich Flöhe unter ein Mikroskop setzte und die Größe derselben den Leuten demonstrirte. Herr Menzel hingegen setzte den Göethe unter ein Verkleinerungsglas, und das machte mir ebenfalls ein kindisches Vergnügen."

Wenn man heut, wo jene Kämpfe längst vergessen sind, objektiv die Sache betrachtet, so wird man weniger diesem Commentar, in der fliegenden Hitze des Zornes geschrieben, als jenem oben veröffentlichten Briefe Glauben schenken, der in der That das ausspricht, was Heines wahrhaftige Ueberzeugung zu jener Zeit gewesen ist. Freilich, der Haß gegen Goethe war kein genügend starker Freundschaftskitt für zwei so diametral entgegengesetzte Naturen wie Heine und Menzel! Statt des Einen gewann aber Heine durch das „Junge Deutschland" eine ganze Anzahl neuer Freunde, von denen allerdings auch nur Einer sich auf die Dauer als solcher bewährte — Heinrich Laube. Mit innigem Vergnügen gedenke ich der Stunden, in denen mir der berühmte „knorrige Alte" von seinen Beziehungen zu Heine erzählte. Ein Ausdruck dieser warmen Zuneigung sind auch die beiden folgenden Brieffragmente, welche sich unter den Briefen Heines an Laube nicht befinden — wie denn überhaupt keiner der hier veröffentlichten Briefe in dem von Strodtmann publicirten Briefwechsel enthalten — und deshalb auch unbekannt geblieben sind. Sie datiren aus dem Frühjahr 1847 — aus jener Zeit, da bei Heine sich zuerst jene unheilvollen Schmerzen einstellten, die ihn bis zum Tode nicht mehr verlassen sollten. In einem solchem Schmerzanfall schrieb er an Laube diese beiden Billette:

Komm heute, denn morgen kannst Du einen stillen Mann an mir finden. Die Lähmung meines Körpers schreitet zwar nur langsam vorwärts, und es mag vielleicht noch eine Weile dauern, ehe das Herz oder das Lebenshirn berührt und dem Spaß hinieden ein Ende gemacht wird, aber ich kann doch nicht für einen salto mortale stehen, und ich möchte gern mit Dir Testament machen.
Dein   Heine.

Ich bin, theuerster Freund, heute so krank, daß ich Dich nicht sehen kann. Das ist ein verwünschter Tag. Morgen früh aber, mag ich mich befinden, wie es auch wolle, komme ich zu Dir um 11 Uhr. Dein
H. Heine.

Kurz vorher, im März, war Laube nach Paris gekommen. Doch hören wir ihn selbst den Eindruck schildern, den er beim Anblick Heines empfangen und der uns beweisen mag, wie klar der Dichter seine eigene Lage überschaut hat. „Da saß er neben einer blühenden, in gesunder Körperfülle fröhlichen Französin, neben seiner Frau, die ihm seit einem Jahrzehnt treulich zur Seite steht. Da saß er an der Mittagstafel, die nicht mehr für ihn gedeckt war — wie verändert! Von einem feisten, aus kleinen, schalkhaften Augen Funken sprühenden Lebemanne hatte ich vor sieben Jahren lachend Abschied genommen, jetzt umarmte ich fast weinend ein mageres Männchen, in dessen Antlitz kein Blick des Auges mehr zu finden war. Damals glänzend und fein wie ein Abbé, trug er das lange Haar glatt gekämmt, und der kastanienbraune Schimmer desselben tänzelte lieblich im Strahle des Lichtes; damals war das volle Gesicht glatt wie das eines Kammerherrn, jetzt war es eingefaßt von einem grauen Bart, weil die schmerzlich erregten Nerven das Scheermesser nicht mehr ertragen; jetzt hing das trocken gewordene Haar immer noch lange, aber verwildert, graugesprenkelt um die hohe Stirn und die breiten Schläfen. „Hätte ich nicht Frau und Papagei," sagte er lächelnd zu

Laube, „ich würde (Gott verzeih' mir die Sünde), ich würde wie ein Römer diesen schlechten brustglucksenden Nächten und dieser ganzen Misère ein Ende machen. Aber das schickt sich nicht für mich, den Hausvater. Laß uns Testament machen, so lange du hier bist!"

In der That, Laube hatte Recht, wenn er in der Erinnerung an dies Wiedersehen bemerkte: Shakespeare hat Mercutio nicht besser sterben lassen, als Heine sich selber sterben läßt! Und in einer solchen Sterbestimmung war's wohl auch, daß er dem jungen Ferdinand Lassalle, dem kampfesfrohen Bürger einer neuen Zeit, statt einer Empfehlung die folgende Karte an Alexander v. Humboldt mitgegeben hat:

Dem großen Alexandros sendet die letzten Grüße der sterbende
H. Heine.

Ich verdanke die Mittheilung des Wortlauts dieser Karte der Güte des Herrn Professors Dr. Brugsch-Pascha, der seinerseits wieder mit einer Empfehlung Humboldts zu Heine nach Paris kam und von dem Schmerzenslager des Dichters die interessantesten Mittheilungen und Gespräche in seinem erstaunlich guten Gedächtnisse aufbewahrt hat.

Welcher Deutsche mochte damals überhaupt nach Paris gehen, ohne Heine seinen Besuch abzustatten! Und wer wäre nach Hause gekommen ohne Heine gesehen zu haben! Von einem dieser zahlreichen Pilger habe ich ein Witzwort Heines gehört, das derselbe von dem kranken Dichter in einem schmerzfreien Angenblicke vernommen und sich auf Moriz Hartmann bezogen hat, der bekanntlich ein Liebling der Frauen gewesen und der meinen Gewährsmann bei Heine eingeführt hatte. „Ich habe schon heute Damenbesuch gehabt, lieber Hartmann," so fing Heine die Unterhaltung an.

„Wer hat Sie denn wieder belästigt? fragte Hartmann theilnehmend.

„Die einzige Dame, die Sie bis jetzt nicht besucht hat, mein Guter!" replicirte Heine.

„Und die wäre?"

„Die Muse, lieber Hartmann!" —

Solcher schmerzensfreier Augenblicke, in denen sich sein Humor ungehindert entfalten konnte, hatte Heine allerdings in den folgenden Jahren nur noch wenige. Die Besucher aus der Heimath hatten vielmehr das traurige Schauspiel, einen Menschen bei lebendigem Leibe absterben zu sehen. Nur wenn er, wie ein echter Stoiker, den Körperschmerz vergessend, sich in die höchsten Fragen der Poesie, des Menschenlebens sich vertiefte, war auch dies Schauspiel ein feierlich erhabenes. In solcher Stimmung trafen ihn zwei schwäbische Gelehrte im Sommer 1851, der Tübinger Philosoph Immanuel Hermann Fichte und dessen Sohn, der jetzige General-Arzt der würtembergischen Arme, Dr. Eduard von Fichte. Den Mittheilungen dieses verehrten, durch seine kriegschirurgischen und organisatorischen Arbeiten rühmlichst bekannten Gelehrten verdanke ich den einen der nachfolgenden beiden Briefe und die Erläuterung zu dem zweiten, der allerdings schon vor fünfundzwanzig Jahren in einer Zeitschrift, aber unvollständig und ohne Angabe des Adressaten, veröffentlicht worden, seither aber so vollständig in Vergessenheit gerathen, oder vielmehr auch so unbekannt geblieben ist, daß nicht einmal Adolph Strodtmann bei der Sammlung der Heine'schen Briefe ihn aufgefunden hat.

Zur Erläuterung des ersten Briefes muß noch hinzugefügt werden, daß das Gespräch zwischen Heine und dem Philosophen, der in zahlreichen und bedeutenden Werken die ethische Theologie der nachkantischen Denker ausgebildet hat, um die individuelle Fortdauer nach dem Tode, um Geister und

Seelen, um die Frage der Präexistenz und schließlich um das Dasein Gottes sich gedreht hat. Mehrere Wochen nach diesem Besuche, der auf den kranken Dichter einen tiefen Eindruck gemacht, empfing Fichte den nachfolgenden Brief Heines:

Paris, 6. October 1851.

Werthester Herr Professor!

Ich vermag es kaum zu sagen, wie sehr ich es bedauerte, daß ich Sie vor Ihrer Abreise nicht nochmals sehen konnte. Ihr Besuch erweckte in mir sehr wohlthuende Erinnerungen, die auch heiter und erfreulich in mir nachklingen. In einem Buche, welches in diesem Augenblicke zu Hamburg von mir herausgegeben wird, habe ich ganz brühwarm benützen können, was Sie über Swedenborg sagten; kommt es Ihnen zu Gesicht, so mag es mein Andenken in Ihrem Gedächtniß auffrischen. Mein Zustand ist leider noch immer derselbe, und es will mich sogar bedünken, als litte ich unleidlich mehr als früher. Ich muß nun zusehen, wie ich die Geduld bewahre, so eine schreckliche Heimsuchung mit Anstand zu ertragen.

(Heine kommt nun auf eine private Angelegenheit, die projektirte Doktor-Promotion eines Verwandten in Tübingen, zu sprechen und fährt dann fort:)

Ich kann nicht umhin, Ihnen hier eine Anekdote zu erzählen, die noch heutzutage in Göttingen über mich im Umlaufe und die zufällig wahr ist. Als ich mich nämlich dort bei dem Justizrath Hugo meldete, um unter seinem Decanate Doctor juris zu werden, überreichte ich ihm zugleich die siebenundzwanzig Louisd'or der Promotions-Gebühr. Der alte Hugo wollte das Geld nicht gleich annehmen, und er sagte zu mir: „Wir müssen Sie ja erst prüfen". Hierauf antwortete ich ihm: „Prüfet alles, das Beste behaltet". Ich muß gestehen, daß der Alte sich äußerst freundlich gegen mich betrug und als Decan bei meiner öffentlichen Disputation zwar nicht meine juristischen Kenntnisse, aber meine versificirenden Talente in einer sehr schönen lateinischen Allocution rühmte.

Ich grüße Sie herzlich und verharre mit ausgezeichneter Hochachtung und freundschaftlicher Ergebenheit Ihr

Heinrich Heine,
50 Rue de Amsterdam.

Das Buch, auf welches sich Heine in diesem Briefe
bezieht, war der „Romanzero", in dessen Vorrede er ja
bekanntlich den schwedischen Geisterseher Swedenborg apostro=
phirt und nach der Unsterblichkeit der Seehunde befragt.
Es folgt der letzte Brief, gleichfalls in Erinnerung an jenen
Besuch geschrieben und an Herrn General=Arzt Dr. v. Fichte
gerichtet, der Heine mit der Mittheilung von seiner Ver=
lobung zugleich die Bitte um ein Autograph gesendet hatte.
Auf die bevorstehende Verehelichung bezieht sich die „kühne
Unternehmung", auf das Autograph die „freundlichen
Wünsche", die Heine dem liebenswürdigen jungen Gelehrten
gern erfüllte. Dem Briefe lag das von Heine selbst nieder=
geschriebene Gedicht „Weltverschlimmerung" bei. Der in
diesem Schreiben erwähnte „kleine Brief" ist eben jener
oben mitgetheilte an J. H. Fichte. Das Schreiben selbst lautet:

Paris, 24. October 1851.

Werthester Herr Doctor!

Ich habe leider nur zu triftige Gründe, womit ich mich ent=
schuldigen kann, daß ich Ihren freundlichen Wünschen erst heute
entspreche. Ich war nämlich zu krank, als daß ich meine alten
Cartons durchstöbern konnte, um etwas ercklecklich gut Geschriebenes
herauszufinden. Seit drei und ein halb Jahr schreibe ich gar
nicht mehr eigenhändig, und ich habe Ihnen etwas geben wollen,
worin noch nicht Spuren von Lähmung und Erblindung.

Ich wünsche Ihnen vieles Glück zu Ihrer bevorstehenden kühnen
Unternehmung. Haben Sie die Güte, gefälligst den inliegenden
kleinen Brief an Ihren Herrn Vater nach Tübingen zu fördern.

Ich verharre mit ausgezeichneter Hochachtung Ihr ergebener

Heinrich Heine.

50 Rue d'Amsterdam.

P. S. Ich will den Brief an Ihren Herrn Vater direct schicken.

Die folgenden Briefe führen uns in die letzte Lebens=
zeit des Dichters und zwar in jene Zeit, da sein Leben
von schweren materiellen Sorgen bedrückt war. Sie
sind an Giacomo Meyerbeer und an Ferdinand

Lassalle gerichtet. Beide Briefe geleiten uns in jene traurige Periode dieses Dichterlebens, in der Heine durch seine Familie und durch die Verfolgungswuth seiner Feinde unsäglich viel zu leiden hatte. Man kann da weiter nichts sagen als: Wer sich frei weiß von Schuld, der werfe den ersten Stein auf ihn! Der erste an sich ganz uninteressante Brief ist eigentlich nur eine Folie für den zweiten. Er zeigt uns zugleich, daß Heine damals mit Meyerbeer innig befreundet war. Nebenbei bemerkt: es ist eine alberne Lüge, daß Heine in späteren Jahren Meyerbeer deshalb mit seinen Spottgedichten verfolgte, weil dieser ihm einmal irrthümlich für seine Frau statt Logenplätze Galleriebillets in die große Oper geschickt habe! Der Grund dieser Abneigung lag tiefer und hing vielfach mit seinen künstlerischen Interessen zusammen. Der Brief an Meyerbeer lautet:

Paris, den 29. März 1834.

Werthester Freund!

Herr Rosenstein aus Berlin hat die Ehre, Ihnen diese Zeilen zu überreichen. Ich empfehle Ihnen diesen jungen Mann, der mir auf's vortheilhafteste bekannt ist, auf's allerbeste. Kenntnisse in neueren Sprachen, guten Willen, moralischen Lebenswandel finden Sie bei ihm in ungewöhnlicher Weise, und ich denke, diese Eigenschaften erwerben ihm Ihr gütiges Wohlwollen und Ihre einflußreiche Verwendung, wo Sie ihm nützlich sein können.

Empfangen Sie die Versicherung meiner höchsten Verehrung und meiner unbedingten Ergebenheit

H. Heine.

Diese höchste Verehrung und unbedingte Ergebenheit sollte aber im Laufe der Jahre einen empfindlichen Stoß erleiden. Schon der folgende Brief an Lassalle ist um eine Nüance kühler gegen Meyerbeer als die früheren Schreiben. Zum Verständniß dieses Briefes muß man nur bedenken, daß derselbe während des Krieges mit Karl Heine entstanden ist. Die Situation wird dann sofort klar: Es

stirbt ein reicher Oheim, der etwa zehn Millionen Mark
Banko allein zu wohlthätigen Zwecken und vielleicht das
Vierfache dieser Summe seinen Universalerben hinterläßt,
der aber in dem sorgsam ausgearbeiteten Testament seines
armen und schwerkranken Neffen, der nebenbei gesagt ein
berühmter deutscher Dichter ist, absolut vergessen hat. Und
darauf kommt der Universalerbe und verweigert diesem
kranken Vetter die Auszahlung der für seine Verhältnisse
jämmerlichen Pension von 4800 Franken jährlich! Das
muß man bedenken, um den Schmerz, den Zorn und die
Aufregung zu verstehen, die sich damals Heines bemäch=
tigten, und die ihn zum erbitterten Kampfe mit allen er=
laubten und unerlaubten Mitteln führten.

Ich bemerke nur noch, daß die eingeklammerte Stelle
dieses Briefes, etwa die ersten achtzehn Zeilen, bereits in
der Gesammtausgabe der Briefe enthalten ist. Der Leser
wird erstaunen zu sehen, daß die Veröffentlichung dort
mitten im Satze abgebrochen ist. Zu einer solchen Be=
handlung von Dichterbriefen haben wir aber kein Recht,
auch selbst dann nicht, wenn diese unterdrückten Stellen
gegen den Dichter zu sprechen scheinen. Schließlich ist auch
dieser Brief ein beredtes Zeugniß dafür, daß der als leicht=
sinnig verschrieene Heine durchaus nicht leichtsinnig gewesen,
ja, daß er vielmehr in praktischen Lebensfragen mit einer
peinlichen Genauigkeit und dem größten Ernst vorgegan=
gen ist.

Paris, den 27. Februar 1846.
Mein theurer Freund!
[Ich hoffe, daß Sie die drei Briefe, die ich Ihnen unter Ihrer
eigenen Adresse geschrieben, erhalten und die anderen drei Ergänzungs=
briefe, die ich an Herrn von Varnhagen schrieb, von demselben mit=
getheilt bekommen haben. Unterdessen erhielt ich auch Ihren zweiten
Brief, worauf zu wenig zu beantworten war. Ich glaubte alles
im besten Zug, da erhalte ich soeben einen Brief von Varnhagen,

woraus ich ersah, daß er mir einen Strich durch die Rechnung macht. Er scheint die Sache, worauf es ankommt, gar nicht zu verstehen, und ich sehe wohl, daß er in seinem Moderantismus mit Ihnen nicht zusammen wirken kann. Den Artikel für die „Allg. Ztg.", wo der Pückler'sche Brief interkalirt werden sollte, wird er also nicht schreiben, ja, er bemerkte mir sogar, „daß es unschicklich gegen den Fürsten gehandelt wäre, wenn man dessen Schreiben veröffentlichte, und dieser es nicht erlauben dürfe." Diese Bemerkung bestimmt mich, aus leicht begreiflichen Gründen, auf jenen Brief zu verzichten], um so mehr, da seine Hauptwirkung schon geschehen, nämlich die Beschämung meines Vetters ob seiner Knickerei, und jetzt der Hauptzweck sein muß, die Anerkennung der Pension für immer zu erlangen. Dies geschieht vielmehr, indem diese chikanirende Nichtanwendung recht prägnant als eine kleinliche Rache dargestellt und flattirt wird. Dieses war die Arrière pensée, die meinem Schmähartikel gegen Heinrich Heine zu Grunde lag; die Thatsache des Auszahlens der Pension wird hier als sich von selbst verstehend hingestellt, und soweit wird sie notorisch konstatirt. Es ist daher nur der Streit ob der Form vorhanden, ob der Anerkennung der Pension. Wenn Sie daher, sobald der Schmähartikel erscheint, denselben ausbeuten wollten, müssen Sie diesen Zweck im Auge behalten und Karl Heine nicht als Cyniker beschämen, sondern wegen seines Mangels an Versöhnlichkeit und Schonung tadeln und nur auf dem Terrain des Allgemeinen, dem Kampf des Genius mit dem Geldsack, verharren. So wird der besondere Familienskandal nicht diskutirt, und wir haben keine Entgegnung zu befürchten in dem Sinne, wie Varnhagen warnt. Einen solchen Artikel nun müssen Sie, liebster Lassalle, gleich schreiben, sobald der Kölner Schmähartikel erscheint, und ich traue Ihnen Takt uud Umsicht genug zu, um nicht unwiederbringlich Karl Heine gegen mich zu erbittern und somit meine schon errungenen Vortheile zu kompromittiren. Ich selbst bleibe in der milden Rolle, die ich streng zu behaupten immer entschlossen war. Wo Sie Ihren Artikel drucken lassen können, weiß ich nicht: am besten wäre Berlin. Rellstab thut es mir vielleicht zu Gefallen, wo nicht, muß die Breslauer Zeitung benutzt werden. Ich vertraue Ihrer Klugheit.

Ich habe Ihnen zu Paris in betreff Meyerbeers die ganze Wahrheit gesagt, und der Zottelbär scheint jetzt die Sache selbst nicht mehr zu wissen. Erst als ich gar nichts anderes von ihm zu erlangen wußte, begnügte ich mich mit der Form jenes Briefes, nur auf bestimmtes Hervorstellen seines Zeugnisses in betreff der Lebenslänglichkeit der Pension dringend. Dies erreichte ich indirekt und somit ist der Brief mein wichtigstes Aktenstück, das Sie nicht aus den Händen geben dürfen. Will Meyerbeer dringender an Karl Heine direct schreiben und alles aufbieten, ihn zur Wiederherstellung des Friedens zu bestimmen, so ist dies gewiß nur höchst wünschenswerth und in diesem Augenblick ließe sich wohl ein Resultat hoffen. Meyerbeer hat mehr wie jeder andere das Recht und die Verpflichtung, in dieser Sache energisch aufzutreten, er kann sich darauf stützen, daß er selber darin verwickelt durch ihre Anfänge, und nachdem er Karl Heine sein Zeugniß des gegebenen Wortes meines Oheims aufs bestimmteste wiederholt, kann er, der Millionär, von seinem Konfrater wohl erbitten, ihm selbst zu Gefallen den Skandal durch Nachgiebigkeit zu entfernen auf immer. Karl Heine will ja nur eine Brücke, um sich mit Ehren aus der Affaire zu ziehen. Dies muß aber gleich und bestimmt geschehen. Legen Sie dem Bären die Daumschrauben an.

Schonen Sie daher kein Mittel, den Bär zum Tanzen nach nach unserer Pfeife zu bringen. Er muß an K. einen Brief en confidence schreiben, nicht durch mich ihn schicken. Will Joseph Mendelsohn etwas Aehnliches thun, so ist daß gewiß in diesem Augenblick von höchstem Werth. Die Presse dient nicht zur Entscheidung der Schlacht, sondern zur Beunruhigung des Feindes; kommt dieser zur Besinnung zu früh, ehe die Vermittelung ihr Werk begonnen, so ist für uns der ganze Feldzug verloren und ich bleibe in demselben unerquicklichen Dilemma. — Ich selbst habe noch nicht an K. H. geschrieben, thue es aber dieser Tage, damit mein versöhnlicher Brief in dem Moment eintrifft, wo Presse und Vermittler ihn aus der Fassung gerüttelt. Ich weiß ganz genau, was ich will. Den Brief an K. H., den Campe hat, habe ich von demselben zurückverlangt, denn ich darf durch diesen Ihnen nichts derart direkt zukommen lassen.

Mein körperlicher Zustand ist entsetzlich. Ich küsse, fühle aber nichts dabei, so starr gelähmt sind meine Lippen. Auch der Gaumen und ein Theil der Zunge sind afficirt und Alles, was ich esse, schmeckt nach Erde. Dieser Tage habe ich Kaiserlich-russische

Bäder versucht, nach der strengsten Observanz. An Muth fehlt es mir nicht.

Ihr Freund

Heinrich Heine.

Armer Heine! So werden gewiß alle Leser nach der Lektüre dieses Briefes ausrufen. Welche Mittel und Wege mußte er einschlagen und um welches Zieles willen! Um 2400 Franken Pension für seine Frau als Witwe von seinem Millionenvetter zu erlangen! Zu diesem Zwecke mußte er einen Schmähartikel gegen sich selbst anfertigen lassen, in dem aber auch wohl zugleich Karl Heine sein Theil abbekommen hat, zu diesem Zwecke mußte Fürst Pückler an Karl Heine schreiben — Brief und Antwort sind inzwischen von Ludmilla Assing veröffentlicht worden — mußte Meyerbeer mit dem Zeugniß öffentlich auftreten, daß Salomon Heine dem Dichterneffen Gehalt und Pension bestimmt zugesagt habe, mußte endlich Lassalle mit dem Kleingewehr der Presse aus allen Zeitungswinkeln Deutschlands den Hamburger Millionär anfallen. Und dies alles zu einer Zeit, wo er nach seiner eigenen Ueberzeugung „vielleicht noch eine Weile, ein oder höchstens zwei Jahre in einer trübseligen Agonie" zu leben hatte! In der That, man glaubt dem Dichter, wenn er in seinem nächsten, dem an Lassalle folgenden Brief an Campe sagt: „Gott verzeihe meiner Familie die Versündigung, die sie an mir verschuldet. Wahrlich nicht die Geldsache, sondern die moralische Entrüstung, daß mein intimster Jugendfreund und Blutsverwandter das Wort seines Vaters nicht in Ehren gehalten hat, das hat mir die Knochen im Herzen gebrochen, und ich sterbe an diesem Bruch."

Zur Erläuterung des obigen Briefes ist nur noch zu bemerken, daß ein Schluß, oder vielmehr eine Nachschrift, in der ersten Gesamtausgabe der Briefe (Bd. IV, S. 98) sich be=

findet, die dort unmittelbar an jenen oben eingeklammerten
Anhang sich anschließt, die aber zur Sache selbst unerheblich
ist und nur Personalnachrichten enthält, welche am besten
dort nachzulesen sind. Den Brief selbst verdanke ich der
Güte des Buchhändlers Herrn A. Cohn in Berlin, in dessen
reichhaltigem Autographenlager sich derselbe befindet.

———

Wir gelangen nun zu einer Reihe von Briefen, die
sämmtlich an einen Adressaten gerichtet sind, und zwar
an Gustav Kolb, den ehemaligen Chefredakteur der „Augs=
burger Allgemeinen Zeitung". Gustav Kolb war eine in=
teressante und doch weiteren Kreisen nur sehr wenig bekannte
Persönlichkeit. Er wurde am 6. März 1798 zu Stuttgart
geboren und starb am 16. März 1865 zu Augsburg. In seiner
Jugend nahm er an einem politischen Geheimbund zur Be=
freiung Deutschlands theil, wurde dann in einen Hoch=
verrathsprozeß verwickelt, bei dem er „alles eingestanden,
alles auf sich genommen, keinen verrathen hat" und wanderte
schließlich auf den Hohenasperg, zu vierjährigem Gefängniß
verurtheilt. Nach zwei Jahren wurde er jedoch entlassen
und der württembergische Justizminister empfahl ihn selbst
dem Herrn v. Cotta als eine tüchtige journalistische Kraft.
Als Korrektor und Uebersetzer trat Kolb bei der „Augsburger
Allgemeinen Zeitung" 1825 ein, und zwölf Jahre später
war er ihr trefflicher, verdienstvoller, allmächtiger Redakteur,
dem sogar die Leitung des Weltblattes übertragen wurde. In
dieser Thätigkeit entwickelte Kolb eine wahrhaft rührende
Geduld, Fürsorge und Liebe für alle dichterische Produktion,
für das Wohl und Wehe seiner Mitarbeiter. Auch die nach=
folgenden Briefe Heines an ihn, der mit dem Dichter seit
1827 innig befreundet war, legen davon ein beredtes Zeugniß
ab. Dieselben befinden sich gegenwärtig im Besitz des Herrn

Karl Meinert in Dessau, dessen Güte ich die Erlaubniß zur Publikation verdanke.

Paris, 28. April 1836.

Soeben, lieber Kolb, ist es mir gelungen, ohne die geringste Bitterkeit und ganz im Ton, den ich für die „Allg. Ztg." geeignet halte, meine Erörterungen über das Bundestagsdekret und seine Wirkungen zu schreiben. Ich schicke sie Ihnen, ohne auch nur eine Abschrift davon znrückzubehalten, ich schicke Ihnen diese kleine Schrift, die gewiß nicht als eine persönliche Rache betrachtet werden kann, die von der äußersten allgemeinen Wichtigkeit, sowohl vom politischen und litterarischen Standpunkte, ich schicke sie nur Ihnen, niemand anders, Sie erhalten das einzige Ex. — und ich erwarte, daß Sie es umgehend drucken, es ist nämlich von höchstem Interesse, daß sobald als möglich diese Erörterungen gedruckt werden, damit der Bundestag, der sich jetzt mit der Sache beschäftigen will, davon Notiz nehmen kann. Ich hoffe, daß in meinem Manuskript auch kein Wort ist, das Ihnen Anstoß geben könnte; ich habe es dreimal filtrirt. — Ich hoffe, daß diese kleine Publikation ihre Wirkung ausüben wird. — Mit Cotta habe ich, in der freundschaftlichsten Weise, auch für seine übrigen Institute eine Verbindung wieder angeknüpft. Für die „Allg." kann ich doch in diesem Augenblick nichts liefern, da wenig Wichtiges vorfällt, ... ich stehe aber immer Schildwacht und sobald es nöthig wird, wird auch meine Feder nicht feyern. — Ich umarme Sie.

Ihr Freund

Heinrich Heine.

Lebret grüße herzlich.

Diesen Brief schrieb Heine, als durch das berühmte Bundestagsdekret seine und des gesammten „Jungen Deutschland" Schriften für alle Zukunft verboten wurden. Dieser drakonische Beschluß wurde in der Sitzung vom 10. Dezember 1835 gefaßt. Heine richtete darauf das bekannte Schreiben „an die hohe Bundesversammlung" unterm 28. Januar 1836 und schrieb auch jenen obenerwähnten Artikel für die „Allgemeine Zeitung", dessen Abdruck jedoch auf Censurhindernisse stieß. „Ich vertrete in diesem Augenblicke den letzten

Fetzen deutscher Geistesfreiheit" schrieb der Dichter damals an Campe. Leider ist jener Artikel verloren gegangen.

Kaum aber war das Bundestagsdekret vergessen oder vielmehr in seiner Strenge gemildert, da brachen neue Leiden, neue Sorgen und Bekümmernisse über den schwergeplagten Dichter herein. War es zuerst die Familie, dann die Feinde, so waren es jetzt die falschen Freunde, die Heine Unannehmlichkeiten in Hülle und Fülle durch unwahre Zeitungsnachrichten und alberne Klatschereien bereiteten. Davon legt der folgende Brief ein Zeugniß ab.

Granville, den 18. August 1838.

Liebster Kolb! In großer Noth muß ich wieder meine Zuflucht zu Ihnen nehmen. Ich bitte, helfen Sie mir in einer widerwärtigen Verlegenheit. Am Tage meiner Abreise von Paris kamen mir einige Blätter des Gutzkowschen „Telegraphen" zu Gesicht, wo ich den Anfang eines Artikels über mich von einem gewissen Wihl las. Dieser Mensch, welcher im Grunde nur ein eitler Esel, giebt nur die Eselsmiene her, die von Füchsen benutzt wird, um allerlei fatales Gerede über mich desto sicherer zu accreditiren. Zugleich ist es auf Erwiderungen von mir abgesehen, die ich nicht geben kann, ohne in peinliche Verlegenheit zu gerathen. Da muß ich vorsichtig zu Werke gehen und ich habe einliegende Zeilen für die „Allg. Ztg." geschrieben, welche Sie gefälligst in irgend einem Briefe aus Paris, aber sobald als möglich, einfügen wollen. Sie würden mich noch mehr verbinden, wenn Sie durch die Zufügung von einigen Bemerkungen über mich, die ich ganz Ihrem Gutdünken überlasse, die eingeschickten Zeilen so wohlberechnet umwickeln wollten, daß niemand auf den Gedanken geräth, sie meiner Feder zuzuschreiben. Es liegt mir unendlich viel daran, daß niemand mich als Verfasser dieser Zeilen erkennen möge. Bitte, bitte, helfen Sie mir, und bald. In 6 Wochen bin ich in Paris, von dort aus mehr. Leben Sie wohl. Sie wissen, wie sehr ich Sie liebe; ich brauche es Ihnen nicht erst zu sagen. Mit meinen Augen geht es besser. Ihr
H. Heine.

Um nun dem geneigten Leser einen Begriff von dem zu geben, was Heine damals zu ertragen und zu bekämpfen hatte, habe ich die betreffende Korrespondenz aus der „Allg. Ztg.", wo sie zehn Tage nach dem obigen Brief, also am 28. August, abgedruckt worden, herausgesucht, und lasse sie hier in dem gewiß interessanten Wortlaut folgen:

„Paris, 25. August 1838. Heine ist vor einigen Wochen nach Boulogne ins Seebad gereist. Wir dürfen versichern, daß die litterarischen und persönlichen Nachrichten, welche ein Hamburger Blatt seit einiger Zeit über diesen Schriftsteller mittheilt, aus keiner authenischen Quelle fließen, sondern lediglich einen obskuren Dichterling zum Urheber haben, der sich vor einiger Zeit in Paris aufhielt, die hiesigen Deutschen mit seiner Eitelkeit beständig belästigte, insbesondere für Heine eine zudringliche Klette war und schon hier durch selbstfabrizirte Zeitungsartikel den Versuch machte, in der deutschen Heimath für einen vertrauten Freund und Genossen von Heine und dem gleichzeitig hier anwesenden Grafen Auersperg (Anastasius Grün) gehalten zu werden, welch letzterer diese wie jede andere ähnliche Genossenschaft gleichmäßig von sich weisen wird. Es ist nichts ärger als von der spekulirenden Eitelkeit jener Leute zu leiden zu haben, die unfähig, durch eigene Vorzüge etwas zu gelten, sich gern in Deutschland auf ihre in intimen Stunden gemachten Bekanntschaften berufen und zu ihrer Beglaubigung allerlei Histörchen ersinnen, die aus einem vertrauten Umgang geschöpft sein sollen. Auch Börne hat ein Lied davon zu singen. Ueberhaupt giebt das Treiben eines Theils der jungen Deutschen hier überflüssig Stoff zu kläglichen Betrachtungen, was um so mehr zu bedauern ist, als der öffentliche Sinn in Frankreich sich mehr und mehr zu Deutschland und zu deutschem Wissen und deutscher Kunst hinneigt. Heine hat sich Frankreich gegenüber, häufig an dem Wissen und der Kunst Deutschlands versündigt und es hat sich sein unbewachter Spott an ihm selbst gerächt, aber doch haben seine Schriften viel dazu beigetragen, die Blicke der Franzosen dahin zu richten."

Der ganze Jammer unserer kleinen und kleinlichen litterarischen Verhältnisse in der Zeit vor 1848 faßt uns an, wenn wir diese Korrespondenz und jenen Brief lesen. In solch elendem Zeitungsgeklatsch ging damals das litterarische Leben unter; es ist nothwendig, sich dies oft zu vergegenwärtigen jenen Lobrednern halbvergangener Tage gegenüber, die das litterarische Leben und den Zeitungston der Gegenwart zu Gunsten jener Zeit herabzusetzen belieben. Was nun den Missethäter in specie anbelangt, so war derselbe ein recht harmloser, nur etwas ungeschickter, und vor allem ein unglücklicher Mensch. Es war Ludwig Wihl, ein Schwabe von Geburt, der in seinen „Westöstlichen Schwalben" dem altersgrauen Judenschmerz manch innige Liederthräne nachweinte, und der deshalb von Heine im Scherz „der westöstliche Schwalbenvater" genannt wurde. Er starb im Jahre 1882 zu Brüssel.

Auch der folgende Brief ist ein sicheres Zeugniß für die Misere des damaligen Litteratenlebens und im besonderen für die Widerwärtigkeiten, mit denen Heine, seit er in Paris lebte, zu kämpfen gehabt hat.

Paris, den 27. Januar 1841.

Liebster Kolb!

Sie werden kaum begreifen, daß der kleine Dienst, den ich heute von Ihnen verlange, für mich von der größten Wichtigkeit ist. Aber Sie kennen die Misere der hiesigen Deutschen nicht, kennen nicht die Intriguen, die hier gegen mich gesponnen werden, sowohl von seiten der sogenannten Patrioten als von seiten jener subalternen Agenten, durch deren Vermittelung gewisse Chargés d'affaires auf die Presse zu wirken suchen. Oft wird mein Name gebraucht, andere zu mystifiziren. Oefter werde ich selbst durch mitleiderregende Hilflosigkeit mystifiziert. Genug davon, heute erbitte ich von Ihrer Freundschaft folgenden Dienst:

Schreiben Sie doch unumwunden dem Herrn Herzfeld, warum Sie die Artikel, die er Ihnen eingeschickt hat, nicht gedruckt haben, und geben Sie ihm Ihr Ehrenwort, daß ich Ihnen weder direkt noch indirekt jemals ein Wort über ihn gesagt habe, sowie auch, daß Sie nie Auskunft über ihn bey mir verlangt haben.

Das ist alles, was ich wünsche. Dieser Mann bildet sich ein, ich hätte Ihnen Auskunft über ihn gegeben, wodurch Sie abgeschreckt worden, und jetzt möchte er seinem Kommittenten mich als die einzige Ursache seines Mißlingens denunziren. Sie würden mich sehr verbinden, wenn Sie dieser dreisten Person gleich schreiben.

Ich leide noch immer an meinem Kopfübel, wodurch mir alles Arbeiten verleidet wird. Ich hoffe aber bald wieder in Thätigkeit zu kommen, und jedenfalls können Sie auf mich rechnen für wichtige Vorfälle. Es herrscht hier eine düstere verbissene Stimmung und man ist noch nicht sicher vor den schrecklichsten Ausbrüchen. Ich habe große Furcht vor dem Greuel einer Proletarierherrschaft und ich gestehe Ihnen, aus Furcht bin ich ein Konservativer geworden. Sie werden in diesem Jahr an meinen Artikeln wenig zu streichen haben und vielleicht über meine Mäßigung und Aengstlichkeit lächeln müssen. Ich habe in die Tiefe der Dinge geschaut und es ergreift mich ein sonderbarer Schwindel — ich fürchte, ich falle rückwärts. — Leben Sie wohl und behalten Sie mich lieb in jedem Falle. Ihr Freund

25 rue Bleue. H. Heine.

Ueber den besagten Herrn Herzfeld, der jedenfalls ein Korrespondent deutscher Zeitungen war, habe ich nichts näheres in Erfahrung bringen können. Wer weiß auch, ob es der Mühe werth wäre! War es nicht Wihl, so war es Herzfeld. Und wenn dieser aufhörte, so fingen die andern an, wie das zweitnächste Schreiben beweist. Zunächst kommt nun der Zeit nach ein litterarischer Brief nachfolgenden Inhalts:

Paris, den 10. Juli 1843.

Ich hatte Sie ersucht, mir meine zwei letzten Artikel hierher zurückzuschicken, im Fall Sie keinen Gebrauch davon machen könnten. Da Sie mit der Rücksendung bis heute gezögert und ich bereits an Laube geschrieben, daß diese Artikel für ihn bestimmt seyen, bitte ich Sie, ihm direkt zu schicken. Sie haben also nur die Mühe, sie in ein Couvert zu stecken und mit der Aufschrift zu versehen: An Herrn Dr. Laube, per Adresse des Herrn L. Voß, Buchhändler in Leipzig.

Ich bitte Sie, Liebster, lassen Sie mich nicht in Verlegenheit und schicken Sie an Laube unverzüglich die zwei Artikel über den Jesuitenstreit: sie sollen die Fortsetzung des Artikels über Leroux und Cousin bilden, den ich ihm dieser Tage schickte. Es wäre mir

nun gewiß sehr lieb, wenn Sie aus der „Eleganten Welt" einen
guten Theil dieser Arbeiten in der „Allg. Ztg." reproduziren
könnten. Haben Sie die Sachen gedruckt vor Augen, so schwindet
vielleicht manches Bedenken. Es ist mir höchst schmerzlich, daß
ich über die wichtigsten Angelegenheiten mich nicht in der „Allg."
aussprechen kann und ganz neutrale Sujets wählen müßte, um
wenigstens den Posten zu behaupten; jedenfalls seien Sie ver=
sichert, daß ich nie an Ihrem guten Willen zweifle und der meinige
groß ist. — Sie würden mich verbinden, wenn Sie gelegentlich
an Herrn von Cotta wissen ließen, wie wenig es meine Schuld,
daß die „Allg. Ztg." so lang nichts von mir brachte und vielleicht
noch eine Weile lang nichts von mir bringen wird. Ich dürfte
vielleicht, wenn ich meine Reisepläne ausführe, Herrn von Cotta
nöthig haben. — In etwa 8 Tagen gehe ich ins Bad, wo ich mehrere
Monate verweile. Ist es mir möglich, so schicke ich Ihnen etwas
von dort; ein großer Artikel über die Angriffe der „Revue des
deux Mondes" gegen das Buch der Belgiojoso, welche hier so viel
Lärm machten, liegt angefangen und ich hatte keinen Muth weiter=
zuschreiben. Diese Entmuthigung ist ein größerer Schaden.

Mit Espartero muß es sehr, sehr schlecht stehen; Haller sieht
nämlich sehr blaß aus. Meine Adresse ist immer: 46 faubourg
Poissonnière. Leben Sie wohl und bleiben Sie freundschaftlichst
zugethan

Ihrem vertrauensvoll ergebenen

H. Heine.

Aber Liebster! Liebster! vergessen Sie nicht die Artikel gleich
an Laube zu schicken. Den kleinen älteren (über Ludwig Philipp u. s. w.)
schicken Sie mir gelegentlich hierher nach Paris.

Man ersieht aus diesem Schreiben, wie diplomatisch
auch ein Heine mit seinen Redakteuren umgehen mußte und
wie viele Artikel ihm zurückgeschickt wurden — ein Trost
für das junge Geschlecht lebender Dichter und Schriftstellerinen!
Der Artikel über die Fürstin Belgiojoso, Heines Freundin,
ist wohl nie geschrieben resp. veröffentlicht worden. Der
obenerwähnte Haller, der für den spanischen General Espar=
tero Partei nahm, war gleichfalls Korrespondent deutscher
Zeitungen. Die beiden folgenden Briefe führen uns wieder zu

den Guerillakriegen des Dichters mit seinem Chefredakteur und gegen seine Feinde in der Presse. Der erste lautet:

Paris, den 12. April 1844.

Liebster Kolb!

Ich sehe, daß Sie meinen ersten Artikel über die musikalische Saison nicht gedruckt haben, was mir um so verdrießlicher, da ein 2ter Artikel (über die Oper) zur Absendung bereit lag. Da ich nicht reich genug bin, Arbeiten ganz zu verlieren und vielleicht noch im Stande bin, den ersten Artikel zu benutzen, so bitte ich Sie, mir denselben umgehend zurückzuschicken, (Faubourg Poissonière Nr. 46). Ich will mir nicht lange darüber den Kopf brechen, warum der Artikel nicht gedruckt ward. Vielleicht ist es auch nicht mehr in Deutschland erlaubt, über Virtuosen sich frey auszusprechen, obgleich jedermann sich darüber freute, daß ich dergl. alljährlich that. Oder schreckt Sie meine plötzlich renovirte Tribunatsreputazion (ich komme dazu wie die Magd zum Kind) — ich bin plötzlich aus einem verschrienen Renegaten wieder ein Vaterlandsretter geworden. Durch die Bemühung der preußischer Agentatur, der Herren Bornstädt, Rochau und Consorten. Unsere ehemaligen Patrioten sind die gehorsamsten Pudel geworden, die mich jetzt anbellen wegen meines Mangels an Pietät für deutsche gekrönte Häupter. Es wäre zum Lachen, wenn es nicht ein Zeichen betrübter Zustände wäre.

Können Sie mir, liebster Freund mit zwey Worten die Wahrheit sagen, so bitte ich thun Sie es, damit ich nicht einen Mißgriff begehe aus Mißverständniß. Sie wissen ich habe viel Geduld, trage immer gern mit den Freunden die Zeitbedrückung aber ich muß sicher seyn, daß nur diese dran Schuld, wenn irgend eine Art von mir nicht gedruckt wird. Gott weiß, Eitelkeit ist hier nicht im Spiel und alte Zeitungsrumpelkasten (deutsche Constitutionels) würden wir auch Geld genug bewilligen, wenn ich sie durch Feuilletons auffrischen wollte; es wäre mir höchst verdrießlich, wenn ich gezwungen wäre, alte Misère mit neuer zu vertauschen.

Ich bitte, bitte, liebster Freund, schicken Sie mir meinen Artikel umgehend zurück, im Fall er unterdessen nicht gedruckt ward. Leben Sie wohl. Ich bereite mich in diesem Augenblick wieder zum Reisen, weiß aber noch nicht, ob ich nach London oder nach Madrid gehe. Am liebsten ginge ich wieder auf ein Paar Monat nach Deutschland.

Mit getreuestem Vertrauen Ihr Freund

H. Heine.

N. S. In diesem Augenblick bringt mir mein Abschreiber einen Nekrolog über Marcus, einen der größten und besten Aufsätze, den ich für die „Allg. Zeitung" geschrieben und auch auf dessen Einsendung ich mich freute — denken Sie wie angenehm das mir jetzt, wie verstimmend —

Der Artikel, den Heine hier für abgelehnt hält, und dessen Manuskript er zurückfordert, ist, ebenso wie der zweite über die Oper, kurz darauf in der „Allgemeinen Zeitung" erschienen (ersterer vom 25. April, letzterer vom 1. Mai datirt); beide sind auch in meiner Ausgabe der Werke (Bd. VII, S. 396 ff.) wieder abgedruckt worden. Ebenso erschien der Nekrolog über Marcus kurz darauf in derselben Zeitung (Nr. 123 und 124 vom 2. und 3. Mai 1844). Ob der Abdruck der musikalischen Artikel ohnehin beabsichtigt gewesen und sich nur wegen Raummangels verzögert, oder ob auf Kolb die Drohung mit einem Konkurrenzblatt gewirkt, mag dahingestellt bleiben; wahrscheinlicher ist nach dem ganzen Verhältniß das erstere. Wie Heine nach dem Erscheinen des „Atta Troll" seine Reputation als politischer Tribun thatsächlich als „plötzlich renoviert" auffassen konnte, ist übrigens nicht recht verständlich; selten hatte er schärfere Angriffe auf seine angebliche Gesinnungslosigkeit zu ertragen, als damals, wie der folgende Brief beweist:

Paris, den 27. Dezember 1844.

Liebster Kolb! Obgleich ich in diesem Augenblick sehr blind und kopfkrank bin, schreibe ich Ihnen dennoch. Meine persönlichen Feinde benutzen diesen Moment meiner Krankheit. Sie werden den „National" vom 25. Dezember und von heute, so wie auch den „Charivari" vom 25. Dezember gelesen haben. Bey allen anderen Journalen der Opposition wird mit mehr oder minder Glück das=

selbe Manöver versucht. Die „Allg. Ztg." dient hier als Beleg zu den infamsten Insinuazionen. Das hiesige Publikum ist dumm und kann weder die Absurdität noch die ganze Misère dieser Denunziationen einsehen. Sie geht nur von der alten Clique der hiesigen Frankfurter Juden aus, die einige verunglückte ehemalige Vaterlandsretter füttern und mißbrauchen, wie schon vor 3 Jahren geschehen: der Moßieu Strauß, der miserable Banquier Königswarter an der Spitze. Sie wissen wohl, theurer Freund, wie, wenn ich über die Tendenz aller meiner Korrespondenzen und die Beschränkung derselben die ganze Wahrheit spräche, das Werk der Lüge leicht zu Schanden würde. Ich überlasse Ihnen dies zu thun, da Sie dabey am besten wissen, wie viel gesagt werden kann, ohne die Interessen der „Allg. Ztg." bloßzustellen. Man will mich durchaus in broullirende Kollisionen setzen.

Sie mögen nun, theuerster Freund, die Absicht hegen, mich für die „Allg. Ztg." zu behalten — oder abzuschaffen oder nur momentan in den Ruhestand zu setzen: jedenfalls haben Sie als Redakteur en chef die Pflicht, jeden Ihrer Korrespondenten, der so wie ich angegiffen wird, für das Vergangenheitliche zu vertreten und durch die bezeugende Wahrheitserklärung seine persönliche Sicherheit außer Gefahr zu setzen. Letztere ist eminent. Sie werden mich verstehen.

Sonderbar! während ich hier für die „Allg. Ztg." so viel leiden muß, hat diese, bey allem guten Willen (von dem ich überzeugt bin) nicht einmal den Muth, den Artikel von Seuffert zu drucken, worin mein armes Buch gegen eine ungerechte Kritik der „Allg. Ztg." vertheidigt wird und zwar mit gewöhnlicher Seuffertscher arabeskenreichen Mäßigung und Zierlichkeit des Ausdruckes! Kann sie nicht ihn selbst geben?

Im „Univers" haben die Hintersassen unserer alten Münchener Feinde einen Kreuzzug gegen mich eröffnet. Die sind in ihrem Recht.

Leben Sie wohl und leisten Sie mir bald Hilfe und Entsatz. Liebevoll Ihr Freund

H. Heine.

Adresse: Faubourg Poissonnière 46.

Zu dem vorstehenden Brief ist wenig zu bemerken. Hilfe und Entsatz brachte die „Augsburger Allgemeine" nicht, aber hie und da ein Pflaster auf die Wunde, damit diese rascher vernarbe. Im übrigen war Kolb gerade gegen Heine der liebenswürdigste und gefälligste Redakteur, wie der nun folgende Brief beweisen wird:

Paris, den 7. Februar 1847.

Liebster guter Kolb!

Die beyfolgende Einsendung wünsche ich unverzüglich in der "Allg. Ztg." abgedruckt zu sehen. Daß sie unverzüglich gedruckt werde, ist für mich und meine Freunde, die mich so dringend zur Vertretung aufgefordert, eine Hauptsache. Können Sie diesen Aufsatz nebst den zwei Aktenstücken nicht im Corps du Journal aufnehmen, so bitte ich Sie dringendst dafür Sorge zu tragen, daß er als Inserat gedruckt wird und gleich unter den geschlossenen Hauptkolonnen, damit er specieller und so konvenabel als möglich in die Augen falle. Wird er als Inserat gedruckt, so bitte ich mir wissen zu lassen, was ich dafür zu zahlen habe, da meine Freunde mir einen Theil der Kosten zu erstatten sich erboten. — Drucken Sie ihn jedoch als Nicht=Inserat (wo ich fraglich auch Geld spare und was mir also auch in dieser Beziehung angenehm wäre), so können Sie die zwey Aktenstücke, wenn es Ihnen passender dünkt, in deutscher Uebersetzung geben. Interessanter sind freylich die Originale, besonders das fehlerhafte französische. Das Ganze ist nur für das große Publikum von Interesse und ich glaube, was ich geschrieben, ist gemäßigt genug. Damit der Stempel des deutschen Protestirens gegen John Bull nicht verloren gehe und noch anderer Gründe wegen darf der Ort, woher der Artikel eingesandt (Paris) nicht genannt werden und ich mache Sie besonders aufmerksam für den Fall, daß Sie den Aufsatz im "Corps du Journal" abdrucken.

Die "Allg." habe ich seit mehreren Tagen nicht gelesen und weiß nicht, ob mein letzter Artikel schon gedruckt. Hätte Ihnen heut manch Interessantes zu melden, meine Augen leiden zu sehr, da ich den Aufsatz über die Lind selbst abgeschrieben ins Reine. Es geht mir noch immer schlecht, gehe selten und nur wenig aus, wenngleich deutsche Blätter melden, ich sey schon um 8 Uhr auf den Beinen; ich wollte, es wäre wahr. Dabey werde ich, oder vielmehr meine Thätigkeit, von allen Seiten in Anspruch genommen, wie Sie z. B. heute sehen.

Der Himmel erhalte Sie, theuerster Freund.

H. Heine,
46 faub. Poissonnaire.

Ich bitte, bitte, lassen Sie in einer oder der anderen Weise den Aufsatz nur schleunigst abdrucken, es liegt mir sehr viel dran und ich habe sonst keine Ruhe.

Die Beziehungen Heinrich Heines zu der schwedischen Nachtigall, Jenny Lind, sind bis jetzt nicht bekannt gewesen. Erst durch den vorliegenden Brief, der auf eine rege Parteinahme schließen läßt, erfahren wir von solchen freundschaftlichen Beziehungen. Der kleine Artikel über Jenny Lind in der Lutetia (Bd. VII, S. 233) hätte auf das Gegentheil schließen lassen. Auch die Erklärung, auf die Heine in diesem Brief hinweist, ist ohne einen Kommentar zu dieser Erklärung absolut unverständlich. Es scheint jedoch, daß Heine hier für seinen Freund Benjamin Lumley, den Direktor der großen Oper in London, wo Jenny Lind damals auftrat, die Kastanien aus dem Feuer geholt hat.

Der folgende Brief ist wieder eine Klage! Die „Allgemeine" hatte einen Artikel oder eine Notiz gegen Heine aufgenommen. Darauf schreibt dieser:

Paris den 15. Mai 1848.

Liebster Kolb! Wenn Sie mit eigenen Augen die „Revue retrospective" gesehen hätten (ich lege die bezüglichen Blätter hierbey), so würden Sie den schändlichen Artikel nicht aufgenommen haben, wo gewiß der Name des Dr. Weil Sie ergötzend bestach. Ich weiß nicht, ob die Note von Ihnen; jedenfalls ist sie kränkend. Ich hatte davon gehört, aber erst vor wenig Tagen kam mir das Blatt zu Gesicht. Obgleich schauerlich krank (auch die Kinnlade gelähmt, kann nur wenig sprechen und gar nicht kauen), so schrieb ich dennoch beyfolgende „Erklärung", die ich in der „Allg. Ztg." n n v e r z ü g l i ch abzudrucken bitte. Ich hoffe Ihnen in einigen Tagen noch mittheilen zu können, was in Bezug auf mich die „Revue retrospective" sagen wird, denn ihr Schweigen wäre Theilnahme an den schändlichen Verleumdungen.

Ich bitte Sie die drey letzten Artikel, die Sie nicht von mir gedruckt und die, überflügelt von den Ereignissen, nichts mehr werth sind, mir zurückzuschicken: H. Heine. rue de Berlin, Nr. 9, à Paris.

Ich bitte Sie mir gleichfalls wissen zu lassen, direkt oder durch die Cottasche Buchhandlung, über welche Summen ich bey letzterer zu verfügen habe für etwelche Beiträge, die in der „Allg. Ztg." abgedruckt standen, seit ich die letzte Rechnung empfangen; die Summe mag klein genug seyn, obgleich meine Feinde behaupten, Oesterreich hätte mich indirekt durch die „Allg. Ztg." bezahlt für das, was ich nicht gegen Oesterreich schrieb. O deutsche Pfiffigkeit!

Ein Lebewohl vielleicht auf lange sagt Ihnen
Ihr Freund
Heinrich Heine.

P. S. Schicken Sie mir auch sous bande einige Nummern von meiner abgedruckten Erklärung.

Die Erklärung, von der hier die Rede, ist bekannt. Sie steht auch in den „Gesammelten Werken" (Bd. VI, S. 396) abgedruckt und bezieht sich auf die leidige Pensionsangelegenheit. „Ich bin nicht der Mann, der einem deutschen Dichter, welcher im Exile lebt, ein Stück Brod verweigern könnte," hatte Guizot im Jahre 1840 gesagt und Heine aus dem allgemeinen Dispositionsfonds eine Unterstützung von 5000 Franken angewiesen, ohne daß dieser hierfür irgend welche offene oder stillschweigende Verpflichtung übernommen hätte. Nichtsdestoweniger wurde „dieses große Almosen" eine Quelle unabläßiger Kränkungen und Verleumdungen gegen den Dichter. Auch der nachfolgende Brief bringt wieder eine derartige Berichtigung:

Paris, den 17. April 1849.
Liebster Kolb!

Ich bitte Sie, den beikommenden Aufsatz, welcher „Berichtigung" betitelt ist, in der „Allg. Ztg." abzudrucken und zwar so bald als möglich, da er bereits sehr spät kommt, was sehr begreiflich ist bei den Schwierigkeiten, womit jede schriftliche Manifestazion von meiner Seite verbunden ist; ich liege nämlich seit einem Jahre zu Bette und bin zu schwach, die Feder in der Hand zu halten.

Ich denke oft an Sie und hege die Absicht, Ihnen bald einen großen Brief zukommen zu lassen. Ich hätte Ihnen noch so vieles zu sagen, ehe mir der schwarze Thanatos auf immer den Mund verschließt. — Hier ist alles still, denn wir haben, was wir wollen und sogar ein alter Bonapartist, wie ich bin, mag allenfalls zufrieden gestellt sein, wenn er vive Napoléon rufen hört! Dem Kommunismus geht es auch gut, obgleich er über schlechte Zeiten jammert! Wir haben kein Geld mehr und somit existirt de facto die kommunistische Gleichheit. Auch haben wir Weibergemeinschaft; nur die Ehemänner wissen es noch nicht. Am besten florirt Meyerbeer, dessen neue Oper gestern Abend gegeben ward, nachdem alles, was die beharrliche Intrigue und ungeheurer Reichthum vermag, ins Spiel gesetzt wurde, das klägliche Opus als ein Meerwunder der Kunst auszuposaunt zu sehen. An lobhudelnden Berichterstattungen wird es Ihnen nicht fehlen, und ich glaube, es mag Ihnen genehm sein, gleichzeitig die Spottverse zu erhalten, die hier im Manuscript coursiren. Wollen Sie dieselben irgend einem Lobartikel hinzugesellen, so würden Sie den Freunden der Wahrheit einen Spaß bereiten. Das Gedicht ist schon vor 3 Monaten geschrieben, während der wenigen Stunden, wo der Verfasser, den Sie gewiß errathen, etwas minder als gewöhnlich leidend war.

Leben Sie wohl, theuerster Freund, sorgen Sie dafür, daß meine Berichtigung nur schnell abgedruckt wird; daß ich erbötig bin, den Abdruck als Inserat zu bezahlen, versteht sich von selbst. Schicken Sie mir auch einige Exemplare des Abdruckes an meine Adresse: rue d'Amsterdam, Nr. 50, à Paris.

Treu und liebend   Ihr Freund
                                         Heinrich Heine.

Die in Rede stehende Erklärung ist sicher allen Lesern bekannt. Sie findet sich in den „Gesammelten Schriften" abgedruckt und schließt mit dem trübseligen Eingeständniß: „Ich bin kein göttlicher Bipede mehr; ich bin nicht mehr der ‚freieste Deutsche nach Goethe', wie mich Ruge in gesünderen Tagen genannt hat . . . . ich bin jetzt nur ein armer, todtkranker Jude, ein abgezehrtes Bild des Jammers, ein unglücklicher Mensch!" Trotz dieses Jammers konnte Heine aber doch noch recht boshafte Spottverse, wie die auf Meyerbeer, machen. Jeder Leser kennt sie; sie sind im „Romanzero" (Bd. II. meiner kritischen Ausgabe, S: 344, „Festgedicht"), wieder abgedruckt.

Der nun folgende Brief enthält endlich einmal keine Berichtigung. Aber eine oder mehrere Bitten bringt auch dieses Schreiben:

Paris, den 14. November 1851.

Liebster Kolb!

„Wenn Du mir, Liebste, Deine Briefe nicht schickst, so erhalte ich sie nicht." — Diese Worte schrieb einst Adalbert v. Chamisso an seine damalige Geliebte, Frau v. Chezy, welche die Gewohnheit hatte, die Briefe, die sie schrieb, niemals auf die Post zu geben.

Ich möchte Ihnen dasselbe sagen, in Bezug der Nummern der „Allg. Ztg.", wovon Sie mir sagen, daß sie für mich herausgelegt sind, nämlich die Nummern meiner alten Artikel; ich habe sie bis auf diesen Augenblick noch nicht erhalten, obgleich sie mir sehr nothwendig sind. Diesen Morgen erhielt ich den Artikel der „Allg. Ztg.", worin über meinen „Romancero" geurtheilt wird. Ich setze voraus, daß er von Peschel ist, und ich lasse diesem guten, redlichen Herzen meinen tiefgefühlten Dank sagen. Er schreibt so schön, daß ich mit dieser Sauce selbst etwas Hartes hätte ertragen können. Ich habe überall in diesem Artikel die wohlwollendste Gesinnung herausgefühlt, die das Beste immer für mich sagen möchte, ohne den Schein des Enthusiasmus sich zu geben. — Bei anderen ist das Gegentheil der Fall, und die Art und Weise, wie mein Buchhändler die Sache betreibt, muß eine Reaktion gegen mich hervorbringen, selbst, wenn ich Homer oder Shakespeare wäre. Diesen Morgen zeigt er mir an, daß schon die dritte Auflage drucken und davon 2000 Exemplare in Pracht- und Goldschnitt binden lasse. Der buchhändlerische Succeß des Buches kann mir viel schaden, da er Animositäten hervorruft, die ich hätte entbehren können.

Ich erhalte in diesem Augenblick mein kleines Faustbüchlein und aus Furcht, daß Sie es nicht von Hamburg zugeschickt bekommen, lasse ich dieses kleine Opus morgen unter Kreuzband an Sie abgehen. Ich habe es mit großer Liebe geschrieben.

Der Schriftsteller Gottschall, der mich dieser Tage hier besuchte, sagte mir, daß er einen Aufsatz über den „Romancero" geschrieben habe für die Prutzischen Jahrbücher, und da diese bereits mit einem andern Artikel versehen, wünsche er ihn irgendwo anders abzudrucken. Da Herr Gottschall außerordentlich schön schreibt, und es auch aus anderen Gründen gut wäre, wenn Sie einmal eine Probe seiner Arbeit sähen, so habe ich ihn ersucht, Ihnen den Artikel zukommen zu lassen und er wird Ihnen wahrscheinlich von Herrn Prutz zugesandt werden; können Sie ihn brauchen, so wird mir dieses gewiß nützlich sein, und der Herr Gottschall beauftragt mich für diesen Fall Ihnen zu sagen, daß Sie allen überwuchernden Enthusiasmus nach Belieben ausscheiden mögen. Ich zweifle nicht, daß mein Buch wegen seiner Sensation, die es macht, wenn auch nicht wegen seines Werthes, solchermaßen einen zweiten Artikel in der „Allgemeinen" verdiente; mir, wie gesagt, geschieht dadurch ein großer Dienst, vielleicht leider der letzte, da es seit einigen Tagen sehr abschüssig mit mir geht.

Doch ich bin über alles Klagen hinaus und nur bei den liebsten Freunden lasse ich zuweilen einen Seufzer aus dem Herzen hervordringen. Tag und Nächte noch immer die unleidlichsten Schmerzen — und eben nur die Erinnerung an die Freunde beruhigt mich manchmal und läßt mich manchmal den Augenblick vergessen.

Grüßen Sie mir recht freundlich den Herrn Peschel, dem ich, sobald ich eine heitere Stunde habe, selber schreiben werde. Auch dem großen Heilbronner meine Grüße. Ihr

H. Heine.

Der in diesem Schreiben erwähnte Peschel ist der berühmte Geograph Oskar Peschel, der damals Mitredakteur der „Augsburger Allg. Zeitung" war. Der Schriftsteller Gottschall ist natürlich kein anderer als unser Rudolf v. Gottschall, der damals — 1851 — viel mit Heine in Paris verkehrte. Der „große Heilbronner" war ein ehemaliger bayrischer Oberst von riesiger Größe und Stärke, der durch sein Buch „Morgen= und Abendland" bekannt wurde. Der nächste Brief bringt abermals unter anderem eine Berichtigung. Er lautet folgendermaßen:

Paris, den 3. August 1852.
Liebster Kolb!

Indem ich Ihnen beiliegende Zeilen zusende, zweifle ich nicht, daß Sie sie unverzüglich in der „Allg. Ztg." abdrucken werden;

würden Sie damit zögern, so hätte ich nicht die Freude, daß dieser Artikel, den Pietät und Wahrheitsliebe diktirt, meinem geliebten Bruder noch während seiner Reise durch Deutschland zu Gesicht käme. Er hat mich in einer trostlosen Lage zurückgelassen, da meine Krankheit täglich zunimmt. Ich habe in dem kleinen Artikel meinen Styl zu verstellen gesucht, aber die Mühe war wohl überflüssig, da ich gewiß jetzt ebenso schlecht schreibe, wie meine berühmten Kollegen. Die Nachricht, daß ich viel arbeite, ist ziemlich unrichtig, und noch weniger denke ich, ein Werk auf Subskription herauszugeben, obgleich mir zu diesem Behufe von allen Seiten die liebreichsten Anerbietungen zukommen. Der Gedanke schon einer solchen Publikationsweise widerstrebt meinem vornehmen Gefühle. Uebrigens geht es mir gottlob in jeder Beziehung sehr schlecht. An den Tagesneuigkeiten habe ich wenig Freude und ich werde froh sein, wenn die Natur am Ende sein wird mit ihrem Zerstörungswerke, und ich alsdann einen ruhigen Schlaf genießen kann. Ich habe zur neuen Auflage des Salon II. Band eine Vorrede geschrieben, die Sie vielleicht interessirt; Campe soll sie Ihnen zuschicken.

Leben Sie wohl und grüßen Sie mir herzlich alle, die dort mir noch mit Liebe zugethan sind.

Mit Treue Ihr Freund
Heinrich Heine.

P. S. Könnten Sie gelegentlich ein Wort sagen über meine oben ausgesprochene Aversion gegen das Projekt der Herausgabe eines Buches auf Subskription, so wäre mir das nicht unlieb, und mein Verleger würde vielleicht die Motive, warum ich ihn behalte, besser zu würdigen wissen.

Eine blutige Reklame — so lautet wohl ja jener Kunstausdruck — war es, was Heine diesmal Kolb eingeschickt hatte und was dieser trotz alledem und alledem zum Abdruck brachte. Ich entnehme dem kleinen Artikel die beiden interessantesten, auf Heine selbst bezüglichen Mittheilungen, die ja wohl authentisch sind, da er sie selbst gemacht hat:

Paris, 3. August 1852. Der Hofrath Maximilian Heine aus St. Petersburg ist dorthin zurückgereist, nachdem er drei Wochen in Paris verweilte. Er wollte sich hier durch eigene Anschauung von der Krankheit seines Bruders Heinrich Heine unterrichten. Er genoß jedoch nur die Beruhigung, daß dem theuren Dichter die sorgsamste Pflege zu theil wird, und ein ebenso einsichtsvoller wie gewissenhafter Arzt, der Dr. Gruby, ihn behandelt . . . . . . Als wir hier das Vergnügen hatten, den verehrten Reisenden am Krankenbette seines Bruders zu sehen, suchte er ihn dadurch zu erheitern, daß er ihm die Titulatur aller seiner Aemter, Orden und Würden vorlas, die fast eine ganze Seite füllten. Der Dichter lachte herzlich, als Dr. Heine auch erwähnte, daß er durch die Huld und Gnade Sr. Majestät des Kaisers in den erblichen Adelstand erhoben worden sei. Lieber Max, rief jener, das kann dir ja doch nichts nutzen, da du ja doch keine Kinder hast; es wäre besser gewesen, wenn er dir statt dessen einen guten Kaviar gegeben hätte, den wir mit einander verschmausen könnten! Doch die Emolumente, die mit den Aemtern verbunden, der bedeutende Gehalt und die große Pension, die man nach Ablauf einer bestimmten Dienstzeit in Rußland genießt, stimmten den Dichter etwas ernsthafter, und er mußte die weltlichen Vortheile anerkennen, die eine absolute Monarchie dem Talent gewährt, während dasselbe in Republiken beständig der Scheelsucht der Mittelmäßigkeit, der plebejischen Verleumbung, wo nicht gar dem Ostracismus bloßgestellt wird. Heinrich Heine sagte: Seit dreißig Jahren diene ich der Freiheitsgöttin treu und redlich und alles, was ich in ihrem Dienste gewonnen, ist die Rückenmarksdarre.

Damit schloß die Reklamenotiz. Aber nein, das war dem gewissenhaften Kolb doch ein bißchen zu viel und er gestattete sich den Zusatz: („Daran ist die Göttin der Freiheit doch wohl unschuldig!").

Das letzte Schreiben an Kolb eröffnet uns wieder einmal den Einblick in jene Nöthen, welche der damalige Mangel einer litterarischen Konvention zwischen Deutschland und Frankreich für Heine bis in seine letzten Lebenstage im Gefolge hatte. Veröffentlichte er eine Arbeit zuerst im deutschen Original, so wurde sie widerrechtlich in Paris übersetzt, veröffentlichte er zuerst die französische Uebersetzung, so war er vor unbefugten Uebersetzern ins Deutsche nicht sicher. Wie er nun dieser Gefahr zu begegnen suchte, zeigt u. a. der hier mitgetheilte Brief:

Paris, 22. März 1853.

Liebster Kolb!

Die Veranlassung meines heutigen Briefes ist folgende: Ich habe für die Revue des deux mondes eine Arbeit übernommen, wovon den 1. April schon ein Theil gedruckt erscheint; sie heißt "Les dieux en exil", und ich verfolge darin ein altes Lieblingsthema. Einen Theil dieser ersten Parthie gab ich schon vor vielen Jahren in Deutschland heraus in meinem Salon, zwei Drittel dieses Artikels hingegen sind ganz neu, und ich bin der Gefahr ausgesetzt, daß ein deutscher Uebersetzer darüber herfällt, sobald die Revue des deux mondes erscheint. Ich muß daher nothwendiger Weise eine deutsche Version dessen, was ich neu geschrieben habe, zugleich in Deutschland erscheinen lassen. Da bin ich nun in einer anderen Verlegenheit. Schicke ich Ihnen für die Allgemeine Zeitung mein deutsches Manuscript zu, mit der Anfrage ob Sie davon Gebrauch machen können: so käme ich in große Noth, wenn Sie nicht darauf eingingen, und die Zeit verflösse, wo meine Arbeit in Deutschland gedruckt sein müßte. Schicke ich die Arbeit aber einer deutschen Zeitung, namentlich einer rheinischen, die mich so oft um Feuilletons angegangen hat, so könnte es sich wohl ereignen, liebster Kolb! daß Sie, sobald Sie meine Arbeit in solch einer fremden Zeitung abgedruckt sehen, den Gedanken hegen möchten, als ob dieselbe doch auch in der „Allgemeinen" hätte erscheinen können, mit einer accomodirenden Einleitung.

Sie würden alsdann ein Recht zu haben glauben, mir einen Vorwurf zu machen, während es mir selber zu gleicher Zeit fatal wäre, daß man im Publikum, wo man meine Beweggründe nicht errathen kann, die Meinung hegen dürfte, als ob zwischen mir und der „Allgemeinen" ein Zerwürfniß stattfände, was man doch bis jetzt nicht annehmen konnte, so lang mein Name in keiner anderen Zeitung als Mitarbeiter genannt wurde.

In diesem Dilemma, liebster Kolb! will ich mich keines Versäumnisses schuldig machen, und ich schicke Ihnen anbei die mir soeben zugekommenen vollständigen Correcturbogen meines besagten

Artikels, die ich Sie bitte, Niemandem zu zeigen, sondern nur
flüchtig zu durchlesen und mir unverzüglich Antwort zu schreiben,
ob Sie den neueren Theil dieser Arbeit, welcher drei Feuilletons
ausmachen würde, sofort in der „Allgemeinen" aufnehmen wollen.
Einen Theil des Artikels, der ebenfalls neu ist, worin meine Betrachtungen über das Tannhäuserlied, würde ich Ihnen nicht im
deutschen Manuskript schicken, sondern meine Einsendung da beginnen, wo ich ein Kreuz gemacht (page 15 des épreuves fran-
çaises). Ich überließe Ihnen selbst, ein einleitendes Wort zu
schreiben, wobei Sie vielleicht überhaupt auf die Revue des deux
mondes Bezug nehmen könnten; jedenfalls bin ich überzeugt, daß
Ihnen Ihr Publikum dafür dankbar sein wird, welches wirklich
einer Aufheiterung bedarf. — Ich erwarte also mit umgehender
Post Antwort von Ihnen. Sie sehen ein, daß ich keinen Tag
warten kann, da mein Aufsatz den ersten April hier ausgegeben
wird. —

Politisches schreibe ich Ihnen nicht, da die Dinge zu betrübt
sind. Trotz meiner Ihnen bekannten Gesinnung würde ich überhaupt jetzt nicht wagen, in der „Allgemeinen" meine jetzigen Ansichten zu veröffentlichen. Ich befinde mich übrigens noch immer
in demselben elenden Zustande, und ich bitte Gott täglich, mir
meine endliche Erlösung zu gönnen. Leben Sie wohl und behalten
Sie lieb

Ihren getreuen Freund

Heinrich Heine.
50, rue d'Amsterdam.

Die „Allgemeine Zeitung" lehnte ab; ein deutscher
Nachdrucker (Hempel in Berlin) war rasch zur Hand, doch
erschien Heines Originalarbeit dann im Sommer 1853 in
den „Blättern für litterarische Unterhaltung" unter dem
Titel: „Die Götter im Elend".

Die folgenden fünf Briefe haben einen ganz besonderen
Werth. Sie zeigen uns Heine im Verkehr mit der französischen
Geistes-Aristokratie, die den deutschen Dichter schon als eben-
bürtiges Mitglied in ihre Reihen aufgenommen hatte, als
noch in seinem Vaterlande selbst die angesehensten Blätter
sich nicht scheuten, mit lügenhaften und erdichteten Anekdoten

oder Nachrichten aus seinem Pariser Leben ihre sehr geschätzten Leser zu unterhalten. Es bedarf wohl keiner besonderen Erwähnung, daß die folgenden Briefe in Heines gedrucktem Briefwechsel nicht enthalten und daß sie, soweit mir bekannt, bisher in Deutschland nicht publicirt worden sind. Nur der erste Passus des dritten Briefes findet sich in der ersten, von Strodtmann besorgten Ausgabe der Briefe Heines. In der französischen Ausgabe der Werke und Briefe Heines — die letzteren werden dort stets als „inédites" angegeben — finden sich diese Briefe zum größten Theil; da aber der dritte Band jener Ausgabe erst ein Jahr nach dem vierten Bande der deutschen erschienen ist, so sind sie nicht in diese übergegangen. Und da die französische Ausgabe — sehr natürlich — in Deutschland so gut wie gar nicht gekannt ist, so sind auch diese Briefe bisher unbekannt geblieben.

Der erste ist an St. René Taillandier, den französischen Litterarhistoriker, gerichtet, der mit aufopfernder Hingabe und Treue Heine bei der französischen Uebersetzung seiner Werke behilflich war und der für die Kenntniß und das Verständniß Heines in Frankreich die ersten entscheidenden Artikel geschrieben hat.*) Er lautet folgendermaßen in deutscher Uebersetzung:

Mein theurer Herr Taillandier!

Glauben Sie ja nicht, daß ich die Nachsicht, welche Sie für mich haben, mißbrauchen will; ich habe auf Ihren letzten und liebenswürdigen Brief noch nicht geantwortet, weil ich in der That von meinem körperlichen Leiden und von außergewöhnlichen Tribulationen, die in der letzten Zeit über mich gekommen, belästigt worden bin. Ich will Ihnen davon gar nicht erzählen; aber vielleicht haben Sie den Brief gelesen, welchen ich in die „Débats" eingerückt, und dann werden Sie verstehen, wovon ich spreche.

---

*) Dieselben finden sich in seinem „Ecrivains et poëtes modernes." (Paris, 1861).

Ich war genöthigt, mich mit den Präliminarien eines Processes zu beschäftigen, von welchem ich nicht abstehen konnte, ohne eine Feigheit zu zeigen. Auch wenn er sterbenskrank ist, muß der Mensch noch seine Pflichten als Lebender bis zum letzten Momente erfüllen. Ihr Freund Buloz hat sich bei dieser Gelegenheit mir sehr herzlich gezeigt; nach den ersten betrübten Worten, die ich an ihn gerichtet, kam er zu mir gelaufen, besorgte mir gleich einen guten Advocaten, und als man sah, daß ich eine so gute Stütze hatte, fing man an, mildere Saiten aufzuziehen, und ich konnte mich sehr ehrenvoll und mit vieler Würde aus dieser Affaire ziehen.

Ich beschäftige mich in diesem Augenblicke damit, eine ähnliche Arbeit wie die über „Faust" zu schreiben, und ich werde diese vielleicht schon in vierzehn Tagen Buloz geben; bei dieser Gelegenheit hoffe ich ganz sicher, von ihm zu erlangen, daß er eine Uebersetzung der „Heimkehr" („Le Retour"), sobald Sie ihm dieselbe schicken, bringen wird. Ich bin überzeugt, daß diese Arbeit dann bald gedruckt werden wird, und ich bitte Sie dieselbe in Angriff zu nehmen und mir zu schicken. Da Sie eine so schöne und wunderbar leserliche Handschrift haben, so werde ich Ihr Manuscript mit meinen eigenen Augen durchfliegen können; ich bin von vornherein überzeugt, daß es kein einziges falsch verstandenes Wort enthalten wird, und ich werde das Manuscript ohne Aufschub an Herrn de Mars zugleich mit meiner neuen Arbeit absenden, von der ich Ihnen schon gesprochen und in welcher ich ganz unbekannte deutsche Legenden mitgetheilt habe.

Sie fragen mich, ob ich irgend welche neue Gedichte habe, die man der „Heimkehr" anfügen könnte. In Beantwortung dieser Frage habe ich die Ehre, Sie darauf aufmerksam zu machen, daß meine jetzigen Gedichte von den alten zu sehr abstechen würden, und daß die Einheit der Farbe dadurch verloren ginge. Doch findet sich unter meinen neueren Gedichten ein Cyklus von ungefähr acht oder zehn kleinen Liedern unter dem „Katharina", von denen ich glaube, daß sie mit Ausnahme des letzten sehr gut in die „Heimkehr" eingefügt werden könnten, und zwar am Schluß derselben, wo man eine neue Liebe emporkeimen sieht. Ich bin sehr glücklich, zu erfahren, daß Sie sich mit dieser Arbeit beschäftigen, und so werde ich mindestens noch die Genugthuung haben, zu sehen, daß ich einen großen Theil meiner Gedichte gut ins Französische übertragen zurücklasse.

Mit großem Vergnügen habe ich Ihre Kritik über Hebbel gelesen; Sie haben ihn richtig beurtheilt und mit großem Wohlwollen gewürdigt. Er ist ein Dichter, mit dem sich die Zeitgenossen um so eifriger beschäftigen sollten, als die Nachwelt gegen ihn sehr ungerecht sein wird, da sie ihn wohl ganz ignoriren dürfte.

Adieu, mein theurer Taillandier. Lassen Sie mich bald wieder angenehme Nachrichten von sich hören. Ihr sehr ergebener

H. Heine.

Paris, den 26. Januar 1853.

Den Prozeß, auf den Heine in diesem Briefe anspielt, führte er mit dem französischen Verleger seiner „Reisebilder", Eugen Renduel, der eine Duodez-Ausgabe derselben unrechtmäßig veranstaltet hatte. Der Brief an den Redacteur des Journal des Débats findet sich in Heines Briefwechsel (Bd. IX der kritischen Ausgabe). Die Uebersetzung der „Heimkehr" von St. RenéTaillandier erschien in der „Revue des deux Mondes" von 1853, wo auch „Die Götter im Exil", auf die Heine oben anspielt, zuerst abgedruckt wurden. In der französischen Gesammt-Ausgabe befindet sich jene Uebersetzung der „Heimkehr" in den „Drames et Fantaisies". Der Cyklus „Katharina" ist aus den „Neuen Gedichten" bekannt.

Der zweite Brief ist an Alexander Dumas père gerichtet, mit dem Heine jahrelang in guter Kameradschaft lebte. Dumas schätzte den deutschen Dichter sehr hoch und war einer der Wenigen, die seiner noch in den letzten Lebensjahren gedachten. Der liebenswürdige Brief hat folgenden Wortlaut:

Mein theurer Dumas!

Die Chronik Ihres Journals annoncirt, daß ich in diesem Augenblicke ein neues Gedicht veröffentliche, dessen Titel sie sogar angiebt. Das ist eine falsche Nachricht.

Ich habe nie ein Poëm geschrieben, welches irgend eine Beziehung zu diesem Titel haben könnte, und ich bitte Sie, mein theurer Freund, diese Richtigstellung in Ihrem Blatte zu bringen.

Ich würde nicht böse sein, wenn Sie die Gewogenheit hätten, zu gleicher Zeit Ihren Lesern mitzutheilen, daß ich binnen Kurzem eine vollständige Ausgabe meiner, theils von mir selbst, theils von befreundeten Mitarbeitern aus dem Deutschen übersetzten Gedichte werde erscheinen lassen.

Geben Sie aber dieser Mittheilung nicht den Charakter einer Reclame, da sie einzig und allein den Zweck verfolgt, meine armen Poesien in sichere Zuflucht zu bringen vor dem verhängnißvollen Eifer gewisser industrieller Schriftsteller, welche als Uebersetzer meiner Verse auftreten wollen, ohne hiefür auch nur die geringste Berechtigung von mir selbst oder von meinem berühmten Vater Phöbus Apollo zu haben. Nach einem solchen Avertissement wird jeder spätere Versuch einer Einmischung in meine Autorrechte nicht allein eine Dünkelhaftigkeit, sondern auch eine Illoyalität sein.

Vor ein paar Wochen sprachen Sie in Ihrem Journal die Absicht aus, mich bald besuchen zu wollen. Das war ein guter Gedanke. Aber ich komme Ihnen mit der Mittheilung zuvor, daß es, wenn Sie mit Ihrem Besuche noch lange zögern, wohl passiren könnte, daß Sie mich in meiner jetzigen Wohnung, Rue d'Amsterdam Nr. 50, nicht mehr anträfen, sondern daß ich schon in eine andere Wohnung gezogen wäre, die mir selbst so unbekannt ist, daß ich nicht einmal für den Fall, wenn etliche saumselige Freunde wie Sie dort nach mir fragen sollten, dem Portier meine neue Adresse hinterlassen könnte. Ich mache mir keine große Ideen über meine zukünftige Residenz; ich weiß nur, daß man in dieselbe durch ein dunkles und übelriechendes Couloir geht, und daß schon dieser Eintritt mir von vornherein mißfällt; auch meine Frau weint, wenn ich von dieser Wohnungsveränderung spreche.

Madame Heine hat all' die Liebenswürdigkeiten, welche Sie uns vor zwölf Jahren oder noch früher so reichlich erwiesen haben, in gutem Angedenken.

Seit sechs Jahren liege ich zu Bette. Auf dem Höhepunkte der Krankheit, wenn ich die größten Qualen erduldete, las mir meine Frau Ihre Romane vor, und das war das Einzige, was im Stande war, mich meine Schmerzen vergessen zu lassen.

Ich habe sie auch alle verschlungen, und während des Vorlesens rief ich gar oft aus: „Welch ein begabter Dichter ist dieser Alexander Dumas genannte große Knabe!"

Sicherlich, nach Cervantes und Madame Schariar, bekannter

unter dem Namen der Sultanin Scheherazade, sind Sie der amüsanteste Erzähler, den ich kenne.

Welche Leichtigkeit! Welche Ungezwungenheit! Und was für ein guter Kerl Sie sind! In der That, ich kenne nur Einen Fehler an Ihnen: das ist die Bescheidenheit. Sie sind zu bescheiden.

Weiß Gott! Diejenigen, welche Sie der Eitelkeit und Prahlerei beschuldigen, können die Größe Ihres Talentes nicht ermessen. Sie sehen nur die Eitelkeit. Ich aber behaupte, so groß die Ihre auch sei und so hohe Sprünge sie auch machen möge, so kann sie doch nicht die Knie, was sage ich: die Waden Ihres bewundernswerthen Talents erreichen. Streuen Sie sich Weihrauch, so viel Sie wollen, überhäufen Sie sich mit den hyperbolischsten Lobsprüchen, geben Sie sich ganz dieser Herzensfreunde hin, und ich traue Ihnen von vornherein nicht zu, daß Sie sich so sehr, wie Sie es verdienen, loben werden für Ihre wunderbaren Schöpfungen.

Ihre wunderbaren Schöpfungen! „Ja, das ist wirklich wahr!" ruft Madame Heine aus, die das Dictat dieses Briefes mit anhört, und auch der Papagei, den sie auf ihrer Hand hält, strengt sich an und schreit: „Ja, ja, ja, ja, ja!"

Sie sehen, theurer Freund, daß bei uns Alles darin einig ist, Sie zu bewundern. Von ganzem Herzen Ihr

H. Heine.

Paris, 28. März 1854.

Diesen Brief veröffentlichte Dumas mit der ihm eigenen „Bescheidenheit" sofort in seinem „Mousquétaire", und das Original desselben sowie seine Antwort schrieb er selbst ab und übergab beide Briefe mit der Ueberschrift „Autographen" Madame Heine, aus deren Nachlaß sie in den Besitz Henri Julia's gelangt sind. Aus der Antwort Dumas', der in Heines Brief die feine Ironie nicht herausgehört zu haben scheint, citirt Julia nur einen Passus, der sich auf die Mahnung Heines bezieht, ihn doch bald zu besuchen. „Da haben wir es nun," schreibt Dumas. „Man liebt einen Freund, man bewundert einen Dichter und sieht ihn während zwölf Jahren nicht. Wie geht das zu? Nun, mein Gott, einfach genug. Mein Geist hat mit dem seinen in Verbindung gestanden; die Bücher haben mir den Autor ersetzt! Ach, so geht es mit uns Allen, uns Sklaven des Schriftstellerthums. Jeder von uns trägt seine Kette, und jede Kette hat nur eine gewisse Länge. Morgen aber, mein lieber Heine, dehne ich meine Kette von der Rue Lafitte nach der Rue d'Amsterdam aus."

Auch der nächste der hier mitzutheilenden Briefe ist an Alexander Dumas gerichtet. Er lautet:

Mein theurer Dumas!

Ich kann Ihnen nicht sagen, wie sehr mich Ihre Artikel über die Dorval ergriffen haben; diese Blätter, eher unter Thränen hervorgeschluchzt, als geschrieben, und mit einem fast grausamen Erbarmen erfüllt, haben wir viele Thränen erpreßt.

Ich danke Ihnen für diese Thränen! Oder, besser gesagt: für diesen Vorwand, um zu weinen; denn das menschliche Herz, dieser hochmüthige Hund von einem Herzen, ist so beschaffen, daß es, wie bedrückt es sich auch fühlen mag, zuweilen lieber zerspringen, als sich durch Thränen erleichtern möchte. Dieser Hund von einem hochmüthigen Herzen sollte doch immer froh sein, wenn es ihm gestattet ist, sich durch Thränen von den eigenen Schmerzen zu befreien, und dabei den Anschein zu haben, als weine es über das Unglück der Anderen! Ich danke Ihnen also für Ihre rührenden Blätter über die Dorval.

Am Tage nach Ihrem Appell an die posthumen Sympathien der Freunde der Verstorbenen habe ich mich beeilt, Ihnen zu antworten, indem ich zwanzig Francs an das Bureau des „Mousquétaire" geschickt habe. Heute, wo Sie diese Subscription zurückziehen und wo Sie auch die Subscribenten einladen, ihre Einzahlungen gleichfalls zurückzunehmen, bringen Sie mich in eine kleine Verlegenheit; meine abergläubischen Empfindungen gestatten mir nicht, das Geld, welches ich bestimmt habe, um mich an einem frommen Werke zu betheiligen, in meine Börse zurückzulegen, selbst wenn ich mir vornehmen wollte, es später für ein ähnliches Werk zu benützen. Ich bitte Sie daher, mein theurer Freund, über diese armseligen zwanzig Francs zu Gunsten der unheilbaren kleinen Mädchen zu verfügen, für welche Sie so oft in rührender Weise

Almosen gesammelt haben. Ich habe den Namen der kleinen
Gemeinschaft frommer Schwestern, die sich der Pflege dieser un=
glücklichen Kinder widmen, vergessen, und ich bitte Sie, mir ihre
Adresse nochmals zu geben; denn es könnte wohl vorkommen, daß
ich sie in einem Augenblicke, wo mir ein Gelüste nach Wohlthätigkeit
durch den Kopf geht, brauchte. Ich liebe es von Zeit zu Zeit,
meine Karte bei dem lieben Gott abzugeben.

Ich bin immer in demselben Zustande: meine Brustkrämpfe
sind stets dieselben, und sie hindern mich, lange zu diktiren. Das
Wort „dictiren" erinnert mich an den blöden Bajuvaren, der in
München mein Diener war. Er hatte beobachtet, daß ich oft ganze
Tage lang zu diktiren pflegte, und als ihn einer seiner würdigen
Compatrioten fragte, was eigentlich mein Beruf wäre, antwortete
er: „Mein Herr ist ein Dictator!"

Adieu: ich muß hier meine Diktatur niederlegen, und beeile
mich, Ihnen tausend freundschaftliche Grüße zu senden. Ihr ganz
ergebener
H. Heine

Paris, den 2. August 1855.

Dieser Brief ist unstreitig einer der rührendsten und
reizendsten, die wir von Heine besitzen. Er legt ein beredtes
Zeugniß für sein edles Herz und für das innige Mitgefühl
ab, das er der leidenden Menschheit entgegenbrachte, er, der
damals selbst einer der am meisten und am schwersten
leidenden Söhne dieser Erde war.

Der folgende Brief ist an den französischen Schrift=
steller Eurèle Montégert gerichtet und mit Bleistift
geschrieben:

Mein Herr!

Ich habe Monsieur de Mars beauftragt, Ihnen von mir aus
eine Apologie (englischer Ausdruck) zu überbringen und Ihnen zu
sagen, wie sehr ich es gewünscht habe, Sie heute Sonnabend zu
sehen; aber der Mensch denkt und Gott lenkt! Ich habe in dieser
Nacht einen Anfall von so erstickenden Brustkrämpfen gehabt, daß
ich wenigstens auf ein paar Tage zu völligem Stillschweigen ver=
urtheilt bin. Ich beeile mich, Sie davon in Kenntniß zu setzen,
und auf das Wagniß hin, Ihre gütige Nachsicht zu mißbrauchen,

bitte ich Sie, mir das Vergnügen Ihres Besuches am nächsten Mittwoch oder an einem der folgenden Tage der Woche zu bereiten. Ich rechne auf Ihr Wohlwollen, ich wollte sagen „dear sir", weil nach alledem, was ich von Ihnen gelesen habe, Sie so ganz erfüllt sind von England, daß ich immer in die Versuchung komme, Ihnen Englisch zu schreiben.

Ich bewundere in der That Ihre ausgezeichnete Kenntniß jenes merkwürdigen Landes jenseits des Canals, welches noch auf lange Zeit hinaus ein Räthsel für so viele Franzosen bleiben wird! Tausend herzliche Grüße von Ihrem ganz ergebenen

H. Heine.

Dieses Schreiben ist eines der wenigen, die wir von Heines Correspondenz mit französischen Schriftstellern besitzen. Und doch muß diese Correspondenz gerade von besonderem Interesse sein. Es wäre zu wünschen gewesen, daß die Herausgeber der französischen Ausgabe, anstatt die deutschen Briefe einfach zu übersetzen und zusammenzustellen, mehr auf jene französischen Briefe ihr Augenmerk gelenkt hätten. Welch ein Material für die Biographie des Dichters und im Besondern für seine Beziehungen zu der französischen Litteraturwelt, welch eine Fülle von Geist und Witz müssen seine Briefe an George Sand, Theophil Gautier, François Mignet, Michel Chevalier, Léon Gozlan, Alphons Royer, Thiers, Guizot, Michelet, Béranger, Eugen Sue, Hector Berlioz, Delphine Girardin und die Gräfin d'Agoult in sich bergen! Mit all' Diesen hat Heine nachweislich in regem Briefwechsel gestanden — und keiner seiner Briefe an dieselben ist bekannt geworden. Sollte dieser ganze Briefschatz wirklich und unwiederbringlich verloren sein?

Der letzte der unbekannten Briefe ist an den bekannten französischen Schriftsteller Emile Montégut gerichtet und ebenfalls mit Bleistift geschrieben. Er hat folgenden Wortlaut:

Paris, den 6. November 1855.

Mein theurer College!

Ich habe Ihr gestriges Billet empfangen und empfinde sehr Ihre Güte. Sie werden immer weniger fremd für mich. Während Sie meiner gedachten, habe ich mich viel mit Ihnen beschäftigt. Ihr Artikel über „das junge Irland", welcher vor zwei Monaten erschienen, ist mir erst in der letzten Woche in die Hände gefallen, und ich kann das Interesse gar nicht genug hervorheben, welches mir derselbe eingeflößt hat, sowohl durch seine neuen Ideen, als auch durch die ganz neue Art von Kritik, die sich in demselben findet. Sie erklären die politische und sociale Lage jenes Volkes durch ethnographische, psychologische und historische oder vielmehr legendarische Aperçus, welche die Schriftsteller von Routine und Philisterthum (cuistrerie) Mühe haben werden, zu begreifen.

Welch ein glücklicher Ausdruck ist dieses Wort „cuistrerie", das so gut unserm deutschen Philisterthum entspricht. Ich verzweifelte schon daran, für denselben ein Aequivalent zu finden. Wir werden noch darüber sprechen, aber nicht am Donnerstag, den siebenten November; wir werden vielmehr darüber sprechen, wenn Sie wollen, am Donnerstag der nächsten Woche, da ich in diesem Augenblick den Besuch eines Bruders und einer Schwester, die aus Deutschland gekommen, erhalten habe, denen ich acht Tage opfern muß. Erst nach deren Abreise werde ich einen freien Kopf haben und meine arme Brust wird wieder genug ausgeruht sein, um mich mit Ihnen mit verständlicher Stimme unterhalten zu können. Ich hoffe, daß dieser Aufschub unseres Rendezvous Sie nicht stören wird.

Die „Reisebilder" sind kaum noch zur Hälfte gedruckt; dieses Buch wird nicht so rasch erscheinen. Ihr Artikel wird also noch zur Zeit kommen.

Ich kann mein eigenes Gekritzel nicht lesen. Ihr ganz ergebener und sehr kranker

H. Heine.

Das Interesse, welches Heine in diesem Schreiben für die Irländer an den Tag legt, ist für uns unter den gegenwärtigen Verhältnissen besonders merkwürdig. Seitdem er in England war, interessirte ihn das Geschick des „grünen

Erin" in hohem Grade. Ja, er ist auch hier ein politischer Prophet. Und wie er vorausgesagt, daß Elsaß und Lothringen wieder deutsch werden und ein Kaiser über das geeinte Vaterland herrschen werde; wie er die Erfolge des Socialismus, die Schandthaten der Commune, ja sogar den Sturz der Vendôme=Säule vorherverkündet, so weiß er auch mit politi= schem Scharfblicke zu sagen, „daß Paddy in einem Kampfe mit John Bull immer den Kürzeren ziehen und dieser seine Herrschaft über Irland nicht so leicht einbüßen wird", zu= gleich aber auch, daß in Albion „Alles doch nur leidige Altflickerei ist, die nicht lange vorhält, und der dümmste Schneider in England kann voraussehen, daß über kurz oder lang das alte Staatskleid in trübseligen Fetzen aus= einanderreißt".

Unsere Briefsammlung schließt hier ab. Sie hat uns einen Einblick in dies vielfach verworrene Dichterleben gewährt und uns mit all' seinen Nöthen bekannt gemacht. Dennoch aber, so hoffe ich, hat auch sie uns wieder gelehrt den Dichter anders und milder zu beurtheilen, als dies bisher bei hochmüthigen Litteraturpharisäern üblich war.

Mit einer freundlichen Erinnerung, die uns noch ein= mal in das Jugendleben des Dichters zurückführt, mögen diese Mittheilungen ihren Abschluß finden. Nämlich mit einem Briefe von dem besten Jugendfreunde Heines, von jenem Eugen v. Breza, den dieser in dem bekannten „Traumgesicht" verherrlicht und von dem er gesagt hat: „Das war der einzigste Mensch, in dessen Gesellschaft ich mich nicht langweilte, dessen originelle Witze mich zur Lebenslustigkeit aufzuheitern vermochten und in dessen süßen, edlen Gesichts= zügen ich deutlich sehen konnte, wie einst meine Seele aus= sah, als ich noch ein schönes, reines Blumenleben führte und mich noch nicht befleckt hatte mit dem Haß und der Lüge." Der Brief dieses polnischen Edelmannes an

Heine dürfte um so interessanter sein, als es der einzige ist, den wir bisher besitzen. Er lautet folgendermaßen:

Gnesen, am 29. August 1855.

Mein sehr lieber Heine, sollte es Dir in Deinem schrecklichen Leiden ein Trost sein, daß ich immer mit inniger Liebe an Dir hänge, daß Dein großer Geist immer noch in mir dieselbe Verehrung erweckt, so empfange ihn von Deinem ältesten Freund.

Sterben wirst Du doch nie, solange noch ein Funke Poesie in dem Menschen glimmen wird: Gott erlindere nur Deine Schmerzen.

Ein Freund von mir, Herr Joseph Russack, Gutsbesitzer im Posenschen, wird Dir diese Zeilen übergeben. Er ist mir in späteren Jahren ebenso gut, wie Du es in unserer Jugend warst.

Nehme ihn freundlich auf. Er verdient es, denn edler und theilnehmender ist wohl selten einer.

Gönne ihm das Glück sagen zu können: „Auch ich habe den größten Dichter Deutschlands gekannt."

Danke Deiner Frau in meinem Namen für die liebevolle Güte, mit welcher sie Dich pflegt.

Mit meiner Schwester sprechen wir oft von Dir, lesen mit Entzücken jede Zeile von Dir, auch weinen wir über das Loos unseres lieben Heinrichs.

Dein
Eugen von Breza.

Ich verdanke diesen Brief der Güte des Herrn Joseph Russak selbst, der leider zu spät nach Paris kam und Heine nicht mehr am Leben traf und der mir auch die folgenden höchst interessanten Mittheilungen gemacht hat. Eugen v. Breza war der Sohn des polnisch-sächsischen Staatsministers v. Breza. Er studierte mit Heine zusammen in Berlin. Und während der Ferien 1822 besuchte Heine seinen „köstlichen Freund" auf dem Gute seines Schwagers, Graf Walwich, in Dzialin bei Gnesen. Von dort aus machte er Ausflüge in die Umgegend, und diesem Aufenthalt haben wir das „Memoire über Polen" zu verdanken. Aber auch eines der schönsten Gedichte Heines, wie eine in der Familie Breza lebendige Tradition zu erzählen weiß. In Gnesen lernte er nämlich ein schwarzäugiges Judenmädchen, eine Rebekka am Brunnen, die Tochter des dortigen Rabbi, kennen und — lieben. Beim Abschied widmete er ihr das schöne Gedicht:

> Du bist wie eine Blume,
> So hold und schön und rein;
> Ich schau dich an, und Wehmuth
> Schleicht mir ins Herz hinein.
>
> Mir ist's, als ob ich die Hände
> Auf's Haupt dir legen sollt',
> Betend, daß Gott dich erhalte
> So rein und schön und hold.

Die schöne Rebekka heirathete dann einen gewöhnlichen Kaufmann, mit dem sie aber nicht glücklich lebte. Sie konnte Heine nicht vergessen. Breza unterstützte später die arme Frau . . .

Beim Abschied von der gräflichen Familie schrieb Heine mit einem Demantring ein kleines Gedicht an die Dame des Hauses, die Gräfin Walwich, in eine Fensterscheibe. Im Jahre 1855 wurde das Gut verkauft und kam in die Hände eines fremden Besitzers. Die Gräfin Walwich wollte das Gedicht dem Vormund ihrer Kinder, eben dem liebenswürdigen Herrn Ruffak, schenken; beim Herausnehmen des Glases jedoch zerbrach dieses und die Demantsplitter seiner Poesie zerstäubten in alle Winde — ein Bild dieses armen Dichterlebens selbst, das auf demantenem Grunde reinen Empfindens und tiefer Poesie ruhte und dennoch endlich, als es gebrochen wurde, so flüchtig wie ein Windhauch dahingegangen ist!

Schlußwort.

Zum 17. Februar 1886.

Heute sind es dreißig Jahre, daß über der Tragödie eines deutschen Dichterlebens zum letzten Male der Vorhang fiel. Zuschauer hatte die Tragödie in der Avenue Matignon nur wenige — aber von ihrem Gesammteindruck war ein ganzes Volk in tiefster Seele bewegt, das in dem Helden des Dramas einen seiner vornehmsten Dichter ehrte; und noch heute, da dreißig Jahre über diesem Schauspiel dahingegangen, ergreift ein Gefühl tiefer Wehmuth Alle, die den Inhalt desselben kennen und seinen Helden liebgewonnen haben.

Wie ein rührender Zug der Pietät uns am Todestage theurer Lieben auf den Kirchhof zu ihrer Grabesstätte führt, so wollen wir denn auch heute uns im Geiste auf den Montmartre versetzen und am Grabe Heines den wehevollen Ausruf eines tiefunglücklichen, schmerzgebrochenen Lebens verstehen lernen:

> Keine Messe wird man singen,
> Keinen Kadosch wird man sagen,
> Nichts gesagt und nichts gesungen
> Wird an meinen Sterbetagen....

Einer der unzähligen Besucher dieses Grabes, ein bekannter deutscher Schriftsteller, hat einmal die Behauptung aufgestellt, es sei ein Unglück für den Dichter, daß der Weg zu seinem Grabe an den Denksteinen Daniel Manins, des großen Patrioten, und Godefroy Cavaignacs vorbeiführe. Man komme dadurch auf den Gedanken, daß großes Leben und Streben, reines Denken und Fühlen und demgemäße Thaten doch etwas mehr seien, als hunderte von schönen Liedern, und daß Heine selbst das manchmal gefühlt haben müsse — am meisten vielleicht damals, als er die höhnischen Worte hinschrieb: "Kein Talent, doch ein Charakter".

Ich muß gestehen, daß mir diese Ansicht unverständlich ist. Mir scheint gerade im Gegentheil in der Nähe jener Gräber die befriedigende sittliche Lösung in dem großen Lebensräthsel Heines für jeden denkenden Menschen zu liegen. Jene Männer, die für Menschenwohl und Völkerfreiheit gekämpft und gelitten, sie haben in ihrem großen und thatenreichen Dasein ihre Aufgabe erfüllt, sie haben den Vollgehalt ihrer Pflichten und Verdienste in die Spanne Lebenszeit hineingedrängt, die ihnen zugemessen, und nur die Annalen der Geschichte werden dankbar ihre Namen nennen. Was war aber das Leben unseres Dichters? Nichts als ein Golgatha von Leiden und Kümmernissen, von Schmerzen und Anfeindungen, ein wehmüthig düsteres Passionsspiel, das erst auf der vielberufenen Matratzengruft endigt, und dessen Würdigung und Anerkennung erst — mit seinem Tode beginnt. Und darin liegt die sichere Bürgschaft der Unvergänglichkeit des Dichters, die man bei Lebzeiten dem eitlen Unsterblichkeitscandidaten nicht zuerkennen wollte, die aber wohl jene Hunderte von schönen Liedern begründen und befestigen werden, die zu dem Köstlichsten gehören, was das deutsche Volk besitzt und ewig besitzen wird.

Als Max Heine, der Bruder des Dichters, diesen auf seinem Krankenlager durch die Hoffnung trösten wollte, daß seinem Genius sicherlich bald die gebührende Huldigung geweiht werden würde und daß namentlich seine Vaterstadt Düsseldorf, die er in seinen Werken verherrlicht, ihm gewiß ein Monument ehrenden Angedenkens setzen werde, fiel Heine mit satyrischem Lächeln ein: „In Hamburg hab' ich schon eins. Wenn Du von dem Börsenplatze Dich links hältst, so siehst Du ein großes, schönes Haus, das dem Verleger meiner Reisebilder, Herrn Julius Campe, gehört. Das ist ein prachtvolles Monument aus Stein, in dankbarer Erinnerung an die vielen und großen Auflagen meines Buches der Lieder."

Sehen wir von der allgemein humoristischen Seite dieser Antwort ab, die übrigens charakteristisch genug ist für die Bedeutung des Dichters, so liegt ihr sicherlich ein viel tieferer Sinn zu Grunde, wie dies ja bei den meisten wunderlichen Aperçus Heines der Fall sein mag. Heine mochte schon damals ahnen, daß in seinen Schöpfungen nur seine Größe und Werthschätzung beruhe, und daß noch Jahrzehnte im deutschen Vaterlande vorübergehen werden, in denen sich Monument an Monument für andere Helden reihen wird, ohne daß die Nation ihren Aristophanes und sich selbst durch ein Denkmal geehrt hätte.

Sollte dies gleichwohl geschehen, so wird sicherlich das deutsche Bürgerthum den ersten Anstoß hierzu geben, und ich wüßte am Todestage Heinrich Heines nichts Angemesseneres als eine Anregung in diesem Sinne ausgehen zu lassen. Am Rhein sammeln sie gegenwärtig für ein Denkmal zu Ehren der deutschen Dichterin Anette v. Droste; — ich bin der Letzte, der der anmuthigen Dichterin auch nur ein Tüpfelchen von ihrem Ruhme rauben möchte; aber in welchem Verhältnisse dieser zu dem Ruhm des größten deutschen Dichters nach Goethe steht, das mögen sich alle diejenigen beantworten, welche, als angeborne Atta Trolls, auch heute noch in tendenziöser Bärenhaftigkeit an dem Ruhmeskranz des Dichters herumzerren.

Ein ehrenwerther Bürger in Düsseldorf hat das Geburtshaus Heines mit einer marmornen Gedenktafel geschmückt und so wenigstens einigermaßen Ersatz dafür geboten, daß von dem Kölner Monument Friedrich Wilhelms III., auf dem ein Künstler am Piedestal unter den Zeitgenossen auch den Kopf Heines angebracht hatte, derselbe wieder entfernt werden mußte.

Von dem mehr als einfachen, ja ärmlichen Grabstein, der die Inschrift: „Henri Heine" trägt, sieht man auf den nahen jüdischen Friedhof hinüber, wo auf stolzem Piedestal und in weißem Marmor die Büste Halevys sich erhebt. Soviel wie der Componist der „Jüdin", sollte man meinen, war doch der Dichter des „Rabbi von Bacharach" auch werth! Aber freilich, jener gehörte einer Nation an, die noch immer und mit Recht stolz auf ihre Talente, und die nicht fragt, ob auch das Talent stets sein moralisch gewesen sei, während die Tendenzbären nach der Schablone „sittlich, religiös, und brünstig" den Werth des Genies abmessen.

Ein begabter deutscher Künstler schwur sich, wie Moritz Hartmann einmal erzählte, vor mehreren Jahren am Grabe Heines zu, nicht eher zu ruhen und zu rasten, bis auch unser in der Fremde bestatteter Dichter ein Denkmal habe, das seiner und unser würdig sei.

Nun denn, ich weiß nicht, wo sich unser fleißiger Landsmann Ferdinand Heilbut gegenwärtig befindet; möchten ihm diese Zeilen, falls sie ein günstiges Geschick ihm zuführt, eine Mahnung an seinen Vorsatz und sein Versprechen auf der Gräberstätte des Montmartre sein!

Oft und vielfach hat man es freilich schon besprochen, daß Heine in fremder Erde ruhe; aber es steht ja dies im innigsten Zusammenhang mit den Lebensschicksalen des Dichters. Heine mußte in Paris begraben liegen, denn er war zu freimüthig, um in der Heimath damals leben zu können.

In dieser Eigenart und von diesem Gesichtspunkte aus hat selbst Louis Veuillot, der Tambourmajor des französischen Ultramontanismus, freilich zu andern Zwecken als wir dies verstehen, die Bedeutung Heines erfaßt. Der geistreiche französische Kampfhahn schreibt in seinen „Odeurs de Paris" über Heine folgendermaßen: „Seit Voltaire hat es nur einen eigentlichen Pariser Dichter gegeben, das war Heinrich Heine, Deutscher von Geburt, jüdischen Ursprungs, Franzose durch Wahl, der sich zum Protestanten taufen ließ — Niemand wußte, weßwegen — wieder instinktmäßig Jude wurde, sich für einen Deisten hielt und ausgab, in Wahrheit aber als Atheist und Gotteslästerer lebte, schrieb und starb, ohne daß er jemals einen Grund dafür angeben konnte. — Ein großer Lyriker, gehört er ganz und gar Paris an. Wohl hat er als Deutscher einen gewissen Beigeschmack von Sauerkraut und geräuchertem Hering, gemischt mit etwas ranziger Pomade zur blauen Blume."

Wenn wir die in der französischen Luft liegende Phrase absondern, so werden wir mit diesem Urtheil ziemlich einverstanden sein können; so viel ist gewiß, ob auch fremde Erde des theuren Dichters Asche birgt, die lieblichen Weisen seiner Lieder gehören doch dem deutschen Volke, dem er sie zugesungen in den Tagen ungezügelter Lust, wie in den Tagen wilder Schmerzen, bald heiter lächelnd, bald klagend und träumend, eine Weltpoesie, in der deutscher Geist und französische Anmuth ihr Vermählungsfest feiern.

Und dieser Gedanke sei gewissermaßen am heutigen Todestage des Dichters „Messe und Kadosch" zugleich, die mir seinem Grabe weihen. Denn auch das wird, Gott sei Dank, in Deutschland nicht mehr geglaubt, daß dem Dichter eine verrätherische Hingebung an französisches Wesen, die ja damals unter den Pariser Deutschen Mode war, vorzuwerfen sei. Nur eine übertriebene Deutschthümelei, konnte einen Julian Schmidt, inmitten der hochgehenden Wogen des Kriegsjahres 1870, zu der Behauptung veranlassen, es müsse sich jedem deutschen Manne die Faust ballen, wenn er von deutschen Sängern und Sängerinnen Heines Lied: „Die beiden Grenadiere" singen höre.

Die Lieder Heinrich Heines haben für die trüben und freudigen Stimmungen, in den Tagen frohen Genusses, wie in den Stürmen des Leids und Mißgeschicks, die Kraft und die Wahrheit, uns über den Jammer dieser kleinen Menschenwelt zu erheben und zu trösten, und es wäre thöricht, den Maßstab so engherziger Beurtheilung an dieselben anlegen zu wollen.

Daß aber Heine das deutsche Vaterland geliebt, herzinnig geliebt hat von seiner frühesten Jugend an bis zu seinem Tode, das bedarf wahrhaftig nicht erst der Beweise, die in Hülle und Fülle beigebracht werden könnten.

Ich habe einmal Einsicht nehmen dürfen in ein Schreiben aus einem großen, leider zum größten Theil verloren gegangenen Briefwechsel Heines mit einem in Ungarn verstorbenen bekannten Schriftsteller. Dort heißt es in Bezug auf die obenerwähnten Anklagen, die schon bei Lebzeiten gegen den Dichter gerichtet wurden: „**Wenn ich nicht mein deutsches Heimathland mehr liebte, als alle meine teutomanischen Freunde zusammen, dann wäre ich wahrhaftig nicht werth, daß meine Sachen im Vaterlande so gelesen, gesungen und declamirt werden, als es wirklich der Fall ist.** Sie sollten dann „auf rother Erde" ein helles Feuer anzünden und ein Litteratur-Torquemada sollte ein inquisitorisches Feuergericht über den Ketzer abhalten, der **seines eigenen Geistes Mutter, der er Alles verdankt, was ihm die verfluchte französische Phrase noch nicht geraubt, vergessen konnte.**"

Niemals lebte aber die Liebe zu Deutschland so stark und innig in der Brust des Dichters, wie gerade in seinen letzten Lebensjahren. Noch im Jahre 1855 äußerte er sich Adolf Stahr gegenüber: „Ich ließe mich gern noch nach Deutschland überführen, aber das zerbrochene Möbelstück ist die Transportkosten nicht mehr werth."

Und ein Jahr darauf starb er. Es war dem Dichter nicht beschieden, was er so heiß erfleht, so innig ersehnt, die Einigung und den Sieg Deutschlands zu erleben. Er, sein treuer Kunz von der Rosen, ging hin im Morgengrauen des jungen Tages, dessen Sonne über seinem Grabe erst aufgehen sollte. Was hätte Heine gesagt und gesungen, wenn er das Jahr 1870 miterlebt hätte, jene große Zeit, in der das geeinte Deutschland seinen glorreichen Sieg über die bonapartistische Lüge erfochten!

Aber von den Höhen des Montmartre, vom Grabe des Dichters, mag in jenen Tagen ein leises Geistesflüstern zu dem gerade gegenüberliegenden Père Lachaise über die Häuser und Menschen des lebensprühenden Paris hinweggezogen sein, aus dem nur die Accorde des Triumphs und der Versöhnung herausklangen zwischen zwei edlen Geistern der deutschen Nation: zwischen Börne und Heine.

Das ist die Versöhnung, die der heilige Geist der Poesie seinen auserkorenen Lieblingen beschieden, die uns am heutigen Tage von Neuem die Tröstung dafür spendet, daß der deutsche Dichter in französischer Erde ruht, und die uns das Ahnen Heines verstehen lehrt:

> Wo wird einst des Wandermüden
> Letzte Ruhestätte sein?
> Unter Palmen in dem Süden?
> Unter Linden an dem Rhein?
>
> Werd' ich wo in einer Wüste
> Eingescharrt von fremder Hand?
> Oder ruh' ich an der Küste
> Eines Meeres in dem Sand?
>
> Immerhin, mich wird umgeben
> Gottes Himmel dort wie hier,
> Und als Todtenlampen schweben
> Nachts die Sterne über mir.

Druck von Julius Bahlke, Berlin S.